21 世纪全国高职高专土建立体化系列规划教材

建筑工程经济

主　编　赵小娥　胡六星

副主编　胡芳珍　景玉华

北京大学出版社
PEKING UNIVERSITY PRESS

内容简介

本书系统地介绍了建筑工程经济的基本原理和方法及其在建设工程项目中的应用，按照建设项目投资分析的基本过程编排，系统性强。本书内容主要包括课程基础知识、建筑产品及建筑业、可行性研究前期工作、建设工程项目经济分析与评价、价值工程、建筑工程经济在建设工程项目中的应用以及建设项目经济评价案例等。

本书可作为高职高专院校工程造价、工程管理、建筑设计、建筑工程、建筑设备等专业的教材和参考书，也可作为建筑工程经济与管理、土建施工、工程造价管理等从业人员的参考用书，还可为备考建筑行业的从业和执业资格证书考试的人员提供参考。

图书在版编目(CIP)数据

建筑工程经济/赵小娥，胡六星主编. —北京：北京大学出版社，2012.8

(21 世纪全国高职高专土建立体化系列规划教材)

ISBN 978-7-301-20855-7

Ⅰ. ①建… Ⅱ. ①赵… ②胡… Ⅲ. ①建筑工程—工程经济—高等职业教育—教材 Ⅳ. ①F407.9

中国版本图书馆 CIP 数据核字(2012)第 132610 号

书　　名：建筑工程经济

著作责任者：赵小娥　胡六星　主编

策 划 编 辑：赖　青　杨星璐

责 任 编 辑：赖　青

标 准 书 号：ISBN 978-7-301-20855-7/TU・0244

出　版　者：北京大学出版社

地　　址：北京市海淀区成府路 205 号　100871

网　　址：http://www.pup.cn　http://www.pup6.com

电　　话：邮购部 62752015　发行部 62750672　编辑部 62750667　出版部 62754962

电 子 邮 箱：pup_6@163.com

印　刷　者：三河市博文印刷厂

发　行　者：北京大学出版社

经　销　者：新华书店

787 毫米×1092 毫米　16 开本　21.75 印张　503 千字

2012 年 8 月第 1 版　2013 年 7 月第 2 次印刷

定　　价：42.00 元

前　　言

建筑工程经济是建筑类专业的一门专业基础课程，是适应市场经济的需要而产生的一门技术、经济科学和建筑科学相互渗透的边缘学科。通过本课程的学习，学生可养成建筑工程技术人员与经济管理人员必须具备的经济意识，增强经济观念，从而能运用建筑工程经济的基本知识、基本理论和基本技能，以市场为前提、经济为目的、技术为手段，对多种投资方案进行经济评价、比较、选择，基本具备建筑工程经济分析和评价的能力。

本书根据高职高专教学的特点和要求，并结合当前建筑类专业人才培养目标而编写，在内容编排上，体现以下特点。

1．坚持“以应用为目的，专业理论知识以必需、够用为度”的原则，以任务引领、以“提出问题—分析问题—解决问题”为主线，力图为学生提供建筑工程经济的基本理论与应用技能。

2．兼顾土建施工以及工程管理类各专业课程设置的情况，按照项目课程的核心理念，突破了原有相关教材的知识体系。以建设工程项目（建筑产品）为对象，围绕项目建设中投资分析的程序展开。全书内容组织合理、逻辑性强，较好地解决了目前建设类高职院校“建筑工程经济”课程教学教材短缺或不适用的问题，适用于土建施工以及工程管理类工程技术经济专业人才的培养。

3．以职业能力培养为目标，尽可能将职业资格内容课程化。本书紧扣当前土建施工以及工程管理类各专业职业资格考试大纲规定的工程经济方面的知识点和能力点，以适应学生获得相应从业和执业资格证书的学习要求。

本书的课堂教学时间约为 60 学时，课程设计为 1～2 周。本书在课程内容和课程设计的安排上，都留有余地，使用时可根据专业设置等实际情况进行取舍。课程教学内容及课时分配建议见下表。

工学单元模块		参考学时
模块名称	模块内容描述	
模块 1　课程基础知识	课程性质、对象、研究任务、学习方法	2
模块 2　建筑产品及建筑业	建筑产品的内涵、特点，建筑行业及建筑市场的内涵	建议以自学为主，不占课堂教学时间
模块 3　可行性研究前期工作	项目资金筹措	4
	市场研究	6

续表

工学单元模块		参考学时
模块名称	模块内容描述	
模块4　建设工程项目经济分析与评价	资金时间价值	8
	单方案经济效果评价	6
	多方案经济效果评价	6
	建设工程项目财务评价	12
	建设工程项目国民经济评价	2
	可行性研究报告编制	2
模块5　价值工程	价值工程理论及案例分析	6
模块6　建筑工程经济在建设工程项目中的应用	建筑经济在建筑设计、施工方案经济分析、设备方案的选择与更新分析中的应用	6
模块7　建设项目经济评价案例	某建设项目财务评价（根据专业培养目标另作安排）	24
合　计		84

本书由湖南城建职业技术学院赵小娥和胡六星担任主编，武汉工业职业技术学院胡芳珍、湖南城建职业技术学院景玉华担任副主编。具体编写分工如下：胡六星编写模块 1、模块 5、模块 6 及附录部分；赵小娥编写模块 4 的课题 4.1～4.5 和模块 7；胡芳珍编写模块 3 和模块 4 的课题 4.6；景玉华编写模块 2。全书由赵小娥和胡六星统稿。

本书在编写过程中，编者参考和引用了国内外大量文献资料，在此谨向原作者表示衷心的感谢。

由于编者水平有限，本书难免存在不足和疏漏之处，敬请各位读者批评指正。

编　者

2012 年 4 月

目　录

模块1

课程基础知识

现代科学技术的发展有两个特点：①纵深发展，形成许多分支科学；②向广度进军，形成许多边缘学科。建筑工程经济学就是介于自然科学和社会科学之间的边缘科学，是根据现代科学技术和社会经济发展的需要，在自然科学和社会科学的发展过程中，互相渗透，互相促进，逐渐形成和发展起来的，是技术学和经济学的交叉学科。在这门学科中，经济处于支配地位，因此，它属于应用经济学，即经济学在建设行业中的应用。

教学目标

初步了解建筑工程经济课程的主要内容、性质、研究对象和研究任务，掌握该课程的学习方法。

任务引入

在学习新课程之前，最重要的是了解该课程的主要内容、性质、研究对象、研究任务，并掌握课程的学习方法。

相关知识

下面介绍解决认识建筑工程经济课程的相关知识。

1. 建筑工程经济概述

1）建筑工程经济的概念

工程技术经济学是研究工程技术与经济的关系以及技术经济活动规律的科学，是利用经济学的理论和分析方法，研究如何有效地在各种技术之间配置资源，寻求技术和经济最佳结合的新兴学科。技术经济学有许多分支，如工业技术经济、农业技术经济、运输技术经济、能源技术经济、建筑技术经济等。建筑工程经济是工程技术经济学的理论和方法在建筑工程技术政策和技术方案中的具体应用。

2）建筑工程经济的研究对象

目前，建筑工程经济作为一门新兴学科得到了很大发展，但是，对于工程经济的研究对象却存在着不同的认识。归纳起来主要有 4 种观点：①研究技术方案、技术政策、技术规划和技术措施等经济效果，通过经济效果的计算以求找到最好的技术方案；②研究技术与经济的关系以达到技术与经济的最佳结合；③研究生产、建设中各种技术经济问题。④研究技术因素与经济因素的最佳结合。

3）建筑工程经济的研究任务

建筑工程经济研究的中心问题，就是建筑工程技术发展中的经济效益问题。其主要任务包括：①选择技术上先进、适用和可靠，经济上合理的建设方案；②为国家和建设部门制定建筑技术政策、技术方案和技术措施提供经济依据；③为建筑技术的不断创新设计合理的运行机制。

2. 建筑工程经济的主要内容

建筑工程经济的研究内容主要包括以下几个方面。

1）研究技术创新的规律及其与经济发展的关系

探求如何建立和健全技术创新的机制，研究技术创新的规律及其与经济发展的关系，为制定有关的经济政策和技术政策提供理论依据。

2）技术评价和选择

为了实现一定的经济目标，要考虑客观因素的制约，对各种可能使用的技术手段进行分析、评价和比较，选取最佳方案。因此，需要研究各种客观条件如何影响技术选择，如何通过对技术手段进行分析、评价和比较，从而选取最佳方案。

3）筹资分析

随着社会主义市场经济体制的建立，建设项目资金来源多元化已成为必然。因此，要研究在市场经济体制下，如何建立筹资主体和筹资机制，如何分析各种筹资方式的成本和风险。

4）企业经济评价和国民经济评价

任何一项投资都必须讲求经济效益，经济效益包括企业经济效益和国民经济效益。因此，要对企业经济效益和国民经济效益进行科学评价。

5）投资方案选择

投资项目往往具有多个方案，分析多个方案之间的关系，进行多方案选择是工程经济学研究的重要内容。

6）风险和不确定性分析

任何一项经济活动，由于各种不确定性因素的影响，会使期望的目标与实际状况发生差异，可能造成经济损失。为此，需要识别和估计风险，进行不确定性分析。

7）建设项目后评估

项目后评估是在项目建成后，衡量和分析项目的实际情况与预测情况的差距，为提高项目投资效益提出对策、措施。因此，需要研究怎样进行建设项目后评估，采用什么样的方法和指标。

8）生产决策分析

在市场经济体制下，企业如何根据市场结构和需求的变化作出最佳的生产决策是工程经济研究的重要内容。

3. 建筑工程经济的学习方法

我国经济建设的新形势和新任务对工程技术人才的培养提出了更高的要求。未来新型的建筑师和工程师，应当是既精通专业技术，又具有经济头脑；既善于科学思维，又掌握技术经济论证的理论和方法；不仅能够做到“精心设计、精心施工”，还能在建筑生产活动中少花钱、多办事，取得良好的经济效益。因此，建筑工程经济学就成为建筑工程相关专业的必修课程之一。

在我国，建筑工程经济学是近几年才出现的新兴学科，它的基本理论、分析方法都还不成熟，需要不断地开发和充实。因此，要求我们在学习的过程中，不唯书、不唯上，勤于思考，勇于探索，努力实践，开拓新的研究领域、摸索好的学习方法。

建筑工程经济学是一门政策性和思想性较强的应用科学，学习中必须以辩证唯物主义和历史唯物主义的原理为指导，认真学习党和国家有关经济建设和建筑业的方针政策；要不断总结并推行我国建筑工程经济工作中行之有效的理论和方法；要从我国的国情出发，学习借鉴国外技术经济分析的理论和方法，切忌生搬硬套，要在“消化”上下工夫。

教学提示

建筑工程经济学是一门政策性和思想性较强的应用科学，学习中必须以辩证唯物主义和历史唯物主义的原理为指导。

思考与练习

1．什么是建筑工程经济学？

2．建筑工程经济的研究对象和任务是什么？

3．建筑工程经济的主要研究内容是什么？

模块2

建筑产品及建筑业

在日常生活中，建筑产品无处不在，围绕建筑产品开展的一系列生产活动，形成了庞大的建筑行业，支撑着整个国民经济。

2.1 建筑产品

引言

作为国民经济中独立的物质生产部门，建筑业向社会提供自己的产品。建筑业的产品是社会总产品中的重要组成部分。与国民经济其他物质生产部门的产品相比，建筑业的产品无论在实物形态方面，还是在价值形态和功能目的等方面，都具有显著的特征。正是由于建筑业的产品所具有的这些特征，才使得建筑经济运动具有特殊的规律性。因此，分析研究建筑业产品的性质、技术和经济特征，不仅是进一步研究建筑生产活动经济问题的基础，也是研究整个建筑经济运动规律的基础，因而是建筑工程经济学研究的重要内容之一。

2.1.1 认识建筑产品

教学目标

（1）了解建筑产品的基本知识、建筑产品生产的技术经济特点。

（2）掌握建筑产品的经济范畴和流通、消费特征。

任务引入

建筑产品是人们日常生活的必需品，但是建筑产品不同于一般的商品，因此建筑产品在建造及使用过程中，施加在建筑产品上的资金及由于建筑产品而对市场经济的影响，都不同于一般商品。下面以日常生活中最简单的房屋建筑为例，从其形成过程中总结建筑产品共同规律，明确其理论描述方法，掌握解决之道。

相关知识

1. 建筑产品的概念

建筑产品包括广义的建筑产品和狭义的建筑产品。

1）广义的建筑产品

广义的建筑产品是指建筑业向社会所提供的具有一定功能、可供人类使用的土木工程以及附属设施工程，线路管道工程和设备安装工程以及装饰装修工程。这个定义包含土木建筑产品、线路管道和设备安装产品、装修装饰产品 3 个大部分。土木建筑产品的内容非常广泛，包括房屋建筑工程、交通工程、水利工程、电力工程、矿山工程、冶炼工程、化工工程、市政工程、通信工程等。线路管道和设备安装产品以及装修装饰产品的内容也非常广泛，限于篇幅这里不做详细叙述。

2）狭义的建筑产品

狭义的建筑产品是指建筑业向社会所提供的具有一定功能、可供人类使用的房屋建筑工程和附属设施工程，以及与其配套的线路管道工程和设备安装工程。这个定义包含房屋建筑产品、附属设施产品、线路管道和设备安装产品 3 个部分。

（1）房屋建筑产品，即各类房屋建筑工程，一般是指具有顶盖、梁柱、墙壁、基础以及能够形成内部活动空间，满足人们生产、生活所需功能的工程实体，包括民用住宅建筑、工业建筑、商业旅游建筑、文教卫生体育建筑、公共建筑等。

（2）附属设施产品，是指与房屋建筑工程共同发挥作用的各类附属设施工程，包括水塔、烟囱、区内道路、停车场、污水处理、涵洞等设施。这些设施本身并不具备独立发挥作用的功能，必须和房屋建筑共同使用，其功能才能得到发挥。附属设施中有相当一部分没有内部活动空间，习惯上又把没有内部活动空间的工程称为构筑物。

（3）线路管道和设备安装产品，是指与房屋建筑工程配套的各类线路、管道、设备（含电梯）安装工程等，不包括独立施工的专业设备安装工程。

显然，狭义的建筑产品是围绕房屋建筑工程以及配套的设施安装工程定义的，所以通常又将这类建筑产品称为建筑与安装工程。

2. 建筑的分类

建筑物的分类标准有多种，其中，按建筑物的使用性质分类，可分为生产性建筑和非生产性建筑。

1）生产性建筑

生产性建筑分为工业建筑、农业建筑。

工业建筑：为生产服务的各类建筑，又称厂房类建筑，如生产车间、辅助车间、动力用房、仓储建筑等。厂房类建筑又可以分为单层厂房和多层厂房两大类。

农业建筑：用于种植业、畜牧业生产和加工用的建筑，如温室、畜禽饲养场、粮食与饲料加工站、农机修理站等。

2）非生产性建筑

非生产性建筑为民用建筑，分类如下。

（1）按照民用建筑的使用功能分类：居住建筑、公共建筑。

居住建筑：主要是指提供家庭和集体生活起居用的建筑物，如住宅、公寓、别墅、宿舍。

公共建筑：主要是指提供人们进行各种社会活动的建筑物，其中包括以下几类。

① 行政办公建筑：机关、企事业单位的办公楼。

② 文教建筑：学校、图书馆、文化宫等。

③ 幼托建筑：托儿所、幼儿园等。

④ 科研建筑：研究所、科学实验楼等。

⑤ 医疗建筑：医院、门诊部、疗养院等。

⑥ 商业建筑：商店、商场、购物中心等。

⑦ 观览建筑：电影院、剧院、购物中心等。

⑧ 体育建筑：体育馆、体育场、健身房、游泳池等。

⑨ 旅馆建筑：旅馆、宾馆、招待所等。

⑩ 交通建筑：航空港、水路客运站、火车站、汽车站、地铁站等。

⑪ 通信广播建筑：电信楼、广播电视台、邮电局等。

⑫ 园林建筑：公园、动物园、植物园、亭台楼榭等。

⑬ 纪念性建筑：纪念堂、纪念碑、陵园等。

⑭ 其他建筑类：如监狱、派出所、消防站。

（2）按照民用建筑的规模大小分类：大量性建筑、大型性建筑。

大量性建筑：指建筑规模不大但修建数量多的，与人们生活密切相关的，分布面广的建筑，如住宅、中小学校、医院、中小型影剧院、中小型工厂等。

大型性建筑：指规模大、耗资多的建筑，如大型体育馆、大型影剧院、航空港、火车站、博物馆、大型工厂等。

（3）按照民用建筑的层数分类：低层建筑、多层建筑、中高层建筑、高层建筑、超高层。

低层建筑：指 1～3 层建筑。

多层建筑：指 4～6 层建筑。

中高层建筑：指 7～9 层建筑。

高层建筑：指 10 层以上住宅。公共建筑及综合性建筑总高度超过 24 米为高层。

超高层建筑：建筑物高度超过 100 米时，不论住宅或者公共建筑均为超高层。

（4）按照主要承重结构材料分类：木结构建筑、砖木结构建筑、砖混结构建筑、钢筋混凝土结构建筑、钢结构建筑、其他结构建筑。

3. 建筑产品生产的技术经济特点

建筑业以最终产品为生产对象，从事建筑产品的生产，同一般工业生产相比较，有共同的地方，同样是把资源投入产品的生产过程，其生产上的阶段和连续性，组织上的专业化、协作和联合化，与工业产品的生产一致。但是，建筑产品的生产同一般工业生产相比，又具有一系列技术经济特点。下面从建筑产品本身的特点入手，分析其生产的技术经济特点。

1）建筑产品的特点

建筑产品的使用功能、平面与空间组合、结构与构造形式等方面的特殊性，以及建筑产品所用材料的物理力学性能的特殊性，决定了建筑产品的特殊性。其具体特点有以下几点。

（1）建筑产品在空间上的固定性。一般的建筑产品均由自然地面以下的基础和自然地面以上的主体两部分组成（地下建筑全部在自然地面以下）。基础承受主体的全部荷载（包括基础的自重），并传给地基，同时将主体固定在地球上。任何建筑产品都是在选定的地点上建造和使用的，与选定地点的土地不可分割，从建造开始直至拆除均不能移动。因此，建筑产品的建造和使用地点在空间上是固定的。

（2）建筑产品的多样性。建筑产品不但要满足各种使用功能的要求，而且还要体现出所处地区的民族风格、物质文明和精神文明，同时也受到所处地区的自然条件诸因素的限制，使其在规模、结构、构造、形式、基础和装饰等诸方面变化纷繁，因此建筑产品的类型多样。

（3）建筑产品体形庞大。无论是复杂的建筑产品，还是简单的建筑产品，为了满足其使用功能的需要，并结合建筑材料的物理力学性能，需要大量的物质资源，占据广阔的平面与空间，因而建筑产品的体形庞大。

2）建筑产品生产的特点

建筑产品地点的固定性、类型的多样性和体形庞大等三大主要特点，决定了建筑产品生产与一般工业产品生产相比较具有自身的特殊性。其具体特点有以下几点。

（1）建筑产品生产的流动性。建筑产品地点的固定性决定了产品生产的流动性。一般的工业产品都是在固定的工厂、车间内进行生产的，而建筑产品的生产是在不同地区，或同一地区的不同现场，或同一现场的不同单位工程，或同一单位工程的不同部位组织工人、机械围绕着同一建筑产品进行生产的。因此，使建筑产品的生产在地区与地区之间、现场之间和单位工程不同部位之间流动。

（2）建筑产品生产的单件性。建筑产品地点的固定性和类型的多样性决定了产品生产的单件性。一般的工业产品是在一定时期内，在统一的工艺流程中进行批量生产的，而一个具体的建筑产品应在国家或地区的统一规划内，根据其使用功能，在选定的地点上单独设计和单独施工。即使是选用标准设计、通用构件或配件，由于建筑产品所在地区的自然、技术、经济条件的不同，建筑产品的结构或构造、建筑材料、施工组织和施工方法等也要因地制宜加以修改，从而使各建筑产品生产具有单件性。

（3）建筑产品生产的地区性。建筑产品的固定性决定了同一使用功能的建筑产品因其建造地点的不同必然受到建设地区的自然、技术、经济和社会条件的约束，使其结构、构造、艺术形式、室内设施、材料、施工方案等方面均各异。因此，建筑产品的生产具有地区性。

（4）建筑产品生产周期长。建筑产品的固定性和体形庞大的特点决定了建筑产品生产周期长。因为建筑产品体形庞大，所以最终建筑产品的建成必然耗费大量的人力、物力和财力。同时，建筑产品的生产全过程还要受到工艺流程和生产程序的制约，使各专业、工种间必须按照合理的施工顺序进行配合和衔接。而建筑产品地点的固定性，使施工活动的空间具有局限性，从而导致建筑产品生产具有生产周期长、占用流动资金大的特点。

（5）建筑产品生产的露天作业多。由于建筑产品的地点固定，体形庞大，所以建筑产品生产露天作业多。因为形体庞大的建筑产品不可能在工厂、车间内直接进行施工，即使建筑产品生产达到高度的工业化水平，也只能在工厂内生产其部分的构件或配件，仍然需要在施工现场内进行总装配后才能形成最终建筑产品。因此，建筑产品的生产具有露天作业多的特点。

（6）建筑产品生产的高空作业多。由于体形庞大，建筑产品生产具有高空作业多的特点。特别是随着城市现代化的发展，高层建筑物的施工任务日益增多，此特点日益明显。

（7）建筑产品生产组织协作的综合复杂性。由建筑产品生产的上述特点可以看出，建筑产品生产的涉及面广。在建筑企业内部，涉及工程力学、建筑结构、建筑构造、地基基础、水暖电、机械设备、建筑材料和施工技术等学科的专业知识，要在不同时期、不同地点和不同产品上组织多专业、多工种的综合作业。在建筑企业外部，涉及各不同种类的专业施工企业，即城市规划，征用土地，勘察设计，消防，“七通一平”，公用事业，环境保护，质量监督，科研试验，交通运输，银行财政，机具设备，物质材料，电、水、热、气的供应，劳务等社会各部门和各领域的复杂协作配合，从而使建筑产品生产的组织协作关系综合复杂。

任务实施

从上面的分析可以看出，建筑产品不同于一般的商品，对建筑产品特点和技术特点的分析，可以使建筑产品价格和成品的确定更加科学化。

2.1.2 建筑产品的价格、成本、利润分析

教学目标

（1）了解建筑产品的经济范畴。

（2）掌握建筑产品的价格组成。

（3）掌握建筑产品的成本、利润分析。

任务引入

追求利润是企业生存和持续经营的原动力，利润最大化是企业的追求目标。利润额是企业在一定期间经营收入和经营费用的差额，而且是按照收入费用配比原则加以计算的。它反映了当期经营活动中投入（所费）与产出（所得）对比的结果，在一定程度上体现了企业经济效益的高低。利润是增加业主投资收益、提高职工劳动报酬的来源，也是企业补充资本积累、扩大经营规模的源泉。建筑企业利润的高低直接反映企业的经济效益，构成我国建筑企业在市场上的竞争力，进而影响到企业的生存和发展。通过对建筑产品价格、成本的分析，得出建筑产品利润的来源及影响因素。

相关知识

1. 建筑产品的价格

建筑产品商品价值的基本特征有以下几点：①同其他商品一样是使用价值与价值的统一体；②生产者的劳动，既是具体劳动又是抽象劳动；③其价值量是由其社会必要劳动时间所决定的；④符合等价交换的原则。

1）建筑产品价格的形成

建筑产品价格由建筑产品的发包方与承包方两方面的费用和新创造的价值构成，建设单位为建筑产品向建筑安装企业支付的全部费用并非是最终产品的价格，而只是建筑安装企业产品的“出厂价格”。

建筑产品价格构成包括以下各项。

（1）建筑工程直接费：指与建筑工程施工直接有关，且为构成建筑工程或其部分实体所需的费用。包括每个分部分项工程的人工费、材料费和机械使用费等。

（2）建筑工程间接费：指不能归属于建筑工程某一构件或某一分项工程实体，而是服

务于整个工程的费用。包括行政管理费和其他间接费两部分。其他间接费指临时设施费、劳动支出费和施工队伍调迁费等项。

(3)计划利润：以直接费与间接费之和，或以人工费为基础计取。

(4)税金：以(1)、(2)、(3)项合计为基础计取。

2)建筑产品价格形成的特点

建筑产品价格形成的特点为个别产品单件计价、多阶段计价和供求双方直接定价。

3)建筑产品价格运动的特点

(1)"观念流通"规律。建筑产品只有"观念流通"，没有物的流通。

(2)建筑产品生产的"时滞性"。

(3)采取承包生产方式的建筑产品价格运动与一般产品的运动不同。

一般产品的价格运动是：生产成本—税金—流通费用(含税金)—计划利润—销售价格。

承包生产的建筑产品价格运动是：签订合同价格(即买卖双方同意的合同价格，包含利润、税金)—生产预付款—假定产品(即工程按完成进度)中间付款—按国际惯例、标准合同条件索赔等调整合同价格—实际成本—验收最终结算—实际利润。

(4)建筑产品的使用价值可以零星出售，即出租。

(5)现货销售的建筑产品的价格，除生产成本外，还取决于环境及配套设施。

(6)配套设备也影响建筑产品价格。

4)建筑产品计划价格的计算原理

(1)国家不能对整个建筑产品统一定价，但可以对建筑产品进行分解，对分解所得到的比较简单而彼此相同的组成部分统一规定消耗定额和计价标准，实现对建筑产品计划价格的统一管理。

建设工程项目可以分解为建设项目、单项工程(又称工程项目)、单位工程、分部工程和分项工程。

(2)建筑产品及分部分项工程的统一计价。不同的建筑工程，往往具有相同的分部、分项工程。这些分部分项工程的计量单位相同，每一单位所消耗的劳动量也相同。这样，就可以在一定意义上把分项工程视为建筑产品。但这些分部分项工程并没有独立存在的意义，因此是一种假定产品，是整个建筑工程的基本构成要素。

国家统一规定分部分项工程的内容及其物化劳动和活劳动的消耗定额，按地区统一规定各种原材料价格、机械设备使用费标准、工人工资及其他取费标准，这样就可以计算出各种分部分项工程成本中的直接费，也就等于规定了假定产品的统一价格。

若按照工程的构造将该项工程所有假定产品的价格加以汇总，再加上其他有关费用，就能计算出建筑工程产品以至整个建设项目的造价。这就是采用单位估价方法计算建设项目和建筑产品价格的基本原理，也是我国建设预算和建筑工程预算编制方法的基础。

2. 建筑产品的成本

1)建筑产品成本的概念

建筑产品的成本是指该产品在施工中所发生的一切费用的总和。

建筑产品的价格确定以后，成本愈高，企业的盈利就愈小；反之，企业的盈利就随成本的降低而增大。成本是表明企业全部工作质量的综合性指标，反映出企业生产经营各方面工作的效果。

劳动生产率的高低、建筑材料消耗的多少、建筑机械设备的利用程度，施工进度的快慢、质量的优劣、施工技术水平和组织状况，以及企业各级生产管理的水平，都会直接、间接地影响建筑产品的成本，并由成本这一指标反映出来。

2）建筑产品成本的项目和构成

（1）施工企业的产品总成本费用构成。

① 人工费，指直接从事现场施工和构件制作，运料、配料的工人的基本工资、附加工资和工资性津贴。

② 材料费，指构成工程实体的材料、构件的价值和周转材料摊销费。

③ 机械使用费，指施工中所用施工机械的使用费，包括机械工人工资、折旧、燃料、润滑油料等费用。

④ 其他直接费，指施工现场生产耗用的水、电、蒸汽费、季节施工增加费及现场发生的二次搬运费等。

⑤ 间接成本，主要是施工管理费，其内容有工作人员工资、生产工人辅助工资、工资附加费、办公费、差旅交通费、固定资产使用费、工具使用费、劳动保护费、检验试验费、职工教育经费、利息支出和其他费用。

（2）房地产开发企业的产品总成本费用构成

① 土地征用拆迁补偿费，包括土地征用费、耕地占用税、劳动力安置费及有关地上、地下附着物拆迁补偿净支出、安置动迁用房支出。

② 前期工程费，包括规划、设计、项目可行性研究、水文、地质、测绘、“三通一平”等支出。

③ 建筑安装工程费，包括建造商品房的直接费和间接费。

④ 基础设施建设费，包括建造基础设施的直接费和间接费。

⑤ 公共配套设施费，包括建造公共配套设施的直接费和间接费。

⑥ 销售费用，指企业在销售产品或提供劳务等过程中所发生的各项费用，以及专设机构的各项费用。

⑦ 管理费用，指企业行政管理部门为管理和组织经营活动而发生的各项费用。

⑧ 财务费用，指企业为筹集资金而发生的各项费用。

3）建筑产品成本的分类

（1）合同成本。合同成本是指建筑企业与建设单位在施工合同中所确定的工程造价减去计划利润和税金后的成本。

（2）计划成本。计划成本是建筑企业考虑降低成本措施后的成本计划数。

（3）实际成本。实际成本指在建筑安装工程施工中实际发生的费用总和，是反映企业经营活动效果的综合性指标。

4）项目技术经济分析中的其他成本概念

（1）经营成本。经营成本是项目技术经济分析中所特有的一个概念，是在总成本费用中扣除折旧费、维修费、摊销费和利息之后的一部分费用。用公式表示为

$$经营成本=总成本费用-折旧费-维修费-摊销费-利息 \tag{2-1}$$

（2）机会成本。机会成本是指把一种具有多种用途的稀缺资源用于某一特定用途上时，所放弃的其他用途中的最佳用途的收益。

（3）沉没成本。沉没成本是过去的成本支出，是项目投资决策评价前已经花费的，在目前的决策中无法改变的成本。

（4）边际成本。边际成本是指增加一个单位产品产量时所增加的成本，也就是增加最后一个产品生产的成本。边际成本可用成本的增量与产量的增量之比来计算。用公式表示为

$$边际成本=成本增量/产量增量 \tag{2-2}$$

知识链接

边际成本的经济学意义

当边际收益（即增加最后一个单位产品时所增加的收益）大于边际成本时，增加产量、扩大生产规模的决策有助于投资者增加利润总额，因而，此投资方案是可取的。

当边际收益小于边际成本时，增加产量、扩大生产规模的决策会使投资者的利润减少，因而此投资方案是不可取的。

当边际收益与边际成本相等时，当前的生产规模是投资者获利最大的生产规模，因而也是最佳的。

5）降低建筑产品成本的途径

降低成本的途径是多样而复杂的，仅以建筑企业内部因素对降低成本的影响，可以从以下几个方面考虑：①改善施工组织设计；②在不影响工程质量的原则下，因地制宜地采用新材料和代用品；③提高机械利用率；④提高劳动生产率；⑤减少非生产性开支；⑥减少运输费用；⑦贯彻经济核算和节约制度。

3．建筑产品的利润

1）建筑产品利润的基本概念

建筑产品的利润即建筑安装企业的施工利润，是建筑安装企业的生产工人在从事建筑安装工程的施工生产活动中，为社会创造的那部分剩余产品的价值表现形式。

（1）建筑企业利润的构成。

利润是建筑企业经营活动的财务成果，包括经营利润和营业外收支净额两部分。

① 经营利润，是指建筑企业在其生产经营活动中直接创造的利润，包括以下几点。

a．施工利润，是建筑产品销售收入减去实际成本后的余额，是建筑企业利润的主要部分。

b．附属、辅助生产单位产品及作业利润，是建筑企业除施工单位以外的其他单位所创造的产品及作业利润。

c．其他销售结余，是除产品和作业利润以外的其他净收入。

② 营业外收支净额，是指建筑企业经营利润之外的营业外收入减去营业外支出后的

余额。

（2）建筑产品利润的作用。

建筑产品的利润对发展社会生产、推动社会进步等方面具有重要作用，主要表现在以下方面。

① 建筑产品的利润是社会积累和扩大再生产的源泉。

② 建筑产品的利润是评价施工企业经营成果的重要指标。

③ 建筑产品的利润是确定建筑产品价格的重要依据。

④ 建筑产品的利润可以不断提高建筑安装企业职工的物质和文化生活水平。

2）建筑企业增加利润的途径

建筑企业利润的多少，受到企业内外两方面因素的影响。由于建筑企业生产经营活动的技术经济特点，建筑企业的利润受外部因素的影响较大。

（1）降低工程成本。提高劳动生产率、材料利用率和机械设备使用效率，努力减少和消灭各种浪费损失，降低人力和物质技术资源的消耗，以降低直接费；节约各种管理开支，降低间接费。降低成本是增加利润的最主要来源。

（2）提高流动资金和固定资产的利用效果。做好物资技术供应、降低材料库存、减少流动资金的占用、加速周转、杜绝积压等。

（3）增加产量，提高质量。增加产量可以增加企业利润，同时还可以提高企业生产能力的利用效率；提高质量可以保证生产的正常秩序，防止返工浪费，同时还可以在建筑产品优质优价政策兑现后直接增加利润。

（4）降低其他经营的成本。包括降低附属企业产品的成本，对外劳务和其他多种经营的成本等。

（5）减少营业外支出。

任务实施

从上面的分析可以看出，增加建筑产品的利润，首先掌握建筑产品价格、成本、利润的关系，分析各部分对建筑产品利润的影响，可以促使建筑企业生产利润最大化。

2.1.3 认识建筑市场

教学目标

（1）了解建筑市场的特点。

（2）熟悉建筑产品流通的特点。

任务引入

建筑产品的生产者在大多数情况下，不能预先生产出定型产品通过批发、零售等环节等待消费者购买，而只能直接与消费者商定交易条件，按照业主的具体要求生产建筑产品。由于建筑市场中并不以具有实物形态的建筑产品为交换对象，而是交易双方按照确定的规则和程序，在有关管理部门的组织协调下就拟建建筑产品的质量、功能、结构、价格、完成时间等内容，在需求者和生产者达成协议后确定双方的交换关系，明确双方的权利和义务。因此，建筑产品的交换关系是在相应的交换内容生产之前在建筑市场中流通与交易。

相关知识

1. 建筑市场概述

1）建筑市场的概念

狭义的建筑市场，是指以建筑产品为交换内容的场所。

广义的建筑市场，是指建筑产品供求关系的总和，本任务中关于建筑市场的内容，都是从广义的角度加以阐述的，其中也包含狭义的建筑市场。如果不拘泥于市场的一般概念，还可以把建筑市场的概念进一步抽象化，把它理解为由建筑产品、建筑生产活动和与建筑生产活动有关的机构所组成的三维空间。

2）建筑市场的特点

（1）建筑市场中没有商业中介人，而由建筑产品的需求者和生产者直接进行交易活动。在一般商品的市场中，用于交换的商品具有同质性或可替代性，也就是说，同一产品的不同生产者向市场提供的商品对消费者来说是基本相同的。而建筑产品则不具有同质性，它表现出多样性的特征。而且，建筑产品的这一特征不是由生产者决定的，而是由需求者决定的。因此，建筑产品的生产者就不可能像制造电视机、电冰箱、洗衣机、汽车和机床等产品那样，预先生产出某种产品，再通过批发、零售环节进入市场，等候消费者挑选和购买；而只能直接与消费者商定交易条件，按照其具体要求，在指定的地点为消费者生产特定的建筑产品。

（2）在建筑市场中，交换关系的确立在产品生产之前。建筑市场并不以具有实物形态的建筑产品作为交换对象，而是由需求者和生产者就拟建筑产品的质量、标准、功能、价格、交货时间、付款方式和时间等内容达成交易条件，从而确立双方之间的交换关系。经双方达成一致的交易条件，不仅规定了生产者今后的生产活动，同时也确定了需求者的权利和义务，对供求双方都是约束条件。

（3）与一般商品的交换相比，建筑产品的交换过程很长。由于建筑产品价值巨大、生产周期长，因而在确立交易条件时，生产者不可能接受先垫付资金进行生产，待交货后由需求者全额付款的结算方式；同样，需求者也不可能接受先支付全部工程价款，待工程完全建成后才由生产者向需求者交货的交易方式。因此，建筑产品的交换基本上都是采用分期交货（中间产品或部分产品）、分期付款的方式，通常是按月度进行结算。这样，从货款支付和交货过程（即建筑产品实物形态形成的过程）来看，建筑产品的交换就表现为一个很长的过程。

（4）建筑市场具有显著的区域性。建筑产品的生产地点和消费地点是一致的，建筑市场中没有建筑产品的实物流通。对于建筑产品的生产者来说，他无权选择特定建筑产品的具体生产地点，但他可以选择自己生产经营的区域范围。由于大规模远距离的流动生产势必增加生产成本、降低竞争能力，因而建筑产品生产者的生产经营范围总有一个相对稳定和集中的地理区域（并不排斥其拓展和变化）。从建筑产品的需求者方面来看，他一旦选定了拟建建筑产品的建造地点，也就在一定程度上限制了对生产者的选择范围。这意味着，建筑产品生产者和需求者相互之间的选择都有一定的局限性，只能在一定范围内确定相互之间的交换关系，表现出明显的区域性。

（5）建筑市场中的竞争较为激烈。建筑产品的类型、形式、功能和质量标准等有关其使用价值的内容是由需求者决定的，也是每个参与竞争的生产者必须满足和实现的，因而建筑产品生产者之间的竞争首先表现为价格上的竞争。相对而言，生产者更关心产品的价值。由于不同的建筑产品生产者在专业特长、管理和技术水平、生产组织的具体方式、对建筑产品所在地各方面情况了解和熟悉程度以及竞争策略等方面有较大的差异，因而他们之间的生产价格会有较大差异，从而使价格竞争具有现实的可能性，而且表现得尤为激烈。

（6）建筑市场中风险较大，不仅对生产者有风险，而且对需求者也有风险。从建筑产品生产者方面看，建筑市场的风险主要表现在 3 个方面：①定价风险；②生产过程中的风险；③需求者支付能力的风险。以上因素都有可能导致出现需求者对生产者已完成的阶段产品或部分产品拖延支付甚至中断支付的情况。这无疑将影响生产者的资金周转，使生产者难以连续、有效、合理地组织生产。

建筑市场中需求者的风险有些是可以避免的，关键在于需求者对建筑生产的技术经济规律要有一个客观、正确的认识，不要片面追求低价格和短工期，还要充分了解自己应完成的工作，这是与一般市场需求者的不同之处。另外，对有些风险可以采取适当的方式加以防范或转移，如要求生产者（承包商）提供履约保证和预付款保证，或在合同中列入某些与风险有关的条款。

2. 建筑产品流通的特点

流通是社会再生产的一个重要环节，是市场经济的基本特征。建筑产品只有在流通中才能实现其使用价值、交换价值和收益价值。建筑产品的流通具有以下特点。

1）不存在实物形态的产品流动

建筑产品具有固定性的特点，在流通过程中也是不可能移动的。因此，建筑产品在流动过程中并不表现为产品实物形态的流动。这一特点容易使人产生“建筑产品没有流通”的误解，甚至得出建筑产品不是商品的错误结论。实际上，商品流通的本质并不是产品实物形态的流动，而是所有权的转移。只不过对于一般商品的流通，所有权转移的同时往往伴随着实物形态的转移，一件商品的所有权从一个所有者转向另一个所有者时，其实物形态也发生了空间上的移动。建筑产品的实物形态虽然不能移动，但建筑产品的所有权是可以转移的。所以建筑产品的流通是能够实现的，只不过流通时只发生所有权的转移，没有实物形态的产品流动而已。

2）一般只能发生在一定地域范围内

这个特点也是由建筑产品固定性的特征决定的。建筑产品只能固定在一个地方使用，这就给流通带来地域上的限制，尤其是限制了使用者的选择。因为建筑产品流通时，只能在一定地域范围内选择使用者，超过了一定的范围，使用起来就会感到不方便，甚至成为不可能。因此，建筑产品的流通只能限制在一定区域范围内，在某个地域的市场主体之间实现交换。当然，随着交通的发达，建筑产品的流通地域会不断扩大，但终究不会像一般商品一样在全球范围内流通。

3）具有固定的对象

建筑产品不可能像其他工业产品一样，生产出很多件产品供用户选择，而必须在生产前确定产品的使用者，然后按用户的要求组织生产，具有订货加工的性质。所以，建成的建筑产品在流通前总是有固定的购买对象。这个性质决定了建筑产品的流通必须“先”于生产进行，生产前先确定购买者，建成后双方再完成交换。

4）流通形式多样化

建筑产品的流通形式与建筑工程的承包方式有关。建筑工程的承发包方式有很多类型，其内容在相关教材中有详细介绍，这里从略。建筑工程的承发包方式决定了建筑产品的流通形式，不同的承发包方式就会有不同的流通形式。例如，采取总分包方式的，建筑产品的流通是在业主与总包单位之间，总包单位与分包单位之间流通；采取分阶段发包的，建筑产品则反映为分阶段多次流通等。

3. 建筑产品消费的特点

建筑活动是为了满足社会对建筑产品的需求，从根本上讲也就是满足人们对建筑产品消费的需要。生产和消费是社会发展的两个相互联系的环节。只有生产出相应的产品，消费才有了可能；另一方面，只有产品被消费了，生产才实现了目标，也才能进行再生产的循环。正是生产和消费相互作用，推动了社会不断进步和发展。

建筑产品的消费具有以下特点。

1）建筑产品的消费具有普遍性

普遍性是建筑产品消费的最大特点。国民经济的各行各业乃至全社会的所有团体、组织，其活动都离不开建筑产品，都是建筑产品的消费者，全社会的所有人，都需要建筑产品，也都是建筑产品的消费者。建筑产品通过消费过程，联系着各行各业，联系着千家万户。衣、食、住、行是人类的基本消费需要，其中“住”和“行”两个方面都涉及建筑产品的消费。

2）建筑产品的消费具有长期性

建筑产品的使用期长，少则几十年，多则上百年，属于耐用消费品。对于一般建筑产品的消费者，更新换代是不容易的事情。由于长期性的特点，建筑产品的生产者必须在经久耐用方面下工夫，满足人们对建筑产品长期使用的需要。此外，城市规划也要具有长期性，尽量延长建筑产品的经济寿命，提高建筑产品的使用效益。不能因为城市建设和发展，过早地结束建筑产品的寿命，这样做不仅造成资源的浪费，还会破坏城市文化的沉淀和积累。

3）建筑产品的消费投资大

建筑产品的价值高，消费建筑产品需要很大的投资。无论是生产性建筑产品消费，公用性建筑产品消费，还是生活性建筑产品消费，对于消费者来说都是一种基础性投资，必须考虑长期使用问题。生产性建筑产品消费，将长期影响投资者的投资方向；公用性建筑产品消费，将长期影响投资者的事业发展；生活性建筑产品消费，将长期影响投资者的居住环境。建筑产品的消费投资往往占据投资者相当大的消费比例，使得投资者在消费时必须慎重决策。

4）建筑产品的消费受经济发展的影响大

由于建筑产品消费需要的投资大，因此在很大程度上受到经济发展状况的影响。这和一般价值低的消费品不同。价值低的消费品，不易受到经济发展状况的影响，尤其是消费必需品，人们最低限度的消费总是必须满足而且也容易满足。建筑产品是一种高价值的耐用品，消费水平的变化幅度大，不论是对于一个自然人、一个社会组织，还是整个社会，只有具备一定的经济基础和积累，才能追求更高层次的建筑产品的消费。经济发展的快速增长时期，固定资产投资增大，必然带动建筑产品的消费；反之，则会抑制建筑产品的消费。同理，社会总积累和消费基金增多，必然会带动公用性、生活性建筑产品消费的增加；反之，则会减少建筑产品的消费。

任务实施

从上述分析可以看出，建筑产品的特殊性决定了建筑市场的诸多特点。建筑市场不同于一般产品的市场，通过分析建筑市场的特点及建筑产品的流通和消费特点，建造者和消费者可以从经济学角度正确处理与建筑产品的关系。

思考与练习

1．什么是建筑产品？
2．建筑产品有哪些特点？
3．建筑产品生产的技术经济特点有哪些？
4．建筑产品的价格、成本和利润的概念分别是什么？
5．建筑产品的利润具有重要的作用，主要表现在哪些方面？
6．简述建筑市场的特点。
7．建筑产品的流通和消费各有什么特点？

2.2 建筑业

引言

建筑经济主要研究建筑业经济活动的运动规律。既然要研究建筑业的经济活动，首先就要认识和了解建筑产品和建筑业本身。下面从固定资产投资入手，简要介绍建筑业和建筑经济的一些基本知识。

2.2.1 认识建筑业

教学目标

（1）认识建筑业概念及特点。

（2）了解建筑业在国民经济中的重要作用。

任务引入

建筑业是我国的支柱产业，其自身加速发展的同时，对相关行业的带动力也会增强。通过本任务的学习，学生要加深对建筑业的认识，掌握建筑业与相关行业的联系，理解建筑业对于国民经济的重要性。

相关知识

1. 建筑业概述

建筑业是指从事建筑物和构筑物的建造等生产经营活动，包括与之相关的勘察、设计、施工、安装、制品、维修等若干环节。

1）建筑业的范围

我国于 2011 年 11 月实施的《国民经济行业分类与代码》（GB/T 4754—2011），对建筑业的内部构成进行了细分和明确的范围界定，即分成以下 4 个大类。

（1）房屋和土木工程建筑业，包括房屋工程建筑和土木工程建筑。其中，土木工程建筑又包括铁路、道路、隧道和桥梁工程建筑，水利和内河港口工程建筑，海洋工程建筑，工矿工程建筑，架线和管道工程建筑。

（2）建筑安装业。

（3）建筑装饰业。

（4）其他建筑业，包括工程准备、提供施工设备服务及其他未列明的建筑活动。

2）建筑业的特点

（1）建筑企业总的规模人，其中中小型企业占绝大多数。目前，我国从事建筑产品生产的总人数达 4 000 万人左右，属于劳动密集型企业。但由于建筑产品的多样性和建筑生产的单件性，难以大规模批量生产，所以多以专业化分工进行承包生产，这就使得建筑企业中的中小型企业在数量上占绝大多数。

（2）建筑企业采用以固定工、合同工和临时工相结合的用工制度，合同工与临时工所占比例比其他产业要高。由于建筑生产没有固定的生产对象和稳定的生产条件；建筑产品生产技术的要求比其他高新技术产业要简单得多，导致建筑企业大量使用合同工和临时工。

（3）生产经营方式采用多层次分包制。按照我国现阶段建筑企业的资质管理，建筑企业资质分为施工总承包、专业承包和劳务分包 3 个序列。由于一个建设项目是由多项专业工程所组成的综合体，有条件由各专业承包企业或劳务分包企业分别承包而共同完成。

（4）建筑企业必须建立预付款制度。由于建筑产品体积庞大，生产周期长，材料耗用多，需用建设资金多，必须有大量资金作为保证，以使工程建设顺利进行，因此应给承包方支付预付款，形成建筑施工企业的流动资金。

（5）设计和施工分别发包。建筑工程一般由设计单位和施工单位分别承担设计和施工任务。建筑工程不同于一般的工业产品，其设计和建造不是在同一个企业中进行的。

2. 建筑业的作用

建筑业是国民经济的重要产业部门，在西方经济发达国家，与钢铁业、汽车工业并列为三大支柱产业。新中国成立以后，一直将建筑业与工业、农业、交通运输业、商业合称为五大物质生产部门。党的十四大上，江泽民同志提出要将机械电子、石油化工、汽车制造和建筑业作为振兴国民经济的四大支柱产业，这充分说明了建筑业在国民经济中所占地位的重要性。

建筑业在国民经济中的作用具体表现在以下方面。

（1）建筑业所完成的产值在社会总产值中占有相当大的比重，所创造的价值也是国民收入的重要组成部分。

（2）建筑业能够吸收国民经济各部门大量的物质产品。

（3）建筑业建造大量的生产性房屋建筑、构筑物，为国民经济各部门提供了重要的物质基础。

（4）建筑业能容纳大量劳动力，是重要的劳动力就业部门，已成为转移农村富余劳动力，解决就业问题的主要途径。

任务实施

从上述分析可以看出，建筑业对国民经济的发展发挥着重要的作用。分析建筑业的作用，可以使建筑产品的各方参与者能够积极主动参与，促使建筑业的和谐发展。

2.2.2 认识固定资产、基本建设与建筑业

教学目标

（1）认识固定资产的概念及特点。

（2）认识基本建设的概念和建设程序。

（3）了解建筑业与基本建设的关系。

任务引入

通过对固定资产、基本建设与建筑业的对比分析，加深对建筑业的认识和理解，掌握建筑业、固定资产、基本建设的关系及我国基本建设的程序，突出建筑业的重要性。

相关知识

1. 固定资产概述

1）固定资产的定义

固定资产是指企业用于生产商品或提供劳务，或租借给他人，或为了行政管理目的，而持有的预计使用年限超过一年的具有实物形态的资产。界定固定资产的标准较多，包括以下方面。

（1）用途。固定资产主要用于生产商品、提供劳务，或租借给他人，以获得相应的资产收益；或用于企业的行政管理，如办公大楼、管理用具等。

（2）经济价值较大，现制度规定在 2 000 元以上。

（3）预计使用年限超过一年的长期资产。

（4）具有实物形态，可以服务于多个生产经营周期。

（5）价值分次经过累计折旧形成消耗，计入当期的成本费用，并从产品销售收入中得到收回。

2）固定资产的分类

（1）固定资产按经济性质，可分为房屋建筑物和机械设备。后者包括动力设备、传导设备、工作机器及设备、运输设备、仪器及生产工具、管理用具及其他固定资产等。

（2）固定资产按经济用途，可分为经营用固定资产和非经营用固定资产。前者直接服务于企业生产经营过程；后者则间接服务于生产经营过程。

（3）固定资产按使用情况，可分为在用固定资产、未使用固定资产和不需用固定资产。

（4）固定资产按所有权情况，可分为自有固定资产和融资租入固定资产。

（5）固定资产按现行制度综合分类，可分为七大类：生产经营用固定资产、非生产经营用固定资产、租出固定资产、未使用固定资产、不需用固定资产、融资租入固定资产和土地。

3）固定资产价值

在使用寿命期限内，固定资产的价值量会不断发生变化，这种变化对于财务评价和经济评价有着重要的意义。

（1）固定资产原值，指建设项目建成或设备购置投入使用时发生并核定的固定资产完全原始价值总量。

（2）固定资产损耗，指固定资产在使用期间发生的物质和非物质的磨损。其包括两种情况：①有形损耗，又称物质损耗，即由于使用或自然力的作用而引起的物质上的磨损；②无形损耗，又称精神损耗，即由于科学技术进步、社会劳动生产率提高而引起的贬值。例如，电子计算机由于更新换代很快，其无形损耗在固定资产损耗中就占主要部分。

（3）固定资产重置价值，又称重置完全价值，是指在对固定资产重新估价时，按估价时的价格重新建造或购置同样全新固定资产所需的全部费用。

（4）固定资产净值，又称折余价值，是指固定资产原值或重置价值减去累计折旧额后的余额，反映固定资产的现存价值。

（5）固定资产残值，指固定资产达到规定的使用寿命期限或报废清理时可以回收的残余价值。

4）固定资产折旧

（1）固定资产折旧的含义。

固定资产折旧是固定资产由于使用耗损、自然侵蚀、科技进步和社会劳动生产率提高所引起的价值损耗。按影响固定资产损耗的因素，其可分为有形损耗和无形损耗。前者主要是由于使用耗损、自然侵蚀及外部力破坏引起的；后者是由于出现同等条件下，技术进步、社会劳动生产率提高，生产同样设备需要耗费的成本更低所引起的。

（2）固定资产折旧的决定因素。

决定固定资产折旧的基本因素有固定资产原始价值、固定资产报废的残值和清理费用、固定资产的经济寿命及折旧计算方法。

① 固定资产原始价值，又称折旧基数。计提折旧以固定资产账面原值为依据，原值大小决定了每期计提折旧的数额。

② 净残值等于固定资产处置时回收的价款减去清理费用的余额，固定资产原值与净残值之比，决定了实际计提折旧的净额。

③ 固定资产的经济寿命，即固定资产的折旧年限，决定了每期固定资产折旧数额的相对数。

④ 固定资产折旧计算方法，决定了每期折旧额的分布情况，同时也影响每期应交纳所得税情况。

2. 基本建设概述

1）基本建设的定义

基本建设是实现社会扩大再生产的重要手段，它为国民经济各部门的发展和人民物质文化生活水平的提高建立物质基础，是国民经济各部门、各单位购置和建造新的固定资产的经济活动过程。

特别提示

基本建设实质就是形成新的固定资产的经济活动过程。

2）基本建设的分类

建设项目由基本建设工程项目组成。根据工程项目的性质、用途和资金来源，建设项目可进行如下分类。

（1）按性质划分。

① 新建项目，指新开始建设的项目或对原有建设项目重新进行总体设计，经扩大规模后，其新增固定资产价值超过原有固定资产价值 3 倍以上的建设项目。

② 扩建项目，指为扩大原有主要产品的生产能力或效益，提高新产品生产能力，在原有固定资产的基础上，兴建一些主要车间或其他固定资产的项目。

③ 改建项目，指为了提高生产效益，改进产品质量或产品方向，对原有设备、工艺流程进行技术改造的项目，或为提高综合生产能力增加一些附属和辅助车间或非生产性工程项目。

④ 恢复项目，又称重建项目，是指因重大自然灾害或战争而遭受破坏的固定资产按原来的规模重新建设或在恢复的同时进行扩建的工程项目。

⑤ 迁建项目，指原有企业或事业单位，由于各种原因迁到另外的地方建设的项目。

（2）按在国民经济中的用途划分。

① 生产性建设项目，是指直接用于物质生产或满足物质生产需要的建设项目。具体包括工业、建筑业、农业、林业、水利、气象、运输、邮电、商业或物质供应、地质资源勘探等建设。

② 非生产性建设项目，是指满足人民物质文化生活需求的建设项目，如住宅、文教卫

生、科学实验研究、公用事业和其他建设。

(3) 按建设项目资金来源和渠道划分。

① 国家投资的建设项目，指国家预算直接安排基本建设投资的建设项目，其中包括财政统借统还的利用外资投资的项目。

② 银行信用筹资的建设项目，指通过银行信用方式供应基本建设项目。资金的来源有银行自有资金、流通货币各项存款、金融债券等。

③ 自筹资金的建设项目，是指各地区、各部门按照财政制度提留的管理和自行分配于基本建设投资的项目。包括地方自筹、部门自筹和企业事业单位自筹。

④ 引进外资的建设项目，指利用外资建设的项目。

⑤ 利用长期资金市场的项目，通过长期资金市场筹资建设的项目。

(4) 按照建设阶段划分。

① 筹建项目，指只做准备，尚不能开工的项目。

② 施工（在建）项目，指正在建设中的项目。

③ 竣工项目，指工程施工已经全部结束并通过验收的项目。

④ 建成投产项目，指工程已经全部竣工，并通过验收，交付使用的项目。

3. 基本建设程序

1) 基本建设程序的含义

基本建设程序是指建设项目从酝酿、提出、决策、设计、施工到竣工验收整个过程中各项工作的先后次序，是基本建设经验的科学总结，是客观存在的经济规律的正确反映。

特别提示

基本建设是一项多行业、多部门密切配合，综合性强、涉及面广、环节多的工作。

2) 基本建设程序的内容

我国现行的基本建设程序自改革开放以来已逐步完善，并不断科学化和法制化。现行的基本建设程序分为以下9个阶段。

(1) 项目建议书阶段。投资者根据国民经济的发展、工农业生产和人民物质生活与文化生活的需要，拟投资兴建某项工程，开发某项系列产品，并论证该项目建设的必要性、可行性以及兴建的目的、要求、计划等内容，写成书面报告，建议有关上级部门同意批准兴建该项目。

(2) 可行性研究报告阶段。根据上级批准的项目建议书，进行进一步可行性研究、论证，并根据最优方案编制初步设计。可行性研究的目的是要从技术、经济的角度论证该项目是否适合于建设。

(3) 编制设计任务书阶段。设计任务书是确定基本建设项目编制设计文件的主要依据。它在基本建设程序中起主导作用，一方面把国民经济计划落实到建设项目上，另一方面使建设项目及建成投产后所需的人力、财力、物力有可靠保证。

(4) 选择建设地点。建设地点的选择主要解决以下问题：①工程地质、水文地质等自然条件是否可靠；②建设时所需的水、电、运输条件是否落实；③建设项目投产后的原材料、燃料等是否满足要求。对生产人员的生活条件、生产环境也要全面考虑。

（5）编制设计文件。拟建项目的设计任务书和选址报告经批准后，主管部门就应委托设计单位，按照设计任务书的要求，编制设计文件。

特别提示

设计文件是安排建设项目和组织工程施工的主要依据。

（6）做好施工准备工作。主管部门根据计划要求的建设进度和工作实际情况，采取招标方式选定一个施工企业总承包，或自己组织精干熟练的班子负责施工准备工作，如征地拆迁、场地测量、“三通一平”和临时设施等。

（7）全面施工。所有建设项目都必须在列入年度计划、做好施工准备、签订施工合同、具备开工条件的前提下，并经有关机关审核、批准后方能组织施工。在施工过程中要注意科学管理、文明施工。在质量和进度发生矛盾时，首先要保证质量。单位工程必须编制施工组织设计，并且该施工组织设计要受施工组织总设计的约束和限制。要加强经济核算，建立项目负责制，并严格履行工程合同。

（8）竣工验收。竣工验收是工程建设过程的最后一环，是全面考核基本建设成果、检查工程设计和施工质量的重要步骤。验收分为两个阶段，即单项工程的验收和整体项目的验收，依据国家有关规定组成的验收委员会专门负责进行。

（9）项目后评价阶段。建设项目后评价是建设项目竣工投产、正常运营一段时间后，再对项目的立项决策、设计施工、竣工验收、生产运营等全过程进行系统评价的一种技术经济活动，是固定资产投资管理的最后一个环节。通过后评价可以肯定成绩、总结经验、研究问题、吸取教训，并将结果反馈给项目投资者和银行贷款部门，作为今后改进投资规划、评估、管理工作的重要参考。

基本建设程序是不可违背的科学程序，无论是客观需要还是主观意志如何，违反建设程序办事，如在实际工作中屡见不鲜的所谓“献礼工程”，常会给国家和社会带来不应有的损失，是一种不负责任的行为，应予以避免。我国现行基本建设程序如图 2.1 所示。

4. 建筑业与基本建设的关系

作为投资行为的基本建设活动和作为物质生产部门的建筑业，两者之间有着密切的关系，它们互相依赖、互相影响、互相制约，同时又有区别。

1）基本建设和建筑业的联系

（1）基本建设的主要内容由建筑业来完成。建筑安装工作量在基本建设投资中占有相当大的比重，一般为 60%左右。建筑业的技术进步和生产效率的提高，直接关系着基本建设工作的进程和效果。事实已充分证明，没有强大的建筑业，就无法进行大规模的基本建设。

（2）基本建设投资是促进建筑业发展的客观需要。基本建设投资的多少直接影响着建筑业工程任务的大小，如果基本建设投资忽高忽低，建筑业的经营就时好时坏。因此，只有基本建设规模得到健康发展，才能促进建筑业的发展。

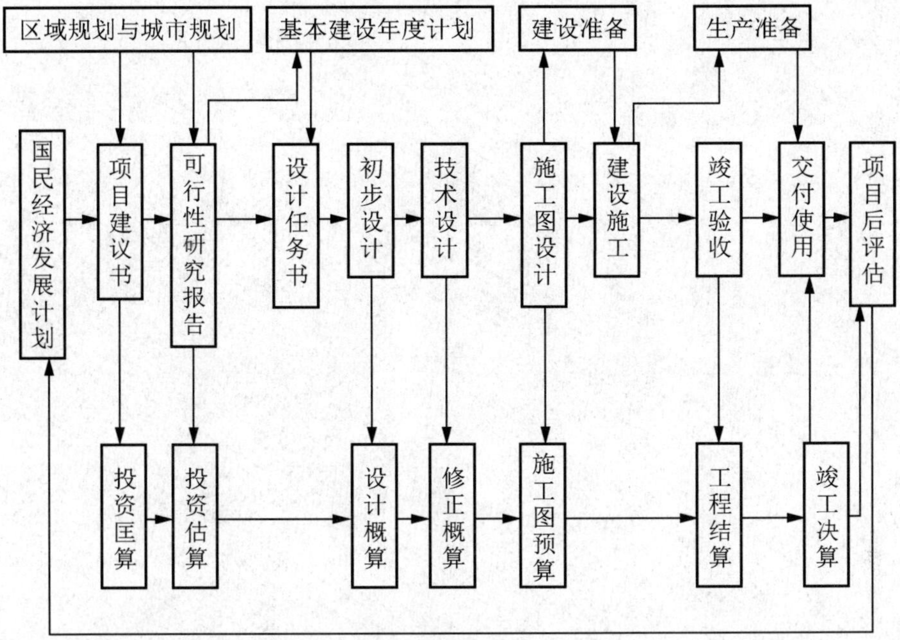

图 2.1 我国现行基本建设程序

2）基本建设和建筑业的区别

（1）性质不同。基本建设是一种投资行为，是一种综合性的经济活动。而建筑业是一个物质生产行业，主要从事建筑安装等物质生产活动。

（2）内容不同。基本建设除了包括建筑业完成的建筑安装工程内容之外，还包括对设备的购置。而建筑业的生产任务除了基本建设投资形成的建筑安装任务外，还有更新改造和维修资金形成的建筑安装生产任务。

（3）任务不同。基本建设的主要任务是在一定期限和资金限额内完成投资活动，得到足够需用的固定资产。而建筑业的主要任务是为社会提供更多、更好、更经济的建筑产品并盈利。

任务实施

从上述分析可以看出，基本建设过程就是新增固定资产的过程。通过分析基本建设的内容和程序，学生要加深对基本建设项目的理解，更加深入地体会建筑业与基本建设的关系。

思考与练习

1．建筑业有哪些特点？
2．建筑业在国民经济中的作用是什么？
3．什么是固定资产投资？
4．基本建设的内容有哪些？
5．基本建设和建筑业有什么区别？

模块3

可行性研究前期工作

项目资金筹措和市场研究是建设项目可行性研究报告中的两项重要内容，是决策者决策的重要依据。项目资金筹措是否到位、是否能使投资成本最低、是否使资金参与各方均得到相应的利益，关系到建设方能否得到投资资金顺利进行建设。而市场研究则是对市场进行分析、预测，从而判断市场是否需要该建设项目，以决定该建设项目是否需要建设，能否获得相应的利益。

3.1 工程项目资金筹措

引 言

建筑行业是国民经济的一个重要的物质生产部门，从事建筑物和构筑物的生产经营活动，其生产建设的过程较长，涉及面广，经济关系复杂，且所需要的资金量非常巨大，周转期也较长。如果完全依靠建设企业的自有资金进行建设，是非常难以实现的。因此，需要借助于金融工具，通过项目的融资达到项目竣工的目的。而要想实现项目的融资——资金筹措，则需要了解项目资金如何构成及其来源。

3.1.1 建设项目资金总额的构成及来源分析

教学目标

（1）熟悉建设项目资金总额的构成。

（2）熟悉项目资本金和项目债务资金的概念与特点。

（3）掌握项目资本金和项目债务资金的筹措方式。

任务引入

【例 3.1】 ××花园项目总投资（含贷款建设期利息）为 37 725.35 万元，整个建设经营期为 3 年，是一个建设周期长、资金投入量大的建设项目。因此，一般采用投资的多种组合方式，一方面可减轻融资的压力，有助于资金的流通；另一方面可相对降低开发商的风险，使项目顺利开发。本项目开发总投资（含贷款利息）共计 37 725.35 万元，自有资金 10 000 万元，占总投资的 26.5%，销售收入再投入用于投资合计 7 725.35 万元，另需贷款额合计 20 000 万元。

任务分析

本项目开发投资的资金来源有 3 个渠道：一是自有资金，二是向银行贷款，三是预售收入用于投资部分。资金运作方式如下：自有资金全部用于投资；销售收入扣除与销售有关税费后用于投资，初步估算按销售收入 15.5%计算；此外还缺少的资金，则向银行借贷。

在项目的前期，将汇集到的自有资金用于支付土地使用权出让金和前期工程费；在获取土地使用权后，可将其向银行或金融机构抵押以获取银行抵押贷款，用于地上建筑物建设；当住宅楼建设完成了主体工程后就可进行销售，销售收入再加上用其他方式筹措到的资金，就可将整个项目投资完成。

相关知识

1. 建设项目资金总额的构成

建设项目按照其规模的大小，需要的资金量由十几万元到几千万元甚至几十亿元。巨大的资金量的获得需要通过多种渠道才能实现。按照建设项目资金来源的不同，其资金总额通常由自有资金、赠款以及负债构成，具体情况如图3.1所示。

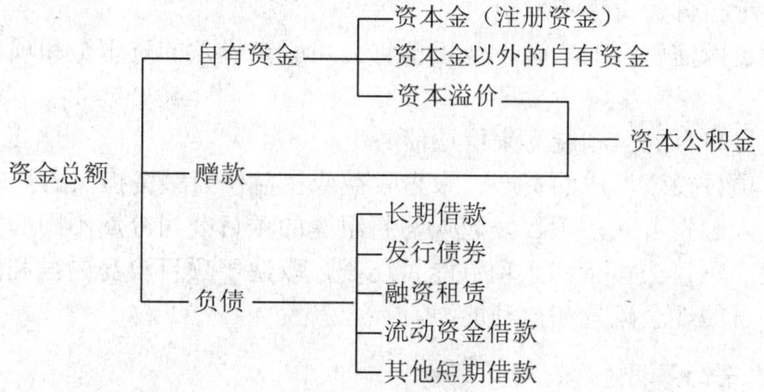

图3.1 建设项目资金总额的构成

以上各个资金的构成部分均需通过一定的渠道筹措获得。其中自有资金和赠款又可合称为资本金，即建设项目资金总额由项目资本金和债务资金构成。

2. 资金筹措及其方式

资金筹措又称融资，是以一定的渠道为某种特定活动筹集所需资金的各种活动的总称。在项目的经济分析中，融资是为项目投资而进行的资金筹措行为或资金来源方式。融资方案一般是在投资估算的基础上，研究拟建项目所需要资金的获得渠道、融资形式、融资结构、融资成本、融资风险，比选、推荐项目的融资方案，作为资金筹措和财务评价的依据。

研究融资方案，应明确融资主体。项目的融资主体是指进行融资活动并承担融资责任和风险的项目法人单位。根据融资主体的不同，项目融资分为既有法人融资和新设法人融资。

1）既有法人融资

既有法人融资是指以既有法人为融资主体的融资方式。采用既有法人融资方式的建设项目，既可以是技术改造、改建、扩建项目，也可以是非独立法人的新建项目。

既有法人融资方式有以下基本特点。

（1）由既有法人发起项目、组织融资活动并承担融资责任和风险。

（2）建设项目所需的资金，来源于既有法人内部融资、新增资本金和新增债务资金。

（3）新增债务资金依靠既有法人整体（包括拟建项目）的盈利能力来偿还。

（4）以既有法人整体的资产和信用承担债务担保。

2）新设法人融资

新设法人融资方式是以新组建的具有独立法人资格的项目公司为融资主体的融资方式。采用新设法人融资方式的建设项目，项目法人大多是企业法人。社会公益性项目和某些基础设施项目也可能组建新的事业法人实施。采用新设法人融资方式的建设项目，一般是新建项目，但也可以是将既有法人的一部分资产剥离出去后重新组建新的项目法人的改扩建项目。

新设法人融资方式有以下基本特点。

（1）由项目发起人（企业或政府）发起组建新的具有独立法人资格的项目公司，由新组建的项目公司承担融资责任和风险。

（2）建设项目所需资金的来源，包括项目公司股东投入的资本金和项目公司承担的债务资金。

（3）依靠项目自身的盈利能力来偿还债务。

（4）一般以项目投资形成的资产、未来收益或权益作为融资担保的基础。

采用新设法人融资方式，项目发起人与新组建的项目公司分属不同的实体，项目的债务风险由新组建的项目公司承担。项目能否还贷，取决于项目自身的盈利能力，因此必须认真分析项目自身的现金流量和盈利能力。

3. 项目资本金的筹措

1）项目资本金的概念与特点

项目资本金是指在建设项目总投资中，由投资者认缴的出资额，对于建设项目来说是非债务性资金，项目法人不承担这部分资金的任何利息和债务；投资者可按其出资的比例依法享有所有者权益，也可转让其出资及其相应权益，但不得以任何方式抽回。

项目资本金主要强调的是作为项目实体而不是企业所注册的资金。注册资金是指企业实体在工商行政管理部门登记的注册资金，通常指营业执照登记的资金，即会计上的“实收资本”或“股本”，是企业投资者按比例投入的资金。在我国注册资金又称为企业资本金。因此，项目资本金有别于注册资金。

项目资本金是确定项目产权关系的依据，也是项目获得债务资金的基础。资本金没有固定的按期还本付息的压力。而股利是否支付和支付多少，则视项目投产运营后的实际经营效果而定。因此，项目法人对于项目的财务负担较小。

我国对于经营性的项目实行资本金制度，即规定了经营性项目的建设必须有总投资额一定比例的资本金，该比例按照不同的行业和项目的经济效益等因素有不同的规定。例如，国家规定电力、建材等项目资本金比例一般为20%及以上，房地产开发项目（不含廉租房和经济适用房项目）的资本金比例为35%以上，廉租房和经济适用房项目的资本金比例为20%以上。

2）项目资本金的出资方式

按照有关规定，资本金可以用货币出资，也可以用实物、工业产权、非专利技术、土地使用权作价出资。对作为资本金的实物、工业产权、非专利技术、土地使用权，必须经过有资格的资产评估机构依照法律、法规评估作价。以工业产权、非专利技术作价出资的比例不得超过投资项目资本金总额的20%，国家对采用高新技术成果有特别规定的除外。

为了使建设项目保持合理的资产结构，应根据投资各方及项目的具体情况选择项目的资本金出资方式，以保证项目能顺利建设并在建成后正常运营。

3）项目资本金的筹措方式

建设项目可通过政府投资、股东直接投资、发行股票、利用外资直接投资等多种方式来筹集资本金。

（1）政府投资。政府投资资金包括各级政府的财政预算内资金、国家批准的各种专项建设基金、统借国外贷款、土地批租收入、地方政府按规定收取的各种费用及其他预算外资金等。政府投资主要用于关系国家安全和市场不能有效配置资源的经济和社会领域，包括加强公益性和公共基础设施建设，保护和改善生态环境，促进欠发达地区的经济和社会发展，推进科技进步和高新技术产业化。中央政府投资除本级政权等建设外，主要安排跨地区、跨流域以及经济和社会发展全局有重大影响的项目（如三峡工程、青藏铁路等)。

国家根据资金来源、项目性质和调控需要，分别采取直接投资、资本金注入、投资补助、转贷和贷款贴息等方式，并按项目安排政府投资。

（2）股东直接投资。股东直接投资包括政府授权投资机构入股资金、国内外企业入股资金、社会团体和个人入股资金以及基金投资公司入股的资金，分别构成国家资本金、法人资本金、个人资本金和外商资本金。

既有法人融资项目，股东直接投资表现为扩充既有企业的资本金，包括原有股东增资扩股和吸收新股东投资；新设法人融资项目，股东直接投资表现为项目投资者为项目提供资本金。合资经营公司的资本金由企业的股东按股权比例认缴，合作经营公司的资本金由合作投资方按预先约定的金额投入。

有些项目不允许境外资本控股，有些项目要求国有资本控股。《外商投资产业指导目录》中明确规定，核电站、铁路干线路网、城市地铁及轻轨等项目，必须由中方控股。

（3）发行股票。股票是股份有限公司发放给股东作为已投资入股的证书和索取股息的凭证，是可作为买卖对象或质押品的有价证券。发行股票融资可以采取公募与私募两种形式。公募也称为公开发行，是在证券市场上向不特定的社会公众公开发行股票；私募也称不公开发行或内部发行，是指将股票直接出售给少数特定的投资者。

既有法人融资和新设法人融资，凡符合规定条件，均可通过发行股票在资本市场上募集股本资金。

拓展阅读

股票的种类及优缺点

1. 股票的种类

按股东承担风险和享有权益的大小，股票可分为优先股和普通股两大类。

（1）优先股，指在公司利润分配方面较普通股有优先权的股份。优先股的股东按一定比例取得固定股息；企业清算时，能优先得到剩下的可分配给股东的财产。

（2）普通股，指在公司利润分配方面享有普通权利的股份。普通股股东除能分得股息外，还可在公司盈利较多时再分享红利。因此，普通股获利水平与公司盈亏息息相关。股票持有人不仅可据此分配股息和获得股票涨价时的利益，且有选举该公司董事、监事的机会，有参与公司管理的权利，股东大会的选举权根据普通股持有额计算。

2. 发行股票筹资的优点

（1）以股票筹资是一种有弹性的融资方式。与利息不同，由于股息或红利不需要按期支付，当公司经营不佳或现金短缺时，董事会有权决定不发股息或红利，因而公司融资风险低。

（2）股票无到期日。其投资属永久性投资，公司不需为偿还资金而担心。

（3）发行股票筹集资金可降低公司负债比率，提高公司财务信用，提高公司今后的融资能力。

3. 发行股票筹资的缺点

（1）资金成本高。购买股票承担的风险比购买债券高，投资者只有在股票的投资报酬高于债券的利息收入时，才愿意投资于股票。此外，债券利息可在税前扣除，而股息和红利须在税后利润中支付，这样就使股票筹资的资金成本大大高于债券筹资的资金成本。

（2）增发普通股须给新股东投票权和控制权，从而降低原有股东的控制权。

（3）上市公司公开发行股票，必须公开披露信息，接受投资者和社会公众的监督。

4. 项目债务资金的筹措

1）项目债务资金的概念与特点

债务资金是指项目中除资本金外，通过负债方式从金融机构、证券市场等资本市场借入的各种资金。负债融资是工程项目资金筹措的重要形式。

负债融资的特点主要体现在以下方面。

（1）筹集的资金在使用上具有时间限制，必须按期偿还。

（2）无论项目法人今后经营效果好坏，均需要按期支付债务利息，从而形成项目法人今后的财务负担。

（3）资金成本一般比权益融资低，且不会分散对项目未来权益的控制权。

2）项目债务资金的筹措方式

（1）信贷融资。信贷融资是利用信用筹措所需资金的一种方式，包括国外信贷资金和国内信贷资金。

国外信贷资金包括以下几种。

① 商业银行贷款。商业银行贷款是指在国际金融市场上，由商业银行提供的贷款。

② 外国政府贷款。外国政府贷款是一国政府向另一国政府提供的具有一定援助或部分赠与性质的低息优惠贷款。目前，我国可以利用的外国政府贷款主要有日本国际协力银行贷款、日本能源贷款、美国国际开发署贷款、加拿大国际开发署贷款，以及德国、法国等的政府贷款。我国各级财政也可以为外国政府贷款提供担保，按照财政担保的方式分为财政部担保、地方财政厅（局）担保、无财政担保。

③ 国际金融组织贷款。国际金融组织贷款是指利用国际货币基金组织、世界银行集团、亚洲开发银行等国际金融组织贷款筹集债务资金。

④ 出口信贷。出口信贷是指各国为促进和扩大本国产品及设备出口而设立的，分为卖方信贷和买方信贷。卖方信贷是指外国银行将资金贷给本国出口商，以使买方赊销购入产品和设备；买方信贷则是外国银行将资金贷给进口商或进口国银行，约定购买本国出口商的产品和设备，从而达到融通资金的目的。

⑤ 信托投资公司等非银行金融机构提供的贷款。

国内信贷资金主要包括商业银行贷款、政策性银行贷款以及非银行金融机构贷款等。

① 商业银行贷款。商业银行贷款是我国建设项目获得短期、中长期贷款的重要渠道。国内的商业银行贷款手续简单、成本较低，适用于有偿债能力的建设项目。

② 政策性银行贷款。政策性银行贷款一般期限较长，利率较低，是为配合国家产业政策等的实施，对有关的政策性项目提供的贷款。我国政策性的银行有中国进出口银行和中国农业发展银行。

③ 非银行金融机构贷款。非银行金融机构贷款是指向除银行之外从事金融业务的机构借入的各项贷款。我国的非银行金融机构包括城市商业银行、农村信用合作社（包括农村商业银行、合作银行）、保险公司、金融信托投资公司、证券公司、财务公司、金融租赁公司、融资公司（中心）等。

（2）债券融资。债券融资是指项目法人以自身的财务状况和信用条件为基础，通过发行企业债券筹集资金，用于项目建设的融资方式。债券筹资的利息允许在所得税前支付，且可发挥财务杠杆作用，提高自有资金收益率；但债券筹资也具有发行限制条件较多、还本付息负担较重的问题。除了一般债券融资外，项目法人还可采用可转换债券融资，这种债券的发行无须以项目资产或其他公司资产作为担保。

拓展阅读

债券的分类

1. 按发行主体分类

按发行主体不同可划分为国家债券、地方政府债券、金融债券、企业债券。国家债券（国债）的发行主体是国家，往往是为了弥补国家财政赤字，或者为了一些耗资巨大的建设项目以及某些特殊经济政策甚至为战争筹措资金。由于国债以国家的税收作为还本付息的保证，因此，国债的风险小、流动性强，利率也比其他债券低。从债券的形式来看，我国发行的国债又可分为凭证式国债、无记名（实物）国债和记账式国债 3 种。

地方政府债券的发行主体是地方政府，一般用于交通、通信、住宅、教育、医院和污水处理系统等地方性公共设施的建设。同中央政府发行的国债一样，地方政府债券一般也是以当地政府的税收能力作为还本付息的保证。但是，有些地方政府债券的发行是为了某个特定项目（或企业）融资，因而不是以地方政府税收作为担保，而是以借债人经营该项目所获的收益作为担保。例如，某地方政府为解决当地中低收入居民的住房困难，利用发行债券所得收入修建一批大众化的“商品房”，由此获得的租售收入用于偿还债券的本金和利息。地方政府债券的安全性较高，被认为是安全性仅次于国债的一种债券。地方政府债券所获得的利息收入一般都免交所得税。

金融债券的发行主体是金融机构，债券在到期之前一般不能提前兑换，只能在市场上转让，从而保证了所筹集资金的稳定性。金融债券的资信通常高于其他非金融机构债券，违约风险相对较小，具有较高的安全性。因此，金融债券的利率通常低于一般的企业债券，但高于风险更小的国债和银行储蓄存款利率。此外我国还发行政策性金融债券和特种金融债券。

企业债券的发行主体是企业。由于企业主要以本身的经营利润作为还本付息的保证，因此，企业债券风险与企业本身的经营状况直接相关。如果企业发行债券后，经营状况不好，连续出现亏损，可能无力支付投资者本息，投资者就面临着受损失的风险。从这个意义上来说，企业债券是一种风险较大的债券。所以在企业发行债券时，一般要对发债企业进行严格的资格审查或要求发行企业有财产抵押，以保护投资者利益。另一方面，在一定限度内，证券市场上的风险与收益成正相关关系，高风险伴随着高收益。企业债券由于具有较大风险，它们的利率通常也高于国债和地方政府债券。

2. 按付息方式分类

按付息方式不同可划分为贴现债券（零息债）与附息债券。

贴现债券是期限比较短的折现债券，是指债券券面上不附有息票，在票面上不规定利率，发行时按规定的折扣率，以低于债券面值的价格发行，到期按面值支付本息的债券。从利息支付方式来看，贴现国债以低于面额的价格发行，可以看做利息预付，因而又可称为利息预付债券、贴水债券。

附息债券是平价发行的，分期计息，也分期支付利息，债券上附有息票，息票上标有利息额、支付利息的期限和债券号码等内容。投资者可以从债券上剪下息票，并凭据息票领取利息。附息债券的利息支付方式一般应在偿还期内按期付息，如每半年或一年付息一次，目前我国很少采用这种形式。

3. 按利率变动方式分类

按利率是否变动可分为固定利率债券和浮动利率债券。

固定利率债券指在发行时规定利率在整个偿还期内不变的债券。固定利率债券不考虑市场变化因素，因而其筹资成本和投资收益可以事先预计，不确定性较小。但债券发行人和投资者仍然必须承担市场利率波动的风险。如果未来市场功能利率下降，发行人能以更低的利率发行新债券，则原来发行的债券成本就显得相对高昂，而投资者则获得了相对现行市场利率更高的报酬，原来发行的债券价格将上升；反之，如果未来市场利率上升，新发行债券的成本增大，则原来发行的债券成本就显得相对较低，而投资者的报酬则低于购买新债券的收益，原来发行的债券价格将下降。

浮动利率债券的票面利率是随市场利率或通货膨胀率的变动而相应变动的。也就是说，浮动利率债券的利率通常根据市场基准利率加上一定的利率差（通货膨胀率）来确定。浮动利率债券往往是中长期债券，它的种类也较多，如规定有利率浮动上、下限的浮动利率债券，规定利率到达指定水平时可以自动转换成固定利率债券的浮动利率债券，附有选择权的浮动利率债券，以及在偿还期的一段时间内实行固定利率而另一段时间内实行浮动利率的混合利率债券等。由于债券利率随市场利率浮动，采取浮动利率债券形式就可以避免债券的实际收益率与市场收益率之间出现任何重大差异，使发行人的成本和投资者的收益与市场变动趋势相一致。但债券利率的这种浮动性也使发行人的实际成本和投资者的实际收益事前带有很大的不确定性，从而导致较高的风险。

4. 按偿还期限长短分类

按偿还期限长短可划分为长期债券、中期债券、短期债券。一般来说，偿还期限在10年以上的为长期债券；偿还期限在1年以下的为短期债券；期限在1年或1年以上、10年以下（包括10年）的为中期债券。我国国债的期限划分与上述标准相同。但我国企业债券的期限划分与上述标准有所不同。我国短期企业债券的偿还期限在1年以内，偿还期限在1年以上5年以下的为中期企业债券，偿还期限在5年以上的为长期企业债券。

5. 按募集方式分类

按募集方式可划分为公募债券、私募债券。公募债券的发行人一般有较高的信誉，发行时要上市公开发售，并允许在二级市场流通转让。私募债券发行手续简单，一般不到证券管理机关注册，不公开上市交易，不能流通转让。

6. 按募集方式分类

按担保性质可划分为无担保债券、有担保债券。国债以国家税收作为还款保证，某些企业债券因企业的资信良好，愿意以它的经营效益作为还款保证，这些都是负得起责任的，无须用其他形式的财产来做还款保证，这就是无担保债券类。有担保债券类，上面都写明了具体有哪些财产，到偿还期时如果借款人经营不善，可以以写明的财产抵债。用来做担保的财产有各种形式，如是以不动产做担保的债券，称为抵押债券；如以动产或权利做担保，这种债券叫做质押债券；由第三人或第三人的财产来担保的债券，称为保证债券类。

7. 特殊类型的债券

特殊类型的债券有可转换公司债券。可转换公司债券是指可以将该公司的债券转换成该公司的股票，且同时兼有债券和股票的双重性质，还可以将债券回售给发行人。一些可转换债券附有回售条款，双方商定某一价格水平为将债券转换成股票的可转换价格，约定当公司股票的市场价格持续低于这个转换价格并且达到一定幅度限制时，债券投资人可以把债券按约定条件出售给债券发行人。另外，可转换债券的发行人拥有强制赎回债券的权利。一些可转换债券在发行时附有强制赎回条款，规定在一定时期内，若公司股票的市场价格高于可转换价达到一定幅度并持续一段时间时，发行人可按约定条件强制赎回债券。由于可转换债券附有一般债券所没有的选择权，因此，可转换债券利率一般低于普通公司债券利率，企业发行可转换债券有助于降低其筹资成本。但可转换债券在一定条件下可转换成公司股票，因而会影响到公司的所有权。

由于可转换债券兼具债券和股票双重特点，所以比较受投资者的欢迎。我国证券市场早期进行过可转换债券的试点，如宝安集团、中国纺织机械股份有限公司、南玻集团等企业先后在境内外发行了可转换债券。1996 年，我国政府决定要选择有条件的公司进行可转换债券的试点，并于 1997 年颁布了《可转换公司债券管理暂行办法》。

（3）融资租赁。融资租赁是指由出租人按承租人要求，融通资金购买设备，租给承租人使用，由承租人支付租金获取设备使用权的一种筹资方式。采用这种筹资方式，一般是在由承租人选定设备，由出租人购置后租给承租人使用，承租人按期交付租金。租赁期满后，出租人可以将设备作价售让给承租人。这种融资方式实际上是通过租赁设备融通到所需资金，从而形成债务资金。

任务实施

从上述分析可以看出，项目的资金筹措主要从两个方面进行，即项目资本金和项目债务资金。在这部分内容中，学生掌握这两种资金的特点和筹措方式，可为筹措项目建设资金提供参考依据。例 3.1 的资金筹措方案如下所述。

1. 自有资金

整个项目的自有资金为 10 000 万元，占总投资的 26.5%，分 3 年投入，如表 3-1 所示。

表 3-1 自有资金年度投入表 单位：万元

第 1 年	第 2 年	第 3 年
3 340.65	6 582.23	77.12

2. 银行贷款

银行长期贷款共有两笔，共计 20 000 万元，占总投资 53%；从第 1 年起到第 2 年止每年借一笔，如表 3-2 所示。

表 3-2 银行贷款年度投入表　　单位：万元

第 1 年	第 2 年
10 000	10 000

3. 销售收入再投入

销售收入再投入按销售收入的 15.5%计算，从项目有销售收入最后第 3 年开始，直到项目建设经营期结束，上半年为整个销售收入的 11.9%，下半年为整个销售收入的 3.6%，总销售收入再投入为 7 725.35 万元，占总投资的 20.5%，如表 3-3 所示。

表 3-3 销售收入再投入年度投入表　　单位：万元

第 3 年	
上半年	下半年
5931.45	1793.90

3.1.2 资金成本及结构分析

教学目标

（1）掌握不同来源渠道资金的资金成本计算（普通股票的资金成本仅限了解）。

（2）熟悉资金成本的含义、表达方式和运用的形式。

（3）了解资金成本的作用。

任务引入

【例 3.2】 某企业计划进行筹资决策，现有两个方案备选，有关资料如表 3-4 所示，要求分别计算两种方法的综合资本成本，从中选择一个较优方案。

表 3-4 甲、乙方案资金筹措情况表

筹资方式	甲方案		乙方案	
	筹资额/万元	资金成本	筹资额/万元	资金成本
长期借款	80	8%	50	7%
公司债券	100	10%	30	8%
优先股	30	12%	110	9%
普通股	40	15%	60	15%
合计	250		250	

任务分析

本企业筹资的来源可以通过长期借款、公司债券、优先股和普通股 4 种方式综合筹得。

因此，要分析选择哪个方案，必须计算出不同方案的综合资金成本，以综合资金成本最低者为最优方案。根据条件中各种筹资的资金成本及其数量，可以求取各种筹资的资金占总筹资额的比例，将其作为计算综合资金成本的权重，这样计算出的综合资金成本最低者就是决策的结果。

相关知识

1. 资金成本概述

1）资金成本的含义

资金成本是指项目为筹集和使用资本所付出的代价，包括资金筹集费用和资金占用费用。

资金筹集费用是指在筹集资金过程中发生的各项筹资费用，如发行股票、债券支付的印刷费、发行费、律师费、资信评估费、公证费、担保费、广告费等，可以冲减企业筹资总额；资金占用费用是指使用债务资金过程中发生的经常性的费用，如股票股息与红利、银行借款利息、债券利息等。

2）资金成本的表达方式

资金成本有不同的表达方式，既可以用绝对数表示，也可以用相对数表示。用绝对数表示的，如借入长期资金即指资金占用费和资金筹集费；用相对数表示的，如借入长期资金即为资金占用费与实际取得资金之间的比率，以百分数表示，即资金成本率，但是它不简单地等同于利率，两者之间在含义和数值上是有区别的。在财务管理中，一般用相对数表示。

3）资金成本的运用形式

资金成本有多种运用形式。

(1) 在比较各种筹资方式时，使用个别资金成本，如借款资金成本率、债券资金成本率、普通股资金成本率、优先股资金成本率、留存收益资金成本率。

(2) 进行项目资金结构决策时，则使用综合资金成本率。

(3) 进行追加筹资结构决策时，则使用边际资金成本率。

4）资金成本的作用

(1) 资金成本是项目筹资决策的重要依据。通过不同渠道和方式所筹措的资金，将会形成不同的资金结构，由此产生不同的财务风险和资金成本。因此，资金成本也就成为确定最佳资金结构的主要因素之一。随着筹资数量的增加，资本成本将随之变化。当筹资数量增加到增资的成本大于增资的收入时，企业便不能再追加资本。因此，资金成本是限制企业筹资数额的一个重要因素。

(2) 资金成本是评价和选择投资项目的重要标准。资金成本实际上是投资者应当取得的最低报酬水平。只有当投资项目的收益高于资金成本的情况下，才值得为之筹措资本；反之，就应该放弃该投资机会。

(3) 资金成本是衡量项目资金效益的临界基准。如果一定时期的综合资金成本率高于总资产报酬率，就说明企业资金的运用效益差，经营业绩不佳；反之，则相反。

2. 资金成本的计算

从原则上来讲，项目筹集和使用的各种来源的资金都要估算其资金成本，但短期资金来源资金成本很小，且占用时间短，因而筹资决策中可不予考虑，重点考虑长期资金的资金成本。项目资金筹集的方式各异，其资金成本估算的方法也不同。但总的来说，其计算的一般形式为

$$资金成本率=\frac{资金占用费}{筹集资金总额-资金筹集费}\times 100\% \tag{3-1}$$

由于资金筹集费一般与筹集资金总额成正比，所以一般用筹集费用率表示资金筹集费占资金筹集总额的比例，资金成本率也可表示为

$$资金成本率=\frac{资金占用费}{筹集资金总额\times(1-筹资费用率)}\times 100\% \tag{3-2}$$

下面从资金成本不同的运用形式来说明资金成本的计算。

1）个别资金成本

（1）银行借款的资金成本。银行借款的资金成本是指借款的利息和筹资费用。

由于借款利息计入税前成本，可以抵税。因此，在不考虑银行筹资费用的情况下，其资金成本的计算公式为

$$K_d=(1-T)\cdot R_d \tag{3-3}$$

式中：K_d——银行借款资金成本；

T——所得税税率；

R_d——银行借款利率。

在考虑银行筹资费用的情况下，其资金成本的计算公式为

$$K_d=\frac{I_d\cdot(1-T)}{L\cdot(1-F_b)} \tag{3-4}$$

式中：I_d——银行借款年利息；

L——银行借款筹资额；

F_b——资金筹集费用率。

也可以写为

$$K_d=\frac{R_d\cdot(1-T)}{1-F_b} \tag{3-5}$$

【例 3.3】 安合公司从银行借入长期资金 100 万元，期限 5 年，年利率为 10%，利息在每年年末支付，到期时一次还本。借款手续费为借款额的 1%，公司所得税税率为 25%。要求计算该公司长期借款资金成本。

【解】 $K_d=\frac{R_d\cdot(1-T)}{1-F_b}=\frac{10\%\times(1-25\%)}{1-1\%}=7.58\%$

（2）债券资金成本。债券资金成本主要是债券利息和融资费用。其计算公式为

$$K_b=\frac{I_b\cdot(1-T)}{B\cdot(1-F_b)} \tag{3-6}$$

或

$$K_b=\frac{R_b\cdot(1-T)}{1-F_b} \tag{3-7}$$

式中：K_b——债券资金成本；

T——所得税税率；

I_b——债券年利息；

B——债券筹资额；

R_b——债券年利率；

F_b——债券筹集费用率。

【例 3.4】 某公司平价发行面值为 1 000 元，票面利率为 8%，每年付息，5 年后一次还本的公司债券，债券筹资费率为 4%，公司所得税税率为 25%。要求计算该债券的资金成本。

【解】 $K_b=\frac{R_b\cdot(1-T)}{1-F_b}=\frac{8\%\times(1-25\%)}{1-4\%}=6.25\%$

（3）股票资金成本。

① 优先股成本。优先股是指公司在融资时，对优先股认购人给以某些优惠条件的承诺。优先股的优先权利主要体现在优先于普通股分得股利，股利通常是固定的。优先股股息是税后支付，而且需支付发行费用，因此优先股成本一般要高于负债成本。资金成本的计算公式为

$$K_p=\frac{D}{P_p\cdot(1-F_p)} \tag{3-8}$$

或

$$K_p=\frac{R_p}{1-F_p} \tag{3-9}$$

式中：K_p——优先股资金成本；

D——优先股年股利；

P_p——优先股筹资额（票面价值）；

R_p——优先股年股息率；

F_p——优先股筹集费用率。

【例 3.5】 兴达公司按面值发行 10 元/股的优先股 100 万股，筹资费率为 4%，年股息率为 10%。要求计算优先股资金成本。

【解】 $K_p=\frac{R_p}{1-F_p}=\frac{10\%}{1-4\%}=10.42\%$

② 普通股成本。普通股成本的确定方法和优先股成本基本相同。但普通股的股利是不固定的，它随企业盈利增长而增长，普通股成本通常高于优先股。这是因为，当企业资不抵债时，普通股股东对剩余资产的索赔权在优先股股东之后，其投资风险更大，因而其股利要高于优先股股东，同时大多数公司预期股利按某一固定比率增长。其计算公式为

$$K_c=\frac{D_c}{P_c\cdot(1-F_c)}+G \tag{3-10}$$

式中：K_c——普通股资金成本；

D_c——普通股年股利；

P_c——普通股筹资额；

G——普通股股利年增长率；

F_c——普通股筹集费用率。

【例 3.6】 嘉禾公司发行普通股筹资，每股面值 10 元，发行价 16 元/股，筹资费率 3%，预计第一年每股股利为 2 元，以后每年按 5%递增。要求计算普通股资金成本。

【解】 $K_c=\frac{D_c}{P_c\cdot(1-F_c)}+G=\frac{2}{16\times(1-3\%)}+5\%=17.89\%$

（4）留存盈余资金成本。

留存盈余资金成本是指企业从税后利润总额中扣除股利后保留在企业的剩余盈利，包括盈余公积金和未分配利润。它是属于股东但未以股利的形式发放而保留在企业的资金，对其使用并非是无偿的，也应计算资金成本，不过是一种机会成本。其确定方法与普通成本基本相同，只是不考虑筹资费用。其计算公式为

$$K_r=\frac{D_c}{P_c}+G \tag{3-11}$$

式中：K_r——普通股资金成本。

【例 3.7】 庆安公司普通股每股市价为 16 元，预计第一年年末每股盈利 2 元，每股发放 1 元股利，股利年增长率为 5%。要求计算留存盈余资金成本。

【解】 $K_r=\frac{D_c}{P_c}+G=\frac{1}{16}+5\%=11.25\%$

2）综合资金成本

由于受多种因素的制约，企业不可能只使用某种单一的筹资方式，往往需要通过多种方式筹集所需资金。为了反映整个融资方案的资金成本的情况，在计算各种融资公式的个别资金成本的基础上，还要计算综合资金成本。

综合资金成本又称为加权平均资金成本。它是依据各个别资金成本和该资金成本占全部资金的比重，通过加权平均的方法计算的。它是企业比较各融资组合方案、进行资本结构决策的重要依据。其计算公式为

$$K_w=\sum_{j=1}^{n}K_j\cdot W_j \tag{3-12}$$

式中：K_w——综合资金成本；

K_j——第 j 种个别资金成本；

W_j——第 j 种个别资金成本占全部资金的比重；

n——筹资方式的种类。

【例 3.8】 假设某公司按账面价值确定的资本总额为 1 600 万元，其中长期债券 200 万元，优先股 400 万元，普通股 800 万元，留存收益 200 万元。经计算各筹资方式的资本

成本依次为 6%、8%、10.5%和 10.37%。要求确定该公司的综合资本成本。

【解】 $K_w = \sum_{j=1}^{n} K_j \cdot W_j$

$$= \frac{200}{1600} \times 6\% + \frac{400}{1600} \times 8\% + \frac{800}{1600} \times 10.5\% + \frac{200}{1600} \times 10.37\%$$

$$= 9.30\%$$

3）边际资金成本

企业无法以某一固定的资金成本来筹措无限的资金，当其筹资额超过一定限度时，原来的个别资本成本就会发生变化，综合资本也会发生变动。因此，企业在未来追加筹资时不仅要考虑目前所使用的资金成本，还要考虑新筹资的成本，即边际资金成本。

边际资金成本就是资金每增加一个单位而增加的成本。边际资金成本也是按加权平均法计算的，其权数采用市场价值权数。

边际资金成本的计算步骤如下。

（1）确定最优的资金结构。

（2）确定各种筹资方式的资金成本。

（3）计算筹资总额分界点。

由于花费一定资金成本率只能筹集到一定限度的资金，超过这一限度多筹集资金就要多花费资金成本，引起原资金成本率发生变化，因此，把在保持某资金成本率的条件下，可以筹集到的资金总限额称为该条件下的筹资分界点（或筹资突破点）。在筹资分界点范围内筹集资金，原来的资金成本率不会改变。一旦筹资额超过筹资分界点，即使维持现有的资金结构，其资金成本率也会增加。根据目标资金结构和各种筹资方式资金成本变化的分界点，计算筹资总额的分界点，其计算公式为

$$\mathrm{BP}_j = \frac{\mathrm{TF}_j}{W_j}$$

式中：BP_j——筹资总额分界点；

TF_j——第 j 种资本的成本率分界点；

W_j——目标资本结构中第 j 种资本的比例。

（4）资金边际成本的计算。

根据上一步骤计算出的分界点，可得出新的筹资范围。对新的筹资范围分别计算加权平均资本成本，即可得到各种筹资范围的边际资金成本率。

【例 3.9】 某公司目前有资金 100 万元，其中长期债务 20 万元、优先股 5 万元、普通股 75 万元，如表 3-5 所示。

表 3-5 筹资资料

筹资方式	资金结构	新筹资的数量范围/万元	资金成本
长期债务	20%	0～1.0	6%
		1.0～4.0	7%
		＞4.0	8%
优先股	5%	0～0.25	10%
		＞0.25	12%

续表

筹资方式	资金结构	新筹资的数量范围/万元	资金成本
普通股	75%	0～2.25	14%
		2.25～7.5	15%
		>7.5	16%

【解】现在公司为满足投资需求准备筹集更多的资金，则该公司的资金边际成本可按以下步骤计算。

（1）确定公司最优的资金结构：公司的财务人员经过认真分析继续保持长期债务占20%、优先股占5%、普通股占75%的资金结构。

（2）确定各种筹资方式的资金成本（见表3-5的已知条件）。

（3）计算筹资总额分界点。

如在资金成本为6%时，取得长期债务筹资限额为1万元，其筹资总额变为

1/20%＝5（万元）

而在资金成本为7%时，取得长期债务筹资限额为4万元时，其筹资总额分界点为

4/20%＝20（万元）

按此方法计算，公司的筹资总额分界点如表3-6所示。

表3-6　筹资总额分界计算表

筹资方式及目标结构	资本成本	新筹资的数量范围/万元	筹资总额分界点/万元	筹资总额的范围/万元
长期债务20%	6%	0～1.0	1.0/20%＝5.0	0～5.0
	7%	1.0～4.0	4.0/20%＝20.0	5.0～20.0
	8%	>4.0	—	>20.0
优先股5%	10%	0～0.25	0.250/5%＝5.0	0～5.0
	12%	>0.25	—	>5.0
普通股75%	14%	0～2.25	2.25/75%＝3.0	0～3.0
	15%	2.25～7.5	7.500/75%＝10.0	3.0～10.0
	16%	>7.5	—	>10.0

（4）资金边际成本的计算。根据上一步计算出的筹资总额分界点，可以得到5组筹资总额范围，如表3-7所示，分别计算加权平均资金成本，即可得到各种筹资总额范围的边际资金成本。计算结果如表3-7所示。

表3-7　边际资金成本计算表

序号	筹资总额的范围/万元	筹资方式	目标资金结构（1）	个别资金成本（2）	资金边际成本（3）＝（1）×（2）
1	0～3.0	长期债务	20%	6%	1.2%
		普通股	5%	10%	0.5%
		优先股	75%	14%	10.5%
		资金边际成本＝12.2%			

续表

序号	筹资总额的范围/万元	筹资方式	目标资金结构（1）	个别资金成本（2）	资金边际成本（3）＝（1）×（2）
2	3.0～5.0	长期债务	20%	6%	2%
		普通股	5%	10%	0.5%
		优先股	75%	15%	11.25%
		资金边际成本＝12.95%			
3	5.0～10.0	长期债务	20%	7%	1.4%
		普通股	5%	12%	0.6%
		优先股	75%	15%	11.25%
		资金边际成本＝13.25%			
4	10.0～20.0	长期债务	20%	7%	1.4%
		普通股	5%	12%	0.6%
		优先股	75%	16%	12%
		资金边际成本＝14%			
5	20.0 以上	长期债务	20%	8%	1.6%
		普通股	5%	12%	0.6%
		优先股	75%	16%	12%
		资金边际成本＝14.2%			

由表 3-7 可知，如果公司筹资总额在 3.0 万元以下，其加权平均资金成本为 12.2%，如果筹资额超过 3.0 万元，但小于 5.0 万元，其加权平均资金成本将变为 12.95%，以此类推。企业可依此做出追加筹资的规划和投资方案的选择。

任务实施

根据上述资金成本有关知识的学习，在制定项目资金的筹措方案时，可以依据各种资金成本的高低决定项目资金结构和各种来源资金在筹资总额中所占比例，以及在追加筹资时追加数额，为决策者的决策提供一定的参考依据。我们利用基础知识解决例 3.2 中的问题。

【解】

甲方案中各种筹资占筹资总额的比重情况如下：

长期借款：80/250＝32%

公司债券：100/250＝40%

优先股：30/250＝12%

普通股：40/250＝16%

综合资金成本：8%×32%＋10%×40%＋12%×12%＋15%×16%＝10.40%

乙方案中各种筹资占筹资总额的比重情况如下：

长期借款：50/250＝20%

公司债券：30/250＝12%

优先股：110/250＝44%

普通股：60/250＝24%

综合资金成本：7%×20%＋8%×12%＋9%×44%＋15%×24%＝9.92%

两方案进行比较，乙方案的综合资金成本较低，故乙方案较优。

3.1.3 资金筹措案例分析

教学目标

（1）掌握资金筹措的渠道和筹措的方式。

（2）掌握资金筹措方案的制定。

任务引入

某企业现需要一笔资金进行项目建设，如何获得这笔资金？资金结构如何安排最为合理？

任务分析

根据前文学习，只需要掌握资金筹措的方式和各种不同来源资金的资金成本率的计算方法，就能知道通过何种渠道获得资金以及获取该资金的资金成本，从而合理安排筹资结构，制定合理的筹资方案。

相关知识

【例 3.10】 某项目经过分析测算，决定从申请贷款、发行债券和股票 3 个方面筹集资金，其资金成本率已经分别确定，但还须从 4 种资金来源比例中优选一种，有关资料如表 3-8 所示。

表 3-8 资金来源及比重

资金来源	待定资金来源结构/%				已定资金成本率
	1	2	3	4	
贷款	30%	20%	25%	30%	6%
债券	20%	40%	30%	40%	8%
股票	50%	40%	45%	30%	9%

【解】 根据表 3-8 资料，各种组合情况的总资金成本率计算如下：

（1）组合总资金成本率＝0.3×0.06＋0.2×0.08＋0.5×0.09＝7.9%

（2）组合总资金成本率＝0.2×0.06＋0.4×0.08＋0.4×0.09＝8%

（3）组合总资金成本率＝0.25×0.06＋0.3×0.008＋0.45×0.09＝7.95%

（4）组合总资金成本率＝0.3×0.06＋0.4×0.08＋0.3×0.09＝7.7%

从以上计算结果可以看出，第 4 种组合的总资金成本率最低（7.7%）。因此，应以 30%贷款、40%债券、30%股票为最优资金来源结构。

【例 3.11】 某项目决定在所筹资金中，贷款、债券、股票的比例分别为 50%、30%、20%，但各项资金成本率尚待从 4 个组合中优选。有关资料如表 3-9 所示。

表 3-9 资金来源及比重

资金来源	已定资金来源结构/%	待定资金成本率/%			
		1	2	3	4
贷款	50%	6%	6.5%	7%	6.5%
债券	30%	8%	7.5%	8%	7%
股票	20%	9%	8%	8.5%	9.5%

【解】根据表 3-9 中资料，各种组合情况的资金成本率计算如下：

（1）组合总资金成本率$=0.5\times0.06+0.3\times0.08+0.2\times0.09=7.2\%$

（2）组合总资金成本率$=0.5\times0.065+0.3\times0.075+0.2\times0.08=7.1\%$

（3）组合总资金成本率$=0.5\times0.07+0.3\times0.08+0.2\times0.085=7.6\%$

（4）组合总资金成本率$=0.5\times0.065+0.3\times0.07+0.2\times0.095=7.25\%$

从以上计算结果可以看出，第 2 种组合的总资金成本率最低（7.1%）。因此，应采用贷款、债券、股票利率分别为 6.5%、7.5%、8%的资金成本率结构。

【例 3.12】 某企业计划年初的资金结构如表 3-10 所示。普通股股票每股面值为 200 元，今年期望股息为 20 元，预计以后每年股息增加 5%。该企业所得税假定为 25%，并且发行各种证券均无筹资费。现在，该企业拟增资 1 600 万元，有两个备选方案：

甲方案：发行长期债券 400 万元，年利率为 10%。同时，普通股股息增加到 25 元，以后每年还可增加 6%。

乙方案：发行长期债券 200 万元，年利率 10%，另发行普通股 200 万元，普通股股息增加到 25 元，以后每年增加 5%。试比较甲乙方案的综合资金成本率，选择最佳筹资方案。

表 3-10 资金来源及金额

各种资金来源	金额/万元
B：长期债券，年利率 9%	600
P：优先股，年股息率 7%	200
C：普通股，400 000 股，年增长率 5%	800
合计	1600

【解】计算如下：

（1）采用甲方案后，企业的综合资金成本率为 $K_{甲}$。各种资金来源的比重和资金成本率如下。

原有长期债券：

$$f_b=\frac{600}{2\,000}=30\%$$

$$K_b=\frac{9\%\times(1-25\%)}{1-0}=6.75\%$$

新增长期债券：

$$f_b=\frac{400}{2\,000}=20\%$$

$$K_b=\frac{10\%\times(1-25\%)}{1-0}=7.5\%$$

优先股：

$$f_p=\frac{200}{2\,000}=10\%$$

$$K_p=\frac{7\%}{1-0}=7\%$$

普通股：

$$f_c=\frac{800}{2\,000}=40\%$$

$$K_c=\frac{25}{200}+6\%=18.5\%$$

综合资金成本率：

$$K_{甲}=30\%\times6.75\%+20\%\times7.5\%+10\%\times7\%+40\%\times18.5\%=11.625\%$$

（2）采用乙方案后，企业的综合资金成本率为 $K_{乙}$。各种资金来源的比重和资金成本率如下。

原有长期债券：

$$f_b=\frac{600}{2\,000}=30\%$$

$$K_b=\frac{9\%\times(1-25\%)}{1-0}=6.75\%$$

新增长期债券：

$$f_b=\frac{200}{2\,000}=10\%$$

$$K_b=\frac{10\%\times(1-25\%)}{1-0}=7.5\%$$

优先股：

$$f_p=\frac{200}{2\,000}=10\%$$

$$K_p=\frac{7\%}{1-0}=7\%$$

普通股：

$$f_c=\frac{1000}{2\,000}=50\%$$

$$K_c=\frac{25}{200}+5\%=17.5\%$$

综合资金成本率：

$$K_{乙}=30\%\times6.75\%+10\%\times7.5\%+10\%\times7\%+50\%\times17.5\%=12.225\%$$

从以上计算可以看出，$K_{乙}>K_{甲}$，所以应选择甲方案筹资，因为甲方案筹资为最佳经济方案。

思考与练习

1．什么是项目资金筹措？有哪几种方式？

2．项目资本金的筹措方式有哪些？

3．项目的债务资金的筹措方式有哪些？

4．某企业取得 5 年期借款 2 000 万元，年利率为 10%，筹资费用率为 0.5%，所得税税率为 25%，求该项借款的资金成本。

5．某企业需要筹集一笔资金，有 3 种筹集方式可供选择：一是贷款，年利率为 10%；二是发行债券，年利率为 9%，筹资费用率为 2%；三是发行普通股股票，首期股利率是 6%，预计股利年增长率为 5%，筹资费用率为 3%。企业所得税税率为 25%，要求选出最优筹资方式。

6．假设某公司优先股的市场价值在其账面价值 400 万元的基础上上涨了 5%；普通股市场价值在其账面价值 800 万元的基础上上涨了 10%；长期债券和留存收益保持其账面价值不变，都是 200 万元。经计算各筹资方式的资本成本依次为 7.62%、10.26%、6%和 10.14%。要求确定该公司的加权平均资本成本。

7．某公司正处在正常经营期内，目前的资本结构为，长期借款占 20%、长期债券占 30%、普通股占 50%。企业根据经营需要，计划追加筹资，并以原资本结构为目标资本结构。经过市场调查，得出不同筹资数额相关的资本成本数据如表 3-11 所示，试计算该公司追加筹资的边际资本成本。

表 3-11 某公司资金结构情况表

筹资方式	筹资数额/万元	筹资成本
长期借款	＜20	5%
	20～50	6%
	＞50	8%
长期债券	＜30	6%
	30～90	8%
	＞90	10%
普通股	＜20	12%
	20～100	14%
	＞100	16%

3.2 市场研究

引言

市场研究是建设项目进行可行性研究的一个重要组成部分。它包括两个方面的内容：市场调查和市场预测。通过市场研究，确定建设产品的建设方案、生产规模、需求者、竞争对手、需求者对产品的要求等，从而为项目决策者提供决策的依据。

3.2.1 市场调查

教学目标

（1）了解市场调查的重要性。

（2）熟悉市场调查的内容和程序。

（3）理解市场调查的方法。

任务引入

A 房地产开发公司拟投资一个商业购物中心项目，但不知该项目建成后能否正常运营，获得相应的利润。为了确保项目能获得相应的利益，该公司委托 B 市场研究公司进行市场调查。你认为 B 市场研究公司会调查哪方面内容？

任务分析

对于 A 房地产开发公司委托的业务，B 市场研究公司应根据商业购物中心项目的性质进行相应的市场调查。调查项目所在地段的流动人口和常住人口的数量、购买力水平以及该地区对零售业的特殊要求，还有调查购物中心的服务半径以及附近其他购物中心、中小型商铺的分布情况等。根据调查的内容，A 房地产开发公司就可以确定项目的规模、档次以及日后经营构想，为编写项目可行性研究打下基础。

相关知识

1. 市场调查的重要性

市场是进行商品交换的场所，是商品流通领域一切商品交换活动的总和。社会分工越细，商品经济越发达，市场的范围和容量就越扩大。

市场调查就是指运用科学的方法，有目的地、系统地搜集、记录、整理有关市场营销信息和资料，分析市场情况，了解市场的现状及其发展趋势，为市场预测和营销决策提供客观的、正确的资料。它的主要任务是为了探求商品销售的潜在数量，找出适销对路的条件，寻求使商品顺畅地通过流通渠道转移到消费者手中的形式。

市场调查与决策有密切的联系。科学的决策要以科学的预测为条件，而对未来发展趋势进行科学的预测，必须及时掌握市场信息，做好市场调查。

市场调查是一项经常性的工作，对于确定建设项目计划，提高企业经营管理水平，增强预测和决策的正确性，促进社会生产发展，都是非常重要的。如一个项目的设想，有时是直接来自于市场研究的结果，有时来源于某种资源的发现和开发。不管是哪种情况，都要将市场调查研究放在首位。如果项目具备非常丰富的资源，但市场缺乏相应的需求，项目就不可行。因此，在项目的可行性研究中，对项目的需求和市场的分析是不可缺少的内容。

2. 市场调查的内容

由于影响市场的因素很多，因此进行市场调查的内容也很多，调查的范围非常广泛。市场调查的内容包括国内外市场环境调查、技术发展调查、市场需求容量调查、消费者和消费者行为调查、竞争情况调查、市场营销因素调查等。

1）国内外市场环境调查

（1）政治法律环境。包括政府的有关方针政策，如政府关于发展住宅产业、原材料工业、能源产业、交通运输业的政策、价格、关税、外汇、税收、财政、金融政策和对外贸易政策等；政府的有关法律法规，如环境保护法、建筑法、城市房地产管理法、破产法、反对不正当竞争法、保险法与城市拆迁条例等；政局的变化，如政府人事变动以及战争、罢工、暴乱等情况。

（2）经济环境。包括国民生产总值、国民收入总值以及发展速度；物价水平、通货膨胀率、进出口税率及股票市值稳定情况；城乡居民家庭收入、人均可支配收入、城乡居民存款额；通信及交通运输、能源与资源供应、技术协作条件等。一般来说，经济环境对企业的市场营销有直接影响。经济发展迅速，国民收入高，则购买力强，市场需求量增大；反之，则市场需求量小。一个国家或地区的基础设施完善，投资环境良好，便有利于吸引投资，发展经济。

（3）人口环境。人口是构成市场三大要素之一。一般来说，人口越多，收入越高，市场需求量就越大。不同的地理分布，不同的民族，不同的城市和不同年龄结构的人，其需求也各不相同。人口迁移流动也直接影响着市场需求。人口环境调查的内容包括人口规模、人口自然增长率、人口结构；地理分布、民族分布、人口密度、人口迁徙流动情况；出生率、结婚率；家庭规模和结构等。

（4）社会文化环境。包括教育程度、职业构成、文化水平；价值观、审美观、风俗习惯；宗教信仰、社会阶层分布；妇女就业面大小等。企业营销人员综合分析研究社会文化环境对人们生活方式的影响，便于了解不同消费者行为，以正确细分市场和选择目标市场，制定企业的市场营销策略。

2）技术发展调查

技术发展调查包括新技术、新工艺、新材料、新能源的发展趋势和速度；新产品的技术现状和发展趋势，使用新技术、新工艺、新材料的情况；新产品的国内外先进水平等。

3）市场需求容量调查

市场需求容量调查包括国内外市场的需求动向；现有的和潜在的市场需求量；社会拥

有量、库存量；同类产品在市场上的供应量或销售量，供求平衡状况；本企业和竞争企业的同类产品市场份额；本行业或有关的其他行业的投资动向；企业市场营销策略的变化，对本企业和竞争者销售量的影响等。通过市场需求容量的调查，便于企业掌握分析国内外市场需求动向和需求供应情况，结合本企业的市场份额，预测本企业的销售量，研究如何保持或提高本企业市场份额等，制定市场营销策略或进一步开拓新的市场。

4）消费者和消费者行为调查

消费者和消费者行为调查包括消费者类别（个人或企业、社会团体、民族、性别、年龄、职业、爱好、所在地区等）、购买能力（如收入水平、消费水平、消费结构、资金来源、用户的财务状况等）、消费者的购买欲望和购买动机（什么因素影响购买者的购买决策，消费者不愿购买本企业产品的原因及其对其他企业生产的同类产品的态度）、主要购买者、最忠实的购买者、使用者、新产品的首用者、购买的决策者、消费者的购买习惯（如购买时间、地点、数量、品牌、挑选方式、支付方式等）。调查了解消费者的情况及其购买行为，主要目的在于使企业掌握消费者的爱好、心理、购买动机、习惯等，以便正确细分市场和选择目标市场、针对不同的消费者和市场，采取不同的市场营销策略。

5）竞争情况调查

竞争情况调查包括竞争者的调查分析（如竞争者数量和名称、生产能力、生产方式、技术水平、产品的市场份额、销售量及销售地区、竞争者的价格策略、销售渠道、促销策略以及其他竞争策略和手段，竞争者所处地理位置和交通运输条件、新产品开发和企业的特长等）、竞争产品的调查分析（如竞争产品的价格、性能、品质、用途、规格、式样、包装、交货期等）。只有清楚竞争对手的情况，才能采取有针对性的策略，使企业在竞争中处于不败之地。

6）市场营销因素调查

市场营销因素调查包括产品调查、价格调查、分销渠道调查、促销策略调查。产品调查主要是调查顾客对新老产品的评价、现有产品的新用途使用的可能性、新产品的投放时间、产品包装的评价、品牌的吸引力、产品的服务方式等；价格调查主要调查顾客对价格变动的反应、产品适宜的售价、竞争产品的价位等；分销渠道调查主要是调查中间商销售状况、市场份额、各销售网点的销售状况、商品的运输包装、存储地点和设施等；促销策略调查主要是调查采用人员推销和非人员推销的方法和效果、广告的效果、顾客对销售服务的要求、营业推广活动的成效等。

前 5 项调查内容属于不可控制因素的调查，其目的是通过市场调查分析市场环境，提高企业适应市场变化的能力，以及寻找发掘市场机会，拓展新市场。第 6 项调查属于可控制因素，企业通过该调查，可以制定有效的市场营销组合策略，促进消费者购买和新市场的开发，以达到预期的营销目标。

3. 市场调查的程序

市场调查的程序，一般分为 5 个步骤，即明确问题和调查目标、制订调查计划、收集资料、分析资料、报告结果。

1）明确问题和调查目标

明确问题是市场调查的关键，如果目的不清，调查就无处下手，毫无意义。明确了问题，才能做出正确的决定。要找出产生问题的根本原因所在，首先要进行现状分析，要查阅文献，向有关人员调查，初步掌握问题的焦点，然后市场调查人员开始下一步的工作。

2）制订调查计划

制订调查计划一般要包括资料来源、调查方法、调查手段、抽样方案和联系方法几个方面。

（1）资料来源。确定调查计划中资料的来源是收集二手资料、一手资料，或是两者都要收集。二手资料是为其他目的已经收集到的资料，而一手资料则指为了当前特定目的而收集的原始信息。市场调查人员开始总是先收集二手资料，以判断问题是否部分或全部解决了，不再需要去收集成本很高的一手资料。二手资料是调查的起点，其优点是成本低及可以立即使用。然而，市场调查人员所需要的资料可能不存在，或者由于种种原因，资料不够准确、不可靠、不完整或者已经过时。这时，市场调查人员就需要花费一定的时间去收集更切题更准确的一手资料。

（2）调查方法。收集一手资料的方法有观察、专题讨论、问卷调查和实验 4 种方法。观察法，根据可调查的对象与背景可以收集到最新资料；专题讨论法，通常邀请 6～10 人，在有经验的主持人的引导下，就某种产品、某项服务、某个组织或市场营销话题展开讨论，是设计大规模问卷调查前的一个有用的试探性步骤；问卷调查法，是介于观察法、专题讨论法和实验法之间的一种方法，适合描述性调查，目的是了解人们的认识、看法、喜好和满意度等，以便在总体上衡量这些量值；实验法是最科学的调查方法，要求选择多个可比的主体组，分别赋予不同的实验方案，控制外部变量，并检查所观察的差异是否具有统计上的显著性。

（3）调查手段。收集一手资料采用的主要调查手段是问卷和座谈。问卷是收集一手资料时最普遍采用的手段，因为问卷中的问题设计可以非常灵活多变。鉴于问题形式会影响到问卷调查效果，因此，问卷中一般包括封闭式和开放式两种问题。封闭式问题事先确定了所有可能的答案，答题人可以从中选择一个答案，很容易对答案进行分析。开放式问题允许答题人用自己的语言无限制地回答。因此，一般情况下，开放式问题在需要了解人们是如何想的，而不是衡量持某种想法的有多少的试探性调查阶段特别适用。座谈调查是由熟悉情况和富有实践经验的调查人员主持会议，依据事先准备好的调查提纲，向与会者提出问题，展开讨论，借以取得资料的一种方法。开调查会时，调查者和调查对象可以直接对话、共同研讨、互相启发、互相核实，使所得到的资料符合实际。与会者必须熟悉情况，有一定的代表性，能够提供比较可靠的信息，与会者一般以 3～8 人为宜。

（4）抽样方案。在设计抽样方案时，必须确定以下问题。

① 抽样单位。解决向什么人调查的问题。调查者必须界定抽样的总体目标，一旦确定了抽样单位，必须确定出抽样范围，以便目标总体中所有样本被抽中的机会是均等的或已知的。

② 样本规模。主要确定调查多少人的问题。大规模样本比小规模样本的结果更可靠，但是没有必要为了得到完全可靠的结果而调查整个或部分目标总体。如果抽样程序正确，

小于 1%的样本就能提供比较准确的结果。

③ 抽样程序。解决如何选择答卷人的问题。为了得到由代表性的样本，应采用概率抽样的方法。概率抽样可以计算抽样误差的置信度。但由于概率抽样的成本过高、时间过长，调查者也可以采用非概率抽样。

（5）联系方法。一般有邮寄、电话和面访 3 种联系方法。邮寄问题是在被访者不愿面访或担心调查者会曲解其回答时采用的最好的方法，但邮寄方式回收率低、回收速度慢。电话访问是快速收集信息的最好方法，其优点是被访者在不理解问题时能得到解释，而且回收率比邮寄问卷要高，其缺点是只能访问有电话的人，而且时间也不能太长，不能过多涉及隐私问题。面访是 3 种方法中最常用的方法，调查者能够提供较多的问题并能了解被访者的情况，但面访的成本较高，而且需要更多的管理计划和监督工作，也容易受到被访问者偏见或曲解的影响。

3）收集资料

收集资料是市场调查中成本最高，也最容易出错的阶段。在采用问卷调查时，可能会出现某些被调查者不在家必须重访或更换、某些调查者拒绝合作、某些人的回答不诚实或在某些问题上有偏见等情况。在采用实验法进行调查时，调查人员必须注意，要使实验组与控制组匹配，并尽可能消除参与者的参与误差，实验方案要统一形式并要能控制外部因素的影响等。现代计算机和通信技术使得资料收集的方法迅速发展，且减少了人员和时间的投入。

4）分析资料

该阶段的主要任务是从收集的信息和数据中提炼出与调查目标相关的信息，对主要变量可以分析其离散性并计算平均值，同时还可以采用统计技术和决策模型进行分析。

5）报告结果

市场调查人员不能把大量的调查资料和分析方法直接提供给有关决策者，必须对资料进行分析和提炼，总结归纳出主要的调查结果并报告给决策人员，减少决策者在决策时的不确定性因素，只有这样的调查报告才是有价值的。

任务实施

根据市场调查的内容和程序的介绍，进行可行性研究的相关人员必须懂得如何进行市场调查、市场调查的方法、调查的内容，这样才能根据调查的目标调查出切合实际且准确的资料，为决策者决策提供可靠的依据。

3.2.2 市场预测

教学目标

（1）了解市场预测的概念、特点。

（2）理解市场预测的作用和步骤。

（3）掌握市场预测的方法。

任务引入

某房地产公司正在开发一个住宅项目，该项目大约在半年之后封顶。销售部门要做售房的准备工作，其首要的准备工作是如何确定该项目的售价。

任务分析

对于该房地产公司的住宅项目的售价问题，实际是要预测该住宅项目的售价。售价预测的合理与否，关系到该项目能否获得最大的盈利，能否尽早地销售完毕。因此，有必要懂得预测的相关知识。

相关知识

1. 市场预测的概念与特点

1）市场预测的概念

市场预测，就是根据事物的历史资料，运用科学的方法和逻辑推理，对影响市场供求变化的诸因素进行调查研究，分析和预见其发展趋势，掌握市场供求变化的规律，为经营决策提供可靠的依据。

预测不是幻想，也不是主观臆断，而是一种技巧和方法。预测不仅研究事物的本身，而且还要研究它和环境之间的相互作用、相互影响。因此，预测的过程就是在调查研究或科学试验的基础上的分析过程，简称预测分析。预测分析所使用的科学方法与手段，统称为预测技术，也称为预测方法。

2）市场预测的特点

（1）预测的科学性。预测是根据过去的统计资料和经验，通过一定的程序、方法和模型，对事物未来发展的趋势作出预计和推测。它基本上反映了事物发展的规律性，因而预测具有科学性。

（2）预测的近似性。预测是对未来事件的预计和推测，产生在事物发展之前。由于事物的发展受到各方面不断变化因素的影响，预测结果总会与将来事物发生的实际情况存在一定的偏差。预测的数值同未来事物发生的数值不可能完全一致，是一个近似值，因而预测具有近似性。

（3）预测的局限性。预测对象的许多因素，往往会受到外界各种因素变化的影响，且带有随机性。而且人们对未来事物的认识，总会有一定的局限性，或者掌握的资料不准确、不全面；或者对具有许多复杂因素的时间进行预测时，为了建立模型而简化了一些因素和条件，以致预测的结果往往不能表达事物发展的全体，因而预测具有一定的局限性。

2. 市场预测的作用与程序

1）市场预测的作用

在经济飞速发展的时代，预测不仅关系到企业的生存和发展，而且已成为一个国家发展国民经济和科学技术必须研究的领域。预测合理与否，将直接影响国民经济和科学技术的发展。其主要作用表现在以下 4 个方面。

（1）预测是决策的前提。

（2）预测是制定国民经济和科学技术发展规划的重要依据。

（3）预测可以推动技术和产品更新，增强产品的竞争能力。

（4）预测是做好经营管理的重要手段。

现代管理理论认为，决策正确与否是企业兴衰的关键。企业要想减少或避免决策的失误，就必须重视预测工作，提高预测的准确性。在建筑生产经营活动中，预测是一项十分重要的基础工作。例如，预测社会对各类建筑产品的需求量，提供制定建筑业发展规划的依据；预测建筑市场的需求，保证建筑企业经营的科学性、灵活性和稳定性；对建筑技术进步趋势及方向进行预测，制定符合我国国情的建筑技术政策等。

2）市场预测的程序

进行市场预测的程序通常包括以下 5 步。

（1）确定预测的目标。根据预测的对象和内容，确定预测的范围，规定预测的期限，选择预测的方法。预测的目标一定要明确，尽可能用数量单位来描述。

（2）收集资料、分析数据。调查收集整理的资料是进行预测的依据。由于预测涉及的因素复杂，要求收集的资料种类很多，数据量很大，因此，为了提高预测工作效率和质量，必须掌握事物的变化规律，同时注意数据资料的可靠性和完整性，分析研究数据的代表性，排除个别因偶然因素影响所出现的异常数据。

（3）建立预测模型。预测的核心是建立符合客观实际的数据模型，经过计算得出预测结果。

（4）分析评价。分析评价指研究预测结果或其主要构成因素之间的函数关系，检验其是否符合客观规律。

（5）修正预测值。经分析评价，找出预测与实际之间的误差，根据误差的大小及其产生的原因，对预测结果进行修正，选出满意的数值，作为决策的依据。

3. 市场预测的分类

1）按预测时间分类

（1）短期预测，指为期 1 年及 1 年以内的预测。

（2）中期预测，指为期 1 年以上 5 年以内的预测。

（3）长期预测，指为期 5 年以上的预测。

2）按预测方法分类

（1）定性预测法。定性预测是根据事物的性质、特点、过去和现状等方面，对事物进行非数量化的分析，然后对事物的未来发展趋势作出预测和判断。这种定性预测是根据人们的主观判断来取得预测的结果。定性预测的方法有集合意见法、专家预测法和主观概率法等。

① 集合意见法。集合意见法就是集合经营管理人员和业务人员的判断意见的预测方法。企业的近期或短期预测可采用这种方法。

集合意见法的组织形式可以多种多样，预测组织者可根据需要和具体要求来确定。从人员构成上看，一般有 3 种形式。

a. 集合经营与管理人员的意见，就是将经理、管理人员和业务人员的判断意见，加以归纳、整理、分析，从而确定企业的预测方案。

b．集合企业内业务人员的意见，就是提供判断意见的人员仅限于企业内部的业务人员，通过归纳、整理、分析企业内部业务人员的判断意见，来确定企业的预测方案。

c．集合企业内外业务人员的意见，就是将所属经营机构的业务人员、分支机构的业务主管人员、有业务关系的批零企业的业务主管人员以及联合企业的业务主管人员的判断意见，进行归纳、整理、分析，从而确定企业的预测方案。

集合意见法的实施步骤包括 3 步。

a．确定参加预测的人员，并向他们提出预测项目和预测期限的要求。

b．提出各自的预测方案。

c．确定最终的预测方案。

采用集合意见法进行市场预测时，为了对预测人员的定量估计进行归纳、整理，常用的方法就是主观概率法。

② 专家预测法。专家预测法是以专家为索取信息的对象，运用专家的知识和经验，考虑预测对象的社会环境，直接分析研究和寻求其特征规律，并推测未来的一种预测方法。这种预测方法的准确性，主要取决于专家所具有的知识和经验的广度与深度。因此，调查时所选择的专家，必须对所预测的问题有丰富的实际经验或较高的学术水平。

专家预测法包括专家会议法、头脑风暴法、德尔菲法、个人判断法、集体判断法。

a．专家会议法。专家会议法又称专家会议调查法，是根据市场预测的目的和要求，向一组经过挑选的有关专家提供一定的背景资料，通过会议的形式对预测对象及其前景进行评价，在综合专家分析判断的基础上，对市场趋势做出量的推断。

采用专家会议法进行市场预测应特别注意以下两个问题：一是选择的专家要合适，即专家要具有代表性、具有丰富的知识和经验，人数要适当；二是预测的组织工作要合理，即专家会议组织者最好是市场预测方面的专家，有较丰富的组织会议的能力；会议组织者要提前向与会专家提供有关的资料和调查提纲，讲清所要研究的问题和具体要求，以便使与会者有备而来；精心选择会议主持人，使与会专家能够充分发表意见；要有专人对各位专家的意见进行记录和整理，要注意对专家的意见进行科学的归纳和总结，以便得出科学的结论。

b．头脑风暴法。头脑风暴法又称智力激励法、BS 法、自由思考法，是由美国创造学家奥斯本（Osborne）于 1939 年首次提出、1953 年正式发表的一种激发性思维的方法。此法经各国创造学研究者的实践和发展，至今已经形成了一个发明技法群，深受众多企业和组织的青睐。

头脑风暴法就是组织各类专家相互交流意见，无拘无束地畅谈自己的想法，发表自己的意见，在头脑中进行智力碰撞，产生新的思想火花，使预测观点不断集中和深化，从而提炼出符合实际的预测方案。

采用头脑风暴法进行预测，其开会的方法与普通会议的根本区别在于它有 4 条规则：不批评别人的意见；提倡自由奔放地思考；提出的方案越多越好；提倡在别人方案的基础上进行改进或与之结合。

头脑风暴法分为两种类型，即直接头脑风暴法和质疑头脑风暴法。直接头脑风暴法就是按照头脑风暴法的规则，通过一组专家会议，对所预测的问题进行创造性思维活动，从而得出满意方案的一种方法。质疑头脑风暴法是同时召开由两组专家参加的两个会议进行集体讨论，其中一个专家组会议按直接头脑风暴法提出设想，另一个专家组会议则是对第一个专家组会议的各种设想进行质疑为止，从而形成一个更科学、更可行的预测方案。

c．德尔菲法。德尔菲法在20世纪40年代由赫尔默（Helmer）和戈登（Gordon）首创。1946年，美国兰德公司为避免集体讨论存在的屈从于权威或盲目服从多数的缺陷，首次用这种方法用来进行定性预测，后来该方法被迅速广泛采用。

德尔菲法依据系统的程序，采用匿名发表意见的方式，即专家之间不得互相讨论，不发生横向联系，只能与调查人员发生关系，通过多轮次调查专家对问卷所提问题的看法，经过反复征询、归纳、修改，最后汇总成专家基本一致的看法，作为预测的结果。这种方法具有广泛的代表性，较为可靠。

德尔菲法的具体实施步骤如下。

第一，组成专家小组。按照课题所需要的知识范围，确定专家。专家人数的多少可根据预测课题的大小和涉及面的宽窄而定，一般不超过20人。

第二，向所有专家提出所要预测的问题及有关要求，并附上有关这个问题的所有背景材料，同时请专家提出还需要什么材料，然后由专家做书面答复。

第三，各位专家根据他们所收到的材料，提出自己的预测意见，并说明自己是怎样利用这些材料并提出预测值的。

第四，将各位专家第一次判断意见汇总列成图表，进行对比，再分发给各位专家，让专家比较自己同他人的不同意见，修改自己的意见和判断。也可以把各位专家的意见加以整理，或请身份更高的其他专家加以评论，然后把这些意见再分送给各位专家，以便他们参考后修改自己的意见。

第五，将所有专家的修改意见收集起来汇总，再次分发给各位专家，以便做第二次修改。逐轮收集意见并为专家反馈信息是德尔菲法的主要环节。收集意见和信息反馈一般要经过三四轮。在向专家进行反馈的时候，只给出各种意见，但并不说明发表各种意见的专家的具体姓名。这一过程重复进行，直到每一位专家不再改变自己的意见为止。

第六，对专家的意见进行综合处理。

此法具有3个特点：匿名性消除了专家之间心理因素的影响；多次反馈沟通情况；预测结果采用统计方法进行处理。

d．个人判断法。个人判断法是用规定程序对专家个人进行调查的方法。这种方法是依靠个别专家的专业知识和特殊才能来进行判断预测的。

其优点是能利用专家个人的创造能力，不受外界影响，简单易行，费用也不多。但是，依靠个人的判断，容易受专家的知识面、知识深度、占有资料是否充分以及对预测问题有无兴趣所左右，难免带有片面性。专家的个人意见往往容易忽略或贬低相邻部门或相邻学科的研究成果，专家之间的当面讨论又可能产生不和谐。因此，这种方法最好与其他方法结合使用，让被调查的专家之间不发生直接联系，并给时间让专家反复修改个人的见解，才能取得较好的效果。

e．集体判断法。集体判断法是在个人判断法的基础上，通过会议进行集体的分析判断，将专家个人的见解综合起来，寻求较为一致的结论的预测方法。这种方法参加的人数多，所拥有的信息量远远大于个人拥有的信息量，因而能凝集众多专家的智慧，避免个人判断法的不足，在一些重大问题的预测方面较为可行可信。但是，集体判断的参与人员也可能受到感情、个性、时间及利益等因素的影响，不能充分或真实地表明自己的判断。

因此，运用集体判断法，会议主持人要尊重每一位与会者，鼓励与会者各抒己见，使与会者在积极发言的同时要保持谦虚恭敬的态度，对任何意见都不应带有倾向性。同时还要掌握好会议的时间和节奏，既不能拖得太长，也不要草草收场；当话题分散或意见相持不下时，能适当提醒或调节会议的进程等。

③ 主观概率法。在运用集合意见法和专家预测法时，对各位预测人员预测的结果的实现可能性，必须用主观概率法进行评定，其目的是在于使最后的预测结果更接近实际。主观概率是指根据市场趋势分析者的主观判断而确定的事件的可能性的大小，反映个人对某件事的信念程度。所以主观概率是对经验结果所做主观判断的度量，即可能性大小的确定，也是个人信念的度量。主观概率也必须符合概率论的基本定理：所确定的概率必须大于或等于 0，而小于或等于 1；经验判断所需全部事件中各个事件概率之和必须等于 1。

以此作为市场趋势分析事件的结论的一种方法就是主观概率法。主观概率一般和其他经验判断法结合运用。

当各位预测人员预测的结果用数值表示时，可用以下 3 种方法计算。

a．算术平均值法。算术平均值法是对各位专家预测的结果平等对待，用算术平均值的办法来评定预测的结果，以每种意见人数的多少为主观概率。其计算公式为

$$\bar{y}=\frac{\sum_{i=1}^{n} y_i}{n} \tag{3-13}$$

式中：$\bar{y}$——预测的平均值；

y_i——y_1，y_2，…，y_n，各位专家的预测值；

n——参加预测专家的人数。

【例 3.13】 某房地产公司预测 2011 年某城市房地产平均市场价格，请 8 位专家进行预测，并提供了近几年房地产市场价格资料。专家根据掌握的情况预测价格统计如表 3-12 所示。

表 3-12 专家预测 2011 年某城市房地产平均市场价格

房地产市场价格（元/m²）	8 600	9 200	9 500	9 600	9 700
专家人数	2	2	1	2	1

【解】

$$\bar{y}=\frac{\sum_{i=1}^{n} y_i}{n}$$

$$=\frac{8\,600\times2+9\,200\times2+9\,500\times1+9\,600\times2+9700\times1}{2+2+1+2+1}$$

$$=9\,250(\text{元}/\text{m}^2)$$

b．加权平均值法。由于专家的知识和经验不同，所预测的结果有差异，当专家之间水平不同时，不能用算术平均值法，可用加权平均值法，即对各位专家预测的结果，分别给

予不同的权数，然后求出加权平均值作为预测值。其计算公式为

$$\overline{y}=\frac{\sum_{i=1}^{n}y_i w_i}{\sum_{i=1}^{n}w_i}$$

式中：$\overline{y}$——预测的平均值；

y_i，n——同前；

w_i——w_1，w_2，…，w_n，给定各位专家的权数。

【例 3.14】 同前例。假设将各位专家的权数分别定为 0.2、0.3、0.5、0.3、0.7、0.5、0.1、0.4，则求预测的加权平均值。

【解】

$$\overline{y}=\frac{\sum_{i=1}^{n}y_i w_i}{\sum_{i=1}^{n}w_i}=(8\,600\times0.2+8\,600\times0.3+9\,200\times0.5+9\,200\times0.3+9\,500\times0.7+9\,600\times0.5+9\,600\times0.1+9\,700\times0.4)\div(0.2+0.3+0.5+0.3+0.7+0.5+0.1+0.4)$$

$$=9\,316.67(\text{元}/\text{m}^2)$$

c．调和平均数法。调和平均数法又称为倒数平均数法。其计算过程是先求出一定观察期内预测目标的时间数列的每个数据的倒数，然后计算这些倒数的算术平均值，最后取此平均数的倒数，即得到所求的调和平均数（H）。它实际上是所用数据资料的倒数的算术平均数的倒数。其计算公式为

$$H=\frac{1}{\frac{\sum_{i=1}^{n}\frac{1}{y_i}}{n}}=\frac{n}{\sum_{i=1}^{n}\frac{1}{y_i}} \tag{3-14}$$

【例 3.15】 同前例。求其调和平均数。

【解】 $H=\frac{1}{\frac{\sum_{i=1}^{n}\frac{1}{y_i}}{n}}=\frac{n}{\sum_{i=1}^{n}\frac{1}{y_i}}$

$$=\frac{8}{\frac{1}{8\,600}\times2+\frac{1}{9200}\times2+\frac{1}{9500}+\frac{1}{9600}\times2+\frac{1}{9700}}$$

$$=9231.07(\text{元}/\text{m}^2)$$

（2）定量预测法。定量预测是根据事物比较系统的统计资料和有关数据，建立数学模型，对事物未来发展趋势作出预测和判断。它往往不直接依据人们的主观判断，而主要依靠充分的历史资料，计算出未来事物可能出现的结果（数据）。因此，定量预测一般比定性预测精确。定量预测的方法很多，有增减趋势预测法、线性趋势预测法、回归预测法等。下面介绍几种常用的方法。

① 平均增减趋势预测。社会经济现象的发展规律可以其变化的增减量或增减速度等显

示出来。在分析经济现象变化的特点时，先要根据时间数列中数量增减的基本类型，再用合适的方程去描述其变化趋势，从而根据变化的规律向今后延伸，预测未来。下面介绍平均增减量趋势预测和平均发展速度趋势预测。

a. 平均增减量趋势预测。如果时间数列的逐期增减量大致相同，就可以用平均增减量进行趋势预测。其计算公式为

$$\overline{y}_n=y_0+n\overline{d}$$

式中：$\overline{y}_n$——预测期的趋势值；

y_0——基准期的实际值；

$\overline{d}$——逐年增长量的平均值；

n——预测期的顺序数（n=1，2，3，…，n）。

【例 3.16】 某建筑企业近 5 年完成生产总值如表 3-13 所示，试预测今后 3 年的总产值为多少。

表 3-13 某建筑企业年生产总值 单位：万元

年次	基础年份	1	2	3	4
总产值	6 810	7 130	7 460	7 810	8 180
增长量		320	330	350	370
趋势值		7 150	7 500	7 840	8 180

【解】 第一步，计算每年的增减量。

$$d_1=7\,130-6\,810=320\text{（万元）}$$
$$d_2=7\,460-7\,130=330\text{（万元）}$$
$$d_3=7\,810-7\,460=350\text{（万元）}$$
$$d_4=8\,180-7\,810=370\text{（万元）}$$

将每年增长量填入表中。

第二步，计算每年增长量的平均值 $\overline{d}$。

$$\overline{d}=\frac{d_1+d_2+\cdots+d_n}{n}=\frac{\sum_{i=1}^{n}d_i}{n}$$

得 $\overline{d}=\dfrac{320+330+350+370}{4}=342.5$(万元)

第三步，用平均增长量推算各年的趋势值（个位均四舍五入）。

$$\overline{y}_n=y_0+n\overline{d}$$

第 1 年 $\overline{y}_1=6\,810+1\times342.5=7\,150$（万元）

第 2 年 $\overline{y}_2=6\,810+2\times342.5=7\,500$（万元）

第 3 年 $\overline{y}_3=6\,810+3\times342.5=7\,840$（万元）

第 4 年 $\overline{y}_4=6\,810+4\times342.5=8\,180$（万元）

将计算结果填入表中。

第四步，计算预测值。

第 5 年　$\overline{y}_5=6\,810+5\times342.5=8\,522.5$（万元）

第 6 年　$\overline{y}_6=6\,810+6\times342.5=8\,865.0$（万元）

第 7 年　$\overline{y}_7=6\,810+7\times342.5=9\,207.5$（万元）

因此，今后 3 年预计企业总产值分别为 8 522.5 万元，8 865.0 万元，9 207.5 万元。

b．平均发展速度趋势预测。如果时间数列的逐期发展速度大致相同，根据逐期发展速度计算其平均数，据以推算各期的预测值。其计算公式为

$$\overline{y}_n=y_0\times\overline{v}^n \tag{3-15}$$

式中：$\overline{y}_n$——预测期的趋势值；

y_0——基准期的实际值；

$\overline{v}$——逐年发展速度的平均数；

n——预测期的顺序数（$n=1，2，\cdots，n$）。

$$\overline{v}=\sqrt[n]{v_1\cdot v_2\cdot v_3\cdot\cdots\cdot v_n} \tag{3-16}$$

式中：$v_1=\dfrac{y_t}{y_0}$，$v_2=\dfrac{y_{t+1}}{y_1}$，$v_n=\dfrac{y_{t+n}}{y_{t+(n-1)}}$

则

$$\overline{v}=\sqrt[n]{\frac{y_t}{y_0}\times\frac{y_{t+1}}{y_t}\times\frac{y_{t+2}}{y_{t+1}}\times\cdots\times\frac{y_{t+n}}{y_{t+(n-1)}}} \tag{3-17}$$

式中：y_0——基准期的实际值；

y_{t+n}——时间数列的末项值。

【例 3.17】　某建筑公司 2007～2011 年总产值如表 3-14 所示，试用平均发展速度趋势预测 2012 年、2013 年的总产值。

表 3-14　某建筑公司年生产总值

年次	2007	2008	2009	2010	2011
产值/亿元	1.12	1.35	1.64	1.97	2.40
发展速度/(%)		120.50	121.50	120.10	121.80
趋势值/亿元		1.36	1.64	1.98	2.40

【解】从表 3-14 中知 2007 年总产值 1.12 亿元为基准值。

第一步，计算每年的发展速度。

第 1 年　$v_1=\dfrac{1.35}{1.12}=1.205=120.5\%$

第 2 年　$v_2=\dfrac{1.64}{1.35}=1.215=121.5\%$

第 3 年　$v_3=\dfrac{1.97}{1.64}=1.201=120.1\%$

第 4 年　$v_4=\dfrac{2.40}{1.97}=1.218=121.8\%$

将计算结果填入表中。

第二步，计算年平均发展速度 $\overline{v}$ 。

$$\overline{v}=\sqrt[4]{1.205\times1.215\times1.201\times1.218}=1.21\text{（即 121\%）}$$

第三步，计算各年的趋势值。

根据　　$\overline{y}_n=y_0\times\overline{v}^n$　$y_0=1.12$亿元

2008 年　$\overline{y}_1=1.12\times(1.21)^1=1.36$（亿元）

2009 年　$\overline{y}_2=1.12\times(1.21)^2=1.64$（亿元）

2010 年　$\overline{y}_3=1.12\times(1.21)^3=1.98$（亿元）

2011 年　$\overline{y}_4=1.12\times(1.21)^4=2.40$（亿元）

将计算结果填入表中。

第四步，计算预测值。

2012 年　$\overline{y}_5=1.12\times(1.21)^5=2.91$（亿元）

2013 年　$\overline{y}_6=1.12\times(1.21)^6=3.52$（亿元）

因此，预测该公司 2012 年产值为 2.91 亿元，2013 年产值为 3.52 亿元。

② 时间序列预测。时间序列预测是一种比较简单而应用很广泛的短、中期预测方法。所谓时间序列是指预测事物的一组统计或观察值，按发生时间的先后次序排列起来的数字序列。时间序列预测方法就是从时间序列中找出事物随时间发展变化的规律，从而推算出事物未来的演变趋势。

时间序列预测有以下几种常用方法。

a．简单平均数法。简单平均数法是将过去时期形成的时间序列数据进行简单平均，以平均数作为预测值的方法。其计算公式为

$$y_t=\frac{\sum_{i=1}^{n}y_i}{n} \tag{3-18}$$

式中：y_t——t 期的预测值，即平均数；

y_i——t 期以前 n 期中的第 i 次实际值，$i=1, 2, \cdots, n$；

n——实际值个数。

【例 3.18】　某建筑公司 1～5 月实际完成建安工作量如表 3-15 所示，试用简单平均法预测 6 月能完成多少工作量。

表 3-15　某建筑公司建安工作量

月份	1	2	3	4	5
工作量/万元	290	301	296	303	310

【解】 $y_t=\frac{290+301+296+303+310}{5}=300$（万元）

因此，6 月预计完成工作量 300 万元。

简单平均数法简单易行，在无明显上升或下降趋势时，应用较为适宜，一般只用于近期预测。

b．移动平均法。移动平均法是在简单平均数法的基础上，以近期资料为依据，并考虑

事物发展趋势的一种预测方法。

移动平均法在给定的时间序列中，每次选取最近的 N 个周期数据，求其平均值，这样逐点推移，分段平均，最后以 t 期的移动平均值作为 $t+1$ 期的预测值。此法分为一次移动平均法和二次移动平均法。

一次移动平均法。设有一组按时间顺序排列的统计数据 Y_1、Y_2、…、Y_t，则 t 周期的一次移动平均值为

$$Y_t^{(1)}=\frac{Y_t+Y_{t-1}+\cdots+Y_{t-N+1}}{N}=\frac{1}{N}\sum_{j=0}^{N-1}Y_{t-j} \tag{3-19}$$

预测结果公式为

$$\hat{Y}_{t+1}=Y_t^{(1)}$$

式中：$Y_t^{(1)}$——t 期一次移动平均值；

Y_t——t 期观察值；

$\hat{Y}_{t+1}$——$t+1$ 期观察值；

N——移动期数。

【例 3.19】 某房地产开发公司历年的商品房开发面积如表 3-16 所示，试用一次移动平均法模拟该时间序列，并预测 2012 年的开发面积。

表 3-16 某房地产开发公司商品房开发面积

年份	2005	2006	2007	2008	2009	2010	2011
开发面积/万 m^2	0.79	2.82	2.59	8.15	9.79	5.46	10.21

【解】 设 $N=3$，则根据公式分别计算各周期的移动平均值：

$$Y_3^{(1)}=\frac{0.79+2.82+2.59}{3}=2.07$$

$$Y_4^{(1)}=\frac{2.82+2.59+8.15}{3}=4.52$$

$$Y_5^{(1)}=\frac{2.59+8.15+9.79}{3}=6.84$$

$$Y_6^{(1)}=\frac{8.15+9.79+5.46}{3}=7.80$$

$$Y_7^{(1)}=\frac{9.79+5.46+10.21}{3}=8.49$$

由此，可预测该公司 2012 年的商品房开发面积为

$$\hat{Y}_{2012}=Y_7^{(1)}=8.49\text{（万 m}^2\text{）}$$

若设 $N=5$，则根据公式分别计算各周期的移动平均值：

$$Y_5^{(1)}=\frac{0.79+2.82+2.59+8.15+9.79}{5}=4.83$$

$$Y_6^{(1)}=\frac{2.82+2.59+8.15+9.79+5.46}{5}=5.76$$

$$Y_7^{(1)}=\frac{2.59+8.15+9.79+5.46+10.21}{5}=7.24$$

由此，可预测该公司2012年的商品房开发面积为

$$\hat{Y}_{2012}=Y_7^{(1)}=7.24(\text{万m}^2)$$

从$N=3$，$N=5$的一次移动平均法预测目标结果可以看出，N值的大小影响最终的预测结果准确与否。也就是说，N的选择是移动平均法的难点，不同N的选择对所计算的平均数有较大影响。

一般来说，当N取较大时，其灵活性降低，对外界波动反应也较慢；当N取较小时，则对外界波动反应快，但是容易把外界的偶然波动误认为发展趋势。所以N的选取是用好移动平均法的关键。当需要处理的资料数据较多，预测精度较高时，N可取大些，反之则取小些。

二次移动平均法。二次移动平均法是为了改进一次移动平均法的滞后效应而应用于有线性变化趋势数列分析的预测方法。它利用一次移动平均的结果计算，再进行一次移动平均，求出移动平均值，以此进行预测。

设时间序列Y_1、Y_2、…、Y_t呈线性发展，N为移动跨距，$Y_t^{(1)}$、$Y_t^{(2)}$分别为t期的一次、二次移动平均值，计算公式为

$$Y_t^{(1)}=\frac{Y_t+Y_{t-1}+\cdots+Y_{t-N+1}}{N}=\frac{1}{N}\sum_{j=0}^{N-1}Y_{t-j} \tag{3-20}$$

$$Y_t^{(2)}=\frac{Y_t^{(1)}+Y_{t-1}^{(1)}+\cdots+Y_{t-N+1}^{(1)}}{N}=\frac{1}{N}\sum_{j=0}^{N-1}Y_{t-j}^{(1)} \tag{3-21}$$

预测结果公式为

$$\hat{Y}_{t+1}=Y_t^{(2)}$$

【例3.20】 同例3.19。

【解】设$N=3$，则根据公式分别计算各周期的移动平均值：

$$Y_5^{(2)}=\frac{2.07+4.52+6.84}{3}=4.48$$

$$Y_6^{(2)}=\frac{4.52+6.84+7.80}{3}=6.39$$

$$Y_7^{(2)}=\frac{6.84+7.80+8.49}{3}=7.71$$

由此，可预测该公司2011年的商品房开发面积为

$$\hat{Y}_{2011}=Y_7^{(2)}=7.71(\text{万m}^2)$$

c．指数平滑法。

移动平均法对N期以内的数据是平等对待的，因而不能反映出远期数据和近期数据对预测结果不同的影响。指数平滑法是在移动平均法的基础上的一种发展和改进，它通过平滑常数，对不同时期的数据赋予不同的权值，以提高预测的精度。

指数平滑法的基本计算公式为

$$y_t=\alpha D_{t-1}+(1-\alpha)y_{t-1}$$

式中：y_t——t 期的预测值；

D_{t-1}——t 期上一期的实际值；

y_{t-1}——t 期上一期的预测值；

α——平滑系数，$0<\alpha<1$。

上式可理解为预测值 y_t 是上一期的实际值 D_{t-1} 和预测值 y_{t-1} 的加权平均值。

平滑系数 α 愈大，近期的影响愈大；α 愈小，则远期的影响愈大。α 值一般应根据具体情况和实际经验选定。当时间序列变化较为缓慢，或虽有不规则的起伏波动，但长期趋势为接近稳定的常数时，α 取较小值；如果时间序列有明显迅速变动的倾向，α 应取较大值。

上式亦可变换为

$$y_t=y_{t-1}+\alpha(D_{t-1}-y_{t-1})$$

预测值 y_t 也可以理解为是上一期的预测值 y_{t-1} 与上期实际值和预测值偏差的调整值之和。如果已知一个时间序列，求未来某一时期的预测值时，可采用逐点推移的办法求得。

【例 3.21】 某施工企业前 5 个月完成的建筑安装工作量如表 3-17 所示，试用指数平滑法预测 6 月的工作量为多少（取 α=0.6）。

表 3-17　某施工企业建筑安装工作量　　单位：万元

月份	实际值	预测值
1	190	190.00
2	201	190.00
3	196	196.60
4	203	196.24
5	210	200.30
		206.12

【解】 设 $y_1=D_1=190$

由于 $y_t=\alpha D_{t-1}+(1-\alpha)y_{t-1}$，则

$y_2=0.6\times190+0.4\times190=190.00$（万元）

$y_3=0.6\times201+0.4\times190=196.60$（万元）

$y_4=0.6\times196+0.4\times196.6=196.24$（万元）

$y_5=0.6\times203+0.4\times196.24=200.30$（万元）

预测 6 月的工作量为

$y_6=0.6\times210+0.4\times200.30=206.12$（万元）

答：6 月预测完成工作量 206.12 万元。

③ 线性趋势预测

线性趋势预测是根据历年积累的材料，在假定过去的发展趋势及其规律性今后仍然存在的条件下，预测未来的发展方向和变动程度。常用的线性趋势模型有直线型、指数曲线型、二次抛物线型等。

a．直线趋势预测。如果时间数列的逐年增减大致相同，且它的发展趋势是直线型的，可以用相应的直线模型来预测未来。其直线方程为

$$y=a+bx \tag{3-22}$$

式中：y——逐年总量指标；

x——表示时间或年次；

a，b——方程式的参数。

该直线方程首先要确定 a，b 参数。根据最小二乘法的原理，可以导出两个标准方程：

$$\begin{cases}\sum y=Na+b\cdot\sum x & (1)\\ \sum x\cdot y=a\sum x+b\cdot\sum x^2 & (2)\end{cases} \tag{3-23}$$

根据这两个方程式，就可以求解 a 和 b 两个参数。其方法如下：把（1）式各项都乘以 $\sum x$，把（2）式各项都乘以 N，就可以得到下列方程式：

$$\begin{cases}\sum y\cdot\sum x=Na\cdot\sum x+b\cdot\sum x\cdot\sum x\\ \sum x\cdot y\cdot N=a\sum x\cdot N+b\sum x^2\cdot N\end{cases} \tag{3-24}$$

解上述两个方程式得

$$b=\frac{\sum xy\cdot N-\sum y\cdot\sum x}{\sum x^2\cdot N-\sum x\cdot\sum x}$$

$$a=\frac{\sum y-b\sum x}{N}$$

式中：N —数列的项数。

$\sum x$、$\sum x^2$、$\sum y$、$\sum xy$ 的数值，可以分别从数列的实际值中求得，把求得的数据代入到公式中去，求出 a 和 b 两个参数，则可建立直线预测方程进行预测。

【例 3.22】 某建筑集团近 9 年完成的产值如表 3-18 所示，试用直线趋势预测今后 3 年的产值。

表 3-18 某建筑集团年产值 单位：亿元

年次	1	2	3	4	5	6	7	8	9
产值	2.2	2.4	2.7	3.0	3.4	3.8	4.2	4.7	5.3

【解】第一步，列表 3-19，计算出 $\sum x$、$\sum y$、$\sum xy$、$\sum x^2$。

表 3-19 计算过程

年次代号（x）	建安工作量（y）/亿元	$x\cdot y$	x^2	建安工作量理论值
1	2.2	2.2	1	1.98
2	2.4	4.8	4	2.37
3	2.7	8.1	9	2.75
4	3.0	12.0	16	3.14
5	3.4	17.0	25	3.52
6	3.8	22.8	36	3.91
7	4.2	29.4	49	4.29

续表

年次代号（x）	建安工作量（y）/亿元	$x \cdot y$	x^2	建安工作量理论值
8	4.7	37.6	64	4.68
9	5.3	47.7	81	5.06
45	31.7	181.6	285	

第二步，求 a、b 参数：

$$b=\frac{181.6\times9-31.7\times45}{285\times9-45\times45}=0.385$$

$$a=\frac{31.7-0.385\times45}{9}=1.597$$

第三步，建立预测方程：

$$y=1.597+0.385x$$

第四步，计算建安工作量理论值：

$$y_1=1.597+0.385\times1=1.982(\text{亿元})$$

$$y_2=1.597+0.385\times2=2.367(\text{亿元})$$

$$y_9=1.597+0.385\times9=5.062(\text{亿元})$$

将计算结果填入表中。

第五步，进行预测：

$$y_{10}=1.597+0.385\times10=5.447(\text{亿元})$$

$$y_{11}=1.597+0.385\times11=5.832(\text{亿元})$$

$$y_{12}=1.597+0.385\times12=6.217(\text{亿元})$$

因此，预测后 3 年的产值分别为 5.447 亿元、5.832 亿元、6.217 亿元。

b．指数曲线趋势预测。如果事物的逐期增减率大体相同，这种现象的发展趋势是指数曲线型。大量研究表明，技术发展趋势大量表现为指数型或接近指数型的增长。指数曲线的方程为

$$y=ab^x \tag{3-25}$$

式中：y——表示各年的变量；

a、b——参数；

x——自变量。

这个方程说明各年的变量 y 等于最初水平乘以平均发展速度的 x 次方。

进行指数曲线趋势预测的计算，必须先将指数曲线化为直线方程的形式，即将上式两边取对数：

$$\log y=\log x+x\log b$$

设

$$y'=\log y$$

$$A=\log a$$

$$B=\log b$$

则指数曲线方程化为

$$y'=A+Bx$$

同上述方法，得两个标准方程式：

$$\begin{cases}\sum y'=NA+B\sum x\\ \sum x\cdot y'=A\sum x+B\sum x^2\end{cases} \quad (3\text{-}26)$$

解方程即可求得 A、B，代入前式，求出参数 a、b，这样就可用方程 $y=ab^x$ 进行预测。

【例 3.23】 某建筑工程公司完成房屋竣工面积每年递增 33%～36%，如表 3-20 所示。现要求预测第 7 年和第 8 年的竣工面积。

表 3-20　某建筑公司历年房屋竣工面积

项目	1	2	3	4	5	6
房屋竣工面积/万 m^2	5.3	7.2	9.6	12.9	17.1	23.2

【解】（1）列表 3-21，填好 1～3 栏。

表 3-21　某公司历年房屋竣工面积发展趋势　　单位：万 m^2

年次（x）	竣工面积（y）	较上年增长率	$y'=\log y$	xy'	x^2	竣工面积理论值
1	5.3	—	0.724 3	0.724 3	1	5.33
2	7.2	36%	0.857 3	1.714 6	4	7.15
3	9.6	33%	0.982 3	2.946 9	9	9.59
4	12.9	34%	1.110 6	4.442 4	16	12.86
5	17.1	33%	1.233 0	6.165 0	25	17.25
6	23.2	36%	1.365 5	8.193 0	36	23.13
合计	75.3	—	6.273 0	24.862	91	75.31

（2）计算 y'、xy'、x^2 的值，由两个标准方程，得

$$6.273=6A+21B$$
$$24.862=21A+91B$$

解上列方程式，得

$$A=\log a=0.59936 \qquad a=3.975$$
$$B=\log b=0.12747 \qquad b=1.341$$

指数曲线方程式为

$$y'=\log y=\log a+x\log b$$
$$y'=0.599\,89+0.127\,47x$$
$$y=ab^x=3.975(1.341)^x$$

（3）计算竣工面积的理论值：

$$y_1=3.975(1.341)^1=5.330\,5(\text{万}m^2)$$
$$y_2=3.975(1.341)^2=7.148\,2(\text{万}m^2)$$

…

$$y_6=3.975(1.341)^6=23.130\,0(\text{万m}^2)$$

（4）进行预测：

预测第 7 年的房屋竣工面积为

$$\log y_7=0.599\,36+0.127\,47\times 7=1.491\,65$$

$$y_7=31.02(\text{万m}^2)$$

预测第 8 年的房屋竣工面积为

$$\log y_8=0.599\,36+0.127\,47\times 8=1.619\,12$$

$$y_8=41.61(\text{万m}^2)$$

c．二次抛物线型。如果事物的逐期增长量为中期大，前期和后期小，就可以采用二次抛物线来预测未来的发展趋势。由于这种方法较为复杂，在此略去。

（3）综合预测法。综合预测法是将定性、定量预测等多种预测方法进行综合运用。它兼有多种方法的优势，因此预测的准确性和可靠性较高。

任务实施

通过以上学习，我们懂得了市场预测的内容、特点及类型，掌握了市场预测的方法，尤其是定量预测方法的技术工作，为今后从事建设项目的市场预测奠定了基础。

3.2.3 市场调查与预测案例分析

教学目标

（1）掌握市场调查与预测的内容。

（2）熟悉市场调查与预测的报告的编写。

任务实施

重庆绢纺厂项目市场调研分析报告（市场调查与预测部分）。

第一部分　重庆市房地产市场发展态势

一、重庆市宏观经济状况分析（略）

（一）重庆市近五年国内生产总值（GDP）及增长率（略）

（二）居民消费水平及分析（略）

（三）宏观经济发展趋势分析

重庆市在此轮经济增长周期内，经济快速增长。城市 GDP 从 2000 年以来一直高于全国水平，从 2002 年开始增长率一直保持两位数。城市居民人均可支配收入在 2004 年已经超过 1 000 美元，重庆市的宏观经济正处于快速发展时期。

二、重庆房地产市场状况分析

（一）城市总体规划（略）

（二）城市交通规划（略）

（三）重庆房地产历年投资额（略）

（四）房地产竣工面积、销售面积、空置面积情况（略）

（五）住宅市场供给、需求情况

重庆未来房地产市场将呈现供需两旺的局面。

1. 住宅供给情况

未来几年重庆市江景房将有 700 万 m^2 左右的供应量。

有消息分析，未来在北部片区，正在规划的几个大盘供应增量就将达到 1 500 万 m^2 以上。

2. 住宅需求情况

重庆市今后房地产需求将持续走高。支撑需求持续保持较高规模的因素如下:

一是随着城镇居民可支配收入持续增加，使居民住房消费能力进一步提高，住房改善型需求有新的增长——希望换房的人多了起来。重庆现在的人均住房面积为 21 m^2 左右，建设部人均住房面积在 35 m^2 的规定，每人还有 14 m^2 的发展空间。重庆城市人口在 1000 万左右，重庆还有 1.5 亿 m^2 的需求量。

二是市危旧房改造还将继续，安置型住房的需求在一定程度上支撑房地产市场。

三是城市化步伐加快。重庆每年有 40 万农民进城，按照每人 35 m^2 计算，20 年内如果有 1 000 万农民进城，重庆还需要 3 亿多 m^2 的房子。

与改善住房条件的需求加起来，重庆未来需要 5 亿 m^2 的房子，从绝对数据上来说，重庆每年还可以建 2 000 万 m^2，建 25 年。

（六）重庆房价情况（略）

三、重庆房地产市场发展趋势分析（略）

四、近期重庆房地产市场态势

（一）重庆市出台《关于房地产新政的具体执行细则》（略）

（二）重庆市房地产税收新政策正式开始实施（略）

（三）重庆今年确定百项市级重点工程（略）

（四）外来资金强势入渝（略）

五、主城区房地产发展特征（略）

重庆房地产市场发展趋势小结（略）

六、沙坪坝区情况简介

沙坪坝区地处重庆市区西部，是重庆市的第二大区。全区幅员面积 396km^2，商业繁华，高校林立，堪称重庆的“海淀区”。拥有完善的基础设施、发达的商贸服务、浓郁的大学文化氛围、一流的中小学校、优质的医疗服务、众多的健身场馆。

（一）沙坪坝区配套情况

1. 教育发达

沙坪坝区有重庆的“海淀区”之称，是长江上游科教文化名区。区内汇集了诸如重庆大学、西南政法大学、四川外语学院等多所全国知名高校、重庆市重点中学前 4 名中 3 所中学（一中、三中、八中）以及树人小学等重点小学，形成了浓厚的文化氛围。

2. 交通畅达

沙坪坝区交通通信畅达，是西南地区人流、物流、信息流要道。全国铁路集装箱网络重庆中心站、西南地区最大铁路编组站和国家二级火车站等 7 个火车客货站棋布于此；国道、省道等高等级公路 5 条，成渝、渝长、上界高速公路纵横域内。到重庆江北国际机场仅需半个小时车程。

3. 商业繁华

沙坪坝区拥有目前重庆第二大商圈，以三峡广场为中心，形成了由重庆百货、新世纪、立洋百货、北京华联、国美等主力知名商家组成的 20 万 m^2 成熟商业圈，其繁华程度仅次于渝中区。

4. 医疗设施完备

沙坪坝区拥有多个重庆市大医院，西南医院、新桥医院、第三军医大学、第二人民医院附属医院。

5. 旅游资源丰富

沙坪坝区融巴渝文化、沙磁文化、抗战文化、红岩文化于一炉，形成了歌乐山名山旅游、磁器口古镇旅游、都市休闲购物旅游、田园生态旅游等特色旅游，每年接待中外游客数百万。

（二）沙区未来规划

1. 东部城区

在沙区规划蓝图中东部城区 60km^2 要做强做靓。要完善功能，增强实力，提升形象，增强辐射、聚集和带动作用，把东部城区建设成为沙坪坝区的都市核心区，全区经济社会发展的“火车头”。主要项目有三峡广场中心区、重庆大学国家大学科技园、重庆井口工业园、梨树湾温泉、滨江路沿线景观建设带、嘉陵路南侧片区改造、磁器口古镇、清水溪景观带。

三峡广场中心区是沙坪坝的商贸商务核心，要进一步增强辐射能力，提升服务能力，拓展中心区范围，打造成为重庆市的第二商贸商务中心。

重庆大学国家大学科技园紧邻重庆大学，是科技部、教育部批准成立的首批国家大学科技园，由核心区、生物医药基地和创新创业园组成，规划占地 7km^2。已入驻企业 180 家，年销售收入 6 亿元。

滨江路沿线景观带，南起羊角堡，北至磁器口，东傍嘉陵江，西靠平顶山，规划占地 21.2 公顷（1 公顷＝1 万 m^2），是沙坪坝展示现代城市风貌的绝佳胜地。该片区长 6.6km，规划占地建筑面积 67 万 m^2，建成标志性的滨水地区，融居住、交通、办公、娱乐休闲、社会公益等功能于一体，是高质量的现代都市形象代表区域。

磁器口古镇位于沙坪坝主城区，是沙磁文化的发源地，历史悠久，闻名遐迩，是重庆市城市总体规划中重点保护的历史传统街区，规划占地 14.3 公顷，打造成为如云南丽江的魅力古镇。

2. 西部新城

西部新城 560km^2 要做大做优。要作为重庆市“特大城市空间拓展战略”的重要内容，加快推进工业化和城市化进程，努力将西部新城建设成一座现代化科教新城，成为中国西部一道亮丽的风景线。

以下列为主要项目：重庆市大学城、西永科技产业园、土主现代物流园、第三产业服务区、生态旅游观光区、回龙坝纺织工业园、重庆曾家现代都市农业示范区、青凤工业园。

3. 中部歌乐山、中梁山

中部歌乐山、中梁山 60km^2 要做特做精。要完善总体规划，挖掘丰富的抗战文化、巴渝文化和红岩文化资源，加快开发生态旅游业，完善旅游服务功能，建设成为一流的休闲度假带。

以下列为主要项目：天池旅游度假区、歌乐山绿色屏障保护工程、中梁镇天然草场、歌乐山生态文化园区。

4. 沙区交通规划

沙坪坝区“十五”公路交通发展规划中提出“十五”建设的重点，是加大力度建设外循环网络，即龙泉路—土湾滨江路—磁器口滨江路—井口滨江路—遂渝高速公路—井口隧道—土主镇—陈家桥镇—虎溪镇—曾家镇—金凤镇—成渝高速公路—上桥—凤天路—天马路—龙泉路。

5. 沙区内的轨道交通规划

2012 年要建成城铁 1 号线，从朝天门到西永的路段，全长 32km。途经渝中区、九龙坡区、沙坪坝区，构成轨道交通重要客运走廊，服务于中心城区的商业区、公共活动区、客运码头等大型客流集散地。主要缓解渝中区东西向的交通压力。

（三）沙区房地产市场特征

长期以来沙区的房地产一直以分散、小规模开发为主。房地产开发项目几乎都是主打教育和文化的概念。购房客户多为区域内的老师和对此区域有着区域情节的客户群，多家大医院使医生成为区域内又一大主力客户。区域内的房地产价格略低于其他区域房价。

（四）优惠政策

对经市政府确认的重点内外资工业企业，除国家限制或禁止的投资项目外，2003～2010年，均可享受西部大开发税收优惠政策规定的企业所得税 15%的优惠税率。

对设在我区以国家鼓励类产业项目为主营业务，且主营业务收入占企业总收入 70%以上的内外资工业企业，2001～2010 年，均按 15%的税率征收企业所得税。

来我区投资的企业（项目），对经济和社会发展具有重大促进作用的，除享受本政策的全部优惠外，还可实行一企一策、一事一议，执行更为特殊的优惠政策。重庆市制定的政策，我区均依照执行。

七、调研楼盘情况分析（略）

第二部分　本项目市场定位

八、项目周边环境分析

（一）地块周边环境

1. 项目地貌特征

该项目紧邻千年古镇和嘉陵江，土地包括生产区和仓库区共计 62 922 m^2，东西狭长呈带状分布，南北呈阶梯状，项目南端最高标高约 196 m，项目北端最低标高约 187 m，高差近 10 m。项目北临嘉陵江，临江面达 800 m。该地块南北高差巨大，且最低点在重庆市规定的 50 年一遇的洪水标线下。项目内有贯通的防空隧道，可以开车直接从金沙正街直接到该项目的东端。项目区域地上建筑为破旧厂房。

项目目前用地为绢纺厂的生产区和库房区，在生产区和库房区穿插夹杂着破旧的居民楼，按照重庆市规划局沙坪坝规划分局的规划，该项目包括居民楼在内，应统一考虑。

项目东端为金沙街小学，进出该小学的唯一通道要经过此项目。规划中，将来小学门前有一条南北规划路通过。

2. 周边基础设施

项目基础设施齐备。

3. 区域服务设施

项目周边社区服务设施欠缺。项目西侧为千年古镇磁器口购物广场，沿磁童路为重庆民俗风情餐饮一条街，但这些都是以旅游为目的的配套项目，为社区居民服务的生活配套较少。

从项目沿金沙正街向南，分布着重庆知名的树人小学、南开中学、重庆一中、重庆大学，教育资源得天独厚。

到达沙区中心三峡广场只要 15 分钟车程，三峡广场聚集着大量大规模的百货公司、金融服务公司、酒店、写字楼、餐饮饭店、文化娱乐设施。

4. 交通条件

该项目所处地块交通条件较好，项目北临滨江路，西南为金砂正街和磁童路，但是，目前路况不是很好，较为拥堵，规划中的劳动路为四车道市政路，修建好后将在一定程度上改善项目交通状况。

目前门前有多路公交车，出行较为方便。

从项目乘车到沙区中心三峡广场大约 15 分钟。

随着沙区道路建设加速，项目的沙滨路 2007 年将贯通解放碑，从项目到渝中区只要 20 分钟。环城高速渝涪高速的出入口杨公桥，离项目只有 10 分钟的车程，通过杨公桥入口可顺畅到达将北区、渝北区或者通过石门大桥也非常方便。

规划中 2012 年建成的 1 号轻轨将经过该项目。

（二）土地取得方式和程序（略）

（三）项目土地 SWOT 分析（略）

九、项目定位分析

结合市场判断及调研情况，对项目市场定位进行初步分析。

（一）本项目区位价值分析（略）

（二）客户群分析

1. 重庆市客户群需求意向分析（略）

2. 本项目潜在客户群分析

（1）竞争项目潜在客户群分析。

本项目周边区域在开发楼盘主要有百年世家、时代菁英、华宇金沙港湾等，通过现场调研，对该区域主力客户群有了一个初步的印象，整理如表 3-22 所示。

表 3-22 周边开发项目调查情况汇总

目标客户群特征	百年世家	时代菁英	华宇金沙港湾
区域特征	沙区	沙区	以沙区为主
一次/二次置业	一次置业为主	一次、二次都有	50%/50%
自住/投资	自主为主，部分投资	自住为主，部分投资	自住为主
年龄特征	30 岁左右	20 多岁、30 岁左右	30 岁左右
职业特征	一期 80%重大教师，二、三期一、三、八中教师，整体 50%为教师	教师/中小型业主	沙区公务员、私营业主
公共/开车	公共交通	以公共交通为主	50%/50%
户型特征	70 ~ 120 m^2	一居 40 m^2、二居 70 m^2	以二居、三居为主
关注点	位置/价格	价格/户型	户型/价位/景观
价格特征	均价 3 300 元	均价 3 400 元	观景房 4 000 元、中庭 3 400 元
其他	对区位认同度较高，交通方便	对区位认同度较高，交通方便	对观景房认可度较高，且很快售完
评述	区域紧邻重庆大学，项目以小户型为主	区域紧邻重庆大学，项目以小户型为主总价偏低，销售速度很快	位置较好，且为沙区第一个观景房，华宇品牌知名度较高

从上述调研情况可看出，百年世家及时代菁英项目与本项目在区域上联系最为紧密，因此，其客户特征及需求特征具有较大的参考性，华宇金沙港湾项目的位置优于本项目，且为沙区第一个江景楼盘，因此吸引了大量收入较高的政府官员在小区购房，而教师、医生等职业的人群，相对收入固定，尚不能承受该项目的高价，因此较少，但是随着百年世家及时代菁英项目的开盘销售，教师群体的购房能力也得到了较为充分的释放。

（2）本项目潜在客户群分析。

通过调研情况，结合本区域的价值分析，初步确定本项目的目标客户群具有以下特征。

区域特征：以居住生活在沙坪坝区的人群为主。

职业特征：以教师群体、年轻人、中小型业主为主。

收入特征：稳定的中高收入水平，家庭月收入为 1 500 ~ 3 000 元。

置业特征：以首次置业为主，兼顾二次置业人群。

交通方式：以公共交通为主。

家庭结构：以三口之家及两口之家为主。

年龄结构：25 ~ 35 岁为主。

置业目的：以自住为主，兼顾投资者。

（三）产品定位分析

为满足潜在客户群的购房需求，产品设计的原则为经济、合理、舒适。

户型设计原则：户型面积相对经济、功能布局合理紧凑、通风采光效果好，同时户型相对多样，可满足多种人群的需求。

总价控制：集中在 20 万 ~ 35 万。

面积控制：70 ~ 110 m^2。

户型控制：两居为主，兼顾三居和一居。

规划设计原则：小区景观环境层次分明、优美，同时充分利用社区外部景观，包括江景、山景，尽量改善外部交通环境。

（四）价格定位分析

价格的确定主要考虑两方面，一方面为与产品品质相适应的区域价格，另一方面为价格涨幅。

1. 区域价格的确定

以本项目周边在售项目为样本，结合本项目中高档品质的定位，采用各项指标对比打分的方法确定本项目的区域价格。

各项指标满分为 10 分，在综合各方面的打分情况下，确定本项目的相对价格，并经过算术平均，最终确定本项目的合理价位。

综合评定主要设定 3 个方面因素，分别为区域环境、产品品质、品牌效应，所占权重系数为 40%、50%、10%。每一大类又具体分为 5 ~ 6 个细化项目，每个细化项目权数分别为 5% ~ 10%。

（1）区域环境。区域环境主要指项目地段位置、交通出行、周边生活配套及教育配套等方面的综合指标。

（2）产品品质。产品品质主要指项目的区域生态环境及小区内部景观环境、社区规划、户型合理、面积大小等方面的综合指标。

（3）品牌效应。品牌效应主要指小区物业管理水平、开发商及合作机构的品牌效应等方面的综合指标。

打分方法：由小组 5 位成员根据调研结果分别对区域各项目及本项目进行打分，计算加权得分，对比求出本项目的价格，并经算术平均计算得出最终的区域价格，如表 3-23 所示。

本项目周边产品的均价位多为 3 300 ~ 3 400 元/ m^2，反映出对本区域中高档产品的价值预期也在此范围内。最终确定本项目的区域价格为 3 500 元/m^2。

表 3-23　可比项目各指标评分表

细项	权重	百年世家三期	时代菁英二期	华宇金沙港湾	东方港湾	华宇林泉雅舍	阳光水城	本项目
地段位置	10%	8	8	9	8.5	8	8	7.5
交通出行	10%	8	8	9	9	8.5	8.5	8
周边配套	10%	8	8	8	8	8	8	7.5
教育文化	10%	9	9	8.5	8	8.5	8.5	8.5
生态环境	7%	8	7	8.5	8.5	7.5	7	8.5
园林景观	10%	7.5	7	8.5	8	8	8	8
社区规模	7%	8	7.5	8.5	8.5	8.5	8.5	8.5
建筑形式	7%	8	7.5	8	8	8	8.5	8

续表

细项	权重	百年世家三期	时代菁英二期	华宇金沙港湾	东方港湾	华宇林泉雅舍	阳光水城	本项目
社区规划	9%	8	7.5	8	8	8	8	8
户型设计	10%	8	8	8	8	8	7.5	8
物业管理	5%	7.5	7	8	7.5	8	8	7.5
开发商品牌	5%	7.5	7	8.5	8	8.5	8	8
加权平均值		7.625	7.365	7.97	7.795	7.7	7.65	7.595
销售均价		3 400	3 400	3 800	3 700	3 400	3 500	
本项目可比价格		3 413	3 297	3 988	3 797	3 447	3 525	3 578

附注：各项目销售均价多为报价，因此偏高。

2. 价格走势

在重庆房地产市场健康发展的大势下，沙坪坝区作为老城区固然没有北部新区等区域较快的价格增长走势，但是区域内住宅供应的稀缺，对于以沙坪坝为主要工作生活的人群来说，需求还是较为旺盛的。因此，总体判定价格微升，年增长率为1%。

十、项目产品定位（略）

十一、项目经济效益分析

（一）测算前提

（1）区域地块整体规划。但由于没有地块其他更为详尽的数据，暂按绢纺厂地块面积进行成本收益分析。

（2）2005年12月交地。

（3）分三期建设，整个项目建设周期为2年。

（4）重庆房地产市场不发生较大变化。

（5）通货膨胀率暂不考虑。

（二）规划指标（表3-24）

表3-24 规划经济指标

比较项	面积	经济指标
土地面积	6.29万 m^2	94.38亩
厂区1#地	5.28万 m^2	
厂区2#地	1.01万 m^2	
规划建筑面积	23.91万 m^2	容积率3.8
地上建筑面积	20.27万 m^2	估算
住宅	19.32万 m^2	
商铺	0.80万 m^2	估算（40 m × 10 m × 2）
幼儿园及物业管理用房	0.15万 m^2	幼儿园1000 m^2，物业及居委会500 m^2
地下建筑面积	3.64万 m^2	
车位	3.64万 m^2	每300 m^2住宅一个车位，商铺200 m^2一个车位，35m^2/个
可售套内建筑面积	17.14万 m^2	一般使用率为80%～85%
住宅	16.42万 m^2	按建筑面积85%考虑

续表

比较项	面积	经济指标
商铺	0.72 万 m^2	按建筑面积 90%考虑
车位	1 040.00 个	暂估

各项指标确定说明：

（1）规划容积率按 3.8 考虑。

（2）车位个数按规划基本要求考虑，每 300 m^2 住宅一个车位，商铺每 200 m^2 一个车位，车位面积 35m^2/个。

（3）幼儿园按 1 000m^2 考虑，物业及居委会按 500 m^2 考虑。

（4）商铺考虑在靠近磁器口附近布置，布置两层，约需 8 000 m^2。

（5）重庆市住宅销售按套内面积考虑，使用率一般为 80%～87%，本项目住宅按 85%计算，商铺按 90%考虑。

（三）销售价格预测

在项目销售期内不同的套型由于位置、楼层、面积等不同会有价格的差异，但是由于产品方案尚未最终确定，因此只考虑均价 3 578 元/m^2。

考虑适当的价格增长率，每期的销售价格如表 3-25 所示。

表 3-25　项目销售时间与均价时间与均价　　单位：元/m^2

时　间	涨　幅	价　格
2005 年		3 578
2006 年（一期）	1%	3 614
2007 年（二期）	1%	3 650
2008 年（三期）	1%	3 686
平均值		3 650

商铺暂估 8 000 元/m^2。

车位一般售价为 5 万～7 万元，按 6 万元/个考虑，30%销售，70%车位后续经营收入未计入。

（四）成本预测

1. 建设周期

2005 年 12 月底交地，2006 年上半年完成方案设计报批等相关手续，一期年底前开工建设，二期 2007 年上半年开工建设，三期 2007 年底开工建设。

2. 成本项预测

土地费用：16 526 万元。

前期费用：4 510 万元。

建安费用：26 912 万元。

其中，基础配套费用：2 391 万元。

管理费用：1 199 万元。

销售费用：2 027 万元。

财务费用：5 992 万元。

不可预见费：2 559 万元。

总投资：53 732 万元。

（五）收益分析（略）

（六）敏感性分析（略）

十二、运作建议（略）

思考与练习

1．什么是市场调查？其内容有哪些？

2．简述市场调查的程序。

3．市场调查的方法有哪些？如何实施？

4．什么是市场预测？

5．简述市场预测的程序。

6．市场预测的方法有哪些？

7．某建筑公司近7年完成的施工产值如表3-26所示，试用平均增减量、平均发展速度和直线趋势等方法预测今后5年每年的施工产值。

表3-26 施工产值

单位：亿元

年次	1	2	3	4	5	6	7
产值	1.2	1.4	1.7	2.0	2.4	2.8	3.2

8．某建筑企业近6年完成房屋竣工面积如表3-27所示，试用指数曲线预测第8~10年的房屋竣工面积。

表3-27 房屋竣工面积

单位：万 m^2

年次	1	2	3	4	5	6
竣工面积	43	62	86	119	161	222

9．某施工企业近十年房屋竣工面积如表3-28所示，试用移动平均法（$N=3$）、指数平滑法（$\alpha=0.6$），分别预测后1年的房屋竣工面积。

表3-28 房屋竣工面积

单位：万 m^2

年 次	1	2	3	4	5	6	7	8	9	10
竣工面积	4.68	6.23	9.77	12.98	11.43	12.61	14.60	120.30	155.60	203.40

模块4

建设工程项目经济分析与评价

随着社会主义市场经济体制的建立与逐步完善，我国由单一的政府投资主体发展成政府、国有企业、民营企业、事业单位、个体经济以及政府与私人联合体等多种主体并存，形成了投资主体多元化、资金来源多渠道化、投资方式多样化、项目建设市场化的格局。无论是农业、工业、建筑业、房地产业、交通运输业等营利经营部门，还是教育、卫生等非营利性部门，各行业的投资项目都需要经过科学的经济分析与评价。细化到个人及家庭投资理财，对项目投资的经济分析与评价方面的知识与日俱增，因此，在这里，我们开始学习建设工程项目的经济分析与评价基础知识与基本技能。

4.1 资金时间价值

引 言

时间价值理论是技术经济学科比较重要的理论，明确资金时间价值的概念具有重要的意义。任何经济投资活动都是在一定的时空中进行的，离开了资金时间价值因素，就无法正确计算不同时期的财务收支，也无法正确评价投资活动的盈亏。我国过去曾长期忽视资金时间价值，导致了资金无法发挥最大的使用效用。

4.1.1 认识资金时间价值

教学目标

（1）认识利息、现金流量。

（2）掌握资金时间价值的含义、特点、决定因素，名义利率与实际利率之间的关系。

（3）学会应用现金流量图及利息的计算方法。

任务引入

资金时间价值比较抽象和复杂，下面从案例入手，找出资金时间价值的组成和规律，进一步给出其理论描述方法进而掌握解决之道，参见例 4.1。

【例 4.1】 某项目共投资 2 000 万元，其中自有资金 1 000 万元在第 1 年全部投入，银行贷款 1 000 万元的具体情况：第 1 年年初借入 500 万元并投入，第 2 年年初借入 300 万元并投入，第 3 年年初借入 200 万元并投入，建设期为 3 年，第 4 年开始投产，投产后每年净收益为 500 万元，年贷款利率为 8%，要求按季度计息，运营期为 8 年，试画出项目的现金流量图，并计算项目在建设期的贷款利息（要求用复利法计算）。

任务分析

从例 4.1 中可以看出，需要我们利用资金时间价值的基本知识解决一系列的实际问题，接下来介绍此案例需涉及的知识点。

相关知识

1. 资金时间价值概述

1）资金时间价值的定义

资金时间价值是指资金在生产和流通过程中随着时间推移而产生的增值。它也可被看成资金的使用成本。资金不会自动随时间变化而增值，只有在投资过程中才会有收益，所以时间价值一般用无风险的投资收益率来代替，因为理性个体不会将资金闲置不用。资金随时间的变化而变化，是时间的函数，随时间的推移而发生价值的变化，变化的那部分价值就是原有的资金时间价值。只有和劳动结合才有意义，不同于通货膨胀。

资金时间价值产生的两个前提条件：①经历一定的时间；②参与社会再生产过程的周转。

任何技术方案的实施，都有一个时间的延续过程，由于资金时间价值的存在，使不同时间上发生的现金流量无法直接加以比较。因此，要通过一系列的换算，在同一时点上进行对比，才能符合客观的实际情况。这种考虑了资金时间价值的经济分析方法，使方案的评价和选择变得更加现实和可靠，也就构成了工程经济学要讨论的重要内容之一。

【例 4.2】 某公司面临两种投资方案 A 和 B，寿命期都是 4 年，初始投资相同，均为 10 000 元。实现收益的总数相同，但每年数值不同，如表 4-1 所示。

表 4-1 A、B 两种方案每年的现金流量

单位：元

方案/年末	0	1	2	3	4
A	−10 000	6 000	5 000	4 000	2 000
B	−10 000	2 000	4 000	5 000	6 000

如果其他条件相同，应该选用哪个方案？根据直觉和常识，我们会觉得方案 A 优于方案 B。方案 A 的得益比方案 B 早，这就是说，现金收入与支出的经济效益不仅与资金量的大小有关，而且与发生的时间有关。这里隐含着资金具有时间价值的观念。

资金时间价值在银行的利息中可以得到体现。如果年利率为 9%，那么今年的 1 元存入银行，到明年这个时候可以得到 1.09 元，就是说，今年的 1 元等值于明年的 1.09 元，明年的 1 元相当于今年的 0.9174 元（1/1.09），对于资金的时间价值，可以从两个方面理解。

综上所述，资金的时间价值是商品经济中的普遍现象，资金之所以具有时间价值，是基于以下两个原因。

（1）从社会再生产的过程来讲，投资者或生产者将其当前拥有的资金能够立即用于投资并在将来获取利润，而将来才可取得的资金则无法用于当前的投资，因此无法得到相应的收益。正是由于资金作为生产的基本要素，进入生产和流通领域产生利润，资金才具有时间价值。

（2）从流通的角度来讲，对于消费者或出资者，其拥有的资金一旦用于投资，就不能再用于消费。消费的推迟是一种福利损失，资金的时间价值体现了对牺牲现期消费的损失所应作出的必要补偿，即利息。

下面介绍流通领域内资金时间价值的衡量尺度。

2）流通领域内资金时间价值的衡量尺度

利息是资金时间价值的一种重要表现形式。通常用利息额作为衡量资金时间价值的绝对尺度，用利率作为衡量资金时间价值的相对尺度。

（1）利息。在借贷过程中，债务人支付给债权人超过原借贷款金额（常称作本金）的部分，就是利息，也指占用资金所付的代价或者是放弃使用资金所得的补偿。即

$$利息（I）=目前应付（应收）总金额（F）-本金（P） \tag{4-1}$$

（2）利率。利率就是在单位时间内（如年、半年、季、月、周、日等）所得利息额与借贷款金额（本金）之比，通常用百分数表示。即

$$利率（i）=\frac{I_t}{P}\times 100\% \qquad (4\text{-}2)$$

式中：I_t表示单位时间内所得的利息额；P表示本金。用于表示计算利息的时间单位称为计息周期，计息周期通常为年、半年、季、月、周或日。

在现实生活中，经常会遇到实际计息周期与利率的计息周期不同的情况，比如我国银行存贷款利率大多以年作为利率周期，而实际计息周期则可以是年，也可以是半年或季、月等。在这种情况下，就出现了有效利率（即名义利率与实际利率）之分。

① 名义利率。名义利率 r 是指计息周期利率 i 乘以一个利率周期内的计息周期数 m 所得的利率周期利率。即

$$r=im \qquad (4\text{-}3)$$

若月利率为 1%，则年名义利率为 12%。显然，计算名义利率时忽略了前面各期利息再生利息的因素，这与单利的计算相同。通常所说的利率、周期利率都是名义利率。

② 有效利率。有效利率是指资金在计息中所发生的实际利率，包括计息周期有效利率和利率周期有效利率两种情况。

a．计息周期有效利率。即计息周期利率 i，由式（4-3）得

$$i=\frac{r}{m} \qquad (4\text{-}4)$$

b．利率周期有效利率。若用计息周期利率计算利率周期有效利率，并将利率周期内的利息再生利息因素考虑进去，这时所得的利率称为利率周期有效利率（又称利率周期实际利率）。

例如，年利率为 12%，按年计息，则实际利率等于名义利率 12%；若按季度计息，则名义利率等于 12%，计息周期实际利率即季度利率等于 12%/4＝3%，利率周期有效利率即年实际利率不等于 12%，究竟是多少？下面是公式的推导过程。

根据利率的概念即可推导出利率周期有效利率的计算式。已知利率周期名义利率 r，一个利率周期内计息 m 次，如图 4.1 所示，则计息周期利率为 $i=\frac{r}{m}$，在某个利率周期初有资金 P。根据一次支付终值公式获得该利率周期终值 F，即

$$F=P\left(1+\frac{r}{m}\right)^m$$

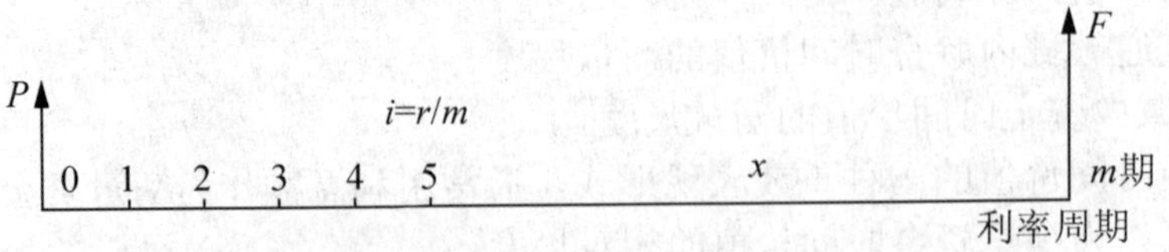

图 4.1　利率周期有效利率计算现金流量图

根据利息的定义可得该利率周期的利息（I）为

$$I=F-P=P\left(1+\frac{r}{m}\right)^m-p=P\left[\left(1+\frac{r}{m}\right)^m-1\right]$$

再根据利率的定义可得该利率周期的有效利率 i_{eff} 为

$$i_{eff}=\frac{I}{P}=(1+\frac{r}{m})^m-1 \tag{4-5}$$

所以，年利率为 12%，若按季度计息，则

年实际利率＝$(1+12\%/4)^4-1=12.55\%$

由此可见，利率周期有效利率与名义利率的关系实质上与复利和单利的关系相同。

现设年名义利率 r＝10%，则按年、半年、季、月、日计息的年有效利率见表 4-2。

表 4-2　年有效利率计算结果

年名义率（r）	计息期	年计息次数（m）	计息期利率（$i=r/m$）	年有效利率（i_{eff}）
10%	年	1	10%	10%
	半年	2	5%	10.25%
	季	4	2.5%	10.38%
	月	12	0.833%	10.46%
	日	365	0.0274%	10.51%

计算说明：若 r＝10%，计息期为季，则

年有效利率 $i_{eff}=(1+\frac{r}{m})^m-1=(1+\frac{10\%}{4})^4=10.38\%$

从表 4-2 可以看出，在名义利率 r 一定时，每年计息期数 m 越多，i_{eff} 与 r 相差越大。因此，在工程经济分析中，如果各方案的计息期不同，就不能简单地使用名义利率来评价，而必须换算成有效利率进行评价，否则不会得出正确的结论。

3）资金时间价值的意义

研究资金时间价值具有十分重要的现实意义。主要表现在以下 3 个方面。

（1）研究资金的时间价值有利于资金流向更合理的投资项目。资金作为一种稀缺资源，并不是说只要投入某一生产经营活动都能带来增值。资金只有投向符合国家和地区政策鼓励发展的项目、符合国家和地区规划的项目，才会带来效益。盲目重复建设项目、违规建设项目，不但不能带来收益反而浪费了资源，给投资者、给国家和人民带来损失。

（2）研究资金的时间价值使得资金的运动过程更易于管理，由于资金时间价值的大小与资金的周转率有关，因此一旦投资项目确定，就应该把整个项目的寿命看做资金运动的时间段。一般来说，工程项目的寿命周期可分为两个部分：建设期和经营期。那么投资者为使资金投入项目以后取得最大的收益，就应尽量缩短建设期，而在使用期加速资金周转，提高资金的使用效益。

（3）在建设项目上所投入的资金，可能有不同的来源渠道。不同的资金来源，意味着不同的资金增值期望值（资本成本、资金收益率）。为了使建设项目资金的管理更方便，一般用综合后的资金增值期望值（平均资本成本、平均资金收益率）作为整个项目资金增值的最小期望值。这样在建设项目的运作过程中，使得资金的管理有计划、有控制地投入使用，提高投资项目的安全性和投资者投入资金的预期收益率。

2．现金流量概述

1）现金流量的定义

在工程经济分析中，把某一投资活动作为一个独立系统，在计算期内，把各个时间点

上实际发生的资金流出或资金流入称为现金流量。流出系统的资金称为现金流出，流入系统的资金称为现金流入，现金流入与现金流出的代数和称为净现金流量。因此，净现金流量有正、有负。正值表示在一定研究周期内的净收入，负值表示在一定研究周期内的净支出。例如，从企业角度对某项工程项目进行经济分析，在其经济寿命年限内，现金流出包括总投资、经营成本（销售成本减去折旧）、上缴税金、利息；现金流入包括销售收入、流动资金回收价值、固定资产的残值（扣除清理费）回收。

2）现金流量表、现金流量图

（1）现金流量表。任何项目，包括建设工程项目的实施，都要持续一定的时间。在项目的寿命期内，各种现金流量的数额及发生的时点不尽相同。为了便于分析不同时点的现金流入和现金流出，计算净现金流量，分析、评价该项目的投资效果，通常利用现金流量表的形式表示所研究的项目在不同时点发生的现金流量，如表 4-3 所示。

表 4-3　某项目现金流量表

单位：万元

年份	0	1	2	3	4	5	6	7	…	n
现金流入（CI）	0	0	0	0	800	1 200	1 200	1 200	…	1 300
现金流出（CO）	800	1000	600	200	200	200	200	200	…	200
净现金流量（CI−CO）	−800	−1 000	−600	−200	600	1 000	1 000	1 000	…	1 100
累计现金流量	−800	−1 800	−2 400	−2 600	−2 000	−1 000	0	1 000	…	…

注：CI 是 Cash-In 的缩写形式，CO 是 Cash-Out 的缩写形式。

利用现金流量表，不仅可以明确地表示该项目在不同时点上所发生的相应数额的现金流入和现金流出情况，还可计算不同时点上的净现金流量和累计净现金流量，为工程项目的技术经济分析直接提供所需数据。

（2）现金流量图。为了更简单、更直观地反映所研究项目在不同时点的现金流入和现金流出情况，也可以用一个数轴图表示现金流入、现金流出与相应时间的对应关系，这一图形就称为现金流量图，如图 4.2 所示。

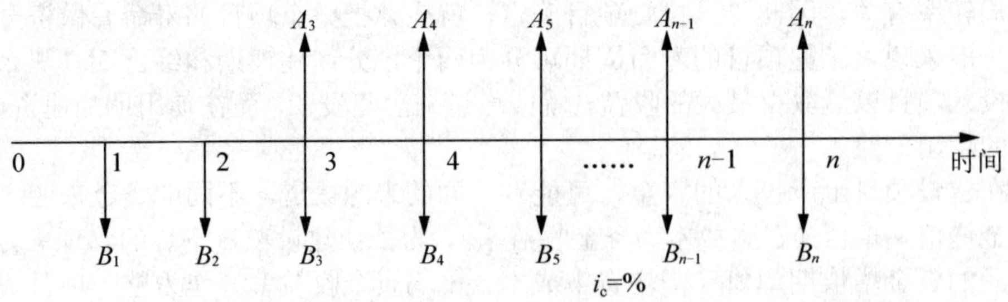

图 4.2　现金流量示意图

使用现金流量图时，必须明确以下几个要点。

① 图 4.2 为与项目寿命周期对应的时间轴，从左向右延伸表示时间的延续；时间轴上的每一小格代表一个时间单位，该时间单位一般与计息周期相等（也可不等），可取年、半年、季、月等。零点表示时间序列的起点，同时也是第一计息周期的开始；随着时间的推

移到达 n 点；n 点表示时间序列的终点，也是项目寿命的终点；其余各点均代表本计息周期期末，下一个计息周期期初。

② 直于时间轴的向上、向下的箭线代表不同时点的现金流量情况。在横轴上方向上的箭线表示现金流入；在横轴下方向下的箭线表示现金流出；在现金流量图中，箭线的长短与现金流量金额的大小本应成比例，但由于经济系统中各时点现金流量常常差额悬殊而无法成比例绘出，因此一般在现金流量图中，箭线长短只能适当体现各时点现金流量数值的差异，而具体代表的数额大小则用数字注明在箭头上方或下方，数字前不需添加“＋”或“－”号。

③ 现金流量图中，箭线与时间轴的交点即为现金流量发生的时间。

④ 利率或基准收益率标注在现金流量图的正下方。

绘制现金流量图时，注意把握好现金流量的 3 个基本要素，即现金流量的大小（资金数额）、方向（现金流入或现金流出）和时间点（即现金流入、流出发生的时间）。

【例 4.3】 以表 4-3 反映的信息为例，若 i_c＝10%，绘制的现金流量图如图 4.3 所示。

从图中可以看出，该项目的前 3 年为建设时期，只有资金投入即现金流出，没有收益即没有现金流入；从第 4 年开始，项目投入生产使用，直至第 n 年年末项目寿命结束，每年年末均有现金流入和流出。

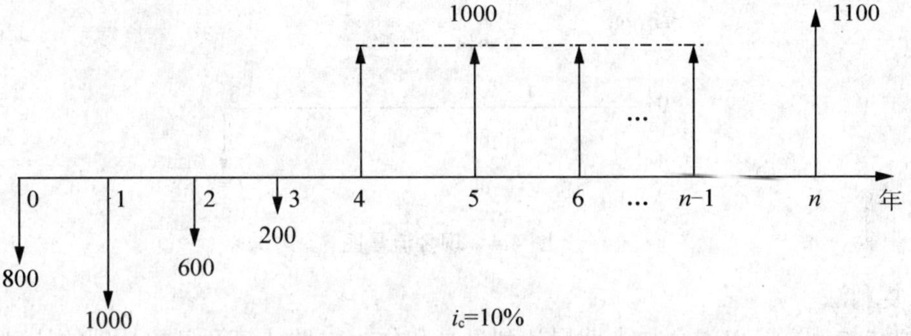

图 4.3 某项目净现金流量图（万元）

现金流量图能简单、直观地表示项目寿命中不同时点上发生的现金流量，是经济分析的有效工具，其重要性犹如力学计算中的结构受力图，是正确进行经济分析计算的基础，但不能直接为项目的技术经济分析提供所需数据（如净现金流量），所以在项目分析评价时，可将现金流量表与现金流量图结合起来使用。

3. 资金时间价值的计算

资金时间价值的衡量尺度是利息和利率、收益和收益率，由于利息和收益之间存在着一定的等效关系，因此资金时间价值的计算就是利息或利率的计算。利率的计算是以利息为基础的，因此掌握利息的计算非常重要。利息的计算有两种方法：单利法和复利法。

1）单利法

单利法即对本金计算利息（即时间价值），而对本金所产生的利息不再计算利息的方法，也就是利息不再产生利息。从单利法的概念可以看出，单利法所计算的利息与时间（计算期数）成正比，所得利息总额与本金成正比，也与利率成正比。

单利法的计算公式为

$$I=P\cdot i\cdot n \tag{4-6}$$

计算本金利息和的计算式为

$$F=P(1+i\cdot n) \tag{4-7}$$

【例 4.4】 某人以 6%的年利率从银行借款 10 000 元，借期 3 年，则若按单利法计算，3 年之后应向银行偿还的本金利息和是多少?

【解】 该题目的现金流量图如图 4.4 所示。

若计算利息方式为单利法，则 3 年后偿还的本金利息和为

$$F=P(1+i\cdot n)=10\,000\times(1+6\%\times3)=11800\text{（元）}$$

从资金在社会生产经营活动中的实际状况来看，采用单利法计算资金的时间价值还不够完善。尽管单利法计算了利息，但却没有考虑利息产生的利息，即假设利息不再投入生产经营过程。而现实情况却正好相反，即利息也会带来增值额。因此采用单利法计算不符合资金运动的客观规律，在建设项目的经济评价中一般不采用单利法，而是采用复利法计算资金的时间价值。

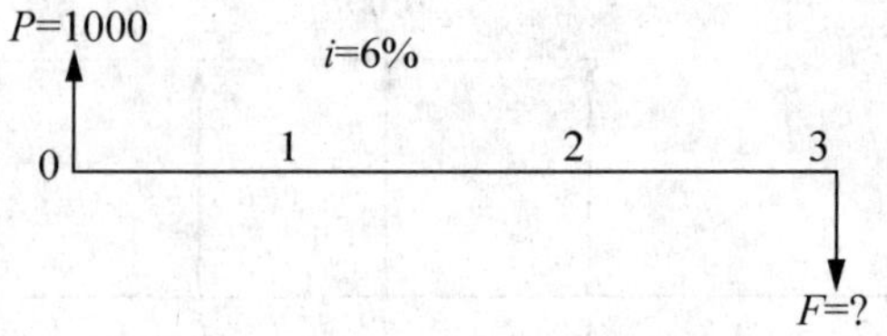

图 4.4 现金流量图

2）复利法

复利法的计算是以本金加上期累计利息之和作为本期计算利息的基础的计息方法，即通常所说的“利滚利”、“利生利”。

复利法的利息公式为

$$I_t=i\cdot F_{t-1} \tag{4-8}$$

式中：I_t——本期第 t 期期末产生利息；

i——利率；

F_{t-1}——至上期（$t-1$ 期）期末产生本利和。

本利和的计算公式为

$$F_t=F_{t-1}(1+i) \tag{4-9}$$

【例 4.5】 仍以例 4.4 为例，试用复利法计算每年年末的利息、本利和。

【解】

第一年年末产生的利息：$I_1=10\,000\times6\%=600$（元）

第一年年末的本利和：$F_1=10\,000+600$ 元$=10\,600$（元）

第二年年末产生的利息：$I_2=10\,600\times6\%=636$（元）

第二年年末的本利和：$F_2=10\,600+636=11\,236$（元）

第三年年末产生的利息：$I_3=11\,236\times6\%=67\,416$（元）

第三年年末累计的本利和：$F_3=11\,236+674.16=11\,910.16$（元）

从例 4.4 和例 4.5 可以看出，同样一笔资金，由于采用的计算方法不同，最后向银行偿还的本利和有很大区别，两者相差 1 310.16 元（11 910.16−10 600）。而且从计算过程也可以看出，这种差距随资金使用年限的增长而增长，随利率的提高而大幅度提高。

上述计算过程太复杂，可以根据复利的定义得到复利法计息的本利和 F 的计算公式，计算过程如表 4-4 所示。由表 4-4 可以看出，n 年末本利和 F 与本金 P 的关系为

$$F=P(1+i)^n \tag{4-10}$$

表 4-4 复利法计息的本利和 F 的计算过程

计息期	期初金额（1）	本期利息额（2）	期末复利和 F_t=(1)+(2)
1	P	$P\cdot i$	$F_1=P+P\cdot i=P(1+i)$
2	$P(1+i)$	$P(1+i)\cdot i$	$F_2=P(1+i)+P(1+i)\cdot i=P(1+i)^2$
3	$P(1+i)^2$	$P(1+i)^2\cdot i$	$F_3=P(1+i)^2+P(1+i)^2\cdot i=P(1+i)^3$
N	$P(1+i)^{n-1}$	$P(1+i)^{n-1}\cdot i$	$F=F_n=P(1+i)^{n-1}+P(1+i)^{n-1}\cdot i=P(1+i)^n$

例 4.5 可以直接利用 $F=P(1+i)^n$ 计算，即 $F=1\,000(1+6\%)^3=11\,910.16$（元）。

特别提示

（1）此公式仅用于贷款发生在期初的情况。

（2）若贷款发生的具体时间点不确定，需将贷款看成均衡发放，每期利息按下面的公式计算，即

$$第\,t\,期应计利息=\left(第\,t\,期初借款本息累计+\frac{本期借款额}{2}\right)\times i \tag{4-11}$$

该公式通常用于建设期贷款利息的计算，无论实际上是按年、季、月计息，均应简化为按年计息，即名义年利率折算成实际年利率（有效年利率）。每笔借款均假定是在年中支用，当年的借款按一半计息，之前年份的借款按全额计息。

由于复利法的计算思路和方法更符合资金运动的实际情况，能够客观地反映资金的时间价值，因此在很多领域都具有应用价值，也被普遍应用于工程经济分析评价中。

任务实施

利用资金时间价值解决例 4.1 中的问题。

【解】

（1）画出现金流量图，如图 4.5 所示。

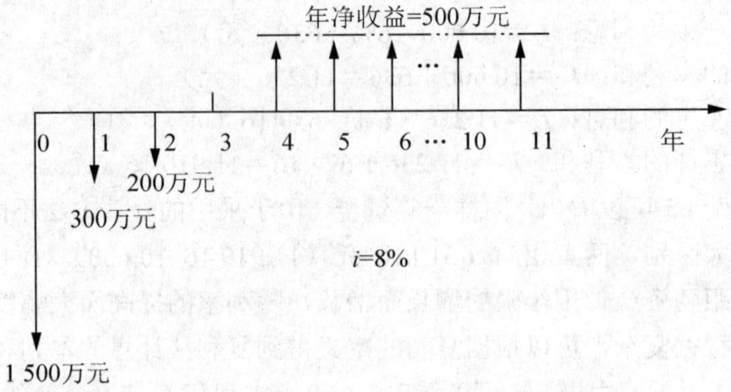

图 4.5　现金流量图

（2）建设期贷款利息计算。

方法一：按季度有效利率计算。季度有效利率 i＝8%/4＝2%。

（1）8%为名义利率，不能用来计算利息。

（2）贷款发生在年初，采用公式 $F=P(1+i)^n$ 。

（3）第 1 年年初借款 500 万，到第 3 年年末共计息 12 次；第 2 年年初借款 300 万，共计息 8 次；第 3 年年初借款 200 万，共计息 4 次，所以

$I_1=500[(1+2\%)^{12}-1]=134.12$（万元）

$I_2=300[(1+2\%)^8-1]=51.49$（万元）

$I_3=200[(1+2\%)^4-1]=16.49$（万元）

$I=I_1+I_2+I_3=134.12+51.49+16.49=202.10$（万元）

方法二：按年有效利率计算，年有效利率 $i=(1+8\%/4)^4-1=8.24\%$

$I_1=500[(1+8.24\%)^3-1]=134.12$（万元）

$I_2=300[(1+8.24\%)^2-1]=51.49$（万元）

$I_3=200[(1+8.24\%)^1-1]=16.49$（万元）

$I=I_1+I_2+I_3=134.12+51.49+16.49=202.10$（万元）

（3）若案例 4.1 中贷款发生的时间点不明确，只知道是在某一年发生，即将“年初”的“初”字去掉，计算方法则不同，应该按式（4-11）计算。

$I_1=(0+500/2)\times 8.24\%=20.60$（万元）

$I_2=(500+20.6+300/2)\times 8.24\%=55.26$（万元）

$I_3=(500+300+20.6+55.26+200/2)\times 8.24\%=80.41$（万元）

$I=I_1+I_2+I_3=20.60+55.26+80.41=156.27$（万元）

4.1.2　资金等值计算

教学目标

（1）认识资金等值的含义。

（2）掌握资金等值计算的参数、对应的现金流量图的形式。

（3）学会应用资金等值计算的基本公式。

任务引入

资金时间价值的存在，使不同时点的资金具有不同的价值，不能直接进行对比，即不同时点上的资金在价值上不具有可比性，客观表现为不同时点上，相同数量的资金具有不同的价值，而不同时点上不同数量的资金则可能具有相同的价值。例如，在现在时点上的100 元，在利率为 4%的条件下，一年后增值为 104 元。从绝对数量上看，这两个不同时点（一个是“现在”，一个是“一年后”）上的资金不相等。因此，我们在对不同时点的资金进行对比或进行投资分析时经常需将资金进行时间转换。

任务分析

利用资金等值计算的基本知识解决工程建设项目投资分析中不同时点资金的转换问题，下面介绍相关知识点。

相关知识

1. 资金等值计算的含义

1）资金等值的含义

在一定的利率条件下，将一个时点或时点序列的资金，通过一系列的变化，转换成另一个时点或时点序列的资金，从而可以进行对比的计算过程称为资金的等值计算。这种考虑了资金时间价值的经济分析方法，使方案的评价和选择变得更为现实和可靠，构成了木任务要解决的重点问题。

资金的等值包括 3 个因素：金额、金额发生的时间和利率。例如，在年利率为 10%的情况下，现在 100 元与 1 年后的 110 元等值，又与 2 年后的 121 元等值。3 个等值的现金流量如图 4.6 所示。

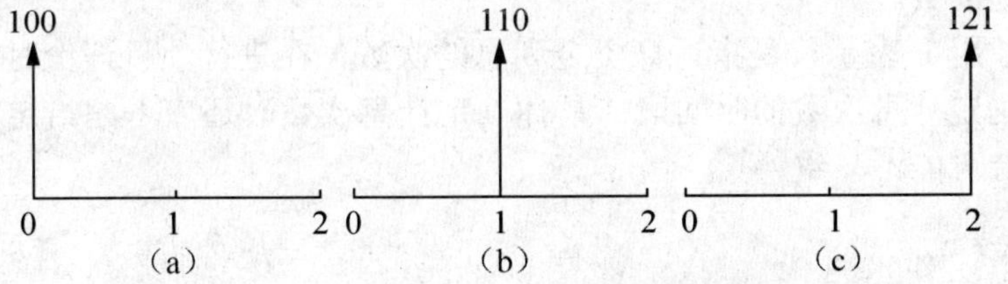

图 4.6 同一利率下不同时间的资金等值

2）资金等值的特点

（1）以一定的利率为前提。

① 不同时点的资金，如果不规定利率，则它们不具有等值性，更不具有可比性；而规定不同的利率，则它们所具有“价值”是不相等的。

② 不同资金支付形式，在相同利率条件下，在相同的时刻具有“等值”效果，具有可比性。

（2）等值的概念是技术经济分析，比较和评价不同时期资金使用效果的重要依据。

3）资金等值计算的相关参数

为了更好地理解和掌握资金的等值计算，首先应掌握与资金的等值计算有关的名词。

（1）现值（P）。

现值（present value），表示发生在时间序列起点处的资金价值，或者是将未来某时点的价值折算为时间序列起点处的价值，该时点的资金价值称为资金的现值。时间序列的起点通常称为零期或期初，一般是项目进行分析评价时的点。所以在进行项目评价时，必须将预测的项目在以后建设、生产经营过程中出现的收入与支出的资金值折算为现值，在同一时点上（这时才具有可比性）对该项目的实施方案进行评价，使评价结果更接近于实际投资效果。

（2）折现。

折现又称贴现，是指时间序列上某一时点（或一系列时点）的资金价值折算为现值的过程。折现必须以一定的利率（折现率）为条件，利率不同，则折算成的现值的大小不同。某时点的资金折算为现值的大小为该时点（一系列时点）的资金值与相应利息之差。

现值＝某时点（或一系列时点）的资金值－利息　　（4-12）

其中利息的计算时段为零点至该时点（或一系列时点）。

（3）年金（A）。

年金（annuity）表示在一段连续的时点上都有等金额的现金流出或流入。在现金流量的构成要素中有一项年经营成本，其中涉及很多类似于年金的费用，如利息、租金、保险金、养老金等，在每个核算期内，数额相等，可作年金处理。

（4）终值（F）。

终值（future value）表示将时间序列上某时点发生的资金换算为时间序列终点时资金的价值，或者本身就发生在时间序列终点的现金流量（属预测价值）。常见的项目寿命期结束时间回收的流动资金、回收的固定资产残值等都发生在时间序列的终点上，所以称之为终值。

（5）计息周期数。

计息周期数用 n 表示，是指计算资金利息的次数。在进行项目评价时，一般以其整个寿命周期作为确定计息次数的时间段。具体确定计息次数时还应考虑给定的利率周期，在有些情况下两者可能不一致。

特别提示

建议辅助现金流量图讲解。

2. 资金等值计算基本公式

资金时间价值的计算方法有单利法和复利法，但是复利法更能真实地反映资金的运行状态，因此以下资金等值计算的基本公式都是在复利法计息的前提条件下推导出来的。

1）一次支付形式的复利公式

一次支付又称整付，指现金流量（流入或流出）只在所分析系统时间序列的某个特定时点上发生，如图 4.7 所示。

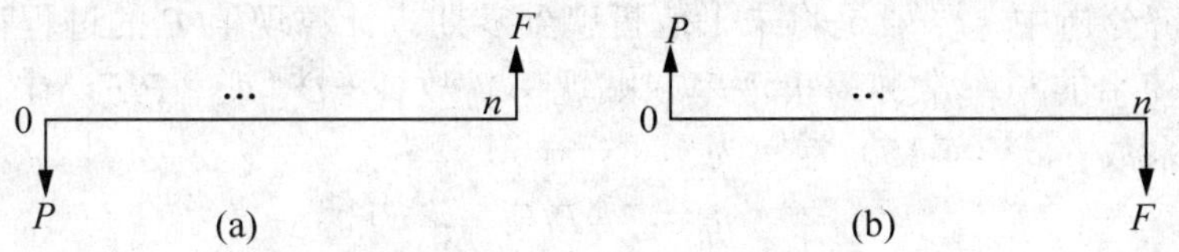

图 4.7　一次支付现金流量图

图 4.7 中涉及 P、i、n、F 4 个基本参数，在已知其中任意 3 个参数的条件下，则可以计算出其余的一个参数。根据所计算参数不同，一次支付情况的复利法公式有两种：终值计算和现值计算。

(1) 终值计算（已知 P 求 F）：现有一笔资金 P，按年利率 i 计算，n 年以后的本利和为多少？

根据复利的定义即可得到本利和 F 的计算公式。其计算过程见本模块任务一中表 4.4 所示。

本利和 F 与本金 P 的关系为

$$F=P(1+i)^n \tag{4-13}$$

式（4-13）中 $(1+i)^n$ 称为一次支付终值系数，用符号（F/P，i，n）表示。所以式（4-13）又可表达为

$$F=P(F/P, i, n) \tag{4-14}$$

在（F/P，i，n）这类符号中的 F/P，斜线上方的符号代表所求的未知值，斜线下方的符号表示已知条件，整个符号表示在已知 P、i、n 的条件下，求终值（F）。利用这类符号和已知不同利率、不同计息期、不同支付形式的复利系数表，可以很方便地求解未知值。从式（4-13）中可以看出，在现值 P 和计息期数 n 一定的条件下，一次支付形式的终值与利率成正比，利率越高则终值越大。

【例 4.6】 假设某企业向银行贷款 100 万元，年利率为 6%，借期 5 年，如图 4.8 所示，试问 5 年后一次归还银行的本利和是多少？

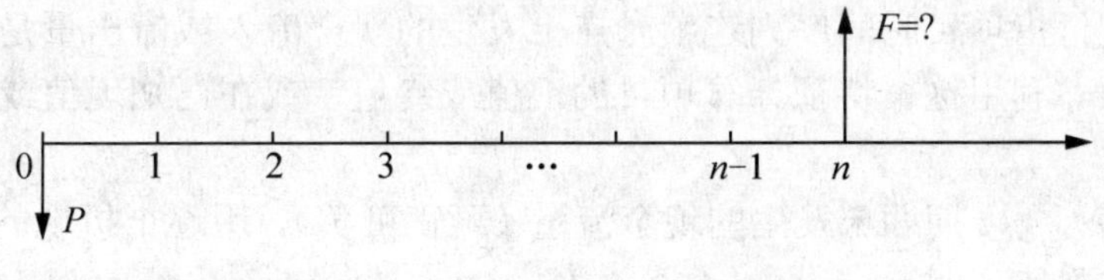

图 4.8　一次支付终值公式现金流量图

【解】 由式（4-13）可得

$$F=P(1+i)^n=100\times(1+6\%)5=100\times1.338=133.8\text{（万元）}$$

或　$F=P(F/P, i, n)=100(F/P, 6\%, 5)=100\times1.338=133.8$（万元）

(2) 现值计算（已知 F 求 P）：由式（4-13）即可求出现值 P。

$$P=F(1+i)^{-n} \tag{4-15}$$

其中，$(1+i)^{-n}$ 称为一次支付现值系数，用符号（P/F，i，n）表示，并按不同的利率 i

和计息期 n（列表见附录）。一次支付现值系数是指未来一笔资金乘以该系数就可求出其现值。在工程经济分析中，一般是将未来值折现到零期。计算现值 P 的过程称为“折现”或“贴现”，其所使用的利率常称为折现率或贴现率。故 $(1+i)^{-n}$ 或（P/F，i，n）也可称为折现系数或贴现系数。式（4-15）常写为

$$P=F（P/F，i，n） \tag{4-16}$$

其现金流量图如图 4.9 所示。

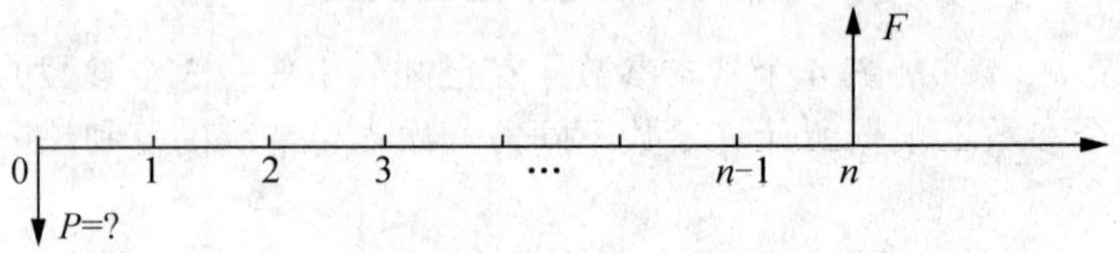

图 4.9　一次支付现值公式现金流量图

【例 4.7】　如果银行利率是 5%，为了在 3 年后获得 10 000 元存款，试问现在应向银行存入多少元？

【解】由式（4-15）可得：

$$P=F(1+i)^{-n}=10\,000\times(1+5\%)^{-3}=10\,000\times0.863\,8=8\,638（元）$$

或　$P=F(P/F，i，n)=10\,000（P/F，5\%，3)=10\,000\times0.863\,8=8\,638（元）$

从以上计算可知，现值、终值的概念和计算方法正好相反，因为现值系数与终值系数互为倒数。在 P 一定、n 相同时，i 越高，F 越大；在 i 相同时，n 越长，F 越大。在 F 一定、n 相同时，i 越高，P 越小；在 i 相同时，n 越长，P 越小。

2）等额多次支付形式的复利公式

多次支付指在项目时间序列的多个时点上发生现金流入或流出。就一般情况而言，这些现金流量可能不全相等，尽管根据式（4-15）和式（4-13）可将不同时点发生的现金流量折算成现值或终值，但随着计息数 n 以及收付次数增多，计算现值或终值还是比较麻烦的。因此当项目的现金流量具备一定特征时，采用多次支付形式的复利计算公式，会大大简化计算过程。

等额多次支付指项目时间序列连续时点上发生的现金流入或流出量是等额的，即是以年金形式出现的。利用这个特征计算项目的现值或终值，或在已知现值或终值的情况下，求年金。

如果用 A_t 表示第 t 期期末发生的现金流量（可正可负），用逐个折现的方法，可将多次现金流量换算成现值，即

$$P=A_1(1+i)^{-1}+A_2(1+i)^{-2}+\cdots+A_n(1+i)^{-n}=\sum_{t=1}^{n}A_t(1+i)^{-t} \tag{4-17}$$

或

$$P=\sum_{t=1}^{n}A_t(P/A_t，i，t) \tag{4-18}$$

同理，也可将多次现金流量换算成终值：

$$F=\sum_{t=1}^{n}A_t(1+i)^{n-t} \quad (4\text{-}19)$$

或

$$F=\sum_{t=1}^{n}A_t(P/A_t,\ i,\ n-t) \quad (4\text{-}20)$$

在上述公式中，虽然所用系数都可以通过计算或查复利表得到，但如果 n 较大，A_t 较多时，计算也是比较烦琐的。如果多次现金流量 A_t 是连续序列流量，且数额相等，则可大大简化上述计算公式。这种具有 $A_t=A=$常数（$t=1,\ 2,\ 3,\ \cdots,\ n$）特征的系列现金流量称为等额系列现金流量，如图 4.10 所示。

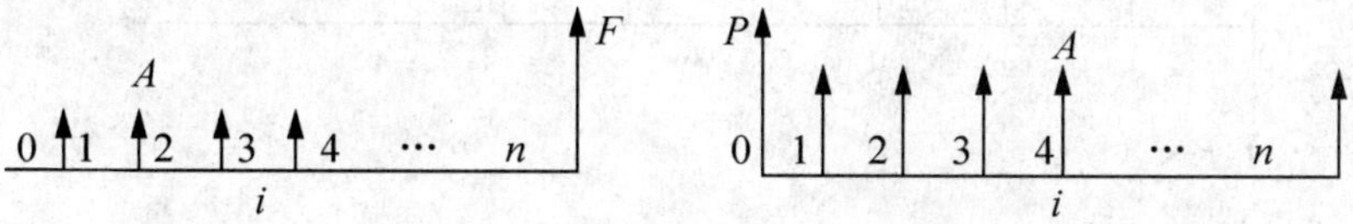

(a) 年金与终值关系　　(b) 年金与现值关系

图 4.10　等额系列现金流量示意图

对于等额系列现金流量，其复利计算方法如下。

（1）终值计算（即已知 A 求 F）。等额支付序列年金终值的公式的含义是在一个时间序列中，在利率为 i 的情况下连续在每个计息期末支付一笔等额的资金 A，求 n 年后由各年的本利和累积而成的终值（F），亦即已知 A、i、n，求 F。类似于人们平常储蓄中的零存整取。其现金流量图如图 4.11 所示。

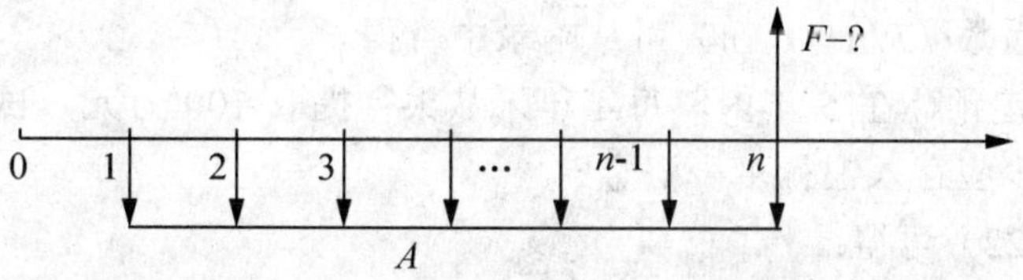

图 4.11　等额支付序列年金终值公式现金流量图

将式（4-20）展开得：

$$F=\sum_{t=1}^{n}A_t(1+i)^{n-t}=A[(1+i)^{n-1}+(1+i)^{n-2}+\cdots+(1+i)+1]$$

$$F=A\frac{(1+i)^n-1}{i} \quad (4\text{-}21)$$

其中 $\frac{(1+i)^n-1}{i}$ 称为等额系列终值系数或年金终值系数，用符号（F/A，i，n）表示。于是，式（4-21）又可写成：

$$F=A（F/A,\ i,\ n） \quad (4\text{-}22)$$

等额系列终值系数（F/A，i，n）可从附录中查得。

【例 4.8】　某校为设立奖学金，每年年末向银行存入 2 万元，假设存款利率为 5%，试问第 5 年年末可以得到的本利和是多少？

【解】由式（4-21）可得：

$$F=A\frac{(1+i)^n-1}{i}=2\times\frac{(1+5\%)^5-1}{5\%}=2\times5.526=11.05\text{（万元）}$$

或　　$F=A(F/A, i, n)=2(F/A, 5\%, 5)=2\times5.526=11.05$（万元）

（2）现值计算（即已知 A 求 P）。

年金现值公式的含义是在 n 年内每年等额收支一笔资金 A，在利率为 i 的情况下，求该等额年金收支的现值总额，亦即已知 A，i，n，求 P。其现金流量图如图 4.12 所示。

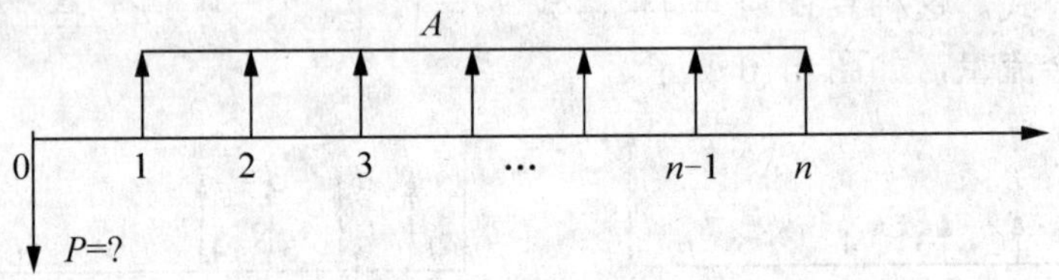

图 4.12　年金现值公式现金流量图

其计算公式可以由式（4-15）和式（4-21）直接导出，表示为

$$P=F(1+i)^{-n}=A\frac{(1+i)^n-1}{i(1+i)^n}\tag{4-23}$$

其中 $\frac{(1+i)^n-1}{i(1+i)^n}$ 称为等额系列现值系数或年金现值系数，用符号（P/A，i，n）表示。于是，式（4-23）又可写成：

$$P=A(P/A, i, n)\tag{4-24}$$

等额系列现值系数（P/A，i，n）可从附录中查得。

【例 4.9】　假定预计在 5 年内，每年年末从银行提取 100 万元，试问在年利率为 6%的条件下，现在至少应存入银行多少资金？

【解】由式（4-22）可得：

$$P=A\frac{(1+i)^n-1}{i(1+i)^n}=100\times\frac{(1+5\%)^5-1}{5\%\times(1+5\%)^5}=100\times4.212=421.2\text{（万元）}$$

或　$P=A(P/A, i, n)=100\times(P/A, 6\%, 5)=100\times4.212=421.2$（万元）

（3）资金回收计算（已知 P 求 A）。

资金回收公式的含义是期初一次投资数额为 P，欲在 n 年内将投资全部收回，则在利率为 i 的情况下，求每年应等额回收的资金。亦即已知 P、i、n，求 A。其现金流量图如图 4.13 所示。

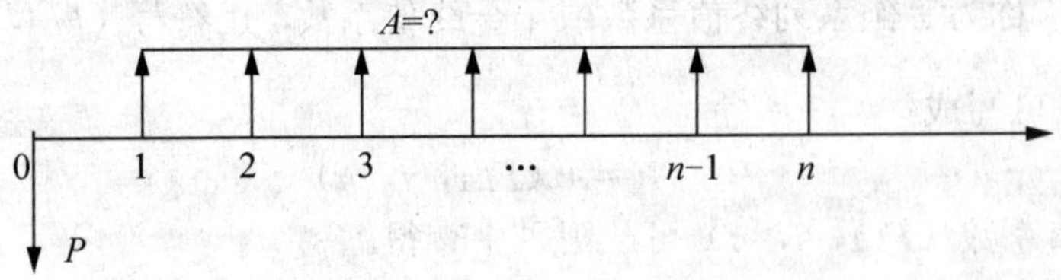

图 4.13　资金回收公式现金流量图

由式（4-23）可知，等额系列资金回收计算是等额系列现值计算的逆运算，故可得

$$A=P\frac{i(1+i)^n}{(1+i)^n-1} \tag{4-25}$$

其中$\frac{i(1+i)^n}{(1+i)^n-1}$称为等额系列资金回收系数，用符号（$A/P$，$i$，$n$）表示。于是，式（4-25）又可写为

$$A=P（A/P，i，n） \tag{4-26}$$

等额系列资金回收系数（A/P，i，n）可从附录中查得。

资金回收系数是一个重要的系数。其含义是对应于工程项目的单位初始投资，在项目寿命期内每年至少应该回收的金额。在工程项目经济分析中，如果对应于单位初始投资的每年的实际回收金额小于相应的资金回收金额，就表示在给定的利率 i 的条件下，在项目的寿命期内不可能将全部投资收回。

【例 4.10】 若某工程项目投资 1 000 万元，年利率为 8%，预计 5 年内全部收回，试问每年年末等额回收多少资金？

【解】 由式（4-25）可得：

$$A=P\frac{i(1+i)^n}{(1+i)^n-1}=1\,000\times\frac{8\%(1+8\%)^5}{(1+8\%)^5-1}=1\,000\times0.25\,046=250.46（万元）$$

或 $A=P（A/P，i，n）=1\,000\times0.250\,46=250.46$（万元）

（4）偿债基金计算（已知 F 求 A）。

偿债基金公式的含义是为了筹集未来 n 年后需要的一笔偿债资金，在利率为 i 的情况下，求每个计息期末应等额存储的金额。亦即已知 F、i、n、求 A，类似于人们日常商业活动中的分期付款业务。其现金流量图如图 4.14 所示。

偿债基金计算是等额系列终值计算的逆运算，故由式（4-21）可得：

$$A=F\frac{i}{(1+i)^n-1} \tag{4-27}$$

其中$\frac{i}{(1+i)^n-1}$称为等额系列偿债基金系数，用符号（A/F，i，n）表示。于是，式（4-27）又可写成：

$$A=F（A/F，i，n） \tag{4-28}$$

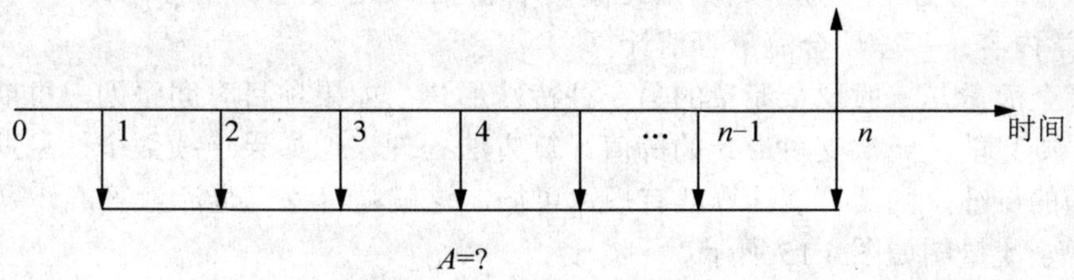

图 4.14 偿债基金公式现金流量图

【例 4.11】 如果预计在 5 年后得到一笔 100 万元的资金，在年利率 6%的条件下，试问从现在起每年年末应向银行支付多少资金？

【解】由式（4-21）可得：

$$A=F\frac{i}{(1+i)^n-1}=100\times\frac{6\%}{(1+6\%)^5-1}=100\times0.177\,40=17.74\text{（万元）}$$

或 $A=F(A/F,\ i,\ n)=100(A/F,\ 6\%,\ 5)=100\times0.177\,40=17.74$（万元）

3）常用的复利计算法小结

（1）复利现值系数与复利终值系数互为倒数关系。

① 一次支付形式和多次支付形式的现值系数与终值系数具有相同的性质：互为倒数关系。即

$$(F/P,\ i,\ n)=1/(P/F,\ i,\ n) \tag{4-29}$$

② 多次支付形式中的年现值系数与偿债基金系数互为倒数关系。即

$$(F/A,\ i,\ n)=1/(A/F,\ i,\ n) \tag{4-30}$$

③ 多次支付形式中的年现值系数与资金回收系数互为倒数关系。即

$$(P/A,\ i,\ n)=1/(A/P,\ i,\ n) \tag{4-31}$$

（2）应用复利法计算公式时应注意的事项。本节主要介绍的是复利法计算公式，了解和掌握公式推导的一些假设条件，不仅有助于对公式的理解，而且对于正确灵活地应用有十分重要的意义。

① 关于计息期。在所研究的系统的时间序列上，不同的时点代表着不同的计算期数（相对零时点而言），即时间序列上的“1”时点代表计算期数为 1；“2”时点代表计算期数为 2；以此类推。

② 关于零期、期初和期末。项目时间序列上的零时点（“0”点）即为零期。零期是考察项目的基期，即现在。资金在零期所具有的价值为现值；零期又是第一期的期初；时点“1”即为第一期的期末，同时又是第二期的期初；以此类推。

③ 关于现值（P）、年金（A）、终值（F）发生的时点。现值（P）发生在时间序列的起点，即零期（“0”点）；终值（F）发生在项目系统计算期的最后一期期末，即 n 期期末；连续发生的等额年金（A）发生在非零期的任何连续时点上，并且在 n 期期末必须发生，即年金（A）不在“0”点发生，发生在包括 n 期期末在内的连续时点上。如果系统的现金流量与公式建立的假设条件不符，则不能直接利用公式进行计算。

除现值（P）发生在零期外，其余终值、年金（A）均发生在各期期末。

4）选学内容：等差现金流量等值计算

等差现金流量是一般现金流量的另一种特殊形式，如果项目时间序列中每期现金流量各不相等，则只能按一次支付形式的等值计算方法处理，但如果连续数个计息期的现金流量具有等差的特征，则其等值计算就有规律可循，这就是等差现金流量等值计算。

等差现金流量图如图 4.15 所示。

等差现金流量（图 4.15）可由等额现金流量图 4.16（a）和第一期期末现金流量为 0 的等差现金流量图 4.16（b）表示。

图 4.16 中的 G 为各计息期现金流量的等差额，即公差。

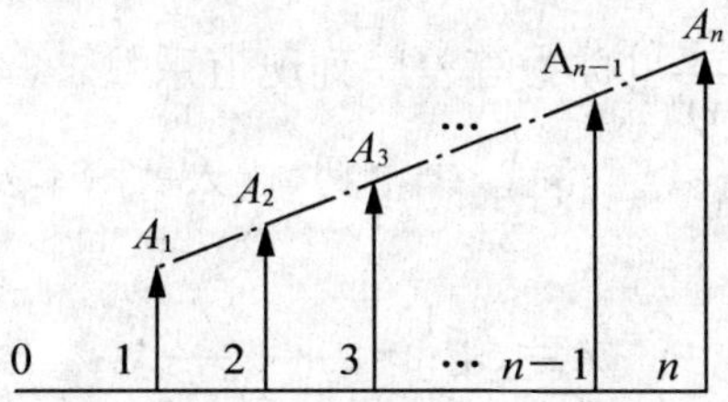

图 4.15　一般等差递增现金流量图

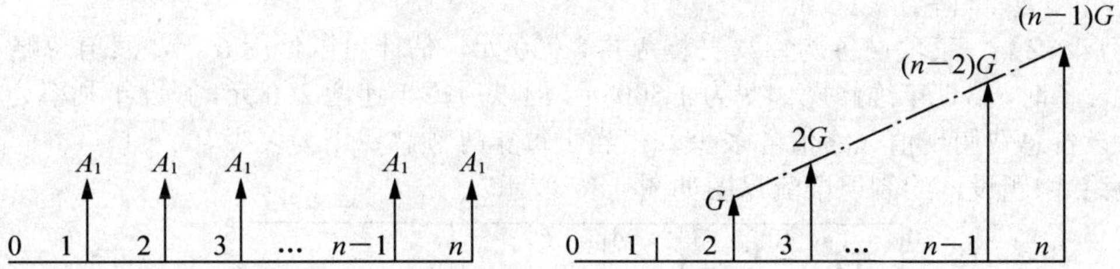

（a）等额现金流量图　　（b）一期末现金流量为0等差现金流量图

图 4.16　一般等差递增现金流量等效图

（1）等差序列终值计算公式。等差序列的终值可以看成若干不同年数而同时到期的资金总和，即：

$$F=(n-1)\cdot G+(n-2)\cdot G\cdot(1+i)+(n-3)\cdot G(1+i)^2+\cdots+2G\cdot(1+i)^{n-3}+G\cdot(1+i)^{n-2}$$

$$=G\cdot[(n-1)+(n-2)\cdot(n+i)+(n-3)\cdot(1+i)^2+\cdots+2\cdot(1+i)^{n-3}+(1+i)^{n-2}]$$

两边同乘以（1+i），得

$$(1+i)\cdot F=G\cdot[(n-1)\cdot(1+i)+(n-2)\cdot(1+i)^2+(n-3)\cdot(1+i)^3+\cdots+2\cdot(1+i)^{n-2}+(1+i)^{n-1}]$$

两式相减，得

$$iF=G\cdot[-(n-1)+(1+i)+(1+i)^2+\cdots+(1+i)^{n-3}+(1+i)^{n-2}+(1+i)^{n-1}]$$

$$=G\cdot[-n+\frac{(1+i)^n-1}{i}]$$

即等差序列终值公式为

$$F=\frac{G}{i}[\frac{(1+i)^n-1}{i}-n] \qquad (4\text{-}32)$$

其中，$\frac{G}{i}[\frac{(1+i)^n-1}{i}-n]$称为等差序列终值系数。

（2）等差序列现值公式。由式（4-32）两边同乘以系数$(1+i)^{-n}$，可得等差序列现值公式：

$$F(1+i)^{-n}=\frac{G}{i}[\frac{(1+i)^n-1}{i}-n]\frac{1}{(1+i)^n}=G\frac{1}{i}[\frac{(1+i)^n-1}{i}-\frac{n}{(1+i)^n}]$$

即

$$P=G\frac{1}{i}[\frac{(1+i)^n-1}{i(1+i)^n}-\frac{n}{(1+i)^n}] \qquad (4\text{-}33)$$

其中，$\frac{1}{i}[\frac{(1+i)^n-1}{i}-\frac{n}{(1+i)^n}]$称为等差序列现值系数。

（3）等差序列年值计算公式。将式（4-33）代入式（4-25），得等差序列年值计算公式，即

$$A=G[\frac{1}{i}-\frac{n}{(1+i)^n-1}] \tag{4-34}$$

其中，$[\frac{1}{i}-\frac{n}{(1+i)^n-1}]$称为等差序列年值系数。

【例 4.12】 某项设备购置及安装费共 8 000 元，估计可以使用 6 年，残值忽略不计。使用该设备时，第 1 年维修操作费为 1 500 元，但以后每年递增 200 元，假设年利率为 10%，试问该设备总费用现值、终值各多少？相当于每年等额总费用为多少？

【解】 由题设，绘制现金流量图如图 4.17 所示。

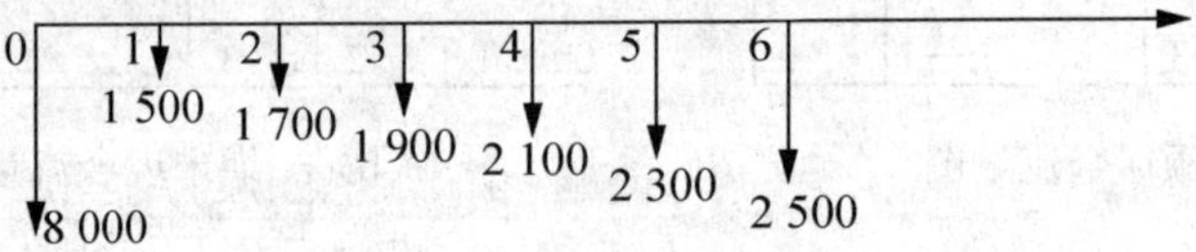

图 4.17 现金流量图

设备总费用的现值为

$$\begin{aligned}P&=P_1+A_1\frac{(1+i)^n-1}{i(1+i)^n}+G\frac{1}{i}[\frac{(1+i)^n-1}{i(1+i)^n}-\frac{n}{(1+i)^n}]\\&=8\,000+1\,500\times\frac{(1+10\%)^6-1}{10\%(1+10\%)^6}+200\times\frac{1}{10\%}\\&\quad[\frac{(1+10\%)^6-1}{10\%(1+10\%)^6}-\frac{6}{(1+10\%)^6}]\\&=8\,000+1\,500\times4.355+200\times9.068\\&=16\,468.5\text{（元）}\end{aligned}$$

设备总费用的终值为

$$F=P(1+i)^n=16\,468.5\times(1+10\%)^6=16\,468.5\times1.772=29\,182.2\text{（元）}$$

相当于每年的等额总费用为

$$A=\frac{Fi}{(1+i)^n-1}=29\,182.2\times\frac{10\%}{(1+10\%)^6-1}=29\,182.2\times0.129\,61=3\,782.31\text{（元）}$$

5）小结

以上介绍的 4 类 9 个等值计算公式，每个公式都含有一个系数因子。为了便于记忆和运用，现将其汇总列于表 4-5 中。在这些公式中，前 6 个基本公式在工程经济分析中经常用到。公式中的系数因子，可以根据不同的 i 值和 n 值进行计算得到。

表 4-5 资金等值计算公式

类型		已知	待求	符号	公式
一次	终值公式	P	F	$(F/P, i, n)$	$F=P(1+i)^n$
支付	现值公式	F	P	$(P/F, i, n)$	$P=F(1+i)^{-n}$

续表

类型		已知	待求	符号	公式
等额支付	终值公式	A	F	$(F/A, i, n)$	$F=A\frac{(1+i)^n-1}{i}$
	偿债基金公式	F	A	$(A/F, i, n)$	$A=F\frac{i}{(1+i)^n-1}$
	现值公式	A	P	$(P/A, i, n)$	$P=A\frac{(1+i)^n-1}{i(1+i)^n}$
	资金回收公式	P	A	$(A/P, i, n)$	$A=P\frac{i(1+i)^n}{(1+i)^n-1}$
等差支付	终值公式	G	F	$(F/G, i, n)$	$F=\frac{G}{i}[\frac{(1+i)^n-1}{i}-n]$
	现值公式	G	P	$(P/G, i, n)$	$P=G\frac{1}{i}[\frac{(1+i)^n-1}{i(1+i)^n}-\frac{n}{(1+i)^n}]$
	年值公式	G	A	$(A/G, i, n)$	$A=G[\frac{1}{i}-\frac{n}{(1+i)^n-1}]$

特别提示

（1）需理论联系实际，如将商业保险投资、车辆与房屋贷款的分析与表 4-5 中的公式结合起来，帮助学生理解公式，从而能灵活运用公式。

（2）表中的公式只适合现金流量发生在期末的情况，若现金流量发生在期初，需将各个现金流量值乘以$(1+i)$转换成期末的现金流量值之后才能套用表 4-5 中的公式。

例如，某建设项目建在建设期 3 年内每年年初均投资 500 万元，$i=8\%$，则该项目的投资现值是多少？

很明显，不能直接利用等额支付现值公式，应将 500 乘以（$1+i$）变成年末的现金流量值，再利用该公式。

$$P=A(1+i)\frac{(1+i)^n-1}{i(1+i)^n}=500(1+8\%)\frac{(1+8\%)^3-1}{8\%(1+8\%)^3}$$

$$=1\ 391.63\text{（万元）}$$

任务实施

资金等值是工程经济分析中非常重要的内容，通常需要从资金等值计算公式的含义、公式的书写形式及对应的现金流量图方面把握，从而能灵活地将不同时点上发生的数值相等或不等的现金流量换算至同一时点上，从而满足资金收支在时间上的可比要求。

思考与练习

1．资金时间价值的含义是什么？研究资金时间价值有什么意义？

2．现金流量图的 3 个要素是什么？试述资金时间价值的衡量尺度。

3．如何理解名义利率与有效利率？两者之间有何数量关系？利息的计算方法有哪几种？方法之间有何区别？

4．某新建项目，建设期为 3 年，共向银行贷款 1 300 万元。贷款情况：第一年，300 万元；第二年，600 万元；第三年，400 万元。年利率为 6%，银行要求按月计息，则建设期期末的本利和是多少？若贷款全部发生在各年年初，建设期期末的本利和又是多少？

5．资金等值的概念是什么？资金等值有什么特点？

6．计算下列等额支付的终值和现值：

（1）年利率为 8%，连续 5 年每年年初借入 10 000 元。

（2）年利率为 5%，连续 6 年每年年末借入 3 000 元。

7．计算下列情况的等额支付是多少？

（1）年利率为 5%，连续 3 年每年末支付一次，第 3 年年末累计金额为 80 000 元。

（2）现借入 100 000 元，年利率为 6%，每年年末偿还部分债务，8 年还清。

8．某项目投资的款项部分来自银行贷款计 100 万元，年利率为 6.5%，每半年计息一次，前 3 年只有投入没有产出，从第 4 年起项目产生效益，若每年的净收益为 40 万元。问从现在起第几年能还清贷款？

9．某企业获得 10 000 元贷款，偿还期为 5 年，按照 10%的年利率计息，有 4 种还款方式。

（1）每年年末还 2 000 元本金和所欠利息（等额还本法）。

（2）每年年末只付所欠利息，本金到第 5 年年末一次还清（等额利息法）。

（3）在 5 年中每年年末还相等的款额（等额本息法）。

（4）在第 5 年年末还全部本金和利息（一次性还本付息法）。

试分别计算各种还款方式 5 年中总付款额。

10．某人购买一套价值 50 万元的住房，银行提供七成 20 年按揭贷款，年利率为 6%，要求按月计息，试问此购房者的月供款为多少？

11．某项工程，今年投资 100 万元，1 年后又投资 150 万元，2 年后又投资 200 万元，投资由某银行贷款，年利率为 8%，贷款从第 3 年年末开始偿还，若计划在 10 年中等额偿还银行，试问每年应偿还银行多少万元？

12．某种机器现值为 60 000 元，估计可以用 6 年，若残值不计，每年开支包括保险、保养、燃料及润滑等费用，第 1 年需 19 000 元，以后每年递增 200 元，按年利率 12%计算，试问其总费用现值为多少？

4.2 单方案经济效果评价

引言

经济效果评价是建设项目工程经济分析的核心内容，其目的在于确保决策的正确性和科学性，避免或最大限度地减小投资方案的风险，明确投资方案的经济效果水平，最大限度地提高项目投资的综合经济效益，为项目的投资决策提供科学的依据。因此，正确选择经济效果评价的指标和方法是十分重要的。

4.2.1 单方案静态经济效果评价

教学目标

（1）认识静态经济效果评价方法。

（2）掌握静态经济指标的计算及评价标准。

（3）学会利用静态经济效果评价方法对单方案进行经济效果评价。

任务引入

在方案初选阶段进行方案比较时以及在对单方案进行可行性初步分析与评价时，一般采用静态评价方法。

【例 4.13】 某项目共投资 2 000 万元，其中自有资金 1 000 万元在第 1 年年初全部投入，银行贷款 1 000 万元的具体情况：第 1 年年初借入 500 万元并投入，第 2 年年初借入 300 万元并投入，第 3 年年初借入 200 万元并投入，建设期为 3 年，第 4 年开始投产，投产后每年净收益为 450 万元，年贷款利率为 8%，要求按季度计息，运营期为 8 年，若 P_C＝8 年，基准投资收益率为 12%，基准资本金利润率为 20%，试计算该方案的静态投资回收期、投资收益率、资本金利润率并初步评价该方案是否可行。

任务分析

从例 4.13 可以看出，利用静态经济效果评价的基本知识解决一系列实际问题，下面介绍解决此案例的问题需涉及的知识点。

相关知识

1. 工程经济效果评价概述

1）工程经济效果评价的含义及基本参数

经济效果评价指标是投资项目经济效益或投资效果的定量化及其直观的表现形式，它通常是通过对投资项目所涉及的费用和效益的量化和比较来确定的。只有正确地理解和适当地应用各个评价指标的含义及其评价准则，才能对投资项目进行有效的经济分析，做出正确的投资决策。

工程经济效果评价基本参数包括以下几个方面。

（1）方案计算期。又称为方案的经济寿命周期，是指对拟建方案进行现金流量分析时应确定的项目服务年限。对建设项目来说，项目计算期分为建设期和生产期两个阶段。

① 项目建设期，是指从开始施工至全部建成投产所需的时间。项目建设期的长短与投资规模、行业性质及建设方式有关，应根据实际情况加以确定。项目建设期内只有投资，很少有产出，从投资成本及获利机会的角度来看，项目建设期应在保证工程质量的前提下，尽可能地缩短。

② 项目生产期，是指项目从建成投产到主要固定资产报废为止所经历的时间，包括投

产期（投产后未达到设计生产能力的 100%）和达产期。项目生产期不能等同于项目投资后的服务期。

（2）基准投资收益率。又称基准收益率、标准折现率、基准贴现率、目标收益率、最低期望收益率，是决策者对技术方案资金的时间价值估算的依据。影响基准收益率的主要因素有资金的财务费用率、资金的机会成本、风险贴现率水平和通货膨胀率等。

基准收益率是方案经济评价中的主要经济参数。关于如何确定基准收益率，至今尚无统一的见解，有的主张根据资金的来源和构成确定，有的主张根据资金的需求曲线和供给曲线确定。确定技术方案财务评价中的基准收益率，可以简单选择方案投资所在行业或主管部门的平均收益率，若没有相应行业或主管部门的基准收益率，也可以选择社会折现率。行业或主管部门的基准收益率是国家公布的重要经济参数。

在实际工程中，基准收益率的确定一般以行业的平均收益率为基础，同时综合考虑资金成本、投资风险、通货膨胀以及资金限制等影响因素。对于国家投资项目，进行经济评价时使用的基准收益率是由国家组织测定并发布的行业基准收益率；非国家投资项目可参考行业基准收益率，由投资者自行确定。

基准收益率定得太高，可能会使许多经济效益好的方案被拒绝；如果定得过低，则可能会使一些经济效益不好的方案被采纳。基准收益率可以在本部门或行业范围内控制资金投向经济效益更好的项目。

基准收益率不同于贷款利率，通常要求基准收益率要高于贷款利率。这是因为投资方案大多带有一定风险和不确定性因素，若基准收益率低于贷款利率，就不值得投资。当前，工程项目建设资金的来源有多种渠道，如国外金融机构贷款、国内银行贷款、中央及地方政府专项拨款等，在确定基准收益率时，应充分考虑非贷款资金的机会成本。

2）工程经济效果评价方法分类

经济效果评价的基本方法包括确定性评价方法与不确定性评价方法两类。对同一个项目必须同时进行确定性评价和不确定性评价。

经济效果的评价方法，按其是否考虑时间因素又可分为静态评价方法和动态评价方法。

静态评价方法是不考虑货币的时间因素，即不考虑时间因素对货币价值的影响，而对现金流量分别进行直接汇总来计算评价指标的方法。静态评价方法的最大特点是计算简便。因此，在对方案进行粗略评价，或对短期投资项目进行评价，以及对于逐年收益大致相等的项目，静态评价方法还是可采用的。

动态评价方法是考虑资金的时间价值来计算评价指标。在工程经济分析中，由于时间和利率的影响，投资方案的每一笔现金流量都应该考虑它所发生的时间，以及时间因素对其价值的影响。动态评价方法能较全面地反映投资方案整个计算期的经济效果。

3）工程经济效果评价指标体系

评价经济效果的好坏，一方面取决于基础数据的完整性和可靠性，另一方面则取决于选取的评价指标体系的合理性。只有选取正确的评价指标体系，经济效果评价的结果才能与客观实际情况相吻合，才具有实际意义。一般来讲，项目的经济效果评价指标不是唯一的，根据不同的评价深度要求和可获得资料的多少，以及项目本身所处的条件不同，可选用不同的指标，这些指标有主有次，可以从不同侧面反映投资项目的经济效果。

根据不同的划分标准，投资项目评价指标体系可以进行不同的分类。

（1）根据是否考虑资金时间价值，可分为静态评价指标和动态评价指标，如图 4.18 所示。

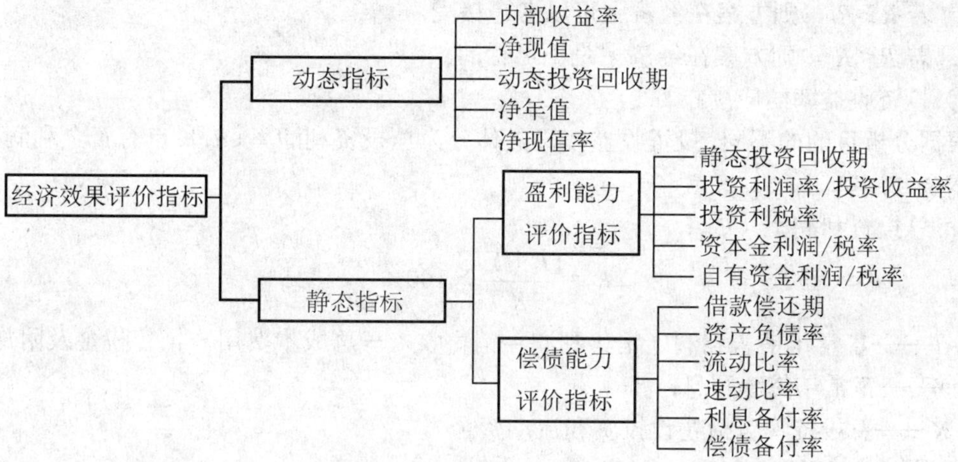

图 4.18　评价指标分类之一

（2）根据指标的性质，分为时间性指标、价值性指标和比率性指标，如图 4.19 所示。

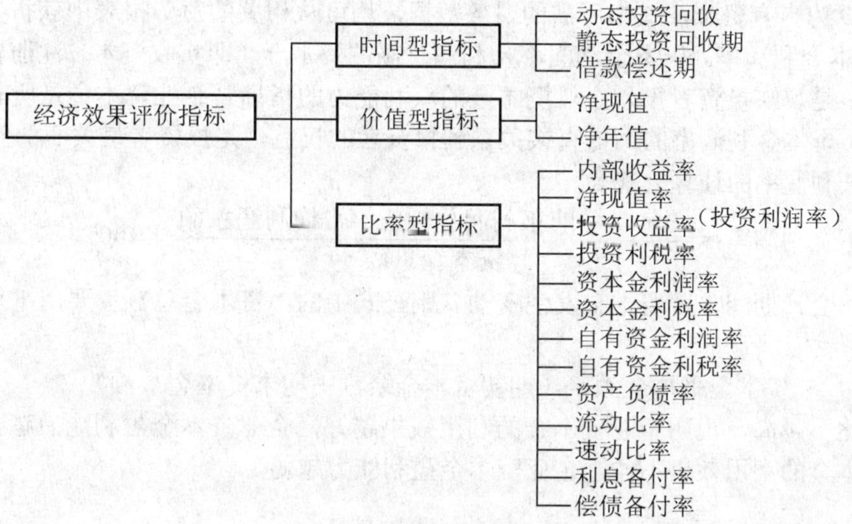

图 4.19　评价指标分类之二

2. 单方案静态经济效果评价方法及指标

1）单方案静态盈利能力经济效果评价方法及指标

（1）投资收益率。投资收益率是指投资方案建成达到设计生产能力后的一个正常生产年份的年净收益总额或年平均收益与方案投资总额的比率。它表明投资方案正常生产年份中，单位投资每年所创造的年净收益额。对生产期内各年的净收益额变化幅度较大的方案，可计算生产期年平均净收益额与投资总额的比率。

① 计算公式为

$$投资收益率（R）=\frac{年净收益或年平均收益}{投资总额}\times 100\% \tag{4-35}$$

② 评价准则。将计算的投资收益率（R）与所确定的基准投资收益率（R_c）进行比较。

a．若 $R \geqslant R_c$，则方案在经济上可以考虑接受。

b．若 $R < R_c$，则方案在经济上是不可行的。

③ 投资收益率的应用指标。

根据分析目的的不同，投资收益率又具体分为总投资利润率（R_a）、自有资金利润率（R_e）和资本金利润率。

a．总投资利润率（R_a）：

$$R_a = \frac{F+Y}{K} \times 100\% \tag{4-36}$$

式中：F——正常年销售利润（销售利润＝销售收入－总成本费用－销售税金及附加）；

Y——正常年贷款利息；

K——总投资（包括建设投资和流动资金）。

b．自有资金利润率（R_e）：

$$R_e = \frac{F}{Q} \times 100\% \tag{4-37}$$

其中 Q 为自有资金，式中所需的财务数据，均可从相关的财务报表中获得。

c．资本金利润率。资本金利润率是利润总额占资本金（即实收资本、注册资金）总额的百分比，是反映投资者投入企业资本金的获利能力的指标。企业资本金是所有者投入的主权资金，资本金利润率的高低直接关系到投资者的权益，是投资者最关心的问题。

资本金利润率的计算公式为

$$资本金利润率 = \frac{正常年份的年利润总额或年平均利润总额}{资本金总额} \times 100\% \tag{4-38}$$

另外，会计期间内若资本金发生变动，则公式中的“资本金总额”要用平均数，其计算公式为

资本金平均余额＝（期初资本金余额＋期末资本金余额）/2

这一比率越高，说明企业资本金的利用效果越好，企业资本金盈利能力越强；反之，则说明资本金的利用效果不佳，企业资本金盈利能力越弱。

特别提示

各种资金利税率在计算时分母不变，分子加上年（年平均）销售税金及附加总额，评价标准均为指标值需不小于行业基准值，且越大越好。

④ 投资收益率（R）指标的优点与不足。投资收益率（R）指标经济意义明确、直观，计算简便，在一定程度上反映了投资效果的优劣，可适用于各种投资规模。但不足的是没有考虑投资收益的时间因素，忽视了资金具有时间价值的重要性；指标的计算主观随意性太强，换句话说，就是正常生产年份的选择比较困难，如何确定带有一定的不确定性和人为因素。因此，以投资收益率指标作为主要的决策依据不太可靠。

（2）静态投资回收期。投资回收期是反映投资方案清偿能力的重要指标，分为静态投资回收期和动态投资回收期。

静态投资回收期是在不考虑资金时间价值的条件下，以项目的净收益回收其全部投资所需要的时间。投资回收期可以自项目建设开始年算起，也可以自项目投产年开始算起，但应予注明。投资回收期示意图如图 4.20 所示。

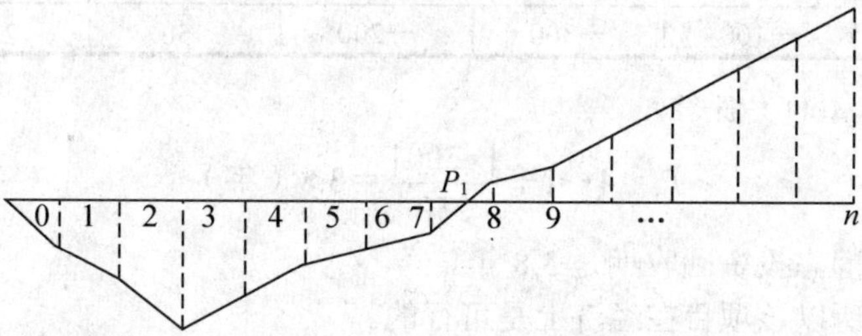

图 4.20 投资回收期示意图

① 计算公式。自建设开始年算起，投资回收期 P_t（以年表示）的计算公式为

$$P_t = \sum_{t=0}^{P_t} (CI-CO)_t = 0 \tag{4-39}$$

式中：P_t——静态投资回收期；

CI——现金流入量；

CO——现金流出量；

$(CI-CO)_t$——第 t 年净现金流量。

静态投资回收期可根据现金流量表计算，其具体计算又分以下两种情况。

a．项目建成投产后各年的净收益（即净现金流量）均相同，则静态投资回收期的计算公式为

$$P_t = \frac{K}{A} \tag{4-40}$$

式中：K——总投资；

A——每年的净收益，即 $A=(CI-CO)_t$。

b．项目建成投产后各年的净收益不相同，则静态投资回收期可根据累计净现金流量求得（如图 4-20 所示），也就是在现金流量表中累计净现金流量由负值转向正值之间的年份。其计算公式为

$$P_t = （累计净现金流量开始出现正值的年份数-1）+\frac{上一年累计净现金流量的绝对值}{开始出现正值年份的净现金流量} \tag{4-41}$$

② 评价准则。将计算出的静态投资回收期（P_t）与所确定的基准投资回收期（P_c）进行比较。

a．若 $P_t \leqslant P_c$，表明项目投资能在规定的时间内收回，则项目（或方案）在经济上可以考虑接受。

b．若 $P_t > P_c$，则项目（或方案）在经济上是不可行的。

【例 4.14】 根据某建设项目的有关数据，如表 4-6 所示，求该项目的静态投资回收期，若 P_c 为 5 年，试判断该项目在经济上是否可行。

表 4-6　某建设项目有关数据　　单位：万元

年　份	1	2	3	4	5	6
净现金流量	−100	−200	100	250	200	200
累计净现金流量	−100	−300	−200	50	250	450

【解】利用式（4-41）计算

$$P_t = 4-1+\frac{|-200|}{250}=3.8\text{（年）}$$

所以该项目的静态投资回收期是 3.8 年。

因为 $P_t \leqslant P_c$，所以该项目在经济上是可行的。

2）单方案偿债能力经济效果评价方法及指标

（1）借款偿还期。借款偿还期是指根据国家财政部门的规定及投资项目的具体财务条件，以项目可作为偿还贷款的收益（利润、折旧及其他收益）来偿还项目投资借款本金和利息所需要的时间。它是反映项目借款偿债能力的重要指标。

① 计算公式。借款偿还期的表达式为

$$K_d=\sum_{t=1}^{P_d}(B_p+D+B_o-B_r)t \qquad (4\text{-}42)$$

式中：P_d——借款偿还期（从借款开始年计算，当从投产年算起时，应予注明）；

K_d——建设投资借款本金和利息（不包括已用自有资金支付的部分）之和；

B_p——可用于还款的利润；

D——可用于还款的折旧和摊销费；

B_o——可用于还款的其他收益；

B_r——企业留利。

在实际工作中，借款偿还期可直接从财务平衡表推算，以年表示。其具体推算公式为

$$P_d=\text{（借款偿还后出现盈余的年份数}-1\text{）}+\frac{\text{当年应偿还借款额}}{\text{当年可用于还款的收益额}} \qquad (4\text{-}43)$$

② 评价准则。借款偿还期满足贷款机构的要求期限时，即认为项目是有借款偿债能力的。借款偿还期指标适用于计算最大偿还能力、尽快还款的项目，不适用于预先给定借款偿还期的项目。对于预先给定借款偿还期的项目，应采用利息备付率和偿债备付率指标分析项目的偿债能力。

（2）利息备付率。利息备付率又称已获利息倍数，指项目在借款偿还期内各年可用于支付利息的税息前利润与当期应付利息费用的比值。

① 计算公式。利息备付率的表达式为

$$\text{利息备付率}=\frac{\text{税息前利润}}{\text{当期应付利息费用}}\times 100\% \qquad (4\text{-}44)$$

其中，税息前利润＝利润总额＋计入总成本费用的利息费用，当期应付利息是指计入总成本费用的全部利息。

利息备付率可以按年计算，也可以按整个借款期计算。

② 评价准则。利息备付率表示使项目利润偿付利息的保证倍率。对于正常经营的企业，利息备付率应当大于 2；否则，表示项目的付息能力保障程度不足。而且利息备付率指标需要将该项目的指标与其他项目进行比较，以分析决定本项目的指标水平。

（3）偿债备付率。偿债备付率指项目在借款偿还期内各年可用于还本付息的资金与当期应还本付息金额的比值。

① 计算公式。偿债备付率的表达式为

$$偿债备付率=\frac{可用于还本付息资金}{当期应还本付息金额}\times 100\% \tag{4-45}$$

可用于还本付息的资金包括可用于还款的折旧和摊销费、成本中列支的利息费用、可用于还款的利润等。当期应还本付息金额包括当期应还贷款本金及计入成本的利息。

偿债备付率可以按年计算，也可以按项目的整个借款期计算。

② 评价准则。偿债备付率表示可用于还本付息的资金偿还借款本息的保证倍率。正常情况下应当大于 1，且越高越好。当指标小于 1 时，表示当年资金来源不足以偿付当期债务，需要通过短期借款偿付已到期债务。

（4）资产负债率。资产负债率是反映项目各年所面临的财务风险程度及偿债能力的指标，该指标可以衡量项目利用债权人提供资金进行经营活动的能力，反映债权人发放贷款的安全程度。其计算公式为

$$资产负债率=\frac{负债总额}{全部资产总额}\times 100\% \tag{4-46}$$

资产负债率对债权人来说，越低越好。但对企业而言则可能希望高些，但过高又影响企业的筹资能力。资产负债率用资产负债表计算。

（5）流动比率。流动比率是反映项目各年偿还流动负债能力的评价指标。其计算公式为

$$流动比率=\frac{流动资产总额}{流动负债总额}\times 100\% \tag{4-47}$$

流动比率表明项目每 1 元钱流动负债有多少流动资产作为支付的保障。项目的流动资产在偿还流动负债后应该还有余力去应付日常经营活动中其他资金需要。特别是对债权人来说，该项比率越高，债权越有保障。根据经验判定，一般该项指标要求在 200%以上。但是各行各业的经营性质不同，营业周期不同，对资产流动性的要求并不同，对该项指标应该有不同的衡量标准。

（6）速动比率。速动比率是反映项目快速偿还流动负债能力的指标。其计算公式为

$$速动比率=\frac{流动资产总额-存货}{流动负债总额}\times 100\% \tag{4-48}$$

“流动资产总额－存货”为速动资产。速动资产包括流动资产中的现金、短期投资（有价证券）、应收票据及应收账款等项目。这类项目流动性较好，变现时间短。速动比率是对流动比率的补充，如果流动比率高，而流动资产的流动性低，则企业的偿债能力仍然不高。一般要求速动比率在 100%以上，但是不同的行业应该有所差别。流动比率和速动比率用资产负债表计算。

任务实施

利用静态经济效果评价方法解决例 4.13 中的问题。

教学提示

（1）要求掌握资金的构成，尤其是资本金和负债资金的区别（详情见资金筹措）。
（2）需要掌握静态经济指标的计算方法。

【解】某建设项目现金流量情况如表 4-7 所示。

表 4-7 某建设项目有关数据　　单位：万元

年份	0	1	2	3	4	5	6	7	8	9	10	11
净现金流量	−1 500	−300	−200	0	450	450	450	450	450	450	450	450
累计净现金流量	−1 500	−1 800	−2 000	−2 000	−1 550	−1 100	−650	−200	250	700	1 150	1 600

利用式（4-41）计算：

静态投资回收期　　$P_t=8-1+\frac{|-200|}{450}=7.44$（年）

所以该项目的静态投资回收期是 7.44 年。

因为　　$P_t \leqslant P_c$

利用式（4-35）计算

投资收益率　　$R=\frac{年净收益或年平均收益}{投资总额}\times 100\%$

$=\frac{300}{2000}\times 100\%=15\% \geqslant$ 基准投资收益率为 12%

利用式（4-38）计算

$资本金利润率=\frac{正常年份的年利润总额或年平均利润总额}{资本金总额}\times 100\%$

$=\frac{300}{1000}\times 100\%=30\% \geqslant$ 基准资本金利润率为 20%

所以该项目在经济上是可行的。

4.2.2 单方案动态经济效果评价

教学目标

（1）认识动态经济效果评价方法。
（2）掌握动态经济指标的计算及评价标准。

（3）学会利用动态经济效果评价方法对单方案进行经济效果评价。

任务引入

在建设项目详细可行性研究阶段进行决策时以及在对多方案进行比较选优时，一般采用动态评价方法。

【例 4.15】 某项目共投资 2 000 万元，其中自有资金 1 000 万元在第 1 年年初全部投入，银行贷款 1 000 万元的具体情况：第 1 年年初借入 500 万元并投入，第 2 年年初借入 300 万元并投入，第 3 年年初借入 200 万元并投入，建设期为 3 年，第 4 年开始投产，投产后每年净收益为 600 万元，年贷款利率为 8%，要求按季度计息，运营期为 8 年，若基准动态投资回收期 $P_c'=10$ 年，基准投资收益率为 $i_c=12\%$，试计算该方案的动态投资回收期、净现值、净年值、净现值率、内部收益率，并评价该方案在经济上是否可行。

任务分析

从例 4.15 可以看出，需要利用动态经济效果评价的基本知识解决一系列的实际问题，下面介绍解决此案例的问题需涉及的知识点。

相关知识

1. 净现值

净现值（net present value，NPV）是反映投资方案在计算期内获利能力的动态评价指标。投资方案的净现值是指用一个预定的基准收益率（或设定的折现率）i_c，分别把整个计算期间内各年所发生的净现金流量都折现到投资方案开始实施时的现值之和。

1）计算公式

$$\mathrm{NPV}=\sum_{t=0}^{n}(\mathrm{CI}-\mathrm{CO})_t(1+i_c)^{-t} \tag{4-49}$$

式中：NPV——净现值；

$(\mathrm{CI}-\mathrm{CO})_t$——第 t 年的净现金流量（应注意“+”、“－”号）；

i_c——基准收益率；

n——方案计算期。

2）评价准则

净现值（NPV）是评价项目盈利能力的绝对指标。

（1）当方案的 $\mathrm{NPV}\geqslant 0$ 时，说明该方案能满足基准收益率要求的盈利水平，故在经济上是可行的。

（2）当方案的 $\mathrm{NPV}<0$ 时，说明该方案不能满足基准收益率要求的盈利水平，故在经济上是不可行的。

（3）净现值（NPV）指标的优点与不足。

净现值（NPV）指标考虑了资金的时间价值，并全面考虑了项目在整个计算期内的经济状况；经济意义明确直观，能够直接以货币额表示项目的盈利水平；判断直观。但不足之处是必须首先确定一个符合经济现实的基准收益率，而基准收益率的确定往往是比较困难的；而且在互斥方案评价时，净现值必须慎重考虑互斥方案的寿命，如果互斥方案寿命不等，必须构造一个相同的分析期限，才能进行各个方案之间的比选。另外，净现值不能反映项目投资中单位投资使用效率，不能直接说明在项目运营期间各年的经营成果。

【例 4.16】　某建设项目计算期为 5 年，各年净现金流量如表 4-8 所示，该项目的行业基准收益率为 $i_c=10\%$，该项目财务净现值（NPV）为多少万元？并判断该项目在经济上是否可行。

表 4-8　各年净现金流量表　　单位：万元

年　份	1	2	3	4	5
净现金流量	−200	50	100	100	100

【解】根据公式：$\text{NPV}=\sum_{t=0}^{n}(\text{CI}-\text{CO})_t(1+i_c)^{-t}$

$=-200/1.1+50/1.1^2+100/1.1^3+100/1.1^4+100/1.1^5$

≈ 65.02（万元）

所以该项目的 NPV 为 65.02 万元＞0，该项目在经济上是可行的。

3）基准收益率 i_c 的确定

对具有常规现金流量（即在计算期内，开始时有支出而后才有收益，且方案的净现金流量序列的符号只改变一次的现金流量）的投资方案，其净现值的大小与折现率的高低有直接的关系。若已知某投资方案各年的净现金流量，则该方案的净现值就完全取决于所选用的折现率。即净现值是折现率的函数，其表达式为

$$\text{NPV}(i_c)=\sum_{t=0}^{n}(\text{CI}-\text{CO})_t(1+i_c)^{-t} \quad (4\text{-}50)$$

工程经济中常规投资项目的净现值函数曲线在 $-1<i_c<+\infty$（对大多数工程经济实际问题来说是 $0\leqslant i_c<+\infty$）以内是单调下降的，且递减率逐渐减小。即随着折现率的逐渐增大，净现值将由大变小，由正变负，NPV 与 i 之间的关系一般如图 4.21 所示。

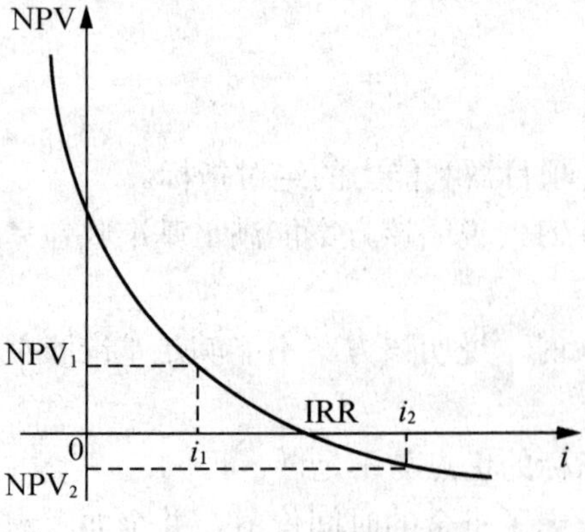

图 4.21　净现值函数曲线

基准收益率又称基准折现率，是企业或行业或投资者以动态的观点所确定的、可接受的投资项目最低标准的收益水平。它表明投资决策者对项目资金时间价值的估价，是投资资金应当获得的最低利率水平，是评价和判断投资方案在经济上是否可行的依据，是一个重要的经济参数。基准收益率的确定一般以行业的平均收益率为基础，同时综合考虑资金成本、投资风险、通货膨胀以及资金限制等影响因素。对于政府投资项目，进行经济评价时使用的基准收益率是由国家组织测定并发布的行业基准收益率；非政府投资项目，可由投资者自行确定基准收益率。确定基准收益率时应考虑以下因素。

（1）资金成本和机会成本。资金成本是为取得资金使用权所支付的费用，如借入资金的利息等。项目投资后所获利润额必须能够补偿资金成本，才能有利可言。因此，基准收益率最低限度不应小于资金成本，否则便无利可图。投资的机会成本是指投资者将有限的资金用于除拟建项目以外的其他投资机会所能获得的最好收益。换言之，由于资金有限，当把资金投入拟建项目时，将失去从其他更好的投资机会中获得收益的机会。显然，基准收益率应不低于单位资金成本和单位投资的机会成本，这样才能使资金得到最有效的利用。这一要求的表达式为

$$i_c \geqslant i_1 = \max\{\text{单位资金成本，单位投资机会成本}\}$$

① 当项目完全由企业自有资金投资时，可参考行业基准收益率；可以理解为一种资金的机会成本。

② 假如投资项目由自有资金和贷款来进行时，最低收益率不应低于行业基准收益率与贷款利率的加权平均收益率。如果有几种不同的贷款时，贷款利率应为加权平均贷款利率。

（2）投资风险。在整个项目计算其内，存在着发生不利于项目的环境变化的可能性，这种变化难以预料，即投资者要冒着一定风险做决策。所以在确定基准收益率时，仅考虑资金成本、机会成本因素是不够的，还应考虑风险因素，通常以一个适当的风险贴补率 i_2 来提高 i_c 值。就是说，以一个较高的收益水平补偿投资者所承担的风险，风险越大，贴补率越高。为此，投资者自然就要求获得较高的利润，否则是不愿去冒风险的。为了限制对风险大、盈利低的项目进行投资，可以采取提高基准收益率的办法来进行项目经济评价。

一般来说，从客观上看，资金密集项目的风险高于劳动密集的；资产专用性强的高于资产通用性强的；以降低生产成本为目的的低于以扩大产量、扩大市场份额为目的的。从主观上看，资金雄厚的投资主体的风险低于资金拮据者。

（3）通货膨胀。

在通货膨胀影响下，各种材料、设备、房屋、土地的价格以及人工费都会上升。为反映和评价出拟建项目在未来的真实经济效果，在确定基准收益率时，应考虑通货膨胀因素。若项目现金流量是按当年价格预测估算的，则应以年通货膨胀率 i_3 修正 i_c 值；若项目的现金流量是按基准年不变价格预测估算的，预测结果已排除通货膨胀因素的影响，就不再重复考虑通货膨胀的影响，而去修正 i_c 值。

综合以上分析，基准收益率可确定如下。

① 当按当年价格预测项目现金流量时：

$$i_c = (1+i_1)(1+i_2)(1+i_3) - 1 \approx i_1 + i_2 + i_3 \tag{4-51}$$

② 当按不变价格预测项目现金流量时：

$$i_c=(1+i_1)(1+i_2)-1\approx i_1+i_2 \tag{4-52}$$

上述近似处理的条件是 i_1、i_2、i_3 都为小数。

总之，资金成本和机会成本是确定基准收益率的基础，投资风险和通货膨胀是确定基准收益率必须考虑的影响因素。

2. 净年值

净年值（net annual value，NAV）又称等额年值、等额年金，是以一定的基准收益率将项目计算期内净现金流量等值换算而成的等额年值。它与前述净现值（NPV）的相同之处是，两者都要在给出的基准收益率的基础上进行计算；不同之处是，净现值把投资过程的现金流量化为基准期的现值，而净年值则是把该现金流量化为等额年值。由于同一现金流量的现值和等额年值是等价的（或等效的），所以，净现值法与净年值法在方案评价中能得出相同的结论。而在多方案评价时，特别是各方案的计算期不相同时，应用净年值比净现值更为方便。

1）计算公式

净年值的计算公式为

$$\text{NAV}=\left[\sum_{t=0}^{n}(\text{CI}-\text{CO})_t(1+i_c)^{-t}\right](A/P,\ i_c,\ n) \tag{4-53}$$

或

$$\text{NAV}=\text{NPV}(A/P,\ i_c,\ n) \tag{4-54}$$

其中 $(A/P,\ i_c,\ n)$ 为资本回收系数。

2）判断准则

由于 $(A/P,\ i_c,\ n)>0$，由式（4-51）可知，NAV 与 NPV 总是同为正或同为负，故 NAV 与 NPV 在评价同一个项目时的结论总是一致的，其评价准则是：NAV≥0 时，则项目在经济上可以接受；NAV＜0 时，则项目在经济上应予拒绝。

3. 内部收益率

由图 4.21 可知，内部收益率（internal rate of return，IRR）的实质就是使投资方案在计算期内各年净现金流量的现值累计等于零时的折现率。也就是说，在这个折现率时，项目的现金流入的现值和等于其现金流出的现值和。

内部收益率容易被人误解为是项目初期投资的收益率。事实上，内部收益率的经济含义是投资方案占用的尚未回收资金的获利能力，它取决于项目内部。现举例说明如下。

【例 4.17】 某投资方案的现金流量如表 4-9 所示，其内部收益率 IRR＝20%。

表 4-9 投资方案的现金流量表　　单位：万元

第 t 期末	0	1	2	3	4	5	6
净现金流量	－1 000	300	300	300	300	300	307

由于已提走的资金是不能再生息的，因此，设 F_t 为第 t 期末尚未回收的投资余额，F_0 即是项目计算期期初的投资额 A_0。显然，只要在本周期内取得复利利息 iF_{t-1}，则第 t 期末的未回收投资余额为

$$F_t=F_{t-1}（1+i）+A_t \tag{4-55}$$

将 i=IRR=20%代入式（4-55），计算出表 4-10 所示项目的未回收投资在计算期内的恢复过程。与表 4-9 相应的现金流量图如图 4.22 所示。

表 4-10 未回收投资在计算期内的恢复过程 单位：万元

第 t 期末	0	1	2	3	4	5	6
净现金流量 A_t	−1 000	300	300	300	300	300	307
第 t 期初未回收投资 F_{t-1}	—	−1 000	−900	−780	−636	−463.2	−255.8
第 t 期末的利息 iF_{t-1}	—	−200	−180	−156	−127.2	92.6	−51.2
第 t 期末未回收投资 F_t	−1 000	−900	−780	−636	−463.2	−255.8	0

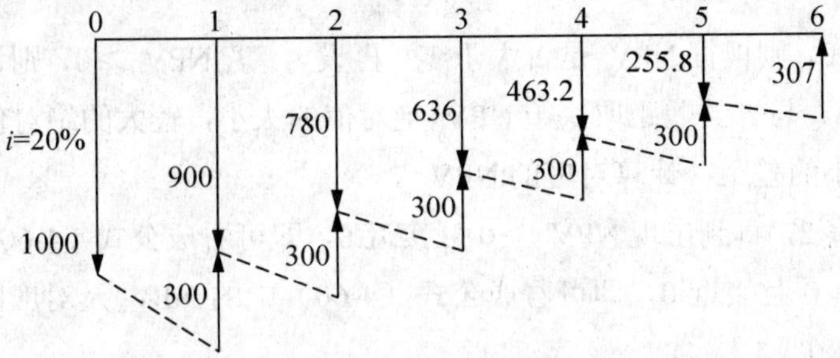

图 4.22 未回收投资现金流量示意图

由此可见，项目的内部收益率是项目到计算期期末正好将未收回资金全部收回来的折现率，是项目对贷款利率的最大承担能力。

从上述项目现金流量在计算期内的演变过程可发现，在整个计算期内，未回收投资 F_t 始终为负，只有计算期期末回收投资 $F_n=0$。因此，可将内部收益率定义为在项目的整个计算期内，如果按利率 $i=i_c$ 计算，始终存在未回收投资，且仅在计算期终了时，投资才恰被完全收回，即

$$F_t（i^*）\leqslant 0 \qquad （t=0，1，2，3，\cdots，n-1） \tag{4-56}$$

$$F_t（i^*）=0 \qquad （t=n） \tag{4-57}$$

于是，i 便是项目的内部收益率。这样，内部收益率的经济含义就是使未回收投资余额及其利息恰好在项目计算期期末完全收回的一种利率，也是项目为其所占有资金（不含逐年已回收可作他用的资金）所提供的盈利率。

在项目计算期内，由于项目始终处于“偿付”未被收回的投资的状况，内部收益率指标正是体现项目占用的尚未回收资金的获利能力。它能反映项目自身的盈利能力，其值越高，方案的经济性越好。因此，在工程经济分析中，内部收益率是考察项目盈利能力的主要动态评价指标。

由于内部收益率不是初始投资在整个计算期内的盈利率，因而它不仅受项目初始投资规模的影响，而且受项目计算期内各年净收益大小的影响。

1）计算公式

对常规投资项目，内部收益率就是净现值为零时的收益率，其数学表达式为

$$NPV(IRR)=\sum_{t=0}^{n}(CI-CO)_t(1+IRR)^{-t} \tag{4-58}$$

其中 IRR 为内部收益率。

由于 IRR 值可达到的项目净现值等于零，则项目的净年值也必为零。故有

$$NPV(IRR)=NAV(IRR)=0 \tag{4-59}$$

内部收益率是一个未知的折现率，由式（4-58）可知，求方程式中的折现率须解高次方程，不容易直接求解，通常采用“线性插值法”求 IRR 的近似解。设 IRR 在 i_n 与 i_{n+1} 之间，用 i' 近似代替 IRR，当 i_{n+1} 与 i_n 的距离控制在一定范围内，可以达到要求的精度。

2）具体计算步骤

（1）设初始折现率值为 i_1，一般可以先取行业的基准收益率 i_c 作为 i_1，并计算对应的净现值 NPV_{i_1}。

（2）$NPV_{i_1}\neq0$，则根据 NPV_{i_1} 是否大于零，再设 i_2。若 $NPV_{i_1}>0$，则设 $i_2>i_1$；若 $NPV_{i_1}<0$，则设 $i_2<i_1$。i_2 与 i_1 的差距取决于 NPV_{i_1} 绝对值的大小，较大的绝对值可以取较大的差距，反之，取较小的差距。计算对应的 NPV_{i_2}。

（3）重复步骤 2，直到出现 $NPV_{i_n}>0$ 且接近 0，即可看成公式（4-60）中的 NPV_1 及对应的 i_1；$NPV_{i_{n+1}}<0$ 且接近 0，即可看成公式（4-60）中的 NPV_2 及对应的 i_2，用线性插值法求 IRR 近似值，即

$$IRR\approx i'=i_1+\frac{NPV_1}{NPV_1+|NPV_2|}(i_2-i_1) \tag{4-60}$$

（4）计算的误差取决于 i_2-i_1 的大小，为此，一般控制 $|\Delta i|<0\sim5.5\%$。

3）评价准则

设基准收益率为 i_c，用内部收益率指标 IRR 评价单个方案的判别准则是：若 $IRR\geqslant i_c$，则该项目在经济效果上可以接受；若 $IRR<i_c$，则该项目在经济效果上应予否定。

一般情况下，当 $IRR>i_c$ 时，会有 $NPV\geqslant0$；反之，当 $IRR<i_c$ 时，则 $NPV<0$。因此，对于单个方案的评价，内部收益率准则与净现值准则的评价结论是一致的。

【例 4.18】 某建设项目，当折现率 $i_c=10\%$时，净现值 NPV＝200 万元，当 $i_c=12\%$时，NPV＝－100 万元，用内插公式法求其内部收益率，并判断该建设项目在经济上是否可行。

【解】根据线性插值公式得：

$$\begin{aligned}IRR&=i_1+\frac{NPV_1}{NPV_1+|NPV_2|}(i_2-i_1)\\&=10\%+(12\%-10\%)\frac{200}{200+|-100|}\\&\approx11.33\%\end{aligned}$$

所以该项目的内部收益率是 $11.33\%\geqslant i_c$，该建设项目在经济上可以接受。

4）内部收益率指标的优点与不足

内部收益率（IRR）指标考虑了资金的时间价值以及项目在整个计算期内的经济状况；能够直接衡量项目未回收投资的收益率；不需要事先确定一个基准收益率，而只需要知道

基准收益率的大致范围即可。但不足的是内部收益率计算需要大量的与投资项目有关的数据，计算比较麻烦；对于具有非常规现金流量的项目来讲，其内部收益率往往不是唯一的，在某些情况下甚至不存在。

5）IRR 与 NPV 的比较

根据内部收益率原理，从图 4.21 净现值函数曲线可知：

当 IRR＞i_1（基准收益率）时，方案可以接受；从图中可见，i_1 对应的 NPV（i_1）＞0，方案也可接受。

当 IRR＜i_2（基准收益率）时，方案不能接受；i_2 对应的 NPV（i_2）＜0，方案也不能接受。

综上分析，用 NPV、IRR 均可对独立方案进行评价，且结论是一致的。净现值法计算简便，但得不出投资过程收益程度，且受外部参数（i_c）的影响；内部收益率法较为麻烦，但能反映投资过程的收益程度，而 IRR 的大小不受外部参数影响，完全取决于投资过程的现金流量。

4. 净现值率

净现值率（NPVR）是在净现值（NPV）的基础上发展起来的，可作为净现值（NPV）的一种补充。净现值率是项目净现值与项目全部投资现值之比，其经济含义是单位投资现值所能带来的净现值，是一个考察项目单位投资盈利能力的指标。由于净现值不直接考虑项目投资额的大小，故为考虑投资的利用效率，常用净现值率作为净现值的辅助评价指标。

当对比的两个方案投资额不同时，如果仅以各方案的净现值（NPV）大小来选择方案，可能导致不正确的结论。因为净现值只表明盈利总额，不能说明投资的利用效果。单纯以净现值最大作为方案选优的标准，往往导致评价人趋向于选择投资大、盈利多的方案，而忽视盈利额较多，但投资更少、经济效果更好的方案。为此，可采用净现值的相对指标（单位投资的净现值），即净现值率来进行评价。

净现值率（NPVR）计算公式为

$$\mathrm{NPVR}=\frac{\mathrm{NPV}}{K_{\mathrm{P}}}\times 100\% \qquad (4\text{-}61)$$

$$K_{\mathrm{p}}=\sum_{t=0}^{n}K_t(P/F,\ i_{\mathrm{c}},\ t) \qquad (4\text{-}62)$$

式中：K_{p}——投资现值；

K_t——第 t 年投资额；

n——建设期年数。

若 NPV≥0，则 NPVR≥0（因为 K_{p}＞0）；若 NPV＜0，则 NPVR＜0。故对于单一方案评价而言，净现值率与净现值是等效评价指标。

5. 动态投资回收期

动态投资回收期是把投资项目各年的净现金流量按基准收益率折成现值之后，再推算投资回收期，这就是它与静态投资回收期的根本区别。动态投资回收期就是累计净现金流量现值等于零时的年份。

1）动态投资回收期的计算表达式

$$P_t' = \sum_{t=0}^{P_t'} (\mathrm{CI}-\mathrm{CO})_t (1+i_c)^{-t} = 0 \tag{4-63}$$

式中：P_t' ——动态投资回收期；

i_c ——基准收益率。

在实际应用中，可根据项目现金流量用下列近似公式计算，即

$$P_t' = （累计净现金流量现值出现正值的年数-1） + \frac{上一年累计净现金流量现值的绝对值}{当年的净现金流量的现值} \tag{4-64}$$

按静态分析计算的投资回收期较短，决策者可能认为经济效果尚可以接受。但若考虑时间因素，用折现法计算出的动态投资回收期，要比用传统方法计算出的静态投资回收期长些，该方案未必能被接受。

2）评价准则

将计算出的静态投资回收期（P_t'）与所确定的基准动态投资回收期（P_c'）进行比较。

（1）若 $P_t' \leqslant P_c'$，表明项目投资能在规定的时间内收回，则项目（或方案）在经济上可以考虑接受。

（2）若 $P_t' > P_c'$，则项目（或方案）在经济上是不可行的。

3）投资回收期指标的优点与不足

投资回收期指标容易理解，计算也比较简便，项目投资回收期在一定程度上显示了资本的周转速度。显然，资本周转速度愈快，回收期愈短，风险愈小，盈利愈多。这对于技术上更新迅速的项目或资金相当短缺的项目或未来情况很难预测而投资者又特别关心资金补偿的项目进行分析是特别有用的。但不足的是投资回收期没有全面考虑投资方案整个计算期内的现金流量，即只考虑投资回收之前的效果，不能反映投资回收之后的情况，无法准确衡量方案在整个计算期内的经济效果。因此，投资回收期作为方案选择和项目排队的评价准则是不可靠的，它只能作为辅助评价指标，或与其他评价方法结合应用。

在实际应用中，由于动态投资回收期与其他动态盈利性指标相近，若给出的利率 i_c 恰好等于内部收益率 IRR 时，此时的动态投资回收期就等于项目（或方案）计算期，即 $P_t' = n$。一般情况下，若 $P_t' < n$，则必然有 IRR$>i_c$ 和 NPV>0。因此，动态投资回收期法与内部收益率法和净现值法在方案评价方面是等价的。正因为如此，在“投资项目可行性研究指南”中未将动态投资回收期作为评价指标。而静态投资回收期尽管没有考虑资金的时间价值，但由于长期以来，决策层比较熟悉静态投资回收期指标，因此，在投资项目经济评价方法中仍要求计算静态投资回收期。

任务实施

利用动态经济效果评价方法来解决例 4.15 中的问题。

【解】某建设项目现金流量情况如表 4-11 所示。

表 4-11 某建设项目有关数据 单位：万元

年份	0	1	2	3	4	5	6	7	8	9	10	11
净现金流量	−1500	−300	−200	0	600	600	600	600	600	600	600	600
折现系数（i_c=12%）	1.000	0.893	0.797	0.712	0.636	0.567	0.507	0.452	0.404	0.361	0.322	0.288
折现净现金流量	−1 500	−267.9	−159.4	0	382	340.2	304.2	271.2	242.4	216.6	193.2	172.8
累计折现净现金流量	−1 500	−1 768	−1 927	−1 927	−1 545	−1 205	−900	−629	−387	−170	23	196

$$\text{动态投资回收期}P_t'=(\text{累计净现金流量现值出现正值的年数}-1)+\frac{\text{上一年累计净现金流量现值的绝对值}}{\text{当年的净现金流量的现值}}$$

$$=10-1+\frac{170}{193.2}\approx 9.9\text{ 年}\leqslant 10\text{ 年}$$

$$\text{净现值 NPV}=\sum_{t=0}^{n}(\text{CI}-\text{CO})_t(1+i_c)^{-t}$$

$$=-1500-300/1.12-200/1.12^2+0+600/1.12^4+600/1.12^5+\cdots+600/1.12^{11}$$

$$\approx 196\text{ 万元}>0$$

净年值 NAV=NPV（A/P，i_c，n）=196×（A/P，12%，11）=196×0.168 4≈33（万元）

$$\text{净现值率 NPVR}=\frac{\text{NPV}}{K_\text{P}}\times 100\%=\frac{196}{1927}\times 100\%=10.17\%>0$$

内部收益率的计算：

i_c=12%时，NPV≈196 万元>0，且接近 0，故可看成是“i_1”，若 NPV>0 不接近 0，则继续增加 i，反之则减小 i。

i=15%时，NPV≈−141.9 万元<0，且接近 0，故可看成是“i_2”。

注意：此处试算出的 NPV 越接近 0，即 i_2-i_1 的差量越小，内部收益率的精确度越高。

根据线性插值式（4-57）可求内部收益率

$$\text{IRR}=12\%+(15\%-12\%)\times\frac{196}{196+141.9}$$

$$\approx 13.74\%>12\%$$

从以上 5 个指标综合考虑，该项目均能达到且高于行业的基准要求，所以该项目在经济上是可行的。

4.2.3 单方案经济效果评价案例分析

教学目标

综合利用静态经济效果评价方法和动态经济效果评价方法对单方案进行经济效果评价。

任务引入

在考虑建设项目的经济效果时，通常需要计算静态经济指标和动态经济指标，再根据所选指标的判断标准综合衡量建设项目的经济效果。

【例 4.19】 某企业拟投资建设一项生产性项目，各项基础数据如下：

(1) 项目建设期 1 年，第 2 年开始投入生产经营，运营期 8 年。

(2) 建设期间一次性投入固定资产投资额为 850 万元，全部形成固定资产。固定资产使用年限为 8 年，到期预计净残值率为 4%，按照平均年限法计算折旧。

(3) 流动资金投入为 200 万元，在运营期的前两年均匀投入，运营期末全额回收。

(4) 运营期第 1 年生产负荷为 60%，第 2 年达产。

(5) 运营期内正常年份各年的销售收入为 450 万元，经营成本为 200 万元。运营期第 1 年销售收入和经营成本均按正常年份的 60%计算。

(6) 产品销售税金及附加合并税率为 6%，企业所得税税率为 25%。

(7) 该行业基准收益率为 10%，基准投资回收期为 7 年。

(8) 折现系数取 3 位小数，其余各项计算保留 1 位小数。

【问题】

(1) 编制该项目全部投资现金流量表及延长表。

(2) 计算该项目静态和动态投资回收期。

(3) 计算该项目的净现值、内部收益率。

(4) 分析该项目的盈利能力及可行性。

任务分析

从例 4.19 可以看出，需要利用现金流量及静态、动态经济效果评价方法的基本知识解决一系列的实际问题，下面介绍此案例中问题的解决过程。

任务实施

【解】根据已知条件列全部投资现金流量表及延长表 4-12。

表 4-12　某建设项目全部投资现金流量表　　单位：万元

序号	项目	建设期	达 产 期							
		1	2	3	4	5	6	7	8	9
	生产负荷		60	100	100	100	100	100	100	100
1	现金流入		270	450	450	450	450	450	450	684
1.1	销售收入		270	450	450	450	450	450	450	450
1.2	回收固定资产余值									34
1.3	回收流动资金									200
1.4	其他									

续表

序号	项目	建设期	达产期							
		1	2	3	4	5	6	7	8	9
2	现金流出	850	236.2	327	227	227	227	227	227	227
2.1	建设投资	850								
2.2	流动资金		100	100						
2.3	经营成本		120	200	200	200	200	200	200	200
2.4	销售税金及附加		16.2	27	27	27	27	27	27	27
2.5	其他									
3	净现金流量	−850	33.8	123.0	223.0	223.0	223.0	223.0	223.0	457.0
4	累计净现金流量	−850	−816.2	−693.2	−470.2	−247.2	−24.2	198.8	421.8	878.8
5	折现系数	0.909	0.826	0.751	0.683	0.621	0.565	0.513	0.467	0.424
6	折现净现金流量	−772.7	27.9		192.4	138.5	126.0	114.4	104.1	193.8
7	累计折现净现金流量	−772.7	−744.8	−652.4	−460.8	−321.5	−195.5	−81.1	−23.0	−216.8

教学提示

表 4-12 现金流出部分未列出所得税，所以用此表中净现金流量计算相应的经济指标均为所得税税前的指标值，反之则是税后指标值。

其中，回收固定资产余值＝850×4%＝34（万元）

每年的现金流入（1）＝每年的（1.1）＋（1.2）＋（1.3）＋（1.4）项对应的数值

每年的现金流出（2）＝每年的（2.1）＋（2.2）＋（2.3）＋（2.4）＋（2.5）项对应的数值

净现金流量＝每午的现金流入（1）－每年的现金流出（2）

$$静态投资回收期=8-1+\frac{81.1}{104.1}\approx 7.8\text{ 年}>基准投资回收期\ 7\text{ 年}$$

由表 4-11 可以看出，动态投资回收期是大于 7 年的，即比基准投资回收期长。

$$净现值\ NPV=\sum_{t=0}^{n}(CI-CO)_t(1+i_c)^{-t}$$

$$=-850+33.8/1.1+123/1.1^2+123/1.1^3+123/1.1^4+\cdots+357/1.1^9$$

$$\approx 216.8\ 万元>0$$

教学提示

净现值（NPV）实质就是全部投资现金流量表中的累计折现净现金流量项的最后一期期末的数值，请读者思考为什么？

内部收益率的计算：

i_c=10%时，NPV≈216.8 万元>0，比较接近 0，先将其看成“i_1”，现在需要试算 NPV<0 且接近 0 的数值，所以需要增加 i。

因此取 i=12%时，NPV≈−139.2 万元<0 且接近 0，故将其看成是“i_2”。

代入公式计算：

$$\text{IRR}=10\%+(12\%-10\%)\times\frac{216.8}{216.8+139.2}\approx 11.22\%$$

从以上静态和动态评价方法综合考虑，该项目基本能达到行业的基准要求，所以该项目在经济上可行，可以考虑投资。

思考与练习

1．某项目的现金流量如表 4-13 所示，试判断该项目有无内部收益率，内部收益率为多少？若基准收益率 i_c=8%，试判断该项目在经济上是否可行。

表 4-13　某项目的净现金流量表　　单位：万元

年　末	0	1	2	3	4	5
净现金流量	1 000	600	500	−2 000	1 500	1 000

2．某拟建项目方案：第 1 年年初投资 1 000 万元，第 2 年年初投资 1 500 万元，从第 3 年起连续 7 年，每年净获利 1 450 万元。若期末残值扣除资产清理费用后为 50 万元，基准贴现率为 12%。试计算净现值、净现值率、净年值、内部收益率、动态投资回收期，并判断该项目在经济上是否可行。

4.3　多方案经济效果评价

引言

4.2 中内容列出单方案（或项目）经济评价的指标。但是，要想正确评价多方案的经济性，仅凭对评价指标的计算及判别是不够的，还必须了解多方案所属的类型，从而按照方案的类型确定适合的评价方法和指标，最终为做出正确的投资决策提供科学依据。

4.3.1　多方案类型分析

教学目标

学会根据多方案之间的关系界定多方案的类型。

任务引入

在面临对多个方案进行比较选优时，首先要弄清楚多方案所属的类型，从而有针对性地选择相应的评价方法。

任务分析

【例 4.20】 某制造厂考虑下面 3 个投资计划。在 5 年计划期中，这 3 个投资方案的现金流情况如表 4-14 所示（该厂的最低希望收益率为 10%）。

表 4-14 项目计划的现金流量表

单位：元

方案	A	B	C
最初成本	65 000	58 000	93 000
年净收入	18 000	15 000	23 000
残值	12 000	10 000	15 000

（1）假设这 3 个计划不受任何因素的限制，应选哪个方案？

（2）假定资金限制在 160 000 元，试选出最好的方案。

（3）假设计划 A、B、C 是相互排斥的，试选出最合适的投资方案。

从例 4.20 可以看出，需要利用多方案类型界定的基本知识解决一系列的实际问题，下面介绍此案例需涉及的知识点。

相关知识

1. 投资方案类型的含义

所谓方案类型，是指一组备选方案之间所具有的相互关系。这种关系一般分为单一方案（又称独立型方案）和多方案两类。而多方案又分为互斥型、互补型、现金流量相关型、组合-互斥型和混合相关型 5 种类型，如图 4.23 所示。

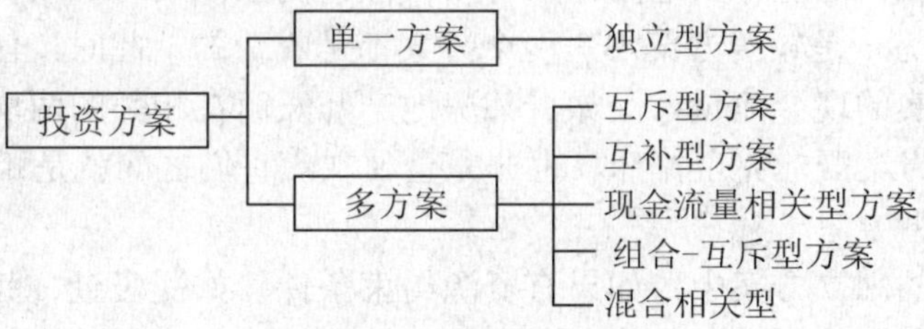

图 4.23 评价方案的分类

2. 各种方案的含义及分类的依据

1）独立型方案

独立型方案指方案间互不干扰、在经济上互不相关的方案，即这些方案是彼此独立无关的，选择或放弃其中一个方案，并不影响其他方案的选择。

2）互斥型方案

在若干备选方案中，各个方案彼此可以相互代替，因此方案具有排他性。选择其中任何一个方案，则其他方案必然被排斥，这种择其一就不能择其二的若干方案，就称为互斥方案或排他型方案。在工程建设中，互斥型方案还可按以下因素进行分类。

按服务寿命长短不同，投资方案可分为以下 3 种。

（1）相同服务寿命的方案，即参与对比或评价方案的服务寿命均相同。

（2）不同服务寿命的方案，即参与对比或评价方案的服务寿命均不相同。

（3）无限长寿命的方案，即在工程建设中永久性工程即可视为无限长寿命的工程，如大型水坝、运河工程等。

按规模不同，投资方案可分为以下两种。

（1）相同规模的方案，即参与对比或评价的方案具有相同的产出量或容量，在满足相同功能要求的数量方面具有一致性和可比性。

（2）不同规模的方案，即参与评价的方案具有不同的产出量或容量，在满足相同功能要求的数量方面不具有一致性和可比性。

项目互斥方案比较是工程经济评价工作的重要组成部分，也是寻求合理决策的必要手段。

3）互补型方案

在多方案中，出现技术经济互补的方案称为互补型方案。根据互补方案之间相互依存的关系，互补方案可能是对称的，如建设一个大型电站时，必须同时建设铁路、电厂，它们无论在建成时间、建设规模上都要彼此适应，缺少其中任何一个项目，其他项目就不能正常运行，它们之间是互补的，又是对称的。此外，还存在着大量不对称的经济互补，如建造一座建筑物 A 和增加一个空调系统 B，建筑物 A 本身是有用的，增加空调系统 B 后使建筑物 A 更有用，但不能说采用方案 B 也包括方案 A。

4）现金流量相关型方案

即使方案间不完全互斥，也不完全互补，如果若干方案中任一方案的取舍会导致其他方案现金流量的变化，这些方案之间也具有相关性。例如，某跨江项目考虑两个方案，一个是建桥方案 A，另一是轮渡方案 B，两个方案都是收费的。此时，任一方案的实施或放弃都会影响另一方案的现金流量；又如，某房地产开发商在相邻的两块地上开发两个居住小区，显然这两个方案既非完全排斥，也非完全独立，它们之间就是相关关系。

5）组合-互斥型方案

在若干可采用的独立方案中，如果有资源约束条件（如受资金、劳动力、材料、设备及其他资源拥有量限制），只能从中选择一部分方案实施时，可以将它们组合为互斥型方案。例如，现有独立方案 A、B、C、D 方案，它们所需的投资分别为 10 000 万元、6 000 万元、4 000 万元、3 000 万元。当资金总额限量为 10 000 万元时，除 A 方案具有完全的排他性外，其他方案由于所需金额不大，可以互相组合。这样，可能选择的方案共有 A、B、C、D、B＋C、B＋D、C＋D 等 7 个组合方案。因此，当受某种资源约束时，独立方案可以组成各种组合方案，这些组合方案之间是互斥或排他的。

6）混合相关型方案

在方案众多的情况下，方案间的相关关系可能包括上述类型中的多种，这些方案称为混合相关型方案。

在方案评价前，分清方案属于何种类型是非常重要的。因为方案类型不同，其评价方法、选择和判断的尺度就不同。如果方案类型划分不当，会带来错误的评价结果。在方案评价中，以独立型方案和互斥型方案最为常见。

任务实施

利用多方案类型的知识来解决例 4.20 中的问题。

【解】

问题（1）中设定的条件可以判定 A、B、C 3 个方案是独立方案。

问题（2）中三个方案受到资金的限制，可以判定 A、B、C 3 个方案是现金流量相关型方案。

问题（3）中三个方案之间相互排斥，可以判定 A、B、C 3 个方案是互斥方案。

4.3.2 独立方案的比较与分析

教学目标

学会对独立方案进行比较与选择。

任务引入

在面临对多个独立方案进行比较选优时，必须用独立方案的比较与选择的方法。

任务分析

例 4.20 中问题（1）的解决需要用到独立方案的比较与选择的方法。

相关知识

1. 独立方案选择标准

独立方案在经济上是否可接受，取决于方案自身的经济性，即方案的经济效果是否达到或超过了预定的评价标准或水平。欲知这一点，只需通过计算方案的经济效果指标，并按照指标的判别准则加以检验就可做到。这种对方案自身经济性的检验叫做“绝对经济效果检验”。如果方案通过了绝对经济效果检验，就认为方案在经济上是可行的，是值得投资的；否则，应予拒绝。

2. 独立方案选择方法

1）投资收益率法

（1）确定行业的基准投资收益率（R_c）。

（2）计算投资方案的投资收益率（R）。

（3）进行判断，当 $R \geqslant R_c$ 时，方案在经济上是可行的。

2）投资回收期法

（1）确定行业或投资者的基准投资回收期（P_c）。

（2）计算投资方案的静态投资回收期（P_t）。

（3）进行判断。当 $P_t \leqslant P_c$ 时，方案在经济上是可行的。

3）净现值法

（1）依据现金流量表和确定的基准收益率 i_c 计算方案的净现值（NPV）。

（2）对方案进行评价。当 NPV≥0 时，方案在经济上是可行的。

4）内部收益率法

计算出内部收益率后，将 IRR 与基准收益率 i_c 进行比较。当 IRR≥i_c 时，方案在经济上是可行的。

【例 4.21】 现有 A、B 两个独立方案，各自的现金流量如表 4-15 所示，若 i_c=15%，试判断其是否能被接受？

表 4-15 A、B 独立方案的净现金流量 单位：万元

寿命期	第 0 年	第 1 年	第 2～10 年
A 方案	−200	−50	80
B 方案	−250	20	45

【解】 由于 A、B 两个方案为独立方案，故只需接受绝对效果评价，可分别以净现值、净年值、内部收益率这 3 项指标中的一项或几项予以考察。

首先，考察净现值指标：

$NPV_A = -200 - 50(P/F, 15\%, 1) + 80(P/F, 15\%, 1)(P/A, 15\%, 9)$
≈ 88.5（万元）

$NPV_B = -250 + 20(P/F, 15\%, 1) + 45(P/F, 15\%, 1)(P/A, 15\%, 9)$
≈ -45.9（万元）

由于 $NPV_A > 0$，$NPV_B < 0$，B 方案本身不可行，故选择 A 方案。

其次，考察净年值指标：

$NAV_A = NPV_A(A/P, 15\%, 10) \approx 17.6$（万元）

$NAV_B = NPV_B(A/P, 15\%, 10) \approx -9.2$（万元）

由于 $NAV_A > 0$，$NAV_B < 0$，B 方案本身不可行，故选择 A 方案。

最后，考察内部收益率指标：

依据公式（4-55），可得方程如下：

$-200 - 50(P/F, IRR_A, 1) + 80(P/F, IRR_A, 1)(P/A, IRR_A, 9) = 0$

$-250 + 20(P/F, IRR_B, 1) + 45(P/F, IRR_B, 1)(P/A, IRR_B, 9) = 0$

解以上方程，可计算得：$IRR_A = 22.98\%$，$IRR_B = 10.38\%$。

由于 $i_c = 15\%$，而 $IRR_A > i_c$，$IRR_B < i_c$，故 A 方案可行，B 方案不行。

由例 4.21 可见，对于独立方案的评价，无论应用哪个评价指标，其结论都是一样的。

任务实施

利用独立方案类型判断与选择的知识来解决例 4.20 中的问题（1）。

【解】

1）净现值法

$NPV_A=-65\,000+18\,000(P/A, 10\%, 5)+12\,000(P/F, 10\%, 5)\approx 10\,685$（元）$\geqslant 0$

$NPV_B=-58\,000+15\,000(P/A, 10\%, 5)+10\,000(P/F, 10\%, 5)=5\,071$（元）$\geqslant 0$

$NPV_C=-93\,000+23\,000(P/A, 10\%, 5)+15\,000(P/F, 10\%, 5)\approx 3\,502$（元）$\geqslant 0$

利用净现值指标判断 3 个方案在经济上均可行，所以选择方案 A、B、C。

2）净年值法

$$NAV_A=NPV_A(A/P, 10\%, 5)\approx 2\,819\text{（元）}\geqslant 0$$

$$NAV_B=NPV_B(A/P, 10\%, 5)\approx 1\,338\text{（万元）}\geqslant 0$$

$$NAV_C=NPV_C(A/P, 10\%, 5)\approx 924\text{（万元）}\geqslant 0$$

利用净年值指标判断 3 个方案在经济上均可行，所以选择方案 A、B、C。

3）内部收益率法

$$NPV_A=-65\,000+18\,000(P/A, IRR_A, 5)+12\,000(P/F, IRR_A, 5)=0$$

$$NPV_B=-58\,000+15\,000(P/A, IRR_B, 5)+10\,000(P/F, IRR_B, 5)=0$$

$$NPV_C=-93\,000+23\,000(P/A, IRR_C, 5)+15\,000(P/F, IRR_c, 5)=0$$

根据内部收益率的计算方法可计算得：$IRR_A=15.85\%$，$IRR_B=13.24\%$，$IRR_C=11.38\%$。

利用内部收益率指标判断 3 个方案在经济上均可行，所以选择方案 A、B、C。

注意：如果本案例的投资回收期已知，还可以利用投资回收期法进行判断与选择。

4.3.3 互斥方案的比较与分析

教学目标

学会对互斥方案进行比较与选择。

任务引入

在面临对多个互斥方案进行比较选优时，必须利用互斥方案的比较与选择的方法。

任务分析

例 4.20 中问题（3）的解决需要用到互斥方案的比较与选择的方法，接下来介绍解决此案例中的问题需涉及的知识点。

1. 互斥方案的选择标准

所谓互斥方案，是指方案之间存在着互不相容、互相排斥的关系，接受了其中的一个方案便不能再接受其他的方案。在对互斥方案进行考察时，最终只能选择一个在经济上最佳方案，即按照以下步骤及标准选择。

首先，进行绝对效果评价，即检验各个方案自身的经济性能否通过评价标准。

其次，进行相对效果评价，即从候选方案中通过经济性的比较，选出最优者为可接受方案。这两个步骤缺一不可，只有当在互斥方案中必须选择其一时才可只进行相对效果评价。

2. *互斥方案的类型及对应的选择方法*

互斥方案可分为寿命期相等、寿命期不等、寿命周期无限长 3 种类型。

1）寿命期相等的互斥方案

对于寿命期相等的互斥方案，由于其计算周期相同，故进行经济效果评价时，在时间上已具备可比性。常用的评价方法有增量投资回收期法、净现值法、增量内部收益率法等。

（1）增量投资回收期法。

运用增量投资回收期法进行寿命相等互斥方案评价的步骤及判别准则如下。

① 将考察方案按投资额从小到大的顺序排列。

② 进行绝对效果评价，计算各方案的动态投资回收期，淘汰动态投资回收期大于基准投资回收期的方案。

③ 进行相对效果评价，依次计算各对比方案间的增量投资回收期，凡增量投资回收期大于基准投资回收期者应舍弃投资较大的方案，反之则舍弃投资较小的方案，直到最后一个被保留的方案即为最优方案。

所谓增量投资回收期，又称差额投资回收期，以 $\Delta T_{\mathrm{p}}'$ 表示，是指两对比方案间由于投资额不等，其差额可视为在较小投资额的基础上追加一笔增量投资，计算该增量投资的投资回收期，对其经济性的评价与正常投资一样。计算公式为

$$\sum_{t=0}^{\Delta T_{\mathrm{p}}'}(\Delta \mathrm{CI}-\Delta \mathrm{CO})_t(1+i)^{-t}=0 \tag{4-65}$$

式中：ΔCO——增量现金流出；

ΔCI ——增量现金流入。

【例 4.22】 现有某项目的两个备选方案，A 方案的总投资额为 1 500 万元，预计每年净收益为 310 万元；B 方案的总投资额为 2 000 万元，预计每年净收益为 400 万元。基准收益率为 6%，基准投资回收期为 8 年。试确定最优方案。

【解】首先计算两个方案的动态投资回收期：

$$T_{PA}'=\frac{-\ln[1-\dfrac{1\,500\times 6\%}{310}]}{\ln(1+6\%)}=5.9\text{（年）}$$

$$T_{PB}'=\frac{-\ln[1-\dfrac{2\,000\times 6\%}{400}]}{\ln(1+6\%)}=6.1\text{（年）}$$

由于 $T_{PA}'<8$、$T_{PB}'<8$，故两方案均可行。

其次计算两方案的增量投资回收期，则

$$\Delta T_{P(\mathrm{B-A})}'=\frac{-\ln[1-\dfrac{(2\,000-1\,500)\times 6\%}{400-310}]}{\ln(1+6\%)}=7.0\text{（年）}$$

由于 $\Delta T_{P(\mathrm{B-A})}'<8$，故应选择投资额较大的 B 方案，即 B 方案为本项目的最优方案。

如果两方案均通过了绝对效果评价，那么投资回收期较短的方案不一定是最佳方案，

必须进一步作相对效果评价才能得出正确结论。

（2）净现值法。

运用净现值法进行寿命相等的互斥方案评价的步骤及判别准则如下。

① 进行绝对效果评价，计算各方案的净现值，淘汰净现值小于零的方案。

② 进行相对效果评价，将各方案按净现值从大到小的顺序排列，净现值最大的方案为最优方案。

【例 4.23】 某项目有 A、B、C 3 个互斥方案，A 方案的总投资为 1 000 万元，预计每年净收益为 280 万元；B 方案的总投资为 1 600 万元，预计每年净收益为 310 万元；C 方案的总投资为 2 000 万元，预计每年净收益为 500 万元。寿命期均为 10 年，基准收益率为 15%。试确定最优方案。

【解】 首先计算各方案的净现值，根据公式 4-47 有：

$$NPV_A=-1\,000+280（P/A，15\%，10）=405.3（万元）$$

$$NPV_B=-1\,600+310（P/A，15\%，10）=-44.2（万元）$$

$$NPV_C=-2\,000+500（P/A，15\%，10）=509.5（万元）$$

由于 $NPV_A>0$、$NPV_B<0$、$NPV_C>0$，故 A、C 方案可行，而 B 方案不可行。

其次比较各方案净现值的大小，由于 $NPV_C>NPV_A$，故 C 方案为最优方案。

（3）增量内部收益率法。运用增量内部收益率法进行寿命相等的互斥方案评价的步骤及判别准则如下。

① 将考察方案按投资额从小到大的顺序排列。

② 进行绝对效果评价，计算各方案的内部收益率，淘汰内部收益率小于基准收益率的方案。

③ 进行相对效果评价，依次计算各对比方案间的增量投资内部收益率，凡增量投资内部收益率大于基准收益率者应舍弃投资较小的方案；反之则舍弃投资较大的方案，直到最后一个被保留的方案即为最优方案。

所谓增量投资内部收益率，又称差额投资内部收益率，以 ΔIRR 表示，是指以两个对比方案间投资额的差额作为一笔追加的增量投资，计算该增量投资的内部收益率，对其经济性的评价与正常投资一样。计算公式为

$$\sum_{t=0}^{n}(\Delta CI-\Delta CO)_t(1+\Delta IRR)^{-t}=0 \tag{4-66}$$

其计算方程式也可以写为

$$\sum_{t=0}^{n}(\Delta CI_A-\Delta CO_A)_t(1+\Delta IRR)^{-t}-\sum_{t=0}^{n}(\Delta CI_B-\Delta CO_B)_t(1+\Delta IRR)^{-t}=0 \tag{4-67}$$

【例 4.24】 仍以例 4.23 中的项目为考察对象，试用增量内部收益率法确定最优方案。

【解】 首先计算各方案的内部收益率，根据式（4-58）有

$$-1\,000+280（P/A，IRR_A，10）=0，得\ IRR_A=25.0\%$$

$$-1\,600+310（P/A，IRR_B，10）=0，得\ IRR_B=14.4\%$$

$$-2\,000+500（P/A，IRR_C，10）=0，得\ IRR_C=21.5\%$$

由于 $i_c=15\%$，$IRR_A>i_c$、$IRR_B<i_c$、$IRRC>i_c$，故应淘汰 B 方案。

其次计算 A、C 两方案的增量投资内部收益率，则

$$(-2000)-(-1000)+(500-280)(P/A,\Delta IRR_{C-A},10)=0$$

可得：$\Delta IRR_{C-A}=17.71\%$。

由于 $\Delta IRR_{C-A}>i_c$，故应选择投资额较大的 C 方案。

从例 4.24 中可见，如果备选方案均通过了绝对效果评价，那么内部收益率大的方案不一定是最佳，还须进一步做相对效果评价才能得出正确结论。

（4）净年值法。应用净年值指标进行寿命相等的互斥方案评价与净现值法是等效的，即判别准则是净年值在大于或等于零且净年值最大的方案为最优方案。

2）寿命期不等的互斥方案

对于寿命期不等的互斥方案，同样也应首先进行绝对效果评价，通过后再进行方案间比较的相对效果评价。常用的评价方法有净年值法、净现值法和增量内部收益率法等。

（1）净年值法。运用净年值法进行寿命不等的互斥方案的评价，实际上隐含着这样一个假定：各备选方案在其寿命结束时均可按原方案重复实施，或以与原方案经济效果水平相同的方案接续。因为一个方案无论重复实施多少次，其净年值是不变的。在这一前提下，寿命不等的方案间也才可以忽略时间因素而具有可比性。因此，在对寿命不等的互斥方案进行评价时，净年值法是最简便的方法。当备选方案数目众多时，尤其如此。

应用净年值法的判别准则是，净年值大于或等于零且净年值最大的方案为最优方案。

【例 4.25】 现有 3 个互斥方案 A、B、C，寿命期分别为 5 年、7 年、8 年，各自净现金流量如表 4-16 所示，基准折现率为 $i_c=12\%$，试确定最优方案。

表 4-16 互斥方案 A、B、C 的净现金流　　单位：万元

寿命期	0	1	2	3	4	5	6	7	8
A	−150	45	45	45	45	45			
B	−200	50	50	50	50	50	50	50	
C	−300	55	55	55	55	55	55	55	55

【解】计算各自方案的净年值：

$$NAV_A=[-150+45(P/A,12\%,5)](A/P,12\%,5)=3.4\text{（万元）}$$

$$NAV_B=[-200+50(P/A,12\%,7)](A/P,12\%,7)=6.2\text{（万元）}$$

$$NAV_C=[-300+55(P/A,12\%,8)](A/P,12\%,8)=-5.4\text{（万元）}$$

由于 $NAV_A>0$，$NAV_B>0$，$NAV_C<0$，故 C 方案应被淘汰；而 $NAV_B>NAV_A$，故 B 方案为最优方案。

（2）净现值法。运用净现值法进行寿命期不等的互斥方案的评价，必须注意由于各方案在各自寿命期内的净现值在时间上不具有可比性，因此需要设定一个共同的分析期。分析期的设定可根据方案的技术经济特征来决定，常用方法有以下几种。

① 寿命期最小公倍数法。取各备选方案寿命期的最小公倍数作为共同的分析期，其前提是假定备选方案在寿命期结束后按原方案重复实施若干次。此方法适用于各自方案的寿命期都不长的情况。

② 研究（分析）期法。根据对未来市场状况和技术发展前景的预测直接选取一个合适

的分析期，假定寿命期短于此方案的重复实施，并对各方案在分析期期末的资产余值进行估价，到分析期结束时回收资产余值。

设备选方案 j（$j=1, 2, \cdots, m$）的寿命期为 n_j，共同分析期为 N，则 j 方案的净现值计算公式为

$$NPV_j=\sum_{t=0}^{n_j}(CI-CO)_t(P/F, i_c, n)(A/P, i_c, n)(P/A, i_c, N) \tag{4-68}$$

注意：在备选方案寿命期比较接近的情况下，其中共同分析期 N 取值的大小不会影响方案比选结论，但通常 N 应不大于最长的方案寿命期，不小于最短的方案寿命期。

应用寿命期最小公倍数法、研究（分析）期法的判别准则是，净现值大于或等于零且净现值最大的方案为最优方案。

【例 4.26】 仍以例 4.25 中的项目为考察对象，试用净现值法中的研究期法确定最优方案。

【解】 取最短的方案寿命期 5 年（也可以取 6 年、7 年或 8 年）为共同分析期，再根据式（4-65）计算各自方案净现值：

$NPV_A=-150+45(P/A, 12\%, 5)=12.2$（万元）

$NPV_B=[-200+50(P/A, 12\%, 7)](A/P, 12\%, 7)\times(P/A, 12\%, 5)=22.3$（万元）

$NPV_C=[-300+55(P/A, 12\%, 8)](A/P, 12\%, 8)\times(P/A, 12\%, 5)=-19.5$（万元）

由于 $NPV_A>0$，$NPV_B>0$，$NPV_C<0$，故 C 方案应被淘汰；而 $NPV_B>NPV_A$，故 B 方案为最优方案。

【例 4.27】 现有某项目的 A、B、C 3 个互斥方案，各自的净现金流如表 4-17 所示，基准折现率 $i_c=15\%$，试用净现值法确定最优方案。

表 4-17 互斥方案 A、B、C 的净现金流 单位：万元

方案	寿命期	初始投资	每年收入	每年支出	资产残值
A	3	6 000	3 000	1 000	0
B	4	7 000	4 000	1 000	200
C	6	9 000	4 500	1 500	300

【解】 3 个方案的寿命期分别为 3 年、4 年、6 年，则取其最小公倍数 12 年为共同分析期。它意味着 A 方案重复 3 次，B 方案重复 2 次，C 方案重复 1 次。各方案的现金流量图如图 4.24 所示。

根据现金流量图可计算各方案的净现值为

$$\begin{aligned}NPV_A=&-6\,000-6\,000(P/F, 15\%, 3)-6\,000(P/F, 15\%, 6)-6\,000(P/F, 15\%, 9)\\&+(3\,000-1\,000)(P/A, 15\%, 12)\\=&-3\,402.6\text{（万元）}\end{aligned}$$

$$\begin{aligned}NPV_B=&-7\,000-7\,000(P/F, 15\%, 4)-7\,000(P/F, 15\%, 8)+(4\,000-1\,000)\\&\times(P/A, 15\%, 12)+200(P/F, 15\%, 4)+200(P/F, 15\%, 8)\end{aligned}$$

$$+200(P/F,15\%,12)$$
$$=3\,189.2\text{（万元）}$$
$$NPV_C=-9\,000-9\,000(P/F,15\%,6)+(4\,500-1\,500)(P/A,15\%,12)$$
$$+300(P/F,15\%,6)+300(P/F,15\%,12)$$
$$=3\,558.1\text{（万元）}$$

由于 $NPV_A<0$，$NPV_B>0$，$NPV_C>0$，故淘汰 A 方案；且 $NPV_C>NPV_B$，故 C 方案为最优方案。

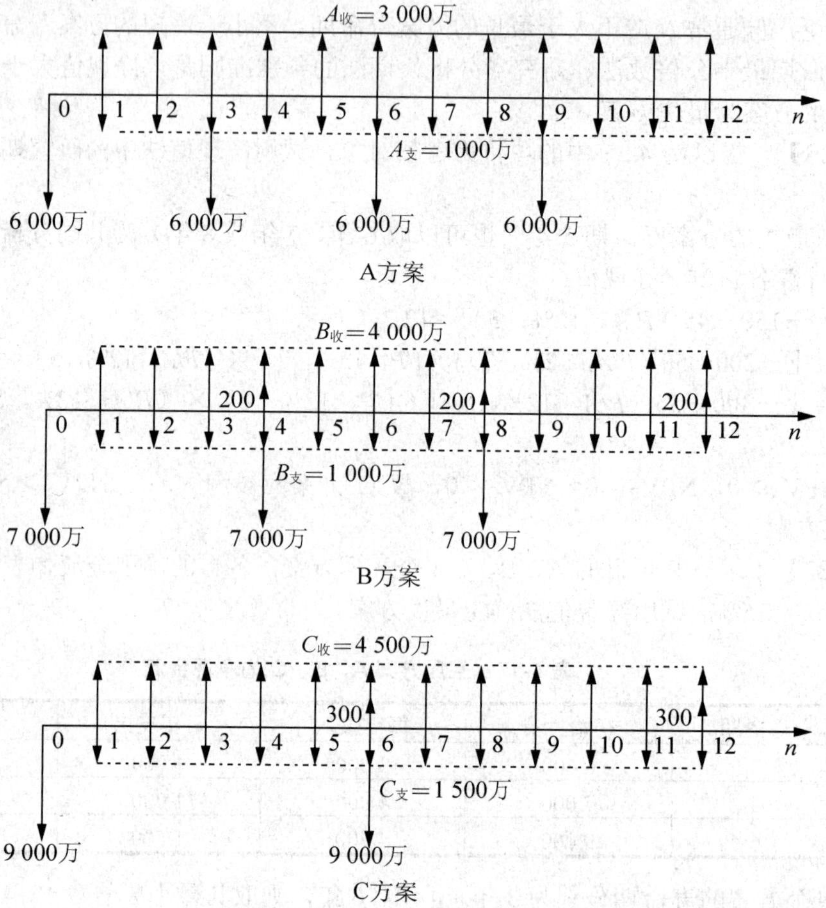

图 4.24　互斥方案 A、B、C 的现金流量图

（3）增量内部收益率法。运用增量内部收益率法进行寿命期不等的互斥方案的评价，需先对各方案进行绝对效果检验，然后对通过绝对效果检验的方案用计算增量投资内部收益率的方法进行比选。

求解寿命不等的互斥方案间增量投资内部收益率的方程可用令两个方案的净年值相等的方式建立，其中隐含了方案可重复实施的假定。计算公式为

$$\sum_{t=0}^{n_A}(CI_A-CO_A)(P/F,\Delta IRR,t)(A/P,\Delta IRR,n_A)$$

$$-\sum_{t=0}^{n_A}(CI_B-CO_B)(P/F, \Delta IRR, t)(A/P, \Delta IRR, n_B) \tag{4-69}$$

式中：n_A —— A 方案寿命期；

n_B—— B 方案寿命期。

必须注意的是，运用增量投资内部收益率进行寿命期不等的互斥方案比选，应满足下列条件之一：

① 初始投资额大的方案若年均净现金流大，则寿命期亦长；

② 初始投资额大的方案若年均净现金流小，则寿命期亦短。

年均净现金流的计算公式为

$$M_j=\sum_{t=0}^{n_j}(CI_j-CO_j)_t/n_j \tag{4-70}$$

式中：M_j —— j 方案的年均净现金流；

n_j —— j 方案的寿命期。

增量内部收益率法的判别准则是，在 ΔIRR 存在的情况下：

若 $\Delta IRR>i_c$，则年均净现金流大的方案为优；

若 $0<\Delta IRR<i_c$，则年均净现金流小的方案为优。

【例 4.28】 仍以例 4.25 中项目为例，i_c 为 12%，试用内部收益率法确定最优方案。

【解】 首先进行绝对效果检验，计算各方案的内部收益率：

$-150+45(P/A, IRR_A, 5)=0$，得 $IRR_A=15.3\%$

$-200+50(P/A, IRR_B, 7)=0$，得 $IRR_B=16.4\%$

$-300+55(P/A, IRR_C, 8)=0$，得 $IRR_C=9.5\%$

由于 $IRR_A>i_c$，$IRR_B>i_c$，$IRR_C<i_c$，故淘汰 C 方案。

然后计算 A、B 两方案的年均净现金流：

$$M_A=-150/5+45=15（万元）$$

$$M_B=-200/7+50=21.4（万元）$$

可见，初始投资额大的 B 方案年均净现金流较大，且寿命期亦较长，故可以运用增量投资内部收益率法。根据式（4-66）有

$[-150+45(P/A, \Delta IRR, 5)](P/A, \Delta IRR, 5)-[-200+50(P/A, \Delta IRR, 7)]$
$(P/A, \Delta IRR, 7)=0$

可得

$\Delta IRR=19.2\%$。

由于 $\Delta IRR>i_c$，则应选择年均净现金流大的 B 方案为最优方案。

3）寿命周期无限长的互斥方案

如果评价方案的最小公倍数计算期很大（通常在 40 年以上），则可取无穷大计算期计算净现值的近似值，净现值最大者为最优方案。即

$$NPV = NAV(P/A, i_c, n) = NAV\frac{(1+i)^n-1}{i(1+i)^n} = \frac{NAV}{i}[1-\frac{1}{(1+i)^n}]$$

当$n \to \infty$时，$\frac{1}{(1+i)^n} \to 0$，即投资方案的计算期无限大时，有

$$NPV = \frac{NAV}{i}$$

其中，i为基准收益率或银行同期的贷款率。

例如，某座桥梁每年的维护费用为500万元，使用寿命在40年以上，银行同期贷款利率为8%，则我们可以利用上述公式计算出该桥梁的费用现值大约为$\frac{500}{8\%}$=6250万元。

任务实施

利用寿命周期相等的互斥方案选择中的增量内部收益率法知识解决例 4.20 中的问题（3）。

【解】

1）净现值法

由 4.1 中任务实施的解答部分可知

$NPV_A \approx 10\,685$（元）$\geqslant 0$

$NPV_B = 5\,071$（元）$\geqslant 0$

$NPV_C \approx 3\,502$（元）$\geqslant 0$

$NPV_A > NPV_B > NPV_C$

虽然利用净现值指标判断3个方案在经济上均可行，但是只能选择NPV最大的方案A。

2）净年值法

$NAV_A = NPV_A(A/P, 10\%, 5) \approx 2\,819$（元）$\geqslant 0$

$NAV_B = NPV_B(A/P, 10\%, 5) \approx 1\,338$（元）$\geqslant 0$

$NAV_C = NPV_C(A/P, 10\%, 5) \approx 924$（元）$\geqslant 0$

$NAV_A > NAV_B > NAV_C$

所以选择 NAV 最大的方案 A。

3）增量内部收益率法

（1）将 3 个方案按投资规模排序，即 B、A、C。

（2）比较 B、A，求IRR_{A-B}：

$NPV_{A-B} = -7\,000 + 3\,000(P/A, IRR_{A-B}, 5) + 2\,000(P/F, IRR_{A-B}, 5) = 0$

由线性插值法可求：$IRR_{A-B} = 35.85\% \geqslant 10\%$

说明增量投资部分在经济上是可行的，所以选择投资规模大的 A 方案。

（3）比较 C、A，求IRR_{C-A}

$NPV_{C-A} = -25\,000 + 5\,000(P/A, IRR_{C-A}, 5) + 3\,000(P/F, IRR_{C-A}, 5) = 0$

由线性插值法可求：$IRR_{C-A} = 3.68\% < 10\%$

说明增量投资部分在经济上是不可行的，所以选择投资规模小的 A 方案。

所以最后选择投资经济效果最佳的 A 方案。

注意：如果本案例的投资回收期是已知的，还可以利用投资回收期法进行判断与选择。

4.3.4 相关方案的比较与分析

教学目标

学会对相关方案进行比较与选择。

任务引入

在面临对多个相关方案进行比较选优时，必须用相关方案的比较与选择的方法。

任务分析

例 4.20 中问题（2）的解决需要用到相关方案的比较与选择的方法。

相关知识

1．相关方案的评价标准

根据相关型方案的特点，即方案之间不是独立和互斥关系，需选择经济效果最佳的方案组合。

2．相关方案比较与选择的步骤

（1）评价单个项目的绝对经济指标，淘汰不能满足绝对经济指标评价标准要求（即在经济上不可行）的项目。

（2）计算被保留下来的各方案的净现值率，并将方案按照净现值率从大到小的顺序排列。

（3）按照“有限的资金产生的净现值最大的项目选择目标”选择净现值之和最大的方案组合。

（4）综合权衡最终保留的方案是否满足净现值率排在前面、净现值之和最大以及各方案的总投资额不超过投资限额的要求。

任务实施

利用相关方案的比较与选择中的知识解决例 4.20 中的问题（2）。

【解】

1）计算各方案的净现值

NPV_A＝－65 000＋18 000（P/A，10%，5）＋12 000（P/F，10%，5）≈10 685（元）

NPV_B＝－58 000＋15 000（P/A，10%，5）＋10 000（P/F，10%，5）＝5 071（元）

NPV_C＝－93 000＋23 000（P/A，10%，5）＋15 000（P/F，10%，5）≈3 502（元）

3 个方案的净现值均大于零，在经济上都可行，但是总投资超过了总投资限额。

2）计算各方案的净现值率

$$NPVR_A=\frac{10\,685}{65\,000}\times 100\%=16.44\%$$

$$NPVR_B=\frac{5\,071}{58\,000}\times 100\%=8.74\%$$

$$NPVR_C=\frac{3\,502}{93\,000}\times 100\%=3.77\%$$

3）选出最佳方案组合

选择净现值、净现值率排在前面，且投资总额不超过 160 000 元的 A、B 两个方案的组合。

思考与练习

1．经济效果评价指标体系如何进行分类？各含有哪些评价指标？

2．投资收益率和投资回收期指标各有哪些优点和不足？

3．求表 4-18 中投资方案的静态和动态投资回收期（$i_c=10\%$）。

表 4-18　净现值流量表　　单位：万元

年　份	0	1	2	3	4	5	6
净现金流量	−100	−50	30	50	60	60	70

4．某项目初始投资为 200 万元，在第 1 年年末现金流入 20 万元，第 2 年年末现金流入 30 万元，第 3～10 年年末现金流入均为 40 万元，试计算该项目的净现值、净年值、内部收益率、动态投资回收期、净现值率，并判断该投资方案在经济上是否可行（$i_c=10\%$、$P_c'=10$ 年）。

5．有 3 项投资，资料如表 4-19 所示。

表 4-19　项目净现金流量表　　单位：万元

方案 \ 年份	0	1	2
A	−50		90
B	−50	40	40
C	−50	70	

计算：

（1）利率分别为 5%、10%和 15%时的投资净现值。

（2）各项投资的内部收益率。

（3）使用内部收益率法比较哪项投资有利？使用净现值法，利率为 10%时，哪项投资有利？

6．某企业现有若干投资方案，有关数据如表 4-20 所示。

表 4-20　各方案初始投资及年净收益表　　单位：万元

方　案	初始投资	年净收入
A	2 000	500
B	3 000	900
C	4 000	1 100
D	5 000	1 380

以上各方案寿命周期均为 7 年，试问：

（1）当折现率为 10%时，哪个方案最佳？

（2）折现率在什么范围时，B 方案在经济上最佳？

（3）若投资限制在 12 000 万元以内，试选出最佳的投资方案。

4.4　建设工程项目财务评价

引言

财务评价是建设项目可行性研究的核心内容之一，与可行性研究的其他组成部分有密不可分的联系，即它的几乎所有基础数据都来自于前期的各项调查和研究，如投资估算与项目建设规模有关；成本和收益与资源条件和价格有关等。对于投资决策而言，财务评价结果是做出决策的最重要依据之一。

4.4.1　财务评价概述分析

教学目标

掌握工程项目财务评价的含义、内容、特点和工作步骤。

任务引入

在对某个方案进行决策时，需要采用财务评价的方法和技巧进行分析，并以分析的结论作为决策的重要依据，才能科学地选出正确的投资方案，在财务评价之前需要熟悉财务评价的基础知识。

任务分析

【例 4.29】　试对以下案例进行财务评价。要求如下：

（1）根据案例给出的已知条件完成基础财务数据预测，并编制相关财务评价基本报表（项目投入总资金估算表、投资使用计划与资金筹措表、销售收入和销售税金及附加估算表、总成本费用估算表、固定资产折旧估算表、无形及递延资产摊销估算表、借款计划表、损益表、全部投资现金流量表、资本金现金流量表、资金来源与运用表）。

（2）计算各财务评价指标，并判断项目的财务可行性，即进行确定性分析。

（3）对投资项目进行不确定性分析（盈亏平衡分析与敏感性分析）。

（4）做出财务评价结论。

（5）有详细的推理或计算过程，所有计算结果（按四舍五入）保留整数，折现系数保留 3 位小数，百分数保留两位小数。

案例背景

1. 项目概况

某地区经济发展很快，但目前只有年产量 4 万吨的水泥生产能力，远不能满足市场需求，地区内又有生产水泥的主要原材料石灰石的大型矿床可以开采，通过市场分析及生产条件和厂址选择论证，拟定了在该区建设年产 5 万吨水泥的水泥厂项目方案。

2. 基础数据

1）评价参数及基础数据如表 4-21 所示。

表 4-21　评价参数及基础数据

评价参数					
行业基准收益率	8%	行业基准投资回收期	13 年	行业平均投资利润率	10%
基础数据					
项目建设期	2 年	生产期	10 年	长期借款利率	6.6%
短期借款利率	5.85%	基本预备费率	10%	建设期内年平均涨价率	6%
固定资产残值率	6.5%	折旧年限	10 年		
相关税费（增值税税率 17%，教育费附加费率 3%，城乡维护建设税税率 7%，投资方向调节税税率 0%）					

2）项目实施计划

该项目建设期为两年，工程费用、其他费用的投入比例为第一年完成投资的 40%，第二年完成 60%；流动资金从投产第一年起按实际需要投入，生产期第一年生产负荷为 70%，第二年起开始正常生产。

3. 投资、成本、税费估算

1）总投资估算及资金来源

（1）建设投资估算。本项目工程费 2 550 万元；其他工程费用 400 万元，其中土地费用 100 万元；其他费用中，土地费用计入固定资产，其余计入无形及递延资产（摊销年限分别为 10 年与 5 年），其中递延资产 100 万元。

（2）流动资金估算。按详细估算法估算，估算总额为 300 万元，如表 4-22 所示。

表 4-22　流动资金估算表　　单位：万元

序　号	项　目	投产期	达产期
		3 年	4～12 年
1	应收账款	34	45

续表

序　号	项　目	投产期	达产期
		3 年	4～12 年
2	存货	157	243
3	现金	45	50
4	应付账款	26	38

（3）建设资金来源。本项目建设资金来源为自有资金和贷款。自有资金为 1 000 万元，其中用于流动资金 150 万元。自有资金在建设期中均衡投入，生产期中先考虑自有资金，不足部分借款解决。建设投资借款在生产期 10 年中按等额还本法偿还。

2）年销售收入和税金及附加估算

项目设计生产能力为 5 万吨水泥，每吨单价估算为 500 元（含税）。

税金及附加有增值税、城市维护建设税、教育费附加。

3）总成本费用估算

（1）单位产品生产成本估算如表 4-23 所示。

表 4-23　单位产品生产成本估算　单位：元

序　号	项　目	单价（含税）
1	原材料	50
2	燃料动力	60
3	工资福利	24

（2）修理费用每年计提 10 万元。

（3）其他费用每年 10 万元（其中制造费 10 万元）。

（4）财务费用仅考虑利息支出。

（5）工资福利费中 70%计入可变成本，其余计入固定成本。

4. 利润及利润分配

（1）所得税税率为 25%。

（2）税后利润分配顺序：首先作为未分配利润偿还借款本金，然后按税后利润弥补完前年度亏损后的 10%计提法定盈余公积金，最后将剩余部分作为应付利润分配给投资者。

例 4.29 中问题的解决需要用到建设项目财务评价的基础知识，下面介绍解决此案例中的问题需涉及的基础知识点。

相关知识

1. 财务评价的概念

财务评价是根据国家现行财税制度和价格体系，通过分析、计算项目直接发生的财务收益和费用，编制财务报表，计算评价指标，考察项目的盈利能力、清偿能力以及外汇平衡等财务状况，以此判别项目的财务可行性。

2. 项目财务评价的特点

评价目标：追求建设项目投资为企业带来的收益最大化。

评价角度：站在建设项目投资主体或项目系统自身角度进行的经济评价。

评价费用与效益的识别：财务评价中的费用是指由于建设项目的实施给投资主体带来的直接费用支出；财务评价中的效益是指由于建设项目的实施给投资主体带来的直接收益。

价格：财务评价中，费用与收益的计算均采用市场价格。

主要参数：财务评价中，利率、汇率、税收及折旧等，均按国家现行财税制度规定执行。

3. 财务评价的作用

财务评价的作用是多方面的，其目的主要有以下几点。

1）反映竞争性项目的盈利能力

由企业投资的竞争性项目由企业承担决策风险，因此项目的财务盈利能力、债务清偿能力等就成为决策的基本依据，也是金融机构向企业提供建设贷款必须关注的前提条件。

2）权衡基础性项目和公益性项目的经济优惠措施

这两类项目或者微利保本，或者没有盈利，单纯靠企业自身难以投资建设和维持运营，须由政府采取多方面的经济优惠措施，以鼓励和支持其建设行为，而优惠的力度及内容则要视项目具体的财务状况来定。

3）进行项目资金规划的重要依据

项目所需投资的规模、来源，用款计划与筹款方案都是财务评价的重要内容，也是进行项目资金规划时必须考虑的重要依据。

4）合营合作项目谈判签约的重要依据

如果项目采取合营合作的方式进行建设和运营，则必须在合同中明确规定各方的责、权、利关系，尤其是在经济上的责任分担与利益分享，更要靠财务评价的结果来拟定和划分。

4. 财务评价的内容

财务评价的内容包括以下三大部分。

1）财务预测

财务预测是在对投资项目的总体了解和对市场、环境、技术方案充分调查与掌握的基础上，收集和测算进行财务分析的各项基础数据。这些数据主要包括以下方面。

（1）投资估算，包括固定资产投资和流动资金投资。

（2）预计的产品产量与销售量。

（3）预计的产品价格，包括近期价格和未来价格变动幅度。

（4）预计的经营收入。

（5）预计的成本支出，包括经营成本与税金。

2）资金规划

资金规划即对可能的资金来源、去向与数量进行调查和估算。这些资金主要包括以下方面。

（1）可能获得的国家或地方政府财政拨款。

（2）可能筹集到的银行或其他金融机构贷款。

（3）可能发行的企业股票、债券。

（4）可能用于本项目的企业自有资金。

（5）根据项目实施计划，估算出项目的逐年投资量，以及逐年债务偿还额。

3）财务效果分析

财务效果分析即根据财务预测和资金规划，编制各项财务报表，计算财务评价指标，得出项目的财务效果。此项内容有时要和资金规划交叉进行，即利用财务效果可进一步调整和优化资金规划。

进行财务效果分析时应包含两部分内容，一部分是排除财务条件的影响，将全部投资作为计算基础，在整个项目的范围内考察财务效益；另一部分是分析包括财务条件在内的全部因素影响的结果，以投资者的出资额为计算基础，考查自有投资的获利性，寻求最佳财务条件和资金规划方案。

5. 财务评价的步骤

财务评价工作大致可分为以下几个步骤。

1）基础数据的准备

根据项目市场研究和技术研究的结果、现行价格体系及财税制度进行财务预测，获得项目投资、销售（营业）收入、生产成本、利润、税金及项目计算期等一系列财务基础数据，并将所得数据编制成辅助财务报表。

2）编制基本财务报表

由上述财务预测数据及辅助报表，分别编制反映项目财务盈利能力、清偿能力及外汇平衡情况的基本财务报表。

3）计算财务评价指标

根据基本财务报表计算各财务评价指标，并分别与对应的评价标准或基准值进行对比，对项目的各项财务状况做出评价。

4）进行不确定性分析

通过盈亏平衡分析、敏感性分析、概率分析等不确定性分析方法，分析项目可能面临的风险及项目在不确定情况下的抗风险能力，得出项目在不确定情况下的财务评价结论或建议。

由上述确定性分析和不确定性分析的结果，对项目的财务可行性做出最终判断。

4.4.2 确定性分析

教学目标

掌握确定性分析的含义、财务报表的编制、财务指标体系。

任务引入

在对方案进行财务评价时，确定性分析是财务评价不可缺少的内容、方法和技巧，其经济指标计算的结果是财务评价的核心组成部分，是决策的关键依据。

任务分析

例 4.29 中问题的解决需要用到建设项目财务评价确定性分析的基础知识，下面介绍解决此案例中的问题需涉及的基础知识点。

1. 财务评价基础数据的测算

1）生产规模与产品品种方案

生产规模与产品品种方案必须通过市场调查（国内和国外），对各种产品的供求情况分析，以及对未来发展趋势做出有根据的预测才能确定。

2）销售收入

计算销售收入时，假设生产出来的产品全部售出，销售量等于生产量。销售价格采用经市场预测的出厂价格，也可以根据需要采用送达用户的价格或离岸价。

3）总投资估算及资金筹措资料

总投资估算包括固定资产投资估算和流动资金估算；按资金来源的分项构成及总投资的分年度使用计划。资金筹措方案及贷款条件，包括贷款利率及偿还条件（偿还方式及偿还时间）。

4）产品成本费用

产品成本费用包括总成本和单位生产成本、固定资产折旧、维简费、借款利息等费用的估算。维简费就是维持简单再生产的费用。与一般固定资产（如设备、厂房等）不同，矿山、油井、天然气和森林等自然资源是一种特殊资产，其资产的价值是随着已完成的采掘与采伐量而减少的。我国自 20 世纪 60 年代以来，对于这类资产不提折旧，而是按照生产产品数量（采矿按每吨原矿产量，林区按每立方米原木产量）计提维持简单再生产费。

5）职工人数、工资及福利费

职工人数可以根据工位和出勤时间及出勤效率来计算，首先对整个生产线的工位和生产能力进行盘查，然后根据年产量算出生产时间，得到每条生产线乃至每个工位的出勤时间，然后再将工位及时间核算到人，从而计算职工人数。工资包括计时工资、计件工资、奖金、津贴和补贴、加班加点工资以及特殊情况下支付的工资。现行财会制度规定，企业职工福利费的计提基数为职工工资总额的 14%。

6）项目实施进度

项目实施进度包括项目建设时间及投产、达到设计生产能力进度。

7）财会、金融、税务及其他相关规定

从 1994 年 1 月 1 日起，我国开始实行以增值税为基础的新的流转税制。新增值税制是实行价外计税的形式，因此，项目成本计算中剔除了增值税额因素，使项目成本不受增值额的影响。同时，产品销售额也不含增值税，从而增值税与利润之间不再存在彼此消长的联系，无论税负如何变化，对项目利润均不会产生影响，亦即增值税是由最终消费者负担，并不增加项目的实际负担。因此，按是否包括增值税，基本报表可以归纳为两种处理方法，两种方法的计算结果完全相同。两种方法相比，含税计算方法如实地反映了增值税通过价格附加的形式全部转嫁给产品用户的过程。然而，从财务评价的主要功能来看，不含增值税计算方法是一种更简便可行的方法。

2. 编制财务评价报表

1）现金流量表

现金流量表是用以反映项目计算期内各年的现金流入和现金流出的表格，用以计算各种动态和静态的评价指标，进行项目盈利能力分析。从投资的角度出发，现金流量表分为全部投资现金流量表和自有资金现金流量表。

（1）全部投资现金流量表。

全部投资现金流量表如表4-24所示，表4-24不分投资资金来源，以全部投资作为计算基础，用以计算全部投资所得税前及所得税后财务内部收益率、财务净现值及投资回收期等指标，考察项目全部投资的盈利能力，为各个方案（无论其资金来源及利息多少）进行比较建立共同基础。

表4-24 现金流量表（全部投资） 单位：万元

序号	年份 项目	建设期			投产期		达到设计能力生产期				
		1	2	3	4	5	6	7	8	9	…
	生产负荷/%										
1	现金流入										
1.1	产品销售收入										
1.2	回收固定资产余值										
1.3	回收流动资金										
2	现金流出										
2.1	固定资产投资 （含投资方向调节税）										
2.2	流动资金										
2.3	经营成本										
2.4	销售税金及附加										
2.5	所得税										
2.6	特种税金										
3	净现金流量										
4	累计净现金流量										
5	折现系数（i=%）										
6	折现净现金流量［3×5］										
7	累计折现净现金流量										

计算指标：1．净现值（NPV），主要计算所得税后净现值。
2．财务内部收益率（IRR），主要计算所得税后财务内部收益率。
3．投资回收期（从建设期算起），包括所得税后动态投资回收期和静态投资回收期。

（2）自有资金现金流量表。

自有资金现金流量表如表4-25所示。从投资者的角度出发，以投资者的出资额作为计算基础，把贷款时得到的资金作为现金流入，把还本付息作为现金流出，用以计算自有资金财务内部收益率、财务净现值等评价指标，考察项目自有资金的盈利能力。

表4-25　现金流量表（自有资金）　　单位：万元

序号	项目 \ 年份	建设期			投产期		达到设计能力生产期				
		1	2	3	4	5	6	7	8	9	…
	生产负荷/%										
1	现金流入										
1.1	产品销售收入										
1.2	回收固定资产余值										
1.3	回收流动资金										
2	现金流出										
2.1	固定资产投资（自有资金）										
2.2	流动资金（自有资金）										
2.3	借款本金偿还										
2.4	借款利息支付										
2.5	经营成本										
2.6	销售税金及附加										
2.7	所得税										
2.8	特种税金										
3	净现金流量										
4	累计净现金流量										
5	折现系数（i=%）										
6	折现净现金流量［3×5］										
7	累计折现净现金流量										

计算指标：

1．净现值（NPV），主要计算自有资金所得税后净现值。

2．财务内部收益率（IRR），主要计算自有资金所得税后财务内部收益率。

3．投资回收期（从建设期算起），包括自有资金所得税后动态投资回收期和静态投资回收期。

2）损益表

损益表如表4-26所示，该表反映项目计算期内各年的利润总额、所得税、税后利润及其分配情况，用以计算投资利润率、投资利税率、资本金利润率等财务盈利能力指标。

表4-26　损益表　　单位：万元

序号	项目 \ 年份	建设期			投产期		达到设计能力生产期				
		1	2	3	4	5	6	7	8	9	…
	生产负荷/%										
1	产品销售收入										
2	总成本费用										

续表

序号	项目＼年份	建设期			投产期		达到设计能力生产期				
		1	2	3	4	5	6	7	8	9	…
3	销售税金及附加										
4	利润总额（1－2－3）										
5	所得税（25%）										
6	税后利润（4－5）										
7	特种基金										
8	盈余公积金										
9	可供分配利润（6－7－8）										
10	应付利润										
11	未分配利润										
12	累计未分配利润										

计算指标：全部投资利润率、投资利税率、自有资金利润率、自有资金利税率、资本金利润率等财务盈利能力指标。

3）资金来源与运用表

资金来源与运用表如表 4-27 所示，通过累计盈余资金项反映项目计算期内各年的资金是否充裕，是否有足够的能力清偿债务。若累计盈余资金大于零，表明当年有资金盈余；若累积盈余资金小于零，表明当年出现资金短缺，需要筹措资金或调整借款及还款计划。因此，表 4-27 用于选择资金的筹措方案，制订适宜的借款及还款计划，并为编制资产负债表提供依据。

表 4-27　资金来源与运用表　　单位：万元

序号	项目＼年份	建设期			投产期		达到设计能力生产期				
		1	2	3	4	5	6	7	8	9	…
	生产负荷/%										
1	资金来源										
1.1	利润总额										
1.2	折旧费										
1.3	摊销费										
1.4	长期借款										
1.5	流动资金借款										
1.6	其他短期借款										
1.7	自有资金										
1.8	其他										
1.9	回收固定资产余值										
2	资金运用										
2.1	固定资产投资（含投资方向调节税）										
2.2	建设期借款利息										
2.3	流动资金										

续表

序号	年份 项目	建设期			投产期		达到设计能力生产期				
		1	2	3	4	5	6	7	8	9	…
2.4	所得税										
2.5	特种基金										
2.6	应付利润										
2.7	长期借款本金偿还										
2.8	流动资金借款本金偿还										
3	盈余资金										
4	累计盈余资金										

4）资产负债表

资产负债表如表 4-28 所示，该表综合反映项目计算期内各年年末资产、负债和所有者权益的增、减变化及对应关系，以考察项目资产、负债和所有者权益的结构是否合理，用以计算资产负债率、流动比率、速动比率，进行清偿能力的分析。

表 4-28　资产负债表　单位：万元

序号	年份 项目	建设期			投产期		达到设计能力生产期				
		1	2	3	4	5	6	7	8	9	…
	生产负荷/%										
1	资产										
1.1	流动资产总额										
1.1.1	应收账款										
1.1.2	存货										
1.1.3	现金										
1.1.4	累计盈余资金										
1.2	在建工程										
1.3	固定资产净值										
1.4	无形及递延资产净值										
2	负债及所有者权益										
2.1	流动负债总额										
2.1.1	应付账款										
2.1.2	流动资金借款										
2.1.3	其他短期借款										
2.2	长期借款										
	负债小计（2.1+2.2）										
2.3	所有者权益										
2.3.1	资本金										
2.3.2	资本公积金										
2.3.3	累计盈余公积金										
2.3.4	累计未分配利润										

计算指标：资产负债率（%）、流动比率（%）、速动比率（%）、偿债备付率（%）、利息备付率（%）、

借款偿还期。

5）外汇平衡表

当项目涉及产品出口创汇及替代进口节汇时，要进行外汇效果分析，此时应填报外汇平衡表，其他项目将不涉及该表。该表用以反映项目计算期内各年外汇余缺程度，进行外汇平衡分析。

3. 财务评价指标的计算及分析

1）财务盈利性分析评价指标

财务盈利能力分析主要是考察项目的盈利水平，其主要评价指标为财务内部收益率、投资回收期，根据项目的特点及实际需要，也可以计算财务净现值、投资利润率、投资利税率、资本金利润率等指标。

（1）财务内部收益率（IRR）。财务内部收益率是指项目在计算期内各年净现金流量现值累计等于零时的折现率，是主要动态评价指标。财务内部收益率可以通过现金流量表中的净现金流量用试算法计算。财务内部收益率的计算方法参见本书本模块课题 4.2 中相关内容。

（2）全部投资回收期（P_t 或 P_t'）。全部投资回收期是以项目的净收益来回收项目总投资（固定资产投资、投资方向调节税和流动资金）所需要的时间，是反映项目财务上投资回收能力的主要静态指标。投资回收期自建设开始年算起，也可注明自投产开始年算起的投资回收期。净收益是税后利润、折旧、摊销及利息。

将投资回收期 P_t、P_t' 和行业基准投资回收期 P_c 比较，当 $P_t \leqslant P_c$ 时，应认为项目在财务上是可以考虑接受的。

（3）财务净现值（NPV）。财务净现值是反映项目在计算期内获利能力的动态评价指标，该指标是指按基准收益率 i_c 或设定的收益率（当未制定基准收益率时），将各年的净现金流量折现到建设起点（建设期初）的现值之和。财务净现值可以通过现金流量表计算求得。

当 NPV≥0 时，表明项目获利能力达到或超过基准收益率（或设定的收益率）要求的获利水平，应认为项目是可以考虑接受的。

（4）投资利润率。投资利润率是指项目达到设计生产能力后一个正常生产年份的年利润总额与项目总投资的比率。该比率是考察项目单位投资盈利能力的静态指标。对生产期内各年的利润总额变化幅度较大的项目，应计算生产期年平均利润总额与项目总投资的比率。

（5）投资利税率。投资利税率是指项目达到设计生产能力后的一个正常生产年份的年利税总额或项目生产期内的年平均利税总额与总投资的比率。投资利润率和投资利税率要通过损益表计算。

（6）资本金利润率。资本金利润率是指项目达到设计生产能力后一个正常生产年份的年利润总额或项目生产期内的年平均利润总额与资本金的比率，该比率既反映投入项目的资本金的盈利能力，又是衡量项目负债资金成本高低的指标。一般来说，项目资本金利润率越高越好，如果高于同期银行利率，则适度负债对投资者来说是有利的；反之，如果资本金利润率低于同期银行利率，则高的负债率将损害投资者的利益。资本金利润率可以用损益表计算。

2）项目清偿能力分析评价指标

项目清偿能力分析主要考察计算期内各年度财务状况及偿债能力。反映项目清偿能力的评价指标包括资产负债率、固定资产投资国内借款偿还期、流动比率和速动比率等。

（1）资产负债率。资产负债率是反映项目各年所面临的财务风险程度及偿债能力的指标，该指标可以衡量项目利用债权人提供资金进行经营活动的能力，反映债权人发放贷款的安全程度。资产负债率对债权人来说，越低越好。但对企业而言则可能希望高些，但过高又影响企业的筹资能力。资产负债率用资产负债表计算。

（2）固定资产投资国内借款偿还期。固定资产投资国内借款偿还期是指在国家财政规定及项目具体财务条件下，以项目投产后可以用于还款的资金偿还固定资产投资国内借款本金和建设期利息（不包括已用自有资金支付的建设期利息和生产期应付利息，生产期利息列于总成本费用的财务费用）。

借款偿还期可以由资金来源与运用表及国内借款还本付息计算表直接计算。其计算公式为

$$\text{借款偿还期}=\text{借款偿还后开始出现盈余年份数}-\text{开始借款年份}+\text{当年偿还借款额}/\text{当年可用于还款资金额} \tag{4-71}$$

当借款偿还期达到贷款机构的要求期限时，即认为项目具有清偿能力。借款还本付息计算方法主要有两种。

① 固定资产投资（建设期）借款利息的计算。对国内、外借款，无论实际上是按年、季、月计息，均应简化为按年计息，即名义年利率折算成实际年利率（有效年利率）。每笔借款均假定是在年中支用，借款当年按半年计息，其后年份按全年计息。还款年的借款偿还均认为在年末偿还，因此，还款当年的年初借款累计均按全年计息。每年应计利息的近似计算公式为

$$\text{每年应计利息}=(\text{年初借款本息累计}+\text{本年借款额}/2)\times i \tag{4-72}$$

建设期利息逐年滚入第二年年初借款本息累计，到生产期偿还。生产期利息计入各年总成本费用的财务费用，但不计入借款偿还额，即生产期只偿还借款本金。

② 流动资金借款利息的计算。流动资金的借款部分按全年计算利息，即假设为年初支用。流动资金利息计入财务费用，项目计算期末回收全部流动资金，偿还流动资金借款本金。流动资金借款的计算公式为

$$\text{流动资金借款利息}=\text{流动资金借款累计金额}\times\text{年利率} \tag{4-73}$$

（3）流动比率。流动比率是反映项目各年偿还流动负债能力的评价指标。

（4）速动比率。速动比率是反映项目快速偿还流动负债能力的指标。

（5）利息备付率。

（6）偿债备付率。

以上财务评价指标的详细内容见本模块课题 4.2 内容。

任务实施

用财务评价概述、确定性分析知识解决例 4.29 中的问题（1）、（2）。

1. 财务基础数据的计算

为了和表格中的数据对应，将财务基础数据的计算公式、计算过程、计算结果附在每个表格的后面。

2. 编制辅助、基本的财务报表

1）总投资估算表

项目投入总资金估算汇总表如表 4-29 所示。

表 4-29 项目投入总资金估算汇总表

序 号	费 用 名 称	投资额/万元	占项目总投资的比例	备 注
1	建设投资	3 634	92.37%	（1）÷（3）
1.1	建设投资静态部分	3 245	82.49%	（1.1）÷（3）
1.1.1	工程费用	2 550		
1.1.2	其他费用	400		
1.1.3	基本预备费	295		
1.2	建设投资动态部分	389	9.89%	（1.2）÷（3）
1.2.1	涨价预备费	250		
1.2.2	建设期利息	139		
2	流动资金	300	7.63%	（2）÷（3）
3	项目投入总资金	3 934	100%	

说明：1. 建设（固定资产）投资的构成：动态投资＋静态投资

1）工程费用＝建筑工程费＋设备及工器具购置费＋安装工程费＝2 550（万元）。

2）静态投资＝工程费＋工程建设其他费用＋基本预备费＝2 550＋400＋295＝3 245（万元）。

3）动态投资＝涨价预备费＋固定资产投资方向调节税＋建设期贷款利息。

2. 预备费计算。

1）基本预备费＝（工程费＋工程建设其他费用）×基本预备费费率

＝（2 550＋400）×10%＝295（万元）。

2）涨价预备费：按照投资计划比照复利法计算利息的方式计算：$F=\sum K_t[(1+f)^t-1]$

其中：

F——涨价预备费总额；

K_t——第 t 年计划投入的资金；

f——涨价预备费费率。

第一年的涨价预备费：$2\,550\times40\%\times[(1+6\%)^1-1]=61$（万元）

第二年的涨价预备费：$2\,550\times60\%\times[(1+6\%)^2-1]=189$（万元）

建设期涨价预备费＝61＋189＝250（万元）

3. 建设期贷款利息的计算。

每年应计利息＝（年初借款本息累计＋本年借款额/2）×年利率

第一年应计利息$=[0+\frac{(2\,550+400+295)\times 40\%-425}{2}]\times 6.6\%=29$（万元）

第二年应计利息$=[873+29+\frac{(2\,550+400+295)\times 60\%-425}{2}]\times 6.6\%=110$（万元）

建设期利息＝29＋110＝139（元）

4．项目投入总资金＝建设投资＋流动资金。

流动资金估算表如表 4-30 所示。

表 4-30　流动资金估算表

序号	项　　目	合计	投产期	达产期	
			3	4	5～12
1	流动资产	338	236	338	338
1.1	应收账款	45	34	45	45
1.2	存货	243	157	243	243
1.3	现金	50	45	50	50
2	流动负债	38	26	38	38
2.1	应付账款	38	26	38	38
3	流动资金	300	210	300	300

说明：流动资金＝流动资产－流动负债。

流动资产＝应收账款＋存货＋现金。

流动负债＝应付账款。

2）投资使用计划与资金筹措表

投资使用计划与资金筹措表如表 4-31 所示。

表 4-31　投资使用计划与资金筹措表　　单位：万元

序　号	项　　目	合计	建设期		投产期	达产期
			1	2	3	4
1	项目投入总资金	3 634	1 359	2 057	210	90
1.1	建设投资（不含建设期利息）		1 298	1 947		
1.2	建设期利息		29	110		
1.3	流动资金				210	90
2	资金筹措		1 359	2 057	210	90
2.1	自有资金	1 000	425	425	150	90
2.1.1	用于建设投资		425	425		
2.1.2	用于流动资金				150	
2.2	借款		902	1 632	60	90
2.2.1	建设投资借款		873	1 522		
2.2.2	流动资金借款				60	90
2.2.3	建设期借款利息		29	110		

3）销售收入和销售税金及附加估算

销售收入和销售税金及附加估算表如表 4-32 所示。

表 4-32　销售收入和销售税金及附加估算表　　单位：万元

序号	项　目	合计	投产期	达产期								
			3	4	5	6	7	8	9	10	11	12
	生产负荷	970%	70%	100%	100%	100%	100%	100%	100%	100%	100%	100%
1	销售收入	24 250	1 750	2 500	2 500	2 500	2 500	2 500	2 500	2 500	2 500	2 500
	单价（含税）		500	500	500	500	500	500	500	500	500	500
	销售量/万吨	48.5	3.5	5	5	5	5	5	5	5	5	5
2	销售税金及附加	3 178	217	329	329	329	329	329	329	329	329	329
2.1	增值税（营业税）	2 754	198	284	284	284	284	284	284	284	284	284
2.1.1	销项税（14.53%）	3 521	254	363	363	363	363	363	363	363	363	363
2.1.2	进项税（14.53%）	767	56	79	79	79	79	79	79	79	79	79
2.2	城乡维护建设税（7%）	382	13	41	41	41	41	41	41	41	41	41
2.3	教育费附加(3%)	87	6	9	9	9	9	9	9	9	9	9

说明：1．销售收入＝单价×销售量。

2．销售税金及附加＝增值税（营业税）＋城乡维护建设税＋教育费附加。

3．增值税＝销项税－进项税。

4．销项税＝$\dfrac{增值税税率}{1+增值税税率}$×销售收入。

5．进项税＝$\dfrac{增值税税率}{1+增值税税率}$×原材料、燃料动力费。

6．销项税、进项税税率均为$\dfrac{增值税税率}{1+增值税税率}$＝14.53%。

4）固定资产折旧估算表、无形及递延资产摊销估算表、总成本费用估算表

固定资金折旧估算表如表 4-33 所示。

表 4-33　固定资产折旧估算表　　单位：万元

序号	项　目	合计	生　产　期									
			3	4	5	6	7	8	9	10	11	12
1	固定资产原值	3 234										
2	折旧率	93.5%	9.35%	9.35%	9.35%	9.35%	9.35%	9.35%	9.35%	9.35%	9.35%	9.35%
3	年折旧费		312	312	312	312	312	312	312	312	312	312
4	固定资产净值		3 022	2 710	2 398	2 086	1 774	1 462	1 150	838	526	214

说明：1．固定资产原值＝建设（固定资产）投资－无形资产－递延资产

＝3 634－200－100＝3 334（万元）。

2．固定资产折旧按平均年限法折旧，固定资产年折旧费＝$\dfrac{固定资产原值\times(1-残值率)}{折旧年限}$＝

$\dfrac{3\,234\times(1-6.5\%)}{10}$＝312(万元)。

3．固定资产余（净）值＝原值－累计折旧额。

4．如：第 6 年固定资产余（净）值＝3 234－6×312＝1 462（万元）。

无形及递延资产摊销估算表如表4-34所示。

表4-34 无形及递延资产摊销估算表　　单位：万元

序号	项　目	合计	生　产　期									
			3	4	5	6	7	8	9	10	11	12
1	无形资产原值	200										
	本年摊销费		20	20	20	20	20	20	20	20	20	20
	无形资产净值	200	180	160	140	120	100	80	60	40	20	0
2	递延资产原值	100										
	本年摊销费		20	20	20	20	20					
	递延资产净值	100	80	60	40	20	0					
3	本年摊销费合计		40	40	40	40	40	20	20	20	20	20
	无形与递延资产净值	300	260	220	180	140	100	80	60	40	20	0

说明：无形资产本年摊销费$=\dfrac{\text{无形资产原值}}{\text{无形资产摊销年限}}=\dfrac{200}{10}=20$（万元）。

递延资产本年摊销费$=\dfrac{\text{递延资产原值}}{\text{递延资产摊销年限}}=\dfrac{100}{5}=20$（万元）。

无形资产净值＝无形资产原值－无形资产累计摊销。

如：第6年无形资产净值＝200－4×20＝120（万元）。

递延资产净值＝递延资产原值－递延资产累计摊销。

如：第6年递延资产净值＝100－4×20＝20（万元）。

本年摊销费合计＝无形资产本年摊销费＋递延资产本年摊销。

如：第6年摊销合计＝20＋20＝40（万元）。

总成本费用估算表如表4-35所示。

表4-35 总成本费用估算表　　单位：万元

序号	项　目	合计	投产期	达产期								
			3	4	5	6	7	8	9	10	11	12
	生产负荷	970%	70%	100%	100%	100%	100%	100%	100%	100%	100%	100%
1	外购原材料、燃料动力费	5 335	385	550	550	550	550	550	550	550	550	550
2	工资福利费	679	84	120	120	120	120	120	120	120	120	120
3	修理费	100	10	10	10	10	10	10	10	10	10	10
4	折旧费	3 120	312	312	312	312	312	312	312	312	312	312
5	摊销费	300	40	40	40	40	40	20	20	20	20	20
6	财务费用	1 066	171	160	143	126	109	93	76	59	43	26
6.1	长期借款利息	921	167	151	134	117	100	84	67	50	34	17
6.2	流动资金借款利息	85	4	9	9	9	9	9	9	9	9	9
7	其他费用	100	10	10	10	10	10	10	10	10	10	10
8	总成本费用	10 125	1 012	1 202	1 185	1 168	1 151	1 115	1 098	1 081	1 065	1 048
	其中：可变成本	6 150	444	634	634	634	634	634	634	634	634	634

续表

序号	项　　目	合计	投产期	达产期								
			3	4	5	6	7	8	9	10	11	12
	固定成本	4 915	568	568	551	534	477	461	464	447	431	414
9	经营成本		489	690	690	690	690	690	690	690	690	690

说明：1．可变成本＝外购原材料、燃料动力费＋工资福利×70%。

2．流动资金借款利息＝流动资金借款金额×年利率。

3．固定成本＝总成本费用－可变成本。

4．经营成本＝（8）－[（4）＋（5）＋（6）]＝总成本费用－（折旧费＋摊销费＋财务费用）

5）还本付息表、借款偿还计划表

长期借款还本付息表如表 4-36 所示。

表 4-36　长期借款还本付息表　　单位：万元

项　　目	合计	建设期		投产期	达　产　期								
		1	2	3	4	5	6	7	8	9	10	11	12
年初借款本息累计			902	2 534	2 281	2 028	1 775	1 522	1 269	1 016	763	510	257
本年新增借款		873	1 522										
本年应计利息		29	110	167	151	134	117	100	84	67	50	34	17
本年还本付息				420	404	387	370	353	337	320	303	287	274
其中：还本				253	253	253	253	253	253	253	253	253	257
付息				167	151	134	117	100	84	67	50	34	17

说明：1．从第 4 年起每年年初借款本息累计＝上一年年初借款本息累计－上一年还本。

2．第 1、2 年的借款本金、利息未还，均累计到第 3 年年初的本金。

3．每年还本＝$\frac{2\,534}{10}\approx 253$（万元）。

长期借款偿还计划表如表 4-37 所示。

表 4-37　长期借款偿还计划表　　单位：万元

序号	项目	合计	建设期		投产期	达产期								
			1	2	3	4	5	6	7	8	9	10	11	12
1	借款													
1.1	年初本息余额			902	2 534	2 281	2 028	1 775	1 522	1 269	1 016	763	510	257
1.2	本年借款		873	1 522										
1.3	本年应计利息		29	110	167	151	134	117	100	84	67	50	34	17
1.4	本年还本付息				420	404	387	370	353	337	320	303	287	274
	其中：还本				253	253	253	253	253	253	253	253	253	257
	付息				167	151	134	117	100	84	67	50	34	17
1.5	年末本息余额			2 534	2 281	2 028	1 775	1 522	1 269	1 016	763	510	257	0
2	还本资金来源				352	352	352	352	352	332	332	332	332	332
2.1	未分配利润				0	0	0	0	0	0	0	0	0	0

续表

序号	项目	合计	建设期		投产期	达产期								
			1	2	3	4	5	6	7	8	9	10	11	12
2.2	折旧				312	312	312	312	312	312	312	312	312	312
2.3	摊销				40	40	40	40	40	20	20	20	20	20
2.4	其他资金													

说明：1．还本资金来源＝折旧＋摊销＋未分配利润。

2．此表中未分配利润＝0，因为折旧＋摊销金额已足够还本。

6）损益表

损益表如表 4-38 所示。

表 4-38　损益表　　单位：万元

序号	项　　目	合计	投产期	达　产　期								
			3	4	5	6	7	8	9	10	11	12
1	销售（营业）收入	24 250	1 750	2 500	2 500	2 500	2 500	2 500	2 500	2 500	2 500	2 500
2	销售税金及附加	3 178	217	329	329	329	329	329	329	329	329	329
3	总成本费用	10 125	1 012	1 202	1 185	1 168	1 151	1 115	1 098	1 081	1 065	1 048
4	利润总额	9 947	521	969	976	1 003	1 020	1 056	1 073	1 090	1 106	1 123
5	弥补以前年度亏损	0	0	0	0	0	0	0	0	0	0	0
6	应纳税所得额	9 947	521	969	976	1 003	1 020	1 056	1 073	1 090	1106	1 123
7	所得税（6）×25%	2 487	130	243	244	251	255	264	269	273	277	281
8	税后利润	7 450	391	726	732	752	765	792	804	817	829	842
9	提取法定盈余公积金	745	39	73	73	75	77	79	80	82	83	84
10	可供分配利润	6 704	352	653	658	677	688	713	724	735	746	758
11	应付利润	6 704	352	653	665	672	688	713	724	735	746	758
12	未分配利润	0	0	0	0	0	0	0	0	0	0	0
13	累计未分配利润	0	0	0	0	0	0	0	0	0	0	0
投资利润率		9 947÷10÷3 934×100%＝25.28%										
投资利税率		(9 947＋3 178)÷10÷3 934×100%＝33.36%										
资本金利润率		9 947÷10÷1 000×100%＝99.47%										

说明：1．盈余公积金＝税后利润×10%。

2．公益金＝税后利润×（5%～10%）。

3．等额还本法中，未分配利润＝该年应偿还本金－折旧－摊销额，即折旧＋摊销总额不足以还贷款本金时用未分配利润偿还。

4．以最大偿还能力还本时，按以下方法计算：

1）还清贷款前，未分配利润＝税后利润，应付利润＝0，盈余公积金＝0。

2）还清贷款的当年，未分配利润＝该年应偿还本金额－折旧－摊销额，则该年应付利润＝该年税后利润－该年未分配利润－该年盈余公积金。

3）还清贷款后，应付利润＝税后利润－盈余公积金，未分配利润＝0。

7）现金流量表

全部投资现金流量表如表 4-39 所示。

表 4-39 全部投资现金流量表

单位：万元

序号	项目	建设期		投产期	达产期								
		1	2	3	4	5	6	7	8	9	10	11	12
1	现金流入			1 750	2 500	2 500	2 500	2 500	2 500	2 500	2 500	2 500	3 014
1.1	销售（营业）收入			1 750	2 500	2 500	2 500	2 500	2 500	2 500	2 500	2 500	2 500
1.2	回收固定资产余值												214
1.3	回收流动资金												300
1.4	其他现金流入												
2	现金流出	1 298	1 947	916	1 109	1 019	1 019	1 019	1 019	1 019	1 019	1 019	1 019
2.1	建设投资（不含建设期利息）	1 298	1 947										
2.2	流动资金			210	90								
2.3	经营成本			489	690	690	690	690	690	690	690	690	690
2.4	销售税金及附加			217	329	329	329	329	329	329	329	329	329
2.5	其他现金流出												
3	净现金流量	−1 298	−1 947	834	1 391	1 481	1 481	1 481	1 481	1 481	1 481	1 481	1 995
4	累计净现金流量	−1 298	−3 245	−2 411	−1 020	461	1 942	3 423	4 904	6 385	7 866	9 347	11 342
5	折现系数（$i=10\%$）	0.909	0.826	0.751	0.683	0.621	0.565	0.503	0.467	0.424	0.386	0.351	0.319
6	折现净现金流量	−1 180	−1 608	626	950	920	837	745	692	628	572	520	636
7	累计折现净现金流量	−1 180	−2 788	−2 162	−1 212	−292	545	1 290	1 982	2 610	3 182	3 702	4 338
财务内部收益率		34.23%											
财务净现值/万元		4 338											
静态投资回收期/年		4.64											
动态投资回收期/年		5.28											
净现值率		150%											
净年值/万元		662											

说明：1．净现金流量＝现金流入－现金流出。

2．净现值＝$NPV=\sum_{t=0}^{n}(CI-CO)_t(1+i_c)^{-t}$＝累计折现净现金流量＝4 509（万元）。

3．静态投资回收期＝$5-1+\frac{|-1020|}{1481}$＝4.69（年）。

4．静态投资回收期＝$6-1+\frac{|-292|}{837}$＝5.35（年）。

5．净现值率＝NPVR＝NPV÷（建设投资现值＋流动资金现值）×100%

$=4\,338\div[2\,788+210\div(1+10\%)^3+90\div(1+10\%)^4]$

$=144.25\%$

6．净年值＝NAV＝NPV（A/P，i，12）＝4 338×0.146 8＝637（万元）。

7．内部收益率：

当i=20%时，NPV＝1 518（万元）。

当i=30%时，NPV＝255 万元＞0 且接近 0。

当i=35%时，NPV＝－100 万元＜0 且接近 0。

所以，内部收益率＝30%＋（35%－30%）$\frac{255}{255+|-100|}$＝33.59%＞10%。

资本金现金流量表如表 4-40 所示。

表 4-40　资本金现金流量表

序号	项　目	合计	建设期		投产期	达　产　期								
			1	2	3	4	5	6	7	8	9	10	11	12
1	现金流入				1 750	2 500	2 500	2 500	2 500	2 500	2 500	2 500	2 500	3 014
1.1	销售（营业）收入				1750	2 500	2 500	2 500	2 500	2 500	2 500	2 500	2 500	2 500
1.2	回收固定资产余值													214
1.3	回收流动资金													300
2	现金流出		425	425	1 410	1 675	1 659	1 649	1 636	1 629	1 617	1 604	1 592	1 733
2.1	项目资本金		425	425	150									
2.2	借款本金偿还				253	253	253	253	253	253	253	253	253	407
2.2.1	长期借款本金偿还				253	253	253	253	253	253	253	253	253	257
2.2.2	短期借款本金偿还													150
2.3	借款利息支付				171	160	143	126	109	93	76	59	43	26
2.3.1	长期借款利息支付				167	151	134	117	100	84	67	50	34	17
2.3.1	短期借款利息支付				4	9	9	9	9	9	9	9	9	9
2.4	经营成本				489	690	690	690	690	690	690	690	690	690

续表

序号	项目	合计	建设期		投产期	达产期								
			1	2	3	4	5	6	7	8	9	10	11	12
2.5	销售税金及附加				217	329	329	329	329	329	329	329	329	329
2.6	所得税				130	243	244	251	255	264	269	273	277	281
3	净现金流量		−425	−425	340	825	841	851	864	871	883	896	908	1 281
4	累计净现金流量		−425	−850	−510	315	1 156	2 007	2 871	3 742	4 625	5 521	6 429	7 710
5	折现系数（i=10%）		0.909	0.826	0.751	0.683	0.621	0.565	0.503	0.467	0.424	0.386	0.351	0.319
6	折现净现金流量		−386	−351	255	563	522	481	435	407	374	346	319	409
7	累计折现净现金流量		−386	−737	−482	81	603	1 084	1 519	1 926	2300	2 646	2 965	3 374
财务内部收益率		i=55%，净现值=46.9 万；i=60%，净现值=−8.6 万；所以内部收益率=59.23%												
财务净现值/万元		3 374												
静态投资回收期/年		3.62												
动态投资回收期/年		3.86												
净现值率		$3\,374\div[386+351+150\div(1+10\%)^3]=397.08\%$												
净年值/万元		495												

说明：计算过程同全部投资现金流量表。

8）资金来源与运用表

资金来源与运用表如表 4-41 所示。

表 4-41 资金来源与运用表

序号	项目	合计	建设期		投产期	达产期								
			1	2	3	4	5	6	7	8	9	10	11	12
1	资金来源	17 486	1 298	1 947	1 043	1 471	1 328	1 355	1 372	1 388	1405	1 422	1 438	1 969
1.1	利润总额	9 947		9 947	521	969	976	1 003	1 020	1 056	1 073	1 090	1 106	1 123
1.2	长期借款	2 395	873	1 522										
1.3	短期借款	210			60	150								
1.4	发行债券													
1.5	项目资本金	1 000	425	425	150									
1.6	回收固定资产余值	214												214
1.7	回收流动资金													300
1.8	折旧	3 120			312	312	312	312	312	312	312	312	312	312

续表

序号	项　目	合计	建设期		投产期	达产期								
			1	2	3	4	5	6	7	8	9	10	11	12
1.9	摊销	300			40	40	40	40	40	20	20	20	20	20
1.10	其他													
2	资金运用		1 298	1 947	795	1 299	1 162	1 176	1 196	1 230	1 246	1 261	1 276	1 446
2.1	建设投资（不含建设期利息）		1 298	1 947										
2.2	流动资金	210			60	150								
2.3	所得税	2 487			130	243	244	251	255	264	269	273	277	281
2.4	应付利润	6 704			352	653	665	672	688	713	724	735	746	758
2.5	长期借款本金偿还				253	253	253	253	253	253	253	253	253	257
2.6	流动资金借款本金偿还													150
2.7	其他													
3	资金盈余		0	0	248	172	166	179	176	158	159	161	162	523
4	累计资金盈余		0	0	248	420	586	765	941	1 099	1 258	1 419	1 581	2 104

财务评价确定性分析结论：从全部投资现金流量表、资本金现金流量表，损益表中财务评价指标的计算结果来看，均满足该项目所在行业的评价参数的标准要求，所以该项目在经济上是可行的。

4.4.3 不确定性分析

教学目标

掌握不确定性分析，包括盈亏平衡分析、敏感性分析的含义、步骤，了解概率分析。

任务引入

在对方案进行财务评价时，在确定性分析的基础上，进行不确定性分析同样是财务评价不可缺少的内容、方法和技巧，其分析的结论是判断建设项目投资风险高低的重要依据，进而为投资决策奠定基础。

任务分析

例 4.29 中问题（3）的解决需要用到建设项目财务评价不确定性分析的基础知识，下面介绍解决此案例中的问题需涉及的基础知识点。

相关知识

在建设项目的经济评价中，所研究的问题都发生于未来，所引用的数据（如投资规模、建设工期、产品产量、生产成本和销售收入等）都是来源于预测或估计。由于缺乏足够的信息，对相关因素和未来情况无法做出精确的预测，或因为没有全面考虑所有可能的情况，因此项目实施后的实际情况难免与预测或估计的情况有所差异，从而使经济评价带来不可避免的不确定性。为了尽量避免投资决策失误，有必要进行不确定性分析，以估计投资项目可能承担的风险，确定其经济上的可靠性。

所谓不确定性分析，就是分析投资规模、建设工期、产品产量、生产成本、销售收入等因素变化时，对项目经济效果评价结果所带来的影响。这些影响越强烈，表明所评价的项目及其方案对某个或某些因素越敏感。对于这些敏感因素，要求项目决策者与投资者予以充分的重视和考虑。

不确定性分析主要包括盈亏平衡分析、敏感性分析及概率分析（又称风险分析）等方法和内容。盈亏平衡分析只适用于财务评价，敏感性分析和概率分析可以同时用于财务评价和国民经济评价。

1. 盈亏平衡分析

盈亏平衡分析是通过盈亏平衡点（break even point，BEP）分析项目成本与收益平衡关系的一种方法。它主要是通过确定项目的产量盈亏平衡点，分析、预测产品产量（或生产能力利用率）对项目盈亏的影响。

盈亏平衡点是指项目的盈利和亏损的临界点，即当项目达到一定产量（销售量）时，项目收入等于总成本，项目处于不盈不亏状态，利润为零的一点。

企业通过盈亏平衡分析，往往希望达到以下目的：求出企业不亏损的最低年产量，即平衡点产量；确定企业的最佳年产量；控制企业的盈亏平衡形势，以便针对企业出现的不同情况采取相应的对策，从而保证企业获得较好的经济效益。

盈亏平衡分析一般可以分为线性盈亏平衡分析与非线性盈亏平衡分析，均可通过损益表和盈亏平衡图进行。线性盈亏平衡指一个变量是另一个变量的一次方程，非线性盈亏平衡指一个变量是另一个变量的高次（二次以上包括二次）方程。

1）线性盈亏平衡分析方法

（1）单方案线性盈亏平衡点的数解法。

首先假定如下条件：

① 单位产品的价格稳定，且与产品的销售量无关。

② 产品的年销售量与年生产量相等。

③ 年生产总成本中，可变成本与产量成正比，而固定成本与产量无关。

根据上述概念可建立如下基本公式。

销售收入为

$$F=R\times Q \tag{4-74}$$

成本费用为

$$C=V\times Q+C_0 \tag{4-75}$$

企业年总利润为

$$L=F-C=R\times Q-V\times Q-C_0 \tag{4-76}$$

式中：R——单位产品的销售价（或出厂价格）；

Q——年销售量或年生产量（假定两者相等）；

C——总生产成本；

V——单位产品的可变成本；

C_0——总成本中的固定成本；

F——总销售收入。

假设年利润为零（盈亏平衡），则可以得到如下重要结论：

盈亏平衡点年产量为

$$Q_0=\frac{C_0}{R-V} \tag{4-77}$$

盈亏平衡点销售收入为

$$R_0=R\frac{C_0}{R-V} \tag{4-78}$$

盈亏平衡点生产能力利用率为

$$E_0=\frac{Q_0}{Q_{max}}\times 100\% \tag{4-79}$$

其中 Q_{max} 为企业最大年产量。

当企业达到最大年产量时，若使企业盈亏平衡，产品最低销售价为

$$R_{min}=V+\frac{C_0}{Q_{max}} \tag{4-80}$$

（2）单方案线性盈亏平衡点的图解法。

用纵坐标表示生产成本与销售收入，横坐标表示产量，根据销售费用与成本费用方程，按比例在直角坐标图上绘出固定成本线、总成本线和销售收入线。总成本线与销售收入线之交点，就是盈亏平衡点，其对应的横坐标即为 BEP 产量 Q_0，对应的纵坐标则为 BEP 销售收入 F，如图 4.25 所示。

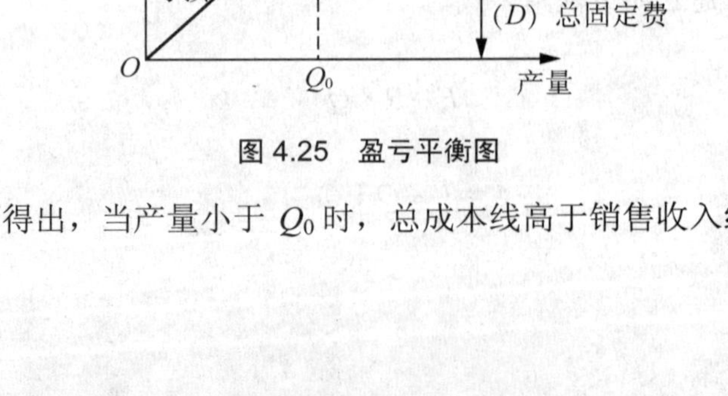

图 4.25　盈亏平衡图

从图 4.25 中可得出，当产量小于 Q_0 时，总成本线高于销售收入线，两者之差时表现

为亏损；而当产量大于 Q_0 时，销售收入线高于总成本线，两者之差时表现为盈利，而且盈亏平衡点的数值越小越好。这样，企业能获利的生产量幅度就越大。从式（4-75）中可看出，要使盈亏平衡点的数值减小，必须降低固定成本费和增大产品单位价格与可变成本费的差额。但在实际工作中，盈亏平衡点的数值大小受固定成本、可变成本和产品单价 3 个参数相互制约，通常尽可能降低可变成本，是广泛采用的方法。

【例 4.30】 某建筑构件厂生产某种产品，设计生产量为 6 500 件。每件产品的出厂价格为 55 元，每件产品的可变成本为 30 元，企业每年固定成本为 75 000 元，试求：

① 企业盈亏平衡时的最低年产量（保本产量）。

② 企业最大可能的盈利。

③ 企业达到最大年产量时，产品的最低出厂价格。

④ 企业年利润为 5.5 万元时的产量。

⑤ 若产品价格由 55 元降至 50 元，产量为多少才能保持 5.5 万元的年利润。

【解】 ① 企业盈亏平衡时的最低年产量：

$$Q_0=\frac{C_0}{R-V}=\frac{7\,500}{55-30}=3\,000\text{（件/年）}$$

② 企业达到最大生产能力（设计生产量）时，最大年盈利额：

$$S=Q\text{（}R-V\text{）}-C=6\,500\text{（}55-30\text{）}-75\,000=162\,500-75\,000=87\,500\text{（元）}$$

③ 企业达到最大生产能力（设计生产量）时，其产品最低出厂价格：

$$\mathrm{R}=\mathrm{V}+\frac{C_0}{Q}=30+\frac{75\,000}{6\,500}=41.54\text{（元）}$$

④ 企业年利润为 55 000 元时的年产量：

$$\mathrm{Q}=\frac{S+C}{R-V}=\frac{55\,000+75\,000}{55-30}=5\,200\text{（件/年）}$$

⑤ 产品的价格降为 50 元，仍保持年利润 55 000 元时的产品产量：

$$\mathrm{Q}=\frac{S+C}{R-V}=\frac{55\,000+75\,000}{50-30}=6\,500\text{（件/年）}$$

（3）多方案线性盈亏平衡分析。

技术经济所研究的问题常常是多方案的分析、比较和选择。若某些互斥方案的费用是一个单变量函数，则线性盈亏平衡分析可以有助于做出正确的决策。

设多个方案的总成本受一个变量 x 的影响，且每个方案的总成本都能表示为该变量的函数，如：

$$C_1=f_1(x);\ C_2=f_2(x);\ C_3=f_3(x);\ \cdots$$

在求解平衡点时，应先将方案两两进行分析，分别求出每两个方案的平衡点，然后再进行比较，从而选择其中最经济的方案。

【例 4.31】 某建筑公司中标了一标段高速公路，为满足施工工期的要求，拟引进一套现代化的开挖设备，现有 3 种设备可供选择，其初始投资和挖方单价如表 4-42 所示。设基本收益率为 10%，使用年限为 10 年，试分析应选购哪种设备。

表 4-42　开挖设备资料表

设备	初始投资/万元	开挖单价/（元·m^{-3}）
甲	20	12
乙	40	8
丙	60	6

【解】　设年开挖量为 x，则 3 种设备的年成本为

$$AC_{甲}=20（A/P, 10\%, 10）+12x$$
$$AC_{乙}=40（A/P, 10\%, 10）+8x$$
$$AC_{丙}=60（A/P, 10\%, 10）+6x$$

解得：

$$AC_{甲}=3.255+12x$$
$$AC_{乙}=6.510+8x$$
$$AC_{丙}=9.765+6x$$

甲、乙、丙 3 种设备的年成本与开挖量的关系如图 4.26 所示。

由图 4.26 可见，交点 B_1 和 B_2 把对应的开挖量划分为 3 个范围：

① 当 $0<x<x_1$，以甲设备的年成本最低。

② 当 $x_1<x<x_2$，以乙设备的年成本最低。

当 $x<x_2$，以乙设备的年成本最低在 B_1 点，$AC_{甲}=AC_{乙}$有：

$$3.255+12x=6.510+8x$$

得
$$x_1=81\ 375（m^3）$$

在 B_2 点，$AC_{乙}=AC_{丙}$，有：

$$6.510+8x=9.765+6x$$

得
$$x_2=162\ 500（m^3）$$

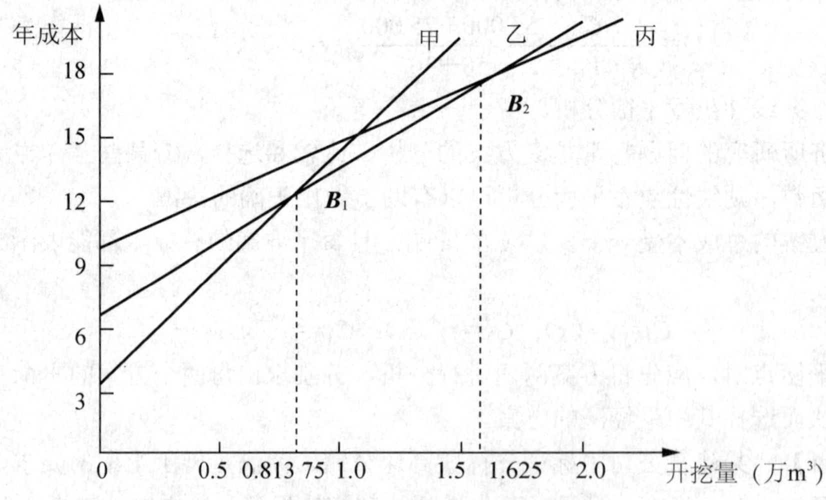

图 4.26　3 种设备的年成本线

① 年开挖量 $0<x<x_1$，应选择开挖成本低的甲设备。

② 年开挖量 $x_1 < x < x_2$，应选择开挖成本低的乙设备。

③ 年开挖量 $x > x_2$，应选择开挖成本低的丙设备。

上述基本公式是根据收入或成本与产量（销售量）的线性关系推导出来的，但实际生产中它们之间不一定都是线性关系。例如，产品生产的可变成本可能由于批量不同而有所变动，销售价格也可能因供应数量的变化而有所浮动，这就形成了非线性盈亏平衡分析。

2）非线性盈亏平衡分析

为分析方便起见，设单位可变成本随着产量的增加而略有下降，下降率为 b，则单位可变成本为产量 Q 的函数，即为 $V-bQ$；设销售单价也随销售量的增加而略有下降，下降率为 d，则销售价可表示为 $R-dQ$。

这样，收入方程为

$$F=(R-dQ)Q=RQ-dQ^2 \tag{4-81}$$

总成本方程为

$$C=C_0+(V-bQ)Q=C_0+VQ-bQ^2 \tag{4-82}$$

由 $F=C$ 可得盈亏平衡点的产量为

$$(b-d)Q^2+(R-V)Q-C_0=0$$

$$Q_{1,2}=\frac{-(R-V)\pm\sqrt{(R-V)^2+4(b-d)C_0}}{2(b-d)} \tag{4-83}$$

此外，利润 S 可表示为

$$S=F-C=(b-d)Q^2+(R-V)Q-C_0 \tag{4-84}$$

欲求最大利润 $S_{\max}$，可对式（4-84）求一阶导数，并令其等于零。即

$$\frac{dS}{dQ}=2(b-d)Q+R-V=0$$

$$Q=\frac{V-R}{2(b-d)} \tag{4-85}$$

由此求得的产量 Q 是否是最大利润 $S_{\max}$ 对应的产量，可通过求对 S 的二阶导数进行检验，若：

$$\frac{d^2S}{dQ^2}=2(b-d)<0$$

则所求 Q 为 $S_{\max}$ 时的产量 $Q_{\max}$。

上述表达式的曲线如图 4.27 所示。

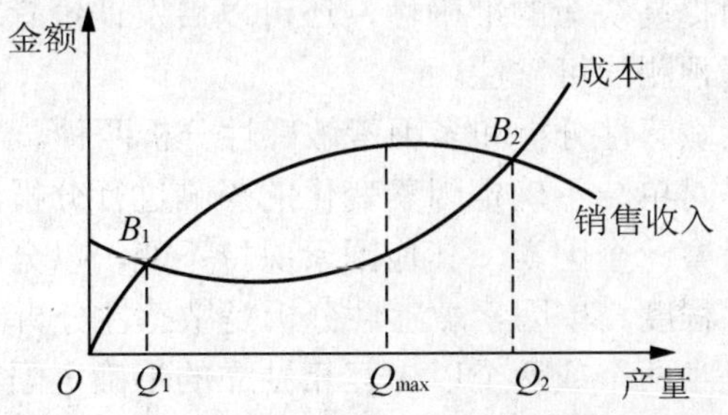

图 4.27 非线性盈亏平衡分析图

【例 4.32】 某项投资方案，年固定成本为 5 万元，单位可变成本为 30 万元，由于原材料供应货源充足，原材料价格随进货数量的增加而有所下降，这使单位可变成本略有节约，节约率为 0.1%，单位售价在 60 元的基础上随销售量的增加而下降 0.3%，求盈亏平衡点的产量和最大利润时的产量。

【解】已知 $C_0=50\,000$ 元/年，$N=30$ 元/件，$b=0.001$，$R=60$ 元/件，$d=0.003$，盈亏平衡点的产量，由式（4-81）得：

$$Q_{1,2}=\frac{-(60-30)\pm\sqrt{(60-30)^2+4(0.001-0.003)5\,000}}{2(0.001-0.003)}$$

$$Q_1=1\,910（件），Q_2=13\,090（件）$$

由图可知，产量 $Q_1<Q<Q_2$，是投资方案的盈利区；产量 $Q<Q_1$ 或 $Q>Q_2$，是投资方案的亏损区。

最大利润时的产量，由式（4-83）得：

$$Q=\frac{30-60}{2\times(0.001-0.003)}=7\,500（件）$$

即最大利润时的产量为 7 500 件。

由于 $\frac{d^2S}{dQ^2}=2（b-d）=2\times（0.001-0.003）<0$，即 7 500 件为利润最大时的产量。

此时，最大利润为

$$S=（0.001-0.003）\times 7\,500+（60-30）\times 7\,500-50\,000$$
$$=62\,500（元）$$

2. 敏感性分析

1）敏感性分析的概念

投资项目评价中的敏感性分析，是在确定性分析的基础上，通过进一步分析、预测项目主要不确定因素的变化对项目评价指标（如内部收益率、净现值等）的影响，从中找出敏感因素，确定评价指标对该因素的敏感程度和项目对其变化的承受能力。

一个项目在其建设与生产经营的过程中，由于项目内外部环境的变化，许多因素都会发生变化。一般将产品价格、产品成本、产品产量（生产负荷）、主要原材料价格、建设投资、工期、汇率等作为考察的不确定因素。敏感性分析不仅可以使决策者了解不确定因素对评价指标的影响，从而提高决策的准确性，还可以启发评价者对那些较为敏感的因素重新进行分析研究，以提高预测的可靠性。

敏感性分析有单因素敏感性分析和多因素敏感性分析两种。

单因素敏感性分析是对单一不确定因素变化的影响进行分析，即假设各不确定性因素之间相互独立，每次只考察一个因素，其他因素保持不变，以分析这个可变因素对经济评价指标的影响程度和敏感程度。单因素敏感性分析是敏感性分析的基本方法。

多因素敏感性分析是当两个或两个以上互相独立的不确定因素同时变化时，分析这些变化的因素对经济评价指标的影响程度和敏感程度。通常只要求进行单因素敏感性分析。

2）敏感性分析的步骤

单因素敏感性分析一般按以下步骤进行。

（1）确定分析指标。

分析指标的确定，一般是根据项目的特点、不同的研究阶段、实际需求情况和指标的重要程度进行选择，与进行分析的目标和任务有关。

如果主要分析方案状态和参数变化对方案投资回收快慢的影响，则可选用投资回收期作为分析指标；如果主要分析产品价格波动对方案净收益的影响，则可选用净现值作为分析指标；如果主要分析投资大小对方案资金回收能力的影响，则可选用内部收益率指标等。

如果在机会研究阶段，主要是对项目的设想和鉴别，确定投资方向和投资机会，此时，各种经济数据不完整，可信程度低，深度要求不高，可选用静态的评价指标，常采用的指标是投资收益率和投资回收期。如果在初步可行性研究和可行性研究阶段，已进入了可行性研究的实质性阶段，经济分析指标则需选用动态的评价指标，常用净现值、内部收益率，通常还辅之以投资回收期。

由于敏感性分析是在确定性经济分析的基础上进行的，一般而言，敏感性分析的指标应与确定性经济评价指标一致，不应超出确定性经济评价指标范围而另立新的分析指标。当确定性经济评价指标比较多时，敏感性分析可以围绕其中一个或若干个最重要的指标进行。

（2）选择需要分析的不确定性的因素。

影响项目经济评价指标的不确定性因素很多。严格来说，影响方案经济效果的因素都在某种程度上带有不确定性，如投资额的变化、施工周期的变化、销售价格的变化、成本的变化等。但事实上没有必要对所有的不确定性因素都进行敏感性分析，而往往是选择一些主要的影响因素。选择需要分析的不确定因素时主要考虑以下原则：①预计这些因素在其可能变动的范围内对经济评价指标的影响较大；②对在确定性经济分析中采用的该因素的数据的准确性把握不大。

对于一般投资项目来说，通常从以下几方面选择项目敏感性分析中的影响因素：①项目投资；②项目寿命年限；③经营成本，特别是变动成本；④产品价格；⑤产销量；⑥项目建设年限、投产期限和产出水平及达产期限；⑦基准收益率；⑧项目寿命期末的资产残值。

（3）分析每个不确定性因素的波动程度及其对分析指标可能带来的增减变化情况。

首先，对所选定的不确定性因素，应根据实际情况设定这些因素的变动幅度，其他因素固定不变。因素的变化可以按照一定的变化幅度（如±5%、±10%、±20%等）改变其数值。

其次，计算不确定性因素每次变动对经济评价指标的影响。对每一因素的每一变动，均重复以上计算，然后将因素变动及相应指标变动结果用单因素敏感性分析表或单因素敏感性分析图的形式表示出来，以便于测定敏感因素。

（4）根据计算的结果编制敏感性分析表、绘制敏感性分析图。

（5）确定敏感性因素。

由于各因素的变化都会引起经济指标的变化，但其影响程度却各不相同。有些因素可能仅发生较小幅度的变化就能引起经济评价指标发生大的变动，而另一些因素即使发生了较大幅度的变化，对经济评价指标的影响也不是太大。前一类因素称为敏感性因素，后一类因素称为非敏感性因素。敏感性分析的目的在于寻求敏感因素，可以通过计算敏感度系数和临界点来确定。

① 敏感度系数。敏感度系数又称寻敏度，表示项目评价指标对不确定因素的敏感程度。利用敏感度系数确定敏感性因素的方法是一种相对测定的方法。即设定要分析的因素均从确定性经济分析中所采用的数值开始变动，且各因素每次变动的幅度（增或减的百分数）相同，比较在同一变动幅度下各因素的变动对经济评价指标的影响，据此判断方案经济评价指标对各因素变动的敏感程度。计算公式为

$$\beta_{j_i}=\frac{\Delta Y_j}{\Delta F_i} \tag{4-86}$$

$$\Delta Y_j=\frac{Y_{j_i}-Y_{j_0}}{Y_{j_0}} \tag{4-87}$$

式中：β_{j_i}——第 j 个指标对第 i 个不确定性因素的敏感度系数；

ΔF_i——第 i 个不确定性因素的变化幅度（%）；

ΔY_j——第 j 个指标受变量因素变化影响的差额幅度（变化率）；

Y_{j_i}——第 j 个指标受变量因素变化影响后所达到的指标值；

Y_{j_0}——第 j 个指标未受变量因素变化影响时的指标值。

根据不同因素相对变化对经济评价指标影响的大小，可以得到各个因素的敏感性程度排序，据此可以找出哪些因素是最敏感的因素。

② 临界点。临界点是指项目允许不确定因素向不利方向变化的极限值。超过极限，项目的效益指标将不可行。例如，当产品价格下降到某一值时，财务内部收益率将刚好等于基准收益率，此点称为产品价格下降的临界点，如果产品价格因素变化超过该临界点，则项目由可行变成不可行。该临界点表明方案经济效果评价指标达到最低要求所允许的最大变化幅度。把临界点与未来实际可能发生的变化幅度相比较，就可大致分析该项目的风险情况。利用临界点确定敏感性因素的方法是一种绝对测定法。

由图 4.29 可知，其中每一条斜线的斜率反映经济评价指标对该不确定因素的敏感程度，斜率越大敏感度越高。一张图可以同时反映多个因素的敏感性分析结果。每条斜线与横轴的相交点所对应的不确定因素变化率即为该因素的临界点。

在实践中，可以将确定敏感因素的两种方法结合起来使用。首先，设定有关经济评价指标为其临界值，如令净现值等于零、内部收益率等于基准收益率；然后，分析因素的最大允许变动幅度，并与其可能出现的最大变动幅度相比较。如果某因素可能出现的变动幅度超过最大允许幅度，则表明该因素是方案的敏感因素。

（6）方案选择。如果进行敏感性分析的目的是对不同的投资项目（或某一项目的不同方案）进行选择，一般应选择敏感程度小、承受风险能力强、可靠性高的项目或方案。

【例 4.33】 某投资方案设计年生产能力为 10 万台，计划项目投产时总投资为 1 200 万元，其中建设投资为 1 150 万元，流动资金为 50 万元；预计产品价格为 39 元/台；销售

税金及附加为销售收入的 10%；年经营成本为 140 万元；方案寿命期为 10 年；到期时预计固定资产余值为 30 万元，基准折现率为 10%，试就投资额、单位产品价格、经营成本等影响因素对该投资方案进行敏感性分析。

【解】（1）绘制的现金流量图如图 4.28 所示。

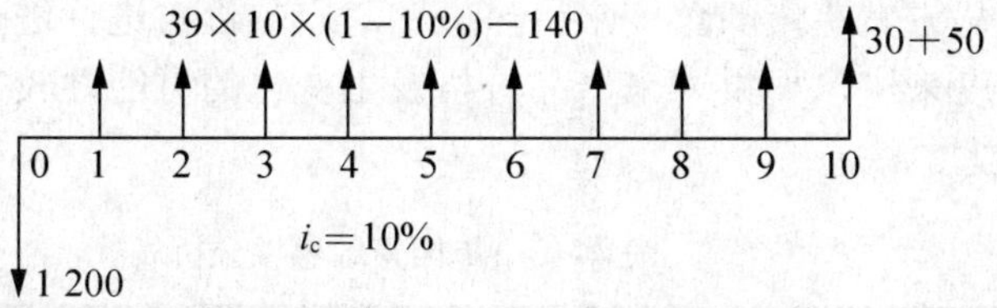

图 4.28　现金流量图

（2）选择净现值为敏感性分析的经济指标，根据净现值的计算公式，可计算出项目在初始条件下净现值。

NPV_0＝－1 200＋［39×10×（1－10%）－140］（P/A，10%，10）＋80（P/F，10%，10）
＝127.4（万元）

由于 NPV_0＞0，该项目是可行的。

（3）计算每个不确定性因素发生变化时的经济指标的值。

① 令投资额的变动率为 k_1，且在±20%以内发生变动，则净现值与 k_1 的函数关系式为

NPV_1＝－1200（1＋k_1）＋［39×10×（1－10%）－140］（P/A，10%，10）＋[30＋50（1＋k_1）（P/F，10%，10）

令 k_1＝20%、10%、－10%、－20%并代入 NPV_1 的计算式，分别计算出对应的 NPV，依次为－108.8、9.3、127.4、245.5、363.6。

② 令产品价格的变动率为 k_2，且在±20%以内发生变动，则净现值与 k_2 的函数关系式为

NPV_2＝－1 200＋[39(1＋k_2)×10×(1＋10%)－140]＝(P/A, 10%, 10)＋80(P/F, 10%, 10)

令 k_2＝20%、10%、－10%、－20%，并代入 NPV_2 的计算式，分别计算出对应的 NPV 依次为 558.7、343.0、－88.2、－303.9。

③ 令经营成本的变动率为 k_3，且在±20%以内发生变动，则净现值与 k_3 的函数关系式为

NPV_3＝－1 200＋［39×10×（1－10%）－140（1＋k_3）］（P/A，10%，10）＋80（P/F，10%，10）

令 k_3＝20%、10%、－10%、－20%，并代入 NPV_3 的计算式，分别计算出对应的 NPV 依次为－44.7、41.3、213.5、299.5。

（4）编制敏感性分析表和绘制敏感性分析图。

取定根据取定的 3 个因素：投资额、产品价格和经营成本，分别计算相对应的净现值的计算值，得出结果如表 4-43 和图 4.29 所示。

（5）对项目进行敏感性分析。

从表 4-43 和图 4.29 可以看出，在各个变量因素变化率相同的情况下，产品价格每下降 1%，净现值下降 16.93%，且产品价格下降幅度超过 5.91%时，净现值将由正变负，即项目

由可行变为不可行；投资额每增加 1%，净现值将下降 9.27%，当投资额增加的幅度超过10.62%时，净现值由正变负，项目变为不可行；经营成本每上升 1%，净现值下降 6.75%，当经营成本上升幅度超过 14.82%时，净现值由正变负，项目变为不可行。由此可见，按净现值对各个因素的敏感程度来排序，依次是产品价格、投资额、经营成本，最敏感的因素是产品价格。因此，从方案决策的角度来讲，应该对产品价格进行进一步更准确的测算。因为从项目风险的角度来讲，如果未来产品价格发生变化的可能性较大，则意味着这一投资项目的风险性亦较大。

表 4-43　单因素敏感性分析表　　单位：万元

项目 \ NPV \ 变化幅度	−20%	−10%	0	+10%	+20%	平均｜±1%｜	敏感性程度排序
投资额	363.6	245.5	127.4	9.3	−108.8	9.27%	2
产品价格	−303.9	−88.2	127.4	343.0	558.7	16.93%	1
经营成本	299.5	213.5	127.4	41.3	−44.7	6.75%	3

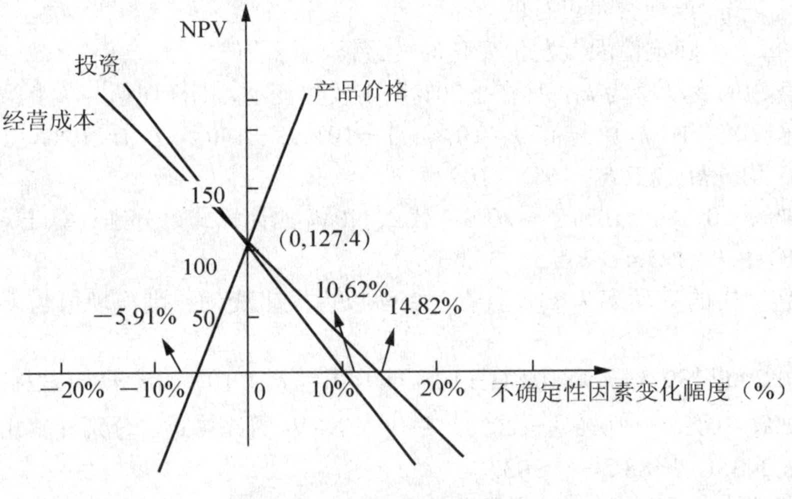

图 4.29　单因素敏感性分析图

需要说明的是，虽然单因素敏感性分析对于项目分析中不确定因素的处理是一种简便易行的、具有有效实用价值的方法，但它以假定其他因素不变为前提，而这种假定条件在实际经济活动中是很难实现的。因为各种因素的变动都存在着相关性，一个因素的变动往往引起其他因素也随之变动。例如，固定资产投资的变化可能导致设备残值的变化；产品价格的变化可能引起需求量的变化，从而引起市场销售量的变化等。因此，在分析经济效益受多种因素同时变化的影响时，要用多因素敏感性分析，使之更接近于实际过程。多因素敏感性分析由于要考虑可能发生的各种因素不同变动情况的多种组合，因此计算起来要比单因素敏感性分析复杂。

综上所述，敏感性分析是项目经济评价时经常用到的一种方法，它在一定程度上定量描述了不确定因素的变动对项目投资效果的影响，有助于明确项目对不确定因素的不利变动所能允许的风险程度，有助于鉴别敏感因素，从而能够及早排除无足轻重的变动因素，把进一步深入调查研究的研究重点集中在敏感因素上，或者针对敏感因素制定出管理和应变对策，以达到尽量减少风险、增强决策可靠性的目的。但敏感性分析也有其局限性，它不能说明不确定因素发生变动的情况的可能性是大还是小，也就是没有考察不确定因素在未来发生变动的概率，而这种概率是与项目的风险大小密切相关的。我们经常会碰到这样的情况，某些因素虽然可能是敏感因素，但在未来发生不利变动的可能性很小，实际上给项目带来的风险并不大；而另外有一些因素，虽然它们不太敏感、不是敏感因素，但由于它们在未来发生不利变化的可能性很大，因而实际上给项目带来的风险可能比敏感因素还要大。对于此类问题，敏感性分析是无法解决的，要借助于概率分析来解决。

3. 概率分析

1）概率分析及其步骤

概率分析又称风险分析，是利用概率研究和预测不确定因素对项目经济评价指标影响的一种定量分析方法。

概率分析一般按下列步骤进行：

（1）选定一个或几个评价指标。通常是将内部收益率、净现值等作为评价指标。

（2）选定需要进行概率分析的不确定因素。通常有产品价格、销售量、主要原材料价格、投资额以及外汇汇率等。针对项目的不同情况，通过敏感性分析，选择最为敏感的因素作为概率分析的不确定因素。

（3）预测不确定因素变化的取值范围及概率分布。单因素概率分析，设定一个因素变化，其他因素均不变化，即只有一个自变量；多因素概率分析，设定多个因素同时变化，对多个自变量进行概率分析。

（4）根据测定的风险因素取值和概率分布，计算评价指标的相应取值和概率分布。

（5）计算评价指标的期望值和项目可接受的概率。

（6）分析计算结果，判断其可接受性，研究减轻和控制不利影响的措施。

2）概率分析的方法

概率分析的方法有很多，这些方法大多是以项目经济评价指标（主要是 NPV）的期望值的计算过程和计算结果为基础的。这里仅介绍项目净现值的期望值法，通过计算项目净现值的期望值及净现值大于或等于零时的累计概率，以判断项目承担风险的能力。

期望值是用来描述随机变量的一个主要参数。

所谓随机变量，就是能够知道其所有可能的取值范围，也知道它取各种值的可能性，却不能肯定其最后确切取值的变量。在投资项目经济评价中所遇到的大多数变量因素，如投资额、成本、销售量、产品价格、项目寿命期等，都是随机变量。我们可以预测其未来可能的取值范围，估计各种取值或值域发生的概率，但不可能肯定地预知它们取什么值。投资方案的现金流量序列是由这些因素的取值所决定的，所以方案的现金流量序列实际上也是随机变量。而以此计算出来的经济评价指标也是随机变量。由此可见，项目净现值也是一个随机变量。

从理论上讲，要完整地描述一个随机变量，需要知道其概率分布的类型和主要参数，但在实际应用中，这样做不仅非常困难，而且也没有太大的必要。因为在许多情况下，我们只需要知道随机变量的某些主要特征就可以了，在这些随机变量的主要特征中，最重要也是最常用的就是期望值。

期望值是在大量重复事件中随机变量取值的平均值，换句话说，是随机变量所有可能取值的加权平均值，权重为各种可能取值出现的概率。

一般来讲，期望值的计算公式可表达为

$$E(x)=\sum_{i=1}^{n}x_i p_i \tag{4-88}$$

式中：$E(x)$——随机变量 x 的期望值；

x_i——随机变量 x 的各种取值；

p_i——x 取值 x_i 时所对应的概率值。

根据期望值的计算公式（4-88），可以很容易地推导出项目净现值的期望值计算公式为

$$E(\text{NPV})=\sum_{i=1}^{n}\text{NPV}_i P_i \tag{4-89}$$

式中：$E(\text{NPV})$——NPV 的期望值；

NPV_i——各种现金流量情况下的净现值；

P_i——对应于各种现金流量情况的概率值。

【例 4.34】 已知某投资方案各种因素可能出现的数值及其对应的概率如表 4-44 所示。假设投资发生在期初，年净现金流量均发生在各年的年末。已知基准收益率为 10%，试求其净现值的期望值。

表 4-44 投资方案变量因素值及其概率

投资额/万元		年净收益/万元		寿命期/年	
数值	概率	数值	概率	数值	概率
120	0.30	20	0.25	10	100
150	0.50	28	0.40		
175	0.20	33	0.35		

【解】根据各因素的取值范围，共有 9 种不同的组合状态，根据净现值的计算公式，可求出各种状态的净现值及其对应的概率如表 4-45 所示。

表 4-45 方案所有组合状态的概率及净现值

投资额/万元	120			150			175		
年净收益/万元	20	28	33	20	28	33	20	28	33
组合概率	0.075	0.12	0.105	0.125	0.2	0.175	0.05	0.08	0.07
净现值/万元	2.89	52.05	82.77	−27.11	22.05	52.77	−52.11	−2.95	27.77

根据净现值的期望值计算公式，可求出：

$$E(\text{NPV})=2.89\times0.075+52.05\times0.12+82.77\times0.105-27.11\times0.125+22.05\times0.2+52.77\times0.175-52.11\times0.05-2.95\times0.08+27.77\times0.07$$

=24.51（万元）

投资方案净现值的期望值为 24.51 万元。

净现值的期望值在概率分析中是一个非常重要的指标，在对项目进行概率分析时，一般都要计算项目净现值的期望值及净现值大于或等于零时的累计概率。累计概率越大，表明项目的风险越小。

根据表 4-45 的计算结果，将 NPV 数据由小到大排列成表 4-46，可求出净现值的累计概率，利用线性插值法可求出净现值小于 0 的概率为

$$\rho(\text{NPV}<0)=0.255+(0.33-0.255)\frac{2.95}{2.95+2.89}=0.293$$

故最终有净现值不小于零的概率为

$$\rho(\text{NPV}\geqslant 0)=1-\rho(\text{NPV}<0)=1-0.293=0.707$$

根据计算结果，这个项目的净现值为 24.51 万元，且 NPV≥0 的概率达到 70%以上，投资风险较小，值得投资者做出投资该项目的选择。

表 4-46 净现值期望值计算表

联合概率	累计概率	NPV/元	加权净现值
0.05	0.05	−52.11	−2.606
0.125	0.175	−27.11	−3.389
0.08	0.255	−2.95	−0.236
0.075	0.33	2.89	0.217
0.2	0.53	22.05	4.41
0.07	0.6	27.77	1.944
0.12	0.72	52.05	6.246
0.175	0.895	52.77	9.235
0.105	1.0	82.77	8.691

任务实施

我们用财务评价不确定性分析知识解决例 4.29 中的问题（3）。

1. 敏感性分析

（1）选择 NPV 作为本建设项目敏感性分析的经济评价指标，并计算出基本方案的 NPV_0。

$\text{NPV}_0=-1\,298\times(P/F,\ 10\%,\ 1)-1\,947\times(P/F,\ 10\%,\ 2)+834\times(P/F,\ 10\%,\ 3)$
$+1\,391\times(P/F,\ 10\%,\ 4)+1\,481\times(P/A,\ 10\%,\ 7)(P/F,\ 10\%,\ 4)+1\,995$
$(P/F,\ 10\%,\ 12)$
$=4\,338$（万元）

（2）选择产品的销售收入、投资、经营成本 3 个对 NPV 影响较大的因素作为敏感性分析的不确定性因素。

（3）计算 3 个不确定性因素分别在±20%以内发生变动之后的 NPV 的数值。

① 令销售收入发生变动时的变动率为 k_1，对应的净现值为 NPV_1，则 NPV_1 与 k_1 的函数关系式为

$$NPV_1=NPV_0+1\,750k_1(1-15.98\%)(P/F,10\%,3)+2\,500k_1(1-15.98\%)(P/A,10\%,9)(P/F,10\%,3)$$
$$=4\,338+1\,750k_1(1-15.98\%)(P/F,10\%,3)+2\,500k_1(1-15.98\%)(P/A,10\%,9)(P/F,10\%,3)$$

15.59%为销售税金及附加与销售收入之间的百分比关系，即 14.53%×（1+7%+3%）=15.98%。

令 $k_1=20\%$，$NPV_1=6\,377$ 万元；$k_1=10\%$，$NPV_1=5\,357$ 万元；

$k_1=-10\%$，$NPV_1=3\,318$ 万元；$k_1=-20\%$，$NPV_1=2\,298$ 万元。

② 令总投资发生变动时的变动率为 k_2，对应的净现值为 NPV_2，则 NPV_2 与 k_2 的函数关系式为

$$NPV_2=NPV_0-1\,298k_2(P/F,10\%,1)-1947k_2(P/F,10\%,2)-210k_2(P/F,10\%,3)-90k_2(P/F,10\%,4)+300k_2(P/F,10\%,12)$$
$$=4\,338-1\,298k_2(P/F,10\%,1)-1\,947k_2(P/F,10\%,2)-210k_2(P/F,10\%,3)-90k_2(P/F,10\%,4)+300k_2(P/F,10\%,12)$$

令 $k_2=20\%$，$NPV_2=3\,755$ 万元；$k_2=10\%$，$NPV_2=4\,046$ 万元；

$k_2=-10\%$，$NPV_2=4\,630$ 万元；$k_2=-20\%$，$NPV_2=4\,921$ 万元。

③ 令总投资经营成本发生变动时的变动率为 k_3，对应的净现值为 NPV_3，则 NPV_3 与 k_3 的函数关系式为

$$NPV_3=NPV_0-489k_3(P/F,10\%,3)-690k_3(P/A,10\%,9)(P/F,10\%,3)$$
$$=4\,338-489k_3(P/F,10\%,3)-690k_3(P/A,10\%,9)(P/F,10\%,3)$$

令 $k_3=20\%$，$NPV_3=3\,667$ 万元；$k_3=10\%$，$NPV_3=4\,003$ 万元；

$k_3=-10\%$，$NPV_3=4\,724$ 万元；$k_3=-20\%$，$NPV_3=5\,060$ 万元。

（4）编制敏感性分析表 4-47、绘制敏感性分析图 4.30。

（5）对项目进行敏感性分析。

令 $NPV_1=0$，可以计算出项目允许销售收入减少的幅度即 k_1 的极限值=−42.56%；

令 $NPV_2=0$，可以计算出项目允许投资增加的幅度即 k_2 的极限值=150.65%；

令 $NPV_3=0$，可以计算出项目允许经营成本增加的幅度即 k_2 的极限值=130.87%。

表 4-47　单因素敏感性分析表　　单位：万元

变化幅度 / 净现值 / 项目	−20%	−10%	0	+10%	+20%	平均|±1%|	敏感性程度排序
产品销售收入	2 298	3 318	4 388	5 358	6 377	2.26%	1
投资额	4 921	4 630	4 388	4 046	3 755	0.72%	3
经营成本	5 060	4 724	4 388	4 003	3 667	0.82%	2

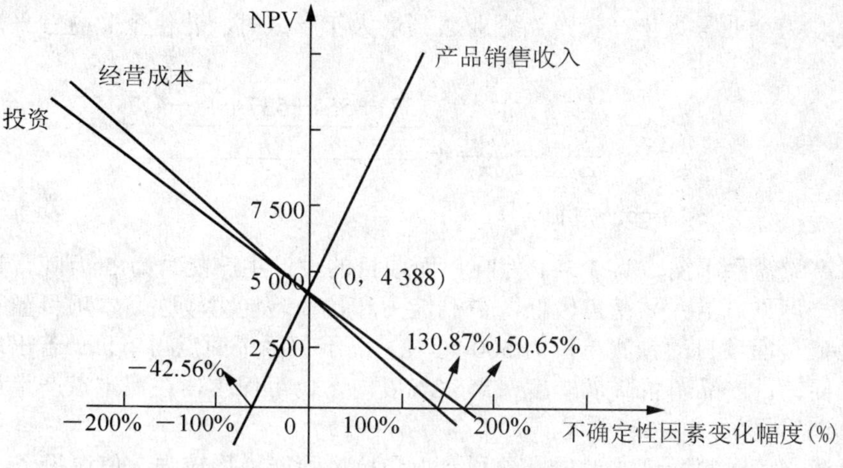

图 4.30　单因素敏感性分析图

从表 4-39 和图 4.30 可以看出，在各个变量因素变化率相同的情况下，产品销售收入每下降 1%，净现值下降 2.26%，且产品价格下降幅度超过 42.56%时，净现值将由正变负，也即项目由可行变为不可行；投资额每增加 1%，净现值将下降 0.72%，当投资额增加的幅度超过 150.65%时，净现值由正变负，项目变为不可行；经营成本每上升 1%，净现值下降 0.82%，当经营成本上升幅度超过 130.87%时，净现值由正变负，项目变为不可行。由此可见，按净现值对各个因素的敏感程度来排序，依次是产品销售收入、经营成本、投资额，最敏感的因素是产品销售收入。因此，从方案决策的角度来讲，应该对产品销售收入进行进一步更准确的测算。因为从项目风险的角度来讲，如果未来产品价格发生变化的可能性较大，则意味着这一投资项目的风险性亦较大。

2. 线性盈亏平衡分析

（1）盈亏平衡点年产量为

$$Q_0=\frac{C_0}{R-V}$$

$$=\frac{\sum_{i=4}^{12}C_{0i}/9}{500-\text{单位产品销售税金级附加}-\text{单位产品可变成本}}$$

$$=\frac{\frac{571+554+537+\cdots+417}{9}}{500-\frac{329}{5}-\frac{634}{5}}=1.581\text{（万吨）}$$

（2）盈亏平衡点销售收入为

$$R_0=R\frac{C_0}{R-V}=500\times1.581=790.5\text{（万元）}$$

（3）盈亏平衡点生产能力利用率为

$$E_0=\frac{Q_0}{Q_{max}}\times100\%=\frac{1.581}{5}\times100\%=31.62\%$$

（4）Q_{max} 为企业最大年产量，当企业达到最大年产量时，若使企业盈亏平衡，使产品最低销售价为

$$R_{min}=V+\frac{C_0}{Q_{max}}=\frac{634}{5}+\frac{\frac{571+554+537+\cdots+417}{9}}{5}$$
$$=224\ 元/吨$$

本项目产量盈亏平衡点为 1.581 万吨，而项目的设计生产能力为 5 万吨，远大于盈亏平衡点产量，可见，盈亏平衡点较低，盈利能力和抗风险能力较强。本项目盈亏平衡点单价为 224 元/吨，而项目的预测单价为 500 元/吨，高于盈亏平衡点得单价。若出现市场销售不良，为了促销，产品单价降低幅度在 55.2%以内，仍可保本，在保本点产量达到设计生产能力时，销售收入为 790.5 万元。

综上所述，可以判断该建设项目盈利能力和抗风险能力均较强，值得投资。

思考与练习

某项目的背景资料如下，请按要求完成该项目的财务评价：

1．某建设项目建设期为 2 年，运营期为 6 年。

2．项目固定资产投资估算总额为 3 600 万元，其中，预计形成固定资产 3 060 万元（含建设期贷款利息 60 万元），无形资产 540 万元。固定资产使用年限为 10 年，残值率为 4%，固定资产余值在项目运营期末收回。

3．无形资产在运营期 6 年中均匀摊入成本。

4．流动资金为 800 万元，在项目的生命周期期末收回。

5．项目的设计生产能力为年产量 120 万件，产品售价为 45 元/件，销售税金及附加税率为 6%，所得税税率为 33%，行业基准收益率为 8%。

6．项目的资金投入、收益、成本等基础数据，如表 4-48 所示。

7．还款方式为在运营期 6 年之中，按照每年等额本金偿还法进行偿还（即从第 3 年至第 8 年）。长期贷款利率为 6%（按年计息）；流动资金贷款利率为 4%（按年计息）。

8．行业的投资利润率为 20%，投资利税率为 25%。

表 4-48　某建设项目资金投入、收益及成本表　　单位：万元

序号	年份 项目	1	2	3	4	5-8
1	建设投资： 自有资金部分 贷款（不含贷款利息）	1 200	340 2 000			
2	流动资金： 自有资金部分 贷款部分			300 100	400	
3	年销售量/万件			60	90	120
4	年经营成本			1 682	2 360	3 230

回答以下问题：

1. 编制项目的还本付息表、总成本费用估算表。
2. 编制项目的损益表，并计算项目的投资利润率、投资利税率、资本金利润率。
3. 编制项目的自有资金现金流量表，并计算项目的净现值、静态和动态投资回收期。
4. 从财务评价的角度，分析判断该项目的可行性。
5. 对该项目就总投资、经营成本、销售收入对净现值的影响进行单因素敏感性分析。
6. 计算该项目的盈亏平衡单价、产量、生产能力利用率，并进行简单的盈亏平衡分析。

4.5 建设工程项目国民经济评价

引言

我国现行的《建设项目经济评价方法与参数（第二版）》中规定：一个建设项目的经济评价应包括财务评价与国民经济评价两大部分，其检验标准是，对于财务评价与国民经济评价的结论均可行的项目，应予通过；对于财务评价的结论可行、而国民经济评价中的结论不可行的项目，一般应予否定；对于财务评价的结论不可行、而国民经济评价的结论可行的项目，主要是基础性项目和公益性项目，一般亦予通过，或重新考虑方案（如采取某些财务优惠措施）使之具有财务上的生存能力。由此可见，国民经济评价中的项目评价具有特别重要的意义。

4.5.1 建设工程项目国民经济评价概述分析

教学目标

掌握建设工程项目国民经济评价的含义、作用、范围、特点。

任务引入

在对某个方案进行决策时，需要在采用财务评价的方法和技巧进行微观分析的基础上，进行国民经济宏观分析与评价，评价结论作为决策的宏观重要依据，这样才能科学地选出正确的投资方案，在掌握财务评价基础知识的基础上需要熟悉国民经济评价的基础知识。

任务分析

宏观经济分析与评价中的问题的解决需要用到建设项目国民经济评价的基础知识，下面介绍国民经济评价的基础知识点。

相关知识

1. 国民经济评价的概念

建设项目的国民经济评价又称项目的经济分析，它是从国家整体利益出发，考察项目的效益与费用，分析和计算项目为国民经济带来的净效益，从而评价投资项目在经济上的合理性，为投资决策提供宏观上的决策依据。实际上，项目的国民经济评价问题就是研究资源利用的整体优化性问题。

2. 国民经济评价的范围

一个投资项目对于企业自身的影响是显而易见的，十分具体和直接，而它对整个社会、对国家和地区的经济发展，影响也是多方面的，只不过影响程度深浅有别而已。例如，它不仅创造以货币计量的经济收入，带来国民财富的增长，还会在人民的就业、消费、文化教育、科学技术、生态环境、公共安全和社会公平等各个方面造成正的或负的效应。对于这些影响究竟如何考察，即对国民经济评价的范围如何界定，理论界一直有不同的理解。

一种是狭义的理解，即认为国民经济评价应与社会评价分开，国民经济评价仅仅分析项目对国民经济产生的影响，而将项目对生态环境和社会生活等其他方面产生的影响放到社会评价之中去。

另一种是广义的理解，即认为可以将费用效益分析方法应用于经济社会的各个方面，将上述各种影响的费用和效益化为统一的可计算量，用统一的货币计量单位表示，并进行分析比较。

从目前的发展趋势看，社会评价已逐渐从原来的国民经济评价中分离出来，而成为一种新的项目评价类型，尤其在大型公共工程投资项目中应用得越来越广泛，其理论和方法也渐趋成熟。因此，将国民经济评价的考察范围定义在经济领域本身是比较恰当的，这样有助于 3 种评价类型（财务评价、国民经济评价和社会评价）的分工和专精，以免重复或遗漏。故本书对国民经济评价的介绍基本上属于狭义的范围。

3. 国民经济评价的作用

项目评价从传统的企业财务评价发展到国民经济评价，是一大飞跃，因为国民经济评价在投资实践中发挥着财务评价所不可替代的重大作用，主要体现在以下几个方面。

1）从宏观上合理配置国家有限资源

对于不断增长的人口及其消费需求来说，国家资源总是有限的，有些甚至是稀缺的。仅仅从企业财务角度评判项目得失，无法正确反映资源的利用是否合理。而国民经济评价则在宏观上对资源流动进行跟踪，引导资源配置合理化，结合产业政策和地区政策，鼓励和促进某些有前途的产业及某类项目的发展，相应抑制和淘汰某些不适宜的产业和某类项目的存在。

2）真实反映项目对国民经济的净贡献

任何投资项目在建成后都是国民经济大系统中的一个小系统，它从国民经济大系统中吸取一定的投入，又向其释放一定的产出。在这个过程中，它和其他小系统之间发生着千丝万缕的联系、互相施加着错综复杂的影响。有些影响是积极的，能为国民经济增长提供贡献；有些影响则可能是消极的。这些联系与影响由于是发生在项目外部的，因此无法在财务评价中得到体现；而国民经济评价则可对此进行科学、全面的考察，不仅反映项目的直接效益和直接费用，也反映它的间接效益和间接费用，从而在整体上衡量出项目对于国民经济的净贡献。

3）实现投资决策科学化

这种科学性表现为以下几个方面。

（1）由于财务评价只关心企业自身的得失，不涉及项目以外的问题，因此结论可能是片面的，如有的项目也许自身盈利丰厚，但对环境污染严重，从长远看为环境治理须付出沉重代价，最终得不偿失，这样的项目不能靠财务评价来把关，而只能通过国民经济评价去剔除。相反，有的项目公益性强，为社会所必需，但直接经济效益很低、甚至亏损，这样的项目若只做财务评价必定通不过，也只能用国民经济评价的结果做决策。

（2）由于市场发育的不完善及市场本身的局限性，财务评价采用的市场价格往往不能反映项目投入物与产出物的真实价值，其效益计算也就不完全可靠；而国民经济评价则以影子价格有效地解决了这个问题。

（3）财务评价中包含了税收、补贴和贷款条件，使不同项目或方案的财务盈利效果失去了公正比较的基础；而国民经济评价则消除了这些外在不平等性，令决策更趋于科学。

4. 国民经济评价与财务评价的异同点

国民经济评价与财务评价两者是互相联系的，它们之间既有共同之处，又有差异。

1）国民经济评价与财务评价的共同之处

首先它们都是经济效果评价，使用基本的经济评价理论和方法，寻求以最小的投入获取最大的产出，都要考虑资金的时间价值，采用内部收益率、净现值等经济盈利性指标进行经济效果分析。

其次，两种分析都要在完成产品需求预测、工艺技术选择、投资估算、资金筹措方案选择基础上进行。

2）国民经济评价与财务评价的区别

（1）评价的角度和基本出发点不同。

企业财务评价是站在企业自身的角度上，从项目的经营者、投资者和未来的债权人的角度，分析项目在财务上能够生存的可能性，分析各方的实际收益或损失，分析投资或贷款的风险及收益；国民经济评价是在国家整体的角度上，分析和计算投资项目为国民经济所创造的效益和所做出的贡献。财务评价主要为企业的投资决策提供依据，国民经济评价则是为政府宏观上对投资的决策提供依据。

（2）计算费用和效益的范围不同。

企业财务评价是根据项目直接发生的财务收支，计算项目的费用和效益；国民经济评价则从全社会的角度考察项目的费用和效益，项目的有些收入和支出属国民经济内部的转移支付，因此不作为社会费用或收益。

（3）评价中使用的价格不同。

在企业财务评价中，由于要求评价结果反映投资项目实际发生情况，其计算使用的价格应是对市场进行调查和预测后，确定出未来市场上可能发生的价格；而国民经济评价采用根据机会成本和供求关系确定的影子价格。

（4）评价中使用的参数不同。

评价参数是指汇率、贸易费用率、工资额及现值计算的贴现率，各参数在进行财务评价时是须根据不同行业的不同企业，以及企业条件、企业环境自行选定；而进行国民经济评价时，同样为了达到横向投资项目可比的目的，上述各项均采用统一的通用参数，如影子工资等。

（5）评价中核心指标不同。

企业财务评价的核心指标是利润与折旧，这两项收益也是回收投资的主要内容。如在财务评价中，投资回收期、净现值、内部收益率都是以上述两项内容进行计算的。在国民经济评价中，国民收入，即净产值是主要的考核指标，而国民收入包括利润与工资，但不包括折旧。对于企业而言，尽管工资部分的大小与职工的切身利益相关，但却是当年消耗掉的费用，企业无权对其进行支配，无法用来进行再投资或投资回收。而从国家宏观角度上分析，工资是新创造价值部分，关系到社会总产品价值的增加和社会就业水平，因此是十分重要的。

国民经济评价与财务评价的主要区别如表 4-49 所示。

表 4-49　国民经济评价与财务评价的区别

评价方法 区别内容	财务评价	国民经济评价
目的	提高企业的收益水平	提高全社会投资经济效果
出发点	经营项目的企业	国家
价格	市场价格	影子价格
折现率	设定的基准折现率	社会折现率
汇率	实际汇率或官方汇率	影子汇率
税收	考虑	不考虑
补贴	考虑	不考虑
贷款和归还	考虑	不考虑

任务实施

需要用到国民经济评价基本知识为国民经济评价实施奠定基础。

4.5.2　建设工程项目国民经济评价分析

教学目标

掌握建设工程项目国民经济评价的步骤、内容。

任务引入

在对某个方案进行国民经济评价时，需要掌握国民经济评价的内容和步骤。

任务分析

宏观经济分析与评价中的问题的解决需要将建设项目国民经济评价的基础知识运用到具体的建设工程项目国民经济评价中，下面介绍如何进行国民经济评价。

相关知识

1. 国民经济评价的内容

国民经济评价的内容包括以下 3 个部分。

1）国民经济效益和费用的识别与处理

如前所述，国民经济评价中的效益和费用与财务评价相比，从含义到范围都有显著区别，不仅包括在项目建设和运营过程中直接发生的、在财务账面上直接显现的效益和费用，还包括因项目建设和运营对外部造成的、不在财务账面上直接显现的间接效益和费用。这就需要对这些效益和费用一一加以识别、归类，并尽量予以量化处理；实在无法定量的，也可定性描述。

2）影子价格的确定与基础数据的调整

正确拟定项目投入物和产出物的影子价格，是保障国民经济评价科学性的关键。应选择既能够反映资源的真实经济价值，又能够反映市场供求关系，并且符合国家经济政策的影子价格；在此前提下，将项目的各项经济基础数据按照影子价格进行调整，计算各项国民经济效益和费用。

3）国民经济效果分析

根据以上各项效益和费用，结合社会折现率等经济参数，计算项目的国民经济评价指标，编制国民经济评价报表，最终对项目的经济合理性得出结论。

2. 国民经济评价的程序

1）基础数据的收集与整理

基础数据的收集与整理包括效益、费用、影子价格、投资、利息等基础资料的收集与整理。

2）效益和费用的识别

国民经济费用与效益的识别，是进行国民经济评价工作的重要前提。比之反映项目直接效果的财务效益和费用而言，经济效益和费用的识别工作要更复杂、更困难，可称得上是整个项目评价成败的关键。

（1）费用与效益识别的原则。

建设项目国民经济费用与效益的划分，随项目的性质、类型、评价目标的不同而有所不同，不能一概而论。这就要求从总体上把握住一些原则，以指导对这些纷纭繁复的经济现象和经济活动的识别与划分。

① 目标决定原则。项目的经济评价可在两个层次上进行：企业层次和国家层次。企业追求的基本目标是利润最大化；而国家追求的基本目标是资源最优配置的基础上增大对国民经济的净贡献（提高国民收入）。因此，凡是减少项目货币收入的都是企业利润目标意义

上的财务费用，而增加项目货币收入的则是财务效益；同理，凡是减少全社会国民收入的都是国民经济目标意义上的经济费用，而增加全社会国民收入的则是经济效益。

② 系统边界原则。财务评价是从项目自身的利益出发，其系统分析的边界就是项目本身。凡是流入项目的资金就是财务效益，凡是流出项目的资金就是财务费用。而国民经济评价是从国家的利益出发，其系统分析的边界是整个国家。因此，经济效益和经济费用不仅要包括项目自身的直接效果，也要包括项目对国家其他部门和实体产生的间接效果（即外部效果）。

③ 资源变动原则。在财务评价中，追踪的是货币流向。而国民经济评价是以资源最优配置为目标，由于经济资源的稀缺性，资源在本项目的投入会减少在其他项目的投入，从而减少其他项目的国民收入。从这个意义上说，本项目对资源的使用产生了经济费用。同理，本项目的产出增加了社会可用资源，产生了经济效益。需要指出的是，这里的经济资源是指稀缺资源，不包括那些闲置不用或不付出代价就可自由使用的资源（如空气）。

④ 考察外部效果原则。外部效果是依据"事物是普遍联系的"这一哲学命题而提出的。越是重大投资项目，牵涉越广、联系越多，要识别也越艰难，极易遗漏或重复。因此，在实际工作，可根据以下几个基本方法进行处理。

a．主相关效果原则，即理论上虽应在全社会范围内识别外部效果，但因工作量过于巨大，实际上几乎无人可以做到，因此可以选择与项目相关的几个主要部门和主要实体进行外部效果识别，也即抓住事物的"主要矛盾和矛盾的主要方面"。

b．范围一致性原则，即对外部费用和外部效益的考察范围必须一致，否则容易出现高估或低估现象。

c．外部效果内部化原则，即当涉及多个项目，它们互相关联、互有外部效果时，可以将这些项目"捆绑"在一起成为一个"项目综合体"，从而使它们之间的外部效果都变成内部效果，消除了外部效果辨识上的困难和烦琐，只需考察项目综合体的效益与费用即可。

d．技术外溢效果两重性原则，技术外溢效果包括存在市场价格的有形效果和不存在市场价格的无形效果，两者均应计入，前者可定量测度，后者可定性描述。

e．价格连锁效果和乘数效果不计原则，由于价格连锁效果属于货币收入分配的变动，正负相抵，并不引起社会资源量的显著变化；乘数效果主要与利用闲置生产能力相关，不属于经济稀缺资源，故两者均不在国民经济评价中反映，以使外部效果的识别变得比较简便易行。

（2）经济效益。项目的经济效益是指项目对国民经济所做的贡献，分为直接效益和间接效益。

① 直接效益是指由项目产出物产生并在项目范围内计算的经济效益，一般表现为以下几种。

a．增加该产出物数量，以满足国内需求的效益。

b.替代其他相同或类似企业的产出物，使被替代企业减产以减少国家有用资源耗费（或损失）的效益。

c．增加出口（或减少进口）所增收（或节支）国家外汇的效益。

② 间接效益是指由项目引起的、但在直接效益中未得到反映的那部分效益，如技术扩散和示范效果等。

（3）经济费用。项目的经济费用是指国民经济为项目付出的代价，分为直接费用和间接费用。

① 直接费用是指项目使用投入物所产生并在项目范围内计算的经济费用，一般表现为以下几种。

a．其他部门为供应本项目投入物而扩大生产规模所耗用的资源费用。

b．减少对其他项目（或最终消费）投入物的供应而放弃的效益。

c．增加进口（或减少出口）所耗用（或减收）国家外汇的费用。

此外，项目范围内主要为本项目服务的商业、教育、卫生、文化、住宅等生活福利设施投资，应计为项目的费用（这些生活福利设施所产生的效益，可视为已经体现在项目的产出效益中，一般不必单独核算）。

② 间接费用是指由项目引起的、而在直接费用中未得到反映的那部分费用，如生态破坏和环境污染等。

项目的间接效益和间接费用统称为外部效果。项目的外部效果一般只计算一次相关效果，不计算连续扩展的乘数效果。

3）确定国民经济评价的主要参数

（1）影子价格。在财务评价中采用的市场价格，常常由于种种原因而不能反映商品的真实价值，通常不能直接用来进行国民经济评价。进行国民经济评价时应采用对市场价格经过修正的理论价格，即所谓影子价格（shadow price）。

影子价格通常是指一种资源的影子价格，因此影子价格可以定义为某种资源处于最佳分配状态时的边际产出价值。

① 外贸货物的影子价格。外贸货物是指项目使用或生产某种货物将直接或间接影响国家对这种货物的进口或出口，包括以下几种。

a．项目产出物中直接出口、间接出口和替代进口的。

b．项目投入物中直接进口、间接进口和减少出口的。

原则上，对于影响进出口的不同，应当区别不同情况采取不同的影子价格定价方法。但在实践中，为了简化工作，可以只对项目投入物中直接进口的和产出物中直接出口的，采取进出口价格测定影子价格。对于间接进出口的仍按国内市场价格定价。

$$\text{直接进口投入物的影子价格（到厂价）}=\text{到岸价（CIF）}\times\text{影子汇率}+\text{贸易费用}+\text{国内运杂费} \tag{4-90}$$

$$\text{直接进口产出物的影子价格（到厂价）}=\text{离岸价（FOB）}\times\text{影子汇率}-\text{贸易费用}-\text{国内运杂费} \tag{4-91}$$

到岸价（cost insurance and freight，CIF）是指进口货物运抵我国进口口岸交货的价格，包括货物进口的货价、运抵我国口岸之前所发生的国外的运费和保险费。

离岸价（free on board，FOB）是指出口货物运抵我国出口口岸交货的价格，包括货物的出厂价和国内运费以及国内出口商的经销费用。

贸易费用是指物资系统、外贸公司和各级商业批发零售等部门经销物资货物的用影子价格计算的流通费用，包括货物的经手、储运、再包装、短距离倒运、装卸、保险、检验等商业流通环节上的费用支出，同时也包括流通中的损失、损耗以及资金占用的机会成本，但不包括长途运输费用。外贸货物的贸易费用一般可以通过货物的口岸价乘以贸易费用率计算得到。贸易费用率需要依照贸易货物的品种、贸易额、交易条件确定。

② 非外贸货物的影子价格。

国内市场没有价格管制的产品或服务，项目投入物和产出物不直接进出口的，按照非外贸货物定价，以国内市场价格为基础测定影子价格。

投入物影子价格（到厂价）＝市场价格＋国内运杂费　(4-92)

产出物影子价格（出厂价）＝市场价格－国内运杂费　(4-93)

（2）特殊投入物的影子价格。

① 影子工资。在国民经济评价中，劳动力的劳务费用按影子工资计算。影子工资主要包括劳力的机会成本和社会为劳动就业付出的但职工又未得到的其他代价。需要注意以下方面。

a．不同劳动力的差别。一般将职工分为技术人员与管理人员、熟练工人、非熟练工人3类。

b．原单位转出的劳动力并不使其产出下降，则此劳动力的影子工资为零。

c．由于劳动力转出而导致原单位的产出净损失，这就是调出人员的影子价格。影子工资可通过财务评价时所用的工资与福利费之和乘以影子工资的换算系数求得。影子工资换算系数由国家统一测定发布。

② 土地的影子价格。土地与劳动力一样，属于特殊投入物，如果进行建设项目的财务评价，只要计入土地的财务费用即可，但是在国民经济评价中，则需要寻找土地的影子价格。所谓土地的影子价格，是指该土地不是用于此项目，而是用于别的用途所能创造成净效益及社会为此而增加的资源消耗。这正是机会成本的概念。若项目所占用的土地是没有用处的荒山野岭，其机会成本可视为零；若项目所占用的农村用地，其机会成本为原农业净效益；若占用的是城市用地，可以用其财务费用替代影子价格。

③ 影子汇率。影子汇率是一个单位外汇折合成国内价格的实际经济价值，也称之为外汇的影子价格。它在国民经济评价中，用来进行外汇与人民币之间的换算。它不同于官方汇率，官方汇率是由中国人民银行定期公布的人民币对外汇的比价，是在币种兑换中实际发生的比价，而影子汇率仅用于国民经济评价，并不发生实际交换。

影子汇率的确定主要依据一个国家中某地区一段时间内进出口结构和水平、外汇的机会成本及发展趋势，外汇供需情况等因素变化。一旦上述因素发生较大变化后，影子汇率值需进行相应的调整。例如，20 世纪 80 年代末确定的影子汇率为 1 美元＝4.0 元人民币，而到 20 世纪 90 年代初，我国进出口的结构和外汇需求发生较大变化，曾将影子价格调整到 1 美元＝5.2 元人民币。

（3）影子价格的确定。

确定影子价格时，对于投入物和产出物，首先要区分为外贸货物、非外贸货物和特殊投入物三大类别，然后根据投入物和产出物对国民经济的影响分别处理。

① 外贸货物的影子价格。

在项目经济评价中，确定影子价格的实用方法，是以国际市场价格为基础调整国内市场价格而得到影子价格的。国际市场价格虽然不是理想的影子价格，但是由于国际市场价格是在国际范围的市场竞争中形成的，不受任何国家的控制，比较真实地反映了商品的价值。而且以国际市场价格为基础来确定影子价格，方法简单实用。

外贸货物是指其生产或使用会直接或间接影响国家出口或进口的货物。外贸货物中的进口品应满足国内生产成本大于到岸价格，否则不应进口；外贸货物中的出口品应满足国内生产成本小于离岸价格，否则不应出口。

到岸价格是指进口货物到达本国口岸的价格，包括国外购货成本（即国外的离境交货价格）及货物运到本国口岸所需要的运输费用和保险费，简称 CIF。离岸价格是指出口货物的离境交货价格，若为海港交货，则指“船上交货价格”，简称 FOB，到岸价格与离岸价格统称口岸价格。

原则上，石油、金属材料、金属矿物、木材及可以出口的商品煤，一般都划为外贸货物，这样做主要是由于调价方便的需要，而且考虑到这些货物或有较大的出口潜力，或因国内紧缺而需要大量进口。

a．项目产出物的影子价格（出厂影子价格）。

第一，直接出口的产出物影子价格。直接出口的产出物是指直接外销产品，其影子价格计算式为

$$SP = FOB \times SER - (T_1 + T_{r1}) \tag{4-94}$$

其中 T_1、T_{r1} 为国内运输费用和贸易费用。

第二，间接出口的产出物影子价格。间接出口的产出物主要是指内销产品，拟建项目的产品替代其他产品的国内销售，使其他产品增加出口。间接出口的产出物影子价格的计算式为

$$SP = FOB \times SER - (T_2 + T_{r2}) + (T_3 + T_{r3}) - (T_4 + T_{r4}) \tag{4-95}$$

式中：$T_2 + T_{r2}$——从原供应厂到口岸的运输费用和贸易费用；

$T_3 + T_{r3}$——从原供应厂到用户的运输费用和贸易费用；

$T_4 + T_{r4}$——从项目到用户的运输费用和贸易费用。

其中原供应厂指被替代产品的生产厂家，用户是指使用该产品的国内用户。当原供应厂和用户难以确定时，可以按照直接出口产出物计算。

第三，替代进口的产出物影子价格。

替代进口的产出物是指内销产品，以项目的产品替代进口产品，减少了该产品的进口。替代进口的产出物影子价格计算式为

$$SP = CIF \times SER + (T_5 + T_{r5}) - (T_4 + T_{r4}) \tag{4-96}$$

其中 T_5、T_{r5} 为从口岸到用户的运输费用和贸易费用。

b．项目投入物的影子价格（到厂影子价格）。

第一，直接进口的投入物影子价格。

直接进口的投入物的影子价格计算式为

$$SP = FOB \times SER + (T_1 + T_{r1}) \tag{4-97}$$

第二，间接进口的投入物影子价格。

指某产品的国内产量供不应求，需要进口才能满足国内市场的需求，拟建项目虽然使用国内某厂的产品，但相应增加了该产品的进口。间接进口物的影子价格计算式为

$$SP=CIF\times SER+(T_5+T_{r5})-(T_3+T_{r3})+(T_6+T_{r6}) \tag{4-98}$$

其中 T_6、T_{r6} 为从供应厂到项目的运输费用和贸易费用。

当原供应厂和用户难以确定时，可以按照直接进口的投入物计算。

第三，减少出口的投入物影子价格。

拟建项目使用了国内产品，减少了该产品的出口。减少出口的投入物影子价格计算式为

$$SP=FOB\times SER-(T_2+T_{r2})+(T_6+T_{r6}) \tag{4-99}$$

贸易费用是指物资系统、外贸公司、各级商业批发站等部门花费在货物流通过程中以影子价格计算的除长途运输费以外的费用。贸易费用按照贸易费用率计取。2006 年国家发展和改革委员会和国家住房和城乡建设部颁布的《建设项目经济评价参数》规定：贸易费用率取值 6%。

② 非贸易货物影子价格。

a．项目产出物的影子价格。

第一，增加供应数量满足国内消费的产出物。供求均衡的，按财务价格定价；供不应求的，参照国内市场价格定价，但不应高于相同质量产品的进口价格。

第二，不增加国内供应数量，只是替代其他相同或类似企业的产出物、致使被替代企业停产或减产的。质量与被替代产品相同的，应按被替代企业相应的产品可变成本分解定价；提高产品质量的，原则上按被替代产品的可变成本加提高产品质量带来的国民经济效益定价，其中，提高产品质量带来的效益，可以近似地按国际市场价格与被替代产品的价格之差确定。

第三，产出物按上述原则定价后，再计算为出厂价格。

b．项目投入物的影子价格。

第一，通过原供应企业挖潜（不增加投资）增加供应的投入物，按可变成本分解定价。

第二，通过扩大企业生产规模，以满足拟建项目需要的投入物，按全部成本（包括可变成本和固定成本）分解定价。

第三，通过减少原用户的供应量增加项目供应的投入物，参照国家市场价格、国家统一价格加补贴中较高者定价。

第四，投入物按上述原则定价后，再计算为到厂价格。

③ 特殊投入物的影子价格。

a．劳动力的影子工资。在国民经济评价中，劳动力的影子价格（劳务费用）用影子工资来反映。影子工资是国家和社会因项目使用劳动力而付出的代价。影子工资包括两个方面：

第一，劳动力的机会成本。指劳动力不被项目使用时，在原来岗位上为社会创造的净效益，即由于项目使用劳动力而使社会为此而放弃的原有效益。

第二，由于项目使用劳动力而使社会增加的（未付给职工）资源消耗（如搬迁费、培训费、城市交通费等）。

影子工资的计算公式为

$$影子工资=名义工资\times影子工资换算系数 \tag{4-100}$$

名义工资是指在财务评价中所列的实际支付给职工的工资和提取的职工福利基金。2006 年颁布的《建设项目经济评价参数》和《建设项目经济评价方法》把一般建设项目的工资换算系数确定为 0.25～0.8。在建设期间使用大量民工的项目，如水利、公路等土建工程项目，其民工工资换算系数为 0.5。

b. 土地的影子费用。土地的影子费用是指项目占用土地而使国民经济付出的代价。土地的影子费用包括两个方面。

第一，土地的机会成本指土地不被项目使用时，做其他用途为社会创造的净效益，即由于项目使用土地而使社会为此而放弃的原有效益。

第二，由于项目使用土地而使社会增加的资源消耗（如居民搬迁费、剩余农业劳动力安置费等）。

$$土地影子费用=土地机会成本+新增资源消耗费用 \tag{4-101}$$

大量建设项目占用的土地主要是农业用地，农用土地的机会成本按照拟建项目占用土地而使国民经济为此而放弃的该土地的“最好可行替代用途”的净效益测算，一般情况应根据具体情况，由项目评价人员自行测算。

3. 编制相关报表与计算国民经济评价指标

国民经济评价和财务评价相似，也是通过计算评价指标、编制相关报表来反映项目的国民经济效果。

1）国民经济评价的指标体系

国民经济评价的应用指标中，由于不计清偿能力，故无时间型指标，其余价值型指标、比率型指标与财务评价类似，并新增了一些反映外汇效果的指标，如图 4.31 所示。

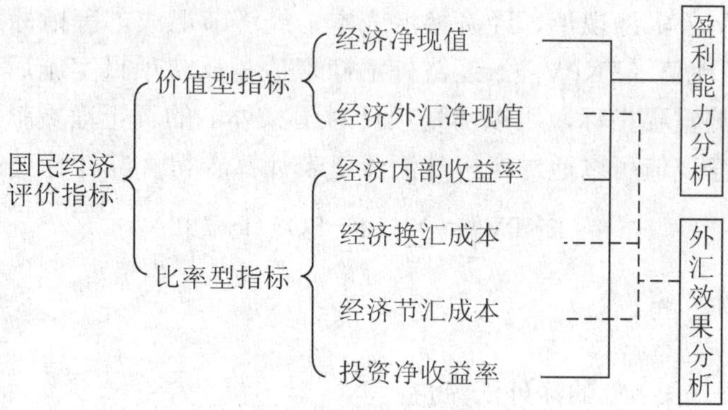

图 4.31 国民经济评价指标体系

2）国民经济评价指标

国民经济评价包括国民经济盈利分析和外汇效果分析，以经济内部收益率作为主要评价指标。根据项目的特点和实际需要，也可以计算经济净现值等指标。产品出口创汇及替代进口节汇的项目，要计算经济外汇净现值、经济换汇成本和经济节汇成本等指标。此外，还可以对难以量化的外部效果进行定性分析。

（1）国民经济盈利性分析评价指标。国民经济盈利性分析评价指标为经济内部收益率和经济净现值。

① 经济内部收益率（EIRR）。经济内部收益率是反映项目对国民经济净贡献的相对指标。该指标是使项目计算期内的经济净现值累计等于零时的折现率。其表达式为

$$\sum_{t=0}^{n}(B-C)_t(1+\mathrm{EIRR})^{-t}=0 \tag{4-102}$$

式中：B——现金流入量；

C——现金流出量；

$(B-C)_t$——第 t 年的净现金流量；

n——项目计算期，或经济寿命。

经济内部收益率可以通过经济现金流量表用试差法进行计算。求出的 EIRR 和社会折现率 i_s，进行比较，如果 EIRR≥i_s，项目应考虑可以接受。

② 经济净现值（ENPV）。经济净现值是反映项目对国民经济所做净贡献的绝对指标。该指标是用社会折现率将项目计算期内各年的净效益流量折算到建设期初的现值之和。当经济净现值大于零时，表明国家为项目付出代价后，除得到符合社会折现率的社会盈余外，还可以得到以现值计算的超额社会盈余。其计算公式为

$$\mathrm{ENPV}=\sum_{t=0}^{n}(B-C)_t(1+i_s)^{-t} \tag{4-103}$$

其中 i_s 为社会折现率。

一般情况下，经济净现值 ENPV≥0 的项目是可以考虑接受的。经济净现值通过经济现金流量表计算。

（2）外汇效果分析评价指标。涉及产品出口创汇或替代进口节汇的项目，应进行外汇效果分析，计算经济外汇净现值、经济换汇成本、经济节汇成本等指标。

① 经济外汇净现值（$\mathrm{ENPV_F}$）。经济外汇净现值是反映项目实施后对国家外汇收支造成直接或间接影响的重要指标，用以衡量项目对国家外汇的真正净贡献（创汇）或净消耗（用汇）。经济外汇净现值可以通过经济外汇流量表计算求得，其计算公式为

$$\mathrm{ENPV_F}=\sum_{t=0}^{n}(\mathrm{FI}-\mathrm{FO})_t(1+i_s)^{-t} \tag{4-104}$$

式中：FI——外汇流入量；

FO——外汇流出量；

$(\mathrm{FI}-\mathrm{FO})_t$——第 t 年的净外汇流量；

n——项目计算期，或经济寿命。

当有产品替代进口时，可以按净外汇效果计算经济外汇净现值。

② 经济换汇成本。当有产品直接出口时，应计算经济换汇成本。该指标是用影子价格、

影子工资和社会折现率计算出口产品投入的国内资源（包括投资、原材料、工资、其他投入和贸易费用）现值（用人民币表示）与出口产品的经济外汇净现值（用美元表示）之比，即换取 1 美元外汇所需要的人民币金额，是分析评价项目实施后在国际上的竞争力，进而判断该产品应否出口的重要指标，其计算公式为

$$\text{经济换汇成本}=\frac{\sum_{t=0}^{n}DR_t(1+i_s)^{-t}}{\sum_{t=0}^{n}(FI'-FO')_t(1+i_s)^{-t}} \tag{4-105}$$

式中：DR_t——项目在第 t 年生产出口产品投入的国内资源，用人民币表示；

FI'——出口产品的外汇流入量，用美元表示；

FO'——生产出口产品的外汇流出量，用美元表示。

经济换汇成本（元/美元）小于或等于影子汇率，表明该项目产品的国际竞争力强，出口或替代进口是有利的。

③ 经济节汇成本。当有产品替代进口时，应计算经济节汇成本，该指标等于项目计算期内生产替代进口产品所投入的国内资源（包括资源、原材料、工资、其他投入和贸易费用）的现值与生产替代进口产品的经济外汇净现值之比，即节约 1 美元外汇所需的人民币金额，其计算公式为

$$\text{经济节汇成本}=\frac{\sum_{t=0}^{n}DR_t''(1+i_s)^{-t}}{\sum_{t=0}^{n}(FI''-FO'')_t(1+i_s)^{-t}} \tag{4-106}$$

式中：DR''_t——项目在第 t 年为生产替代进口产品投入的国内资源，用人民币表示；

FI''——生产替代进口产品所节约的外汇，用美元表示；

FO''——生产替代进口产品的外汇流出，用美元表示。

经济节汇成本（元/美元）小于或等于影子汇率，表明该项目产品的国际竞争力强，出口或替代进口是有利的。

3）国民经济评价的基本报表

国民经济评价的基本报表分为国民经济效益费用流量表（全部投资）和国民经济效益费用流量表（国内投资）。前者以全部投资作为计算的基础，用以计算全部投资经济内部收益率、经济净现值、经济净现值率等评价指标；后者以国内投资作为计算的基础，将国外贷款利息和本金的偿还作为现金流出，用以计算国内投资的经济内部收益率、经济净现值、经济净现值率等指标。这两种表的格式如表 4-50、表 4-51 所示，表中内容可以根据实际情况增减。

表 4-50 国民经济效益费用流量表（全部投资）

序号	年份 项目	合计	建设期			投产期		达产期				
			1	2	3	4	5	6	7	8	9	…
	生产负荷/%											
1	效益流量											

续表

序号	年份 项目	合计	建设期			投产期		达产期				
			1	2	3	4	5	6	7	8	9	…
1.1	产品销售收入											
1.2	回收固定资产余值											
1.3	回收流动资金											
1.4	项目间接效益											
2	费用流量											
2.1	固定资产投资											
2.2	流动资金											
2.3	经营费用											
2.4	项目间接费用											
3	净效益流量（1−2）											

计算指标：① 经济内部收益率 EIRR；

② 经济净现值 ENPV。

表 4-51　国民经济效益费用流量表（国内投资）

序号	年份 项目	合计	建设期			投产期		达产期				
			1	2	3	4	5	6	7	8	9	…
	生产负荷/%											
1	效益流量											
1.1	产品销售收入											
1.2	回收固定资产余值											
1.3	回收流动资金											
1.4	项目间接效益											
2	费用流量											
2.1	固定资产投资中国内资金											
2.2	流动资金中国内资金											
2.3	经营费用											
2.4	流至国外的资金											
2.4.1	国外借款本金偿还											
2.4.2	国外借款利息支付											
2.4.3	其他											
2.5	项目间接费用											
3	净效益流量（1−2）											

计算指标：① 经济内部收益率 EIRR；

② 经济净现值 ENPV。

设计产品出口创汇及替代进口节汇的项目，还编制经济外汇流量表如表 4-52 所示。

表 4-52 经济外汇流量表

序号	年份 项目	合计	建设期			投产期		达产期				
			1	2	3	4	5	6	7	8	9	…
	生产负荷/%											
1	外汇流入											
1.1	产品销售外汇收入											
1.2	外汇借款											
1.3	其他外汇收入											
2	外汇流出											
2.1	固定资产投资中外汇支出											
2.2	进口原材料											
2.3	进口零部件											
2.4	技术转让费											
2.5	偿付外汇借款本息											
2.6	其他外汇支出											
3	净外汇流量（1−2）											
4	产品替代进口收入											
5	净外汇效果											

计算指标：① 经济外汇净现值；
② 经济换汇成本或经济节汇成本。

上述报表中所列流入和流出项均按影子价格、影子工资和影子汇率计算，并应剔除属于国民经济内部转移支付部分，如税金、补贴、国内借款利息等。

4．总结国民经济评价结论

根据国民经济评价指标的计算结果对建设项目的经济盈利能力、创汇能力、节汇能力、外汇平衡能力做出分析与判断。

任务实施

用国民经济评价基础知识解决投资项目经济评价问题，具体情况见模块七中建设项目经济评价案例分析中国民经济评价部分。

思考与练习

1．国民经济评价概念和作用是什么？简述影子价格的含义。
2．试述国民经济评价和财务评价的异同点。
3．国民经济评价的主要报表及指标是什么？如何计算国民经济评价指标？

4.6 可行性研究及报告编制

引言

在建设项目投资决策前，最重要的一项工作就是进行项目可行性研究。可行性研究工作从20世纪30年代美国在开发纳西河流域开始试行到现在，得以不断充实、完善和迅速发展，逐步形成一套完整系统的科学研究方法，其应用范围逐渐扩大。我国从1979年开始引进可行性研究以来，在全国范围内得到了广泛的应用，不仅成为各类规划设计单位、工程咨询公司进行投资项目经济评价和评估的指导性文件，而且也是各级计划部门审批项目建议书和可行性研究报告、各级金融机构审批贷款项目的重要依据。

4.6.1 可行性研究概述分析

教学目标

（1）了解可行性研究的概念与作用。
（2）熟悉可行性研究的内容和程序。

任务引入

拟建设项目，欲进行投资建设。在投资建设之前，应该做哪些准备工作？

任务分析

可行性研究如何进行？它的程序如何？研究的内容有哪些？报告如何编制？需要由相关的专业人士来完成。下面就来学习这部分知识。

相关知识

1. 可行性研究概述

1）可行性研究的概念

建设项目的可行性研究是在投资决策前，对与拟建项目有关的社会、经济、技术等各方面进行深入细致的调查研究，对各种可能采用的技术方案和建设方案进行认真的技术经济分析和比较论证，对项目建成后的经济效益进行科学的预测和评价。在此基础上，对拟建项目的技术先进性和适用性、经济合理性和有效性，以及建设必要性和可行性进行全面分析、系统论证、多方案比较和综合评价，由此得出该项目是否应投资建设和如何投资等结论性意见，为项目投资决策提供可靠的科学依据。

2）可行性研究的作用

（1）作为建设项目投资决策的依据。

可行性研究是项目投资建设的首要环节，项目投资决策者主要根据可行性研究的评价结果，决定一个建设项目是否应该投资和如何投资。

（2）作为编制设计文件的依据。

项目主管部门根据可行性研究报告编制项目的规划设计书、项目的施工图纸、项目的进度计划、项目贷款申请书等。

（3）作为向银行贷款的依据。

世界银行等国际金融组织都把可行性研究作为申请工程项目贷款的先决条件。国内的商业银行在项目建设贷款申请时，也首先对贷款项目进行全面、细致的分析评估后，确认项目偿债能力，才同意是否发放贷款。

（4）作为建设单位与各协作单位签订合同和有关协议的依据。

根据可行性研究报告和设计任务书，项目主管部门还可以同有关部门签订项目原材料、资源和基础设施等方面的协议和合同，以及同国外厂商对引进技术和设备正式签约。

（5）作为环保部门、地方政府和规划部门审批项目的依据。

项目可行性研究报告在审批后，还需地方规划部门、环保部门审查，审查合格后，才发放建设执照。

（6）作为施工组织、工程进度安排及竣工验收的依据。

（7）作为项目后评估的依据。

项目后评估的内容包括对项目可行性研究进行回顾，以此为基础进行分析，得出后评估的结论和建议。

3）可行性研究的阶段与内容

（1）可行性研究的工作阶段。

工程项目建设的全过程一般分为 3 个主要时期：投资前时期、投资时期和生产时期。可行性研究工作主要在投资前时期进行。投资前时期的可行性研究工作主要包括 4 个阶段：机会研究阶段、初步可行性研究阶段、详细可行性研究阶段、评价和决策阶段。

① 机会研究阶段。

投资机会研究又称投资机会论证。这一阶段的主要任务是提出建设项目投资方向建议，即在一个确定的地区和部门内，根据自然资源、市场需求、国家产业政策和国际贸易情况，通过调查、预测和分析研究，选择建设项目，寻找投资的有利机会。机会研究要解决两个方面的问题：一是社会是否需要；二是有没有可以开展项目的基本条件。

机会研究一般从以下几个方面着手开展工作。

a．以开发利用本地区的某一丰富资源为基础，谋求投资机会。

b．以现有工业的拓展和产品深加工为基础，通过增加现有企业的生产能力与生产工序等途径创造投资机会。

c．以优越的地理位置、便利的交通运输条件为基础分析各种投资机会。

这个阶段所估算的投资额和生产成本的精确程度控制在±30%左右，大中型项目的机会研究所需时间为 1～3 个月，所需费用约占投资总额的 0.2%～1%。

② 初步可行性研究阶段。

在项目建议书被国家计划部门批准后，对于投资规模大、技术工艺又比较复杂的大中型骨干项目，需要先进行初步可行性研究。初步可行性研究又称预可行性研究，是正式的详细可行性研究前的预备性研究阶段。主要目的包括：确定是否进行详细可行性研究；确定哪些关键问题需要进行辅助性专题研究。

初步可行性研究内容和结构与详细可行性研究基本相同，主要区别是所获资料的详尽程度不同、研究深度不同。对建设投资和生产成本的估算精度一般要求控制在±20%左右，研究时间大约为 4～6 个月，所需费用占投资总额的 0.25%～1.25%。

③ 详细可行性研究阶段。

详细可行性研究又称技术经济可行性研究，是可行性研究的主要阶段，是建设项目投资决策的基础。它为项目决策提供技术、经济、社会、商业方面的评价依据，为项目的具体实施提供科学依据。这一阶段的主要目标包括：提出项目建设方案。效益分析和最终方案选择。确定项目投资的最终可行性和选择依据标准。

这一阶段的内容比较详尽，所花费的时间和精力都比较大。建设投资和生产成本计算精度控制在±10%以内；大型项目研究工作所花费的时间为 8～12 个月，所需费用约占投资总额的 0.2%～1%；中小型项目研究工作所花费的时间为 4～6 个月，所需费用约占投资总额的 1%～3%。

④ 评价和决策阶段。

评价和决策是由投资决策部门组织和授权有关咨询公司或有关专家，代表项目业主和出资人对建设项目可行性研究报告进行全面的审核和再评价。其主要任务是对拟建项目的可行性研究报告提出评价意见，最终决策该项目投资是否可行，确定最佳投资方案。项目评价与决策是在可行性研究报告基础上进行的，其内容包括下述内容。

a．全面审核可行性研究报告中反映的各项情况是否属实。

b．分析项目可行性研究报告中各项指标计算是否正确，包括各种参数、基础数据、定额费率的选择。

c．从企业、国家和社会等方面综合分析和判断工程项目的经济效益和社会效益。

d．分析判断项目可行性研究的可靠性、真实性和客观性，对项目做出最终的投资决策。

e．最后写出项目评估报告。

2. 编制可行性研究报告

1）可行性研究报告的编制

（1）编制程序。

根据我国现行的工程项目建设程序和国家颁布的《关于建设项目进行可行性研究试行管理办法》，可行性研究的工作程序如下。

① 建设单位提出项目建议书和初步可行性研究报告。

② 项目业主、承办单位委托有资格的单位进行可行性研究。

③ 设计或咨询单位进行可行性研究工作，编制完整的可行性研究报告。

设计单位与委托单位签订合同后，即可开展可行性研究工作。一般按以下 5 个步骤开展工作。

a．了解有关部门与委托单位对建设项目的意图，并组建工作小组，制订工作计划。

b．调查研究与收集资料。

c．方案设计和优选。

d．经济分析和评价。

e．编写可行性研究报告。

（2）编制依据。

① 项目建议书（初步可行性研究报告）及其批复文件。

② 国家和地方的经济和社会发展规划，行业部门发展规划。

③ 国家有关法律、法规和政策。

④ 对于大中型骨干项目，必须具有国家批准的资源报告、国土开发整治规划、区域规划、江河流域规划、工业基地规划等有关文件。

⑤ 有关机构发布的工程建设方面的标准、规范和定额。

⑥ 合资、合作项目各方签订的协议书或意向书。

⑦ 委托单位的委托合同。

⑧ 经国家统一颁布的有关项目评价的基本参数和指标。

⑨ 有关的基础数据。

（3）编制要求。

① 编制单位必须具备承担可行性研究的条件。

② 确保可行性研究报告的真实性和科学性。

③ 可行性研究的深度要规范化和标准化。

④ 可行性研究报告必须经签证和审批。

2）可行性研究报告的审批

国家建设项目的可行性研究，按照原国家计划委员会（现为国家发展和改革委员会）的有关规定：大中型建设项目的可行性研究报告，由各主管部门及各省、市、自治区或全国性专业公司负责预审，报国家计委审批，或由国家计委委托有关单位审批；重大项目和特殊项目的可行性研究报告，由国家计委会同有关部门预审，报国务院审批；小型项目的可行性研究报告，按照隶属关系由各主管部门及各省、市、自治区或全国性专业公司审批。

3）可行性研究报告的编写内容

一般建设项目的可行性研究应包含以下几个方面内容。

（1）总论。

（2）产品的市场需求和拟建规模。

（3）资源、原材料、燃料及公用设施情况。

（4）建厂条件和厂址选择。

（5）项目设计方案。

（6）环境保护与劳动安全。

（7）企业组织、劳动定员和人员培训。

（8）项目施工计划和进度要求。

（9）投资估算和资金筹措。

（10）项目的经济评价。

（11）综合评价与结论、建议。

可以看出，建设项目可行性研究报告的内容可概括为三大部分：①市场研究，包括产品的市场调查和预测研究，这是项目可行性研究的前提和基础，其主要任务是要解决项目的“必要性”问题；②技术研究，即技术方案和建设条件研究，这是项目可行性研究的技术基础，它要解决项目在技术上的“可行性”问题；③效益研究，即经济效益的分析和评价，这是项目可行性研究的核心部分，主要解决项目在经济上的“合理性”问题。市场研究、技术研究和效益研究共同构成项目可行性研究的三大支柱。

任务实施

利用本任务基本知识编制建设项目可行性研究报告。

4.6.2　可行性研究报告编制

教学目标

掌握可行性研究报告的编写格式、内容。

任务引入

某建设公司获取了一块土地，欲进行开发建设。在开发建设之前，应该进行可行性研究，并编制可行性研究报告。

任务分析

可行性研究及报告编制需要由相关的专业人士完成。下面就学习可行性研究报告实例。

吴家山中心市场项目可行性研究报告

第一章　申报单位及项目概况

1.1　项目申报单位概况

武汉市吴家山市场物业管理有限公司是一家从事房地产开发、商品房销售、物业管理、门店摊位租赁及服务的综合性企业。公司成立多年来，依托投资方商贸管理经验，一直在进行集贸市场建设的市场调研工作，面对东西湖吴家山地区的良好发展势头，公司拟有偿受让位于东西湖区四明路以东、市场路以南、吴南花园以北 13.61 亩国有土地使用权，实施“吴家山中心市场”建设项目。

1.2　项目概况

1.2.1　项目的建设背景

本项目拟将建设以农贸市场为主，并设有餐饮娱乐区、便利店、业务用房等区域中心商贸市场，努力将“吴家山中心市场”建设成为东西湖区综合市场的标杆。

东西湖区是武汉市 13 个行政区之一，面积 495km^2，户籍人口达 25.4 万人，常住人口已经达到 34.5 万人。全区土地属国有农场土地，具有地域广、易开发的优势。

吴家山街地处东西湖区的政治、经济、文化、教育中心，人口约占全区人口的一半，加之人口的自然增长，预计到 2010 年辖区人口达到 20 万人；同时吴家山街得天独厚的地理交通优势及市场需求将吸引大量外来务工人员，流动人口随之不断增加。随着东西湖区经济和社会各项事业的大发展，武汉市委、市政府对东西湖区城镇化要求越来越高，作为东西湖区的中心区域，上级政府加大了对吴家山地区的环境改造力度，使吴家山街辖区内的硬件环境发生了巨大变化，城市功能不断增强，人居环境不断优化，经营城市的理念不断更新，社区建设的作用日益突出。

武汉市吴家山市场物业管理有限公司面对商业地产市场良好的发展机遇及吴家山区域人们物质及精神的需求，充分发挥东西湖区地理区位优势，拟利用已取得位于东西湖区四明路以东、市场路以南、吴南花园以北 13.61 亩国有土地使用权，实施“吴家山中心市场”建设项目。

1.2.2 建设地点

本项目建设地：武汉市东西湖区吴家山三秀路西、东吴大道南、四明路以东。

1.2.3 主要建设内容和规模

（1）规划净用地面积：9 072.58m^2（折合约 13.61 亩）。

（2）总建筑面积：25 886m^2（不含地下建筑面积），其中市场专营部分面积为 22 610m^2，业务用房建筑面积为 3 276m^2；地下建筑面积 14 380.7m^2（其中地下一层建筑面积为 7 190.7m^2，地下二层建筑面积为 7 190m^2）。

（3）总建筑基底面积：5 327m^2（折合约 7.99 亩）。

（4）容积率：2.85。

（5）建筑密度：58.7%。

（6）绿地率：20%（占地面积 1 814.52m^2、折合约 2.72 亩）。

（7）围墙、道路及停车场占地面积：1 931.06m^2（折合约 2.90 亩）。

（8）楼层层数：9 层。

（9）最高高度：40.5 m。

1.2.4 配套工程

（1）电力增容 1 600kVA。

（2）水增容 420m^3/d。

（3）配建公建等设施。

（4）建设供电、供水、消防及安防系统。

1.2.5 投资规模和资金筹措方案

（1）项目建设投资 13 967.69 万元；建设投资构成如表 4-53 所示。

表 4-53　建设投资构成表　　单位：万元

序 号	项　　目	估算价值	占投资比例
1	基础设施工程费用	217.55	1.56%
2	建筑安装工程	6 845.30	49.10%
3	设备购置	1 200	8.61%
4	其他费用	4 705.43	33.75%
	其中：土地使用权出让金	3 946.90	
5	预备费	648.41	4.65%
6	建设期贷款利息	351.00	2.32%
7	合　　计	13 967.69	100.00%

(2) 资金来源。本项目建设投资 13 967.69 万元，由企业自筹资金 6 967.69 万元，向银行贷款 7 000 万元。

1.2.6　经济效益分析

(1) 房产销售部分效益。

销售收入：15 078 万元。

营业税：754 万元。

附加税：121 万元。

利润总额：3 145 万元。

投资利润率：29.23%（税前）。

投资利税率：37.36%（税前）。

(2) 房产租赁部分效益。

营业收入：620 万元。

营业税金及附加：110 万元。

利润总额：293 万元。

投资利润率：11.06%（税前）。

投资利税率：15.21%（税前）。

(3) 总效益分析。

静态投资回收期（含建设期 1.5 年）：4.32 年（税后）。

动态投资回收期（含建设期 1.5 年）：6.55 年（税后）。

累计财务净现值（$i=12\%$）：1 041 万元（税后）。

财务内部收益率（IRR）22.19%（税后）。

1.2.7　项目建设期

项目建设期为 1.5 年。

1.2.8　主要技术经济指标

主要技术经济指标如表 4-54 所示。

表 4-54 主要技术经济指标汇总表

序号	指标名称	单位	数据		备注
1	建设规模				
1.1	规划净用地面积	m^2	9 072.58		折合约 13.61 亩
1.2	建筑占地面积	m^2	5 327		
1.3	建筑面积	m^2	25 886		
1.4	容积率		2.85		
1.5	建筑系数	%	58.7		
1.6	绿地率	%	20		
2	建设期	年	1.5		
3	项目总投资	万元	14 019.69		
3.1	建设投资	万元	13 967.69		
3.2	铺底流动资金	万元	16		
4	建设投资资金来源	万元	13 967.69		
4.1	建设单位自筹资金	万元	6 967.99		
4.2	申请银行贷款	万元	7 000		
5	流动资金来源	万元	52		
5.1	建设单位自筹资金	万元	52		
6	财务效益指标				
6.1	房产销售部分效益				
6.1.1	销售收入	万元	15 077.84		
6.1.2	营业税	万元	875		
6.1.3	附加税	万元	121		
6.1.4	利润总额	万元	3 145		
6.2	房产租赁部分效益				正常经营年份
6.2.1	营业收入	万元	620		
6.2.2	营业税金及附加	万元	110		
a	营业税	万元	31		
b	附加税	万元	5		
c	房产税	万元	74		
6.2.3	利润总额	万元	298		
6.3	财务评价指标		税前	税后	
6.3.1	房产销售投资利润率		29.23%	21.91%	
6.3.2	房产销售投资利税率		37.36%	30.04%	
6.3.3	房产租赁投资利润率	%	11.06	9.1	正常经营年份
6.3.4	房产租赁投资利税率	%	15.21	13.25	正常经营年份
6.3.5	静态投资回收期	年	1.66	4.32	含建设期 1.5 年
6.3.6	动态投资回收期	年	1.73	6.55	$i=12\%$，含建设期 1.5 年
6.3.7	财务内部收益率	%	35.65	22.19	
6.3.8	累计财务净现值	万元	2 096	1 041	$i=12\%$
7	盈亏平衡点	%	34.29		

第二章　发展规划、产业政策和行业准入分析

2.1　发展规划分析（略）

2.2　产业政策分析

建设用地类用途：商业用地。

2.3　行业准入分析（略）

第三章　总体规划及建设内容

3.1　建设条件

3.1.1　地形、地貌、地震情况

本项目拟建于武汉市东西湖区四明路，地处四明路和田园大道相交地带，交通极为便利，区位内居民小区密布，商业业态丰富，配套设施完善。

东西湖区地貌单元属汉江一级阶地冲积平原，地面高程为22.22～24.04m，最大高差为1.82m。

根据国家标准《建筑抗震设计规范》（GB 50011—2002，已废止，现行为GB 50011—2010）和《中国地震动参数区划图》（GB18306-2001），武汉市抗震设防烈度为6度，设计基本地震加速度值为0.05g，设计地震分组为第一组。项目区新建建筑抗震设防烈度为7度。

3.1.2.　工程地质与水文地质条件

（1）工程地质条件（略）。

（2）水文地质条件（略）。

3.1.3.　气候条件

项目区地处长江中下游亚热带季风性湿润气候，四季分明，春季寒潮活动频繁，气温骤升骤降，晴雨间变；春末夏初气候温和，雨水充沛，风向多变；秋季晴多雨少，冬季寒冷少雨，常有冰凌出现。每年7月、8月、9月为高温期，12月至次年2月为低温期，并有霜冻和降雪发生。

3.1.4　项目区市政公用设施依托条件

（1）交通条件。

近年来，东西湖区大力实施“路桥经济”战略，先后完成了金山大道、107国道吴家山高架桥、金山公路、环湖公路、惠安大道、金泉公路等路桥工程，全区已实现公路网络化，从吴家山到各办事处之间公路高等级化，农村村镇道路全部硬化的目标。路桥将495km^{2}的面积串联起来，形成了“半小时经济圈”。同时区域公路网络又与横贯境内的107国道、京珠高速公路、汉渝铁路、汉江航道、武汉中环、武汉外环、武汉轻轨、武汉天河国际机场高速公路相连，形成了立体交通网络。

（2）公用设施社会依托条件。

a. 供电：东西湖区电力供应来自华中电网，设有110kV双回路供电系统，其高压变电容量为18万kVA，供电能力充足。

b. 供水：东西湖区建有日供水量17万吨和6万吨自来水厂各一座，水质优良，四季供应均衡。

c. 排水：东西湖区排水系统属高灌低排明渠暗管网络结构，雨水入渠，污水经处理后经暗管排入市政排水管网。

d. 供气：项目区已通天然气，本项目只需就近接入即可使用。

e. 通信：区域内通信与市政通信网相连，线路畅通。省、市联网的电视网、宽带网已建设完成，移动通信网络已覆盖全区，通信条件极为方便。

3.2 总体规划

3.2.1 规划原则（略）

3.2.2 规划方案（略）

3.2.3 建设规模（参见 1.2.3 主要建设内容和规模）

3.3 主要建设内容及技术指标

3.3.1 主要建设内容

项目建筑物为中心市场。中心市场总建筑面积为 25 886 m^2（不含地下建筑面积），其中市场专营部分面积为 22 610m^2，业务用房建筑面积为 3 276m^2；地下建筑面积为 14380.7m^2（其中地下一层建筑面积为 7 190.7m^2，地下二层建筑面积为 7 190m^2）。

项目拟建的中心市场具体楼层分布及功能如表 4-55 所示。

表 4-55 楼层分布及功能一览表

序号	农贸市场	层高/m	楼层面积/m^2	功能
	第 9 层	4.4	819	业务用房
1	第 8 层	4.4	819	业务用房
2	第 7 层	3.4	819	业务用房
3	第 6 层	3.4	819	业务用房
4	第 5 层	4.5	2196	综合市场
5	第 4 层	4.5	5112	综合市场
6	第 3 层	4.5	5058	综合市场
7	第 2 层	4.5	4917	综合市场
8	第 1 层	5.4	5327	农贸市场
9	负 1 层	4.8	7 190.7（不计入建设面积）	仓库
10	负 2 层	3.3	7 190（不计入建设面积）	地下车库
总计			25 886	

功能分区如下：

吴家山中心市场第 6～9 层为业务用房，第 6、7 层层高为 3.4m，第 8、9 层层高为 4.4m。业务用房建筑面积为 3 276m^2。

吴家山中心市场第 1～5 层为市场，第 1 层为农贸市场，第 1 层层高 5.4m， 农贸市场东南角配备建设面积 60m^2城市公厕一座，公厕正西面设置建设面积 80m^2垃圾运转站一处，农贸市场总面积为 5 327 m^2，提供生鲜、蔬菜等农产品交易服务；第 2～5 层为综合市场，层高为 4.5m，综合市场总面积为 17 283m^2，提供餐饮、娱乐休闲等服务；市场总建筑面积为 22 610m^2。

吴家山中心市场负 1 层主要为仓库，同时设置主要设备用房。总面积为 7 190.7m^2。

吴家山中心市场负 2 层为地下车库，建设面积为 7 190m²。

建设绿化地占地面积 1 814.52m²（折合约 2.72 亩）。建设围墙、道路及停车场占地面积为 1 931.06m²（折合约 2.90 亩）。

3.3.2 设备方案（略）

3.3.3 技术指标（参见 1.2.3 主要建设内容和规模）

3.3.4 平面布置

（1）以四明路作为西立面；以东吴大道作为北立面，同时按规划要求留退位线作为人行道。

（2）考虑市场人流进出较多，三面临街（其中东面为规划道路），设 3 个主入口。在四明路，市场被临街独立面包围，既便于农贸市场的封闭式管理，同时也方便了市民购物及市场本身的噪声等问题的解决。

（3）6～9 层为业务用房区域。业务用房建在中心市场之上，辅之适宜的绿化设计，身处闹市却又远离尘嚣，使之成为一处理想的办公场所。

3.4 物业管理及服务（略）

3.5 组织机构及人员配置（略）

3.6 工程招投标

依照国家发展计划委员会 2000 年第 3 号令《工程建设项目招标范围和规模标准规定》，本项目建设必须进行招投标。

3.6.1 招投标依据（略）

3.6.2 招标范围

对勘察、设计、建筑工程、监理、设备、材料均实行招标。

3.6.3 招标组织形式

上述招标范围，将采取委托招标的方式……

3.6.4 招标方式

上述招标范围均采取公开招标。

3.7 实施进度安排

3.7.1 项目实施进度

本项目建设期 1.5 年。在建设期内需完成项目的前期准备、项目审批、设计、建筑工程及招投标等工作。具体安排略。

3.7.2 项目建设管理（略）

第四章 市场资源分析

4.1 武汉市商业地产市场现状

武汉是华中和长江中游地区重要的中心城市，根据总体规划，武汉市正加快现代化城市进程，追求“山水园林式的城市环境，现代国际性城市空间”，使其成为华中地区城市群中具有武汉特色城市风貌、高度城市化经济发达地区。

4.1.1 宏观经济形势分析（略）

4.1.2 武汉商业地产市场分析

（1）武汉商业地产进入开发的高潮期。

（2）武汉商业地产呈现出“百花齐放”的态势。

（3）武汉商业地产潜力巨大。

4.2 项目建设区域市场分析（略）

第五章 节能方案分析

5.1 用能标准和节能规范（略）

5.2 能耗状况和能耗指标分析（略）

5.2.1 给、排水（略）

5.2.2 供电、通信及安防系统（略）

5.2.3 供气管道

本工程供气管道拟采用耐压钢管铺设，可接入天然气源。

5.2.4 消防与防雷措施（略）

5.2.5 照度标准

走廊、厕所、楼梯间等公用场所：50lx。

农贸及综合市场：300lx。

业务用房区域：200lx。

5.2.6 空调系统（略）

5.3 节能措施和节能效果分析（略）

第六章 建设用地、征地拆迁及移民安置分析

6.1 项目选址及用地方案

6.1.1 地点与地理位置

本项目建设地：武汉市东西湖区吴家山三秀路西、东吴大道南、四明路以东。

武汉市东西湖区位于武汉市西北部，平面地理坐标为北纬 30°34′50″～30°47′30″，东经 113°53′23″～114°37′48″。

6.1.2 场址土地权属类别及占地面积

本项目拟用土地权属国有，规划净用地面积为 9 072.58m^2（折合约 13.61 亩），武汉市吴家山市场物业管理有限公司拟有偿受让该宗土地使用权。

6.1.3 规划用地性质及土地利用现状

（1）规划用地性质。

本宗地规划用地性质为商业用地，土地分类为商业用地。

（2）利用现状。

本宗地目前为待建。建设场地内无矿床、文物、通航及军事设施，本项目建设对防洪和排涝无影响。

6.2 土地利用合理性分析

本项目占地规模，集约和有效使用土地均按武汉市东西湖区国土资源（城市规划）管

理局的有关规定执行，该用地没有占用耕地。

6.3　征地拆迁和移民安置规划方案

根据武汉市东西湖区政府的有关规定，本宗地上的拆迁和移民安置工作由武汉市东西湖区国土资源管理局按国家有关规定统一协调解决。

第七章　环境和生态影响分析

7.1　社会环境条件

东西湖区是武汉市 13 个行政区之一，面积 495km^2，人口约 30 万。全区土地属国有农场土地，具有地域广、易开发的优势。

7.2　生态环境影响分析（略）

7.3　生态环境保护措施（略）

7.4　地质灾害影响分析（略）

综上所述，根据地质灾害危险性评估分级，本项目地质灾害危险性评估级别暂定为三级。

7.5　特殊环境影响

本项目建设场地内没有历史文化遗产和自然遗产。本项目建设对周围的风景名胜和自然景观等不会造成不利影响。

第八章　经济影响分析

8.1　投资估算

8.1.1　建设投资估算

（1）建设投资估算的范围。

本报告建设投资估算的范围是本项目建设工程中以下内容。

a. 建筑安装工程。

b. 道路、绿化等室外工程。

c. 供电，给、排水，弱电系统等其他工程费用。

d. 其他费用：建设单位管理费，勘察设计费，土地使用权出让金，包括城市基础设施配套费、商品砼保证金、公共消防设施配套费、白蚁防治费等在内的国家和地方规定的建筑工程前期有关费用，建设阶段有关费用，工程监理费，招标代理服务费等。

e. 基本预备费。

f. 建设期贷款利息。

（2）建设投资估算的主要依据和方法。

a. 建筑工程费用按 2003 年《湖北省建筑工程消耗量定额及统一基价表》、《湖北省装饰装修工程消耗量定额及统一基价表》、《湖北省建筑安装工程费用定额》、武汉市近期建设工程概算定额、材料价格及调差、管理费用、税金等有关规定，武汉市建设工程造价管理站《武汉地区建筑安装工程 2008 年 3 季度造价指数》等数据，并参照企业在当地近期完工的同类建筑物的单位面积综合造价，按 1 200 元/m^2 估算，地下建筑按 2 600 元/m^2 估算。

b. 设备价格按近期市场价估算。

c. 道路、停车场、绿化、供电、给排水等基础设施工程，参照当地近期完工的规模相近的建设工程投资，按工程量指标法或工程量估算。

d. 建设单位管理费根据财政部财建[2002]394 号文规定，按工程费用的 1%计算；勘察、设计费按国家计委、建设部计价格[2002]10 号文规定计算。

e. 本项目拟用地 13.61 亩，全部为净用地，土地使用权出让金按 300 万元/亩估算（含契税及交易服务费等）。

f. 城市基础设施配套费根据东西湖区政府有关规定，以新增建筑面积为基数，按 25 元/平方米计算；建筑工程前期有关规费按国家及地方有关部门规定计算。

g. 工程监理费按国家发改委、建设部发改价格[2007]670 号文规定计算；招标代理服务费按国家原发展计划委员会计价格[2002]1980 号文件规定的收费标准计算。

h. 基本预备费按工程费用及其他费用之和的 5%计算。

（3）建设投资。

本项目建设投资估算为 13 967.69 万元，建设投资构成如表 4-56 所示。

表 4-56 建设投资构成表 单位：万元

序号	项 目	估算投资	占投资比例/%
1	基础设施工程费用	217.55	1.56%
2	建筑安装工程	6 845.3	49.10%
3	设备购置	1 200	8.61%
4	其他费用	4 705.43	33.75%
	其中：土地使用权出让金	3 946.9	28.31%
5	预备费	648.41	4.65%
6	建设期贷款利息	351	2.32%
7	合计	13 967.69	100.00%

8.1.2 流动资金估算

本项目建成后，市场一层将向入驻本项目的经营者租赁。企业租赁经营所需流动资金，按流动资金年周转 12 次估算，预计正常经营年份需流动资金 52 万元，见附表 2（略）。

根据国家规定，本项目的铺底流动资金应为流动资金的 30%，即 52×30%＝16（万元）。

8.1.3 项目总投资

根据国家和有关部门关于项目总投资的规定，本项目的总投资＝建设投资＋建设期贷款利息＋铺底流动资金＝13 616.69＋351＋16＝13 983.69（万元）。

8.2 资金筹措方案

8.2.1 项目资本金

根据国务院国发[2009]27 号文及有关规定，本项目建设单位应具备的资本金按项目总投资的 20%计算，即 12 346×20%＝2 470（万元）。

本项目所需资本金由企业用自有资金投入。

8.2.2　建设投资资金筹措

本项目建设投资 13 967.69 万元全部由企业自有资金投入 6 967.69 万元，向银行贷款 7 000 万元。

8.2.3　流动资金资金来源

本项目租赁经营所需流动资金 52 万元，由企业逐年用自有资金增补。

8.3　用款计划

根据项目实施进度安排，预计建设期第 1 年完成土地使用权购置，完成建筑面积 25 886m^2 建设，其余部分在第 2 年完工。分年用款及资金筹措计划见附表（略）。

8.4　财务评价

8.4.1　财务评价依据

……

i. 项目计算期：本项目计算期定为 20 年，其中建设期 1.5 年，经营期 18.5 年。

j. 计算财务效益的项目投入总资金：按国家有关部门关于项目投入总资金的有关规定，本项目用以测算经济效益的项目投入总资金为 14 019.69 万元，其中建设投资 13 967.69 万元，流动资金 52 万元，并以 14 019.69 万元为基数计算财务效益指标。

8.4.2　销售部分净收益测算

本项目建筑面积共计 25 886m^2，其中市场 1 层建筑面积 5 327m^2；市场 2 层建筑面积 4 917m^2；市场 3 层建筑面积 5 058m^2；市场 4 层建筑面积 5 112m^2；市场 5 层建筑面积 2 196m^2；市场 6～9 层建筑面积 3 276m^2。除市场 1 层 5 327m^2 用于向入驻市场的经营者租赁外，其余 2～9 层（建筑面积共计 20 559 m^2）向入驻市场的企业或经营者销售。

（1）房产销售收入测算。

a. 销售量及销售计划：本项目拟销售的房产有第 2～9 层建筑面积共计 20 559 m^2。拟出售的商铺楼在建设期第 1 年主体结构完工，预计在第 2 年内销售 70%，第 3 年销售 30%，空置率按 3%计算。

b. 销售价格及付款方式：公司暂定 2 层商铺的销售均价为 9 900 元/m^2，3 层商铺的销售均价为 7 900 元/m^2，4 ~ 5 层商铺的销售均价为 6 900 元/m^2，6～9 层商铺的销售均价为 5 000 元/m^2。付款方式按当年付清（或由银行向购房者提供按揭，公司一次收回房款）测算。

c. 销售收入测算：预计本项目拟出售的商铺楼销售收入为 15 078 万元。销售计划见附表 4，销售收入测算见附表（略）。

（2）房产销售税金及附加测算。

房屋销售应纳营业税，税率 5%。附加税中，城市建设维护税、教育费附加、堤防费分别为营业税额的 7%、3%、2%，平抑物价基金、教育发展基金分别为销售收入的 1‰、1‰，预计本项目房产销售部分应纳营业税金及附加共计 875 万元，其中营业税 754 万元，附加税 121 万元，见附表 5（略）。

（3）销售成本测算。

建房成本按本项目建设投资除以总建筑面积测算：13 967.69 万元÷25 886m^2＝5 395.85 元/m^2，本项目拟销售的房产 20 559m^2 的建房成本为 5 395.85 元/m^2×20 559m^2＝10 761 万

元；房地产交易土地收益金根据项目建设地的土地等级，商铺楼按77元/m^2计算，共计36万元；销售费用（主要为广告宣传、人员工资等费用）按销售收入的1.5%测算，共计224万元。预计本项目拟销售的商铺楼的销售成本合计为11 056万元，见附表5（略）。

（4）销售净收益测算

预计拟销售的各种房产的销售净收益为3 145万元，并计入项目分年损益，销售净收益测算见附表6（略）。

8.4.3 租赁经营收入、经营税金及附加测算

（1）经营收入测算。

本项目建筑面积共计25 886m^2，其中市场1层商铺建筑面积5 327m^2用于向入驻本市场的经营者租赁经营。

空置率：在实际租赁经营中，可能会有少量商铺暂时未出租而空置，正常经营年份的空置率设定为3%。

单位面积年租金预测：参照东西湖地区同规模的营业场所单位面积年租金水平，本项目1层商铺单位面积平均年租金按1 200元/m^2（不含水电费用）测算。

商铺楼租金收入测算：按以上用于出租的建筑面积、空置率及单位面积年租金测算，本项目正常经营年份商铺楼的租金收入为1 200元/m^2×5 327m^2×（1－3%）＝620万元，见附表6（略）。

（2）经营税金及附加测算。

a. 营业税金及附加：房屋租金收入按国家规定应纳营业税，税率为5%；城市建设维护税、教育费附加、堤防费分别为应纳营业税额的7%、3%、2%，平抑物价基金、教育发展基金分别为经营收入的1‰。预计本项目正常经营年份应纳营业税31万元，应纳各种附加税5万元，见附表6（略）。

b. 房产税：根据我国现行有关税务法规，房屋出租还应交纳房产税，税率12%，预计本项目正常经营年份应纳房产税74万元。

c. 经营税金及附加：预计本项目正常经营年份应纳各种经营税金及附加共计110万元。

8.4.4 租赁经营总成本费用测算

成本费用按工资及附加、折旧费、摊销费、修理费、低值易耗品、物业管理用水电费、财务费用及其他费用等部分测算。

（1）工资及附加：预计本项目租赁经营需管理、保安、保洁及维修人员共计40人，人均年收入按15 000元测算，福利费按工资的14%提取。

（2）固定资产折旧费：本项目建设投资13 967.69万元中，预计租赁经营部分固定资产原值为1 785万元，其中房屋建筑物1 490万元，设备296万元。其折旧费按直线法、残值率5%测算，折旧年限为房屋建筑物30年，设备10年。

（3）无形及其他资产摊销费：预计租赁经营部分应分摊的土地使用权出让金无形资产投资为812万元，应分摊的建设单位管理费、勘察设计费及工程监理费等其他资产投资为164万元。其摊销费按从项目计算期第3年起，分别按40年、5年等额摊销测算。

（4）修理费：按租赁经营部分固定资产原值的1.2%测算。

（5）低值易耗品：按定员人均年 2 000 元测算。

（6）物业管理用水电费：参照东西湖地区规模相近的经营场所年物业管理用水电费水平，按营业收入的 0.8%测算。

（7）财务费用：本项目租赁经营部分长期贷款财务费用为 405 万元。

（8）其他费用：其他费用包括差旅费、交通费、办公费用、职工养老保险费、医疗保险费、劳动保护费等，按营业收入的 3%测算。

（9）总成本费用：预计本项目租赁经营部分在摊销完其他资产后正常经营年份的总成本费用为 188 万元，其中经营成本为 121 万元。租赁经营部分总成本费用测算见附表 7（略），固定资产折旧费测算、无形及其他资产摊销费测算分别见附表 8、附表 9（略）。

8.4.5　利润测算

利润测算见附表 10，根据附表 5 中本项目房产销售部分的销售收入为 15 078 万元，减去房产销售成本 11 059 万元、销售税金及附加 875 万元后，房产销售的利润总额为 3 145 万元。租赁经营部分正常经营年份的营业收入为 620 万元，减去总成本费用 188 万元、营业税金及附加 110 万元后，租赁经营的利润总额为 321 万元。

各年实现利润按 25%交纳所得税，预计房产销售部分应纳所得税 786 万元，所得税后利润为 2 358 万元。租赁经营部分正常经营年份应纳所得税 80 万元，所得税后利润为 241 万元。

8.4.6　财务盈利能力分析

根据《建设项目经济评价方法与参数》（第三版）提供的参数，本项目参照房地产开发项目的财务基准收益率，按 12%计取。

（1）财务评价指标。

根据“损益表”、“投资估算表”、“财务现金流量表”（见附表 11，略）计算出本项目的各项财务评价指标如下所述。

a. 房产销售投资利润率＝3 145/10 761×100%＝29.23%;

b. 房产销售投资利税率＝（3 145＋875）/10 761×100%＝37.36%;

c. 房产销售投资净利润率＝2 358/10 761×100%＝21.91%;

d. 房产销售投资净利税率＝（2 358＋875）/10 761×100%＝30.04%;

e. 租赁经营投资利润率＝298/（1 785＋752＋52）×100%＝11.06%;

f. 租赁经营投资利税率＝（298＋110）/（1 785＋752＋52）×100%＝15.21%;

g. 租赁经营投资净利润率＝245/（1 785＋752＋52）×100%＝9.1%;

h. 租赁经营投资净利税率＝（245＋110）/（1 785＋752＋52）×100%＝13.25%;

i. 静态投资回收期（含建设期 1.5 年）:

所得税前＝1.66 年，所得税后＝4.32 年;

j. 动态投资回收期（i=12%含建设期 1.5 年）:

所得税前＝1.73 年，所得税后＝6.55 年;

k. 累计财务净现值（i=12%）:

所得税前＝2 096 万元，所得税后＝1 041 万元;

l. 财务内部收益率（IRR）:

IRR（所得税前）＝35.65%，IRR（所得税后）＝22.19%。

以上前 4 项指标按房产销售总效益数据计算，中间 4 项指标按租赁经营正常经营年份数据计算。

（2）财务评价。

从以上各项指标中可以看出，本项目的所得税后静态、动态投资回收期分别为 4.32 年、6.55 年；所得税后财务内部收益率为 22.19%，高于 12%的财务基准收益率，所得税后累计财务净现值（i_c＝12%）为 1 041 万元，大于零，因此在财务上是可行的。

8.4.7 敏感性分析

（1）盈亏平衡分析。

本报告仅对租赁经营部分进行盈亏平衡分析。

a. 基础数据。

本项目租赁经营部分正常经营年份的基础数据为年固定成本为 176 万元；年营业收入为 620 万元；年营业税金及附加为 110 万元；年变动成本为 13 万元。

b. 盈亏平衡点。

按以上数据计算，本项目租赁经营部分正常经营年份以经营能力利用率表示的盈亏平衡点为 176/（620－110－13）×100%＝35.41%。

计算表明，当项目租赁经营部分正常经营年份的经营能力利用率达 34.29%或营业收入达 620×35.41%＝219.56（万元）时，可不亏不盈，盈亏平衡示意图见图（略）。

（2）敏感性分析。

a. 敏感性分析的主要因素及指标。

本项目的财务敏感性分析，主要分析销售（营业）收入、建设投资、经营成本等单因素变动时，对项目所得税后财务内部收益率、累计财务净现值和静态投资回收期的影响程度。

b. 敏感性分析结果。

敏感性指标的计算结果如表 4-57 所示。

表 4-57 敏感性分析表

变化因素及幅度 \ 指标		正常生产年利润/万元	累计财务净现值（i＝12%）/万元	财务内部收益率	敏感性系数	临界点
基本方案		298	859	17.75%		
固定资产投资	5%	294	147	12.83%	5.54	－5.8
固定资产投资	－5%	303	1 572	24.55%	7.66	
营业收入	5%	324	1 456	22.55%	5.40	
营业收入	－5%	273	263	13.62%	4.66	－7.0
经营成本	5%	292	824	17.53%	0.25	－128.8
经营成本	－5%	304	895	17.98%	0.25	

c. 敏感性分析。

从表 4-57 中可以看出，固定资产投资因素变动对项目财务评价指标的影响较大，销售（营业）收入因素变动的影响次之，经营成本因素变动的影响较小。在项目的财务内部收益率不低于财务基准折现率的条件下，允许各因素向不利方向变动的临界点，固定资产投资增加约 5.8%，销售（营业）收入减少约 7.0%，经营成本增加约 128.8%，表明本项目有一定的抗风险能力。

8.5　经济影响分析（略）

8.6　行业影响分析（略）

第九章　社会影响分析

9.1　社会影响效果分析（略）

9.2　社会适应性分析（略）

9.3　社会风险及对策分析

本项目的社会风险主要体现在对生态及环境保护的风险。

本项目建设在一定程度上改变项目建设地的生态环境；建筑风格设计不当会与自然环境不协调造成视觉污染；建筑垃圾处理不当会产生生态环境污染等问题，都应引起项目建设单位和承建商高度重视，并按各项环保控制措施贯彻落实，严格实行“谁开发、谁保护、谁建设、谁负责”的制度，坚决避免“建设性破坏和破坏性建设”现象发生。

在本项目的建设过程中，由于项目投资较大，建设内容多，环保要求高，技术设计涉及多个专业和不同技术标准，牵涉多个行业、部门和单位。因此，针对环境保护和生态系统建设中可能出现的各种风险，只要项目建设单位严格按项目建设设计规划要求进行，同时按项目环境评价报告中提出的各种环保措施来操作，完全可以避免出现上述风险。

第十章　结论与建议（略）

第十一章　附件（略）

任务实施

从上述学习中知道项目可行性研究的概念、作用、研究的阶段以及编写的内容。尤其通过项目可行性研究报告实例的学习，熟悉了可行性研究报告主要包含三大块内容：市场研究、技术研究、效益研究，它们是项目可行性研究报告的核心内容，也是我们之前所学习内容的总括。

思考与练习

1. 什么是可行性研究？其作用有哪些？
2. 可行性研究包括哪几个阶段？各阶段的任务是什么？
3. 可行性研究报告的编写包括哪些内容？

模块5

价值工程

价值工程（VE）是第二次世界大战（简称二战）以后发展起来的一种现代化的科学管理技术，一种新的技术经济分析方法。它是通过对产品的功能进行分析以节约资源和降低成本的有效方法，在建筑工程领域内也被广泛采用。

价值工程开始于对材料的采购和代用品的研究，继而扩展到产品的研究和设计，零部件的生产和改进，工具、装备的改进等方面，后来又发展到改进工作方法、作业程序、管理体系等领域。总之，凡是有功能要求和需要付出代价的地方都可以用这种方法进行分析。在产品方面，应用价值分析的重点是在开发和设计阶段，但新产品的设计并不是经常进行的，因此大量的工作是对现有产品进行分析和改进。

5.1 价值工程理论与研究

引言

价值工程（value engineering，VE）又称价值分析（value analysis，VA）是一门新兴的管理技术，是降低成本提高经济效益的有效方法。它于20世纪40年代起源于美国，麦尔斯（Miles）是价值工程的创始人。在二战之后，由于原材料供应短缺，采购工作常常碰到难题。经过在实际工作中不断探索，麦尔斯发现有一些相对不太短缺的材料可以很好地替代短缺材料的功能。后来，麦尔斯逐渐总结出一套解决采购问题的行之有效的方法，并且把这种方法的思想及应用推广到其他领域，如将技术与经济价值结合起来研究生产和管理的其他问题，这就是早期的价值工程。1955年这一方法传入日本后与全面质量管理相结合，得到进一步发扬光大，成为一套更加成熟的价值分析方法。麦尔斯发表的专著《价值分析的方法》使价值工程很快在世界范围内产生巨大影响。

知识链接

价值工程的起源事件

价值工程发展历史上的第一件事情是美国通用电器（GE）公司的石棉事件，二战期间，美国市场原材料供应十分紧张，GE急需石棉板，但该产品的货源不稳定，价格昂贵，时任GE工程师的麦尔斯开始针对这一问题研究材料代用问题，通过对公司使用石棉板的功能进行分析，发现其用途是铺设在给产品喷漆的车间地板上，以避免涂料沾污地板引起火灾，后来，麦尔斯在市场上找到一种防火纸，这种纸同样可以起到以上作用，并且成本低，容易买到，取得很好的经济效益。

5.1.1 认识价值工程

教学目标

了解信息资料的收集，熟悉价值工程的基本概念，掌握价值分析的步骤、价值分析对象的选择方法。

任务引入

【例5.1】 某高新技术开发区有两幢科研楼和一幢综合楼，其设计方案对比如下：

A楼方案，结构方案为大柱网框架轻墙体系，采用预应力大跨度叠合楼板，墙体材料采用多孔砖及移动式可拆装式分室隔墙，窗户采用单框双玻璃钢塑窗，面积利用系数为93%，单方造价为1 438元/m^2。

B 楼方案，结构方案同 A 楼方案，墙体采用内浇外砌，窗户采用单框双玻璃空腹钢窗，面积利用系数为 87%，单方造价为 1 108 元/m^2；

C 楼方案，结构方案采用砖混结构体系，采用多孔预应力板，墙体材料采用标准黏土砖，窗户采用单框双玻璃空腹钢窗，面积利用系数为 79%，单方造价为 1 082 元/m^2。

各方案功能权重与功能得分如表 5-1 所示。

表 5-1 各方案功能权重与功能得分

功能 \ 方案	功能权重	A	B	C
结构体系	0.25	10	10	8
模板类型	0.05	10	10	9
墙体材料	0.25	8	9	7
面积系数	0.35	9	8	7
窗户类型	0.10	9	7	8

回答以下问题：

1．试用价值工程方法选择最优设计方案。

2．为控制工程造价和进一步降低费用，拟针对所选的最优设计方案的土建工程部分，以工程材料费为对象开展价值工程分析，将土建工程部分划分为 4 个功能项目，各功能项目评分值及其目前成本如表 5-2 所示。按限额设计要求，目标成本额应控制为 12 170 万元。试分析各功能项目的目标成本及其可能降低的额度，并确定功能改进的顺序。

表 5-2 各方案功能权重与功能得分表

功能项目	功能评分	目前成本/万元
A．桩基围护工程	10	1 520
B．地下室工程	11	1 482
C．主体结构工程	35	4 705
D．装饰工程	38	5 105
合　计	94	12 812

任务分析

例 5.1 中问题的解决需要具备价值工程原理的基本知识，下面介绍价值工程理论相关知识。

相关知识

1．价值工程概述

1）价值工程的基本原理

（1）价值的概念。

价值工程中价值的概念不同于政治经济学中有关价值的概念。在这里价值是作为“评价事物（产品或作业）的有益程度的尺度”提出来的。价值高，说明有益程度高；价值低，则说明益处不大。例如，两种功能完全相同而价格不同的产品，从价值工程的观点看，价格低的物品价值就高，价格高的物品价值就低。

$$V=\frac{F}{C} \tag{5-1}$$

式中：V ——产品或服务的价值；

F —— 产品或服务的功能；

C —— 产品或服务的成本。

根据以上公式，提高价值有以下几种途径：

① 功能不变、成本降低。

② 功能提高、成本不变。

③ 功能提高、成本降低。

④ 功能大大提高、成本略有提高。

⑤ 功能略有降低、成本大大减少。前 4 种情况是常采用的，第 5 种情况适用于性能档次不高的产品。例如，为了使产品适应广大购买能力较低的对象，可以生产一些廉价的产品，往往也能取得很好的经济效果。

（2）价值工程的定义。

价值工程是提高产品价值的科学方法。价值工程中的“工程”的含义是指为实现提高价值的目标所进行的一系列分析研究活动。因此，价值工程可定义为，以最低的寿命周期费用，可靠地实现产品的必要的功能，对产品的功能、成本所进行的有组织的分析研究活动。这个定义主要强调价值工程的 3 个主要特点：寿命周期费用最低，功能分析，有组织的活动。

① 寿命周期费用最低。

任何事物都有其产生、发展和消亡的过程。事物从产生到其结束为止即为其寿命周期。就建筑产品而言，其寿命周期是指从规划、勘察、设计、施工建设、使用维修，直到报废为止的整个时期。

建筑产品在整个寿命周期过程中所发生的全部费用，称为寿命周期费用。它包括建设费用和使用费用两部分。建设费用是指建筑产品从筹建直到竣工验收为止的全部费用，包括勘察设计费、施工建造等费用。使用费用是指用户在使用中所发生的各种费用，包括维修费用、能源消耗费用、管理费用等。对于用户来说，建筑产品寿命周期费用 C 是建设费用 C_1 和使用费用 C_2 之和，即

$$C=C_1+C_2$$

建筑产品的寿命周期费用与建筑产品的功能有关。从图 5.1 可以看出，随着建筑产品功能水平的提高，建筑产品的使用费用降低，但是建设费用增高；反之，使用费用增高，建设费用降低。建设费用、使用费用与功能水平的变化规律决定了寿命周期费用如图 5.1 所示的马鞍形变化，决定了寿命周期费用存在最低值。建设费用 C_1 的曲线和使用费用 C_2 的曲线的交点所对应的寿命周期费用才是最低的，最低寿命周期费用 $C_{\min}$ 所对应的功能水平 F_0 是从费用方面考虑的最为适宜的功能水平。

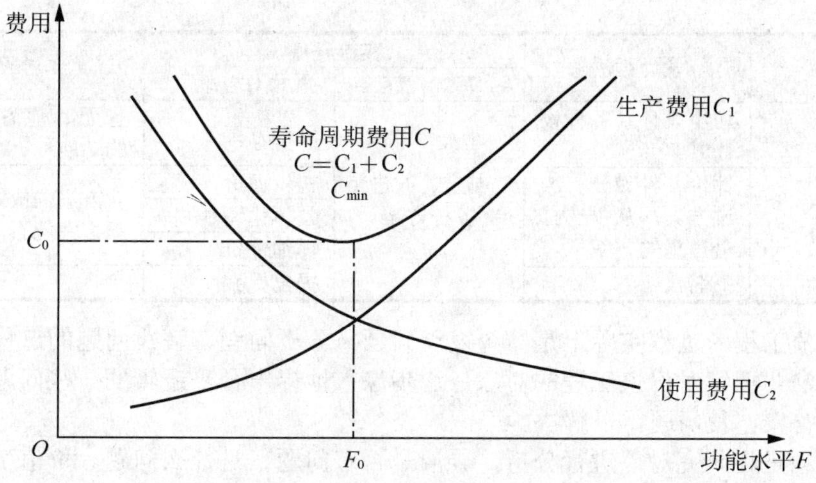

图 5.1　寿命周期费用与功能水平关系图

② 功能分析。

功能分析是价值工程的核心。功能是产品最本质的东西，人们购买产品实际上是购买这个产品所具有的功能。例如，人们需求住宅，实质是需求住宅所提供的生活空间的功能及辅助功能。但由于设计制造等原因，产品除具备满足用户需求的功能外，可能存在一些多余的功能，这必将造成产品不必要的成本。

通过功能分析，可发现哪些功能是必要的或过剩的，从而在改进方案中，去掉不必要的功能，减少过剩的功能，补充不足的功能，使产品功能结构更加合理。

③ 有组织的活动。

价值工程是有组织的创造性活动，需要进行系统的研究、分析。产品的价值工程，涉及设计、工艺、采购、加工、管理、销售、用户、财务等各个方面，需要调动各方面共同协作。

2）价值工程的基本工作程序

价值工程的工作程序一般划分为分析问题、综合研究、方案评价等 3 个阶段，以及选择对象、收集信息、功能定义、功能整理、功能成本分析、功能评价、确定对象范围、创造方案、初步评价、具体化调整、详细评价和提出提案等 12 个具体操作步骤，如表 5-3 所示。

表 5-3　价值工程的实施程序表

一般程序	设计程序	实施程序		对应问题
		基本程序	操作步骤	
准备阶段	功能调查	产品调查	选择对象	这是什么
			收集信息	
分析问题	对功能要求事项下定义	功能定义	功能定义	这是做什么用的
			功能整理	
	规定评价（功能要求事项实现程度的）标准	功能评价	功能成本分析	它的成本是多少
			功能评价	它的价值是多少
			确定对象范围	

续表

一般程序	设计程序	实施程序		对应问题
		基本程序	操作步骤	
综合研究	初步设计（各种设计方案）	制定、改进各种方案	创造方案	有无其他方法实现同样的功能
方案评价	评价各种设计、改进方案，从中选择最理想的方案		初步评价	新方案的成本是多少；新方案能否满足要求
			具体化调整	
			详细评价	
	书面化		提出提案	

开展价值工程的过程实际上是一个发现问题、分析问题、解决问题的过程，一般习惯于采用提问法，即针对价值工程的对象，逐步深入地提出合乎逻辑的一些问题，并通过回答问题寻找答案，使问题得以解决。

分析问题是将研究对象进行分析，弄清是否有问题，是什么问题。价值工程以功能为中心来分析问题，采用的功能分析方法包括功能定义、功能整理、功能评价等，对价值工程对象的功能、成本、价值进行定量、定性分析，为价值工程对象的改进提供科学依据。

综合研究是综合各方面情况制定解决问题的方案。

方案评价是对提出的各种设想和方案进行评价、筛选、择优，以确定最优方案。最后提出解决问题的提案，以达到改进价值工程对象、满足用户要求的目的。

这仅仅是价值工程的一般工作程序。由于价值工程应用范围广泛，其活动形式也不尽相同，因此在实际应用中，可以参照这个工作程序，根据对象的具体情况，应用价值工程的基本原理和方法，确定具体的实施措施和方法步骤。但作为这个工作程序的核心和关键，功能分析与评价、创造方案是不可缺少的。

2. 对象选择及信息资料收集

选择价值工程活动的对象，就是要具体确定功能成本分析的产品与零部件。这是决定价值工程活动收效大小的第一个步骤。

价值工程活动的对象一般是指价值低的、改善期望值高的和十分重要的产品（系统）。能否正确选择价值工程对象是价值工程活动成效大小，甚至成败的关键。例如，就建筑产品而言，其种类繁多，质量、成本、施工工艺和方法不尽相同，不可能把所有建筑产品作为价值工程对象。即使在一座建筑物的建设过程中，也不可能把所有环节作为价值工程对象。究竟选择哪个作为价值工程对象，这就需要根据一定的原则和采用一定的方法加以选定。

1）对象选择

（1）对象选择的一般原则。价值工程的目的在于提高产品价值，研究对象的选择要从市场需要出发，结合本企业实力，系统考虑。一般来说，选择价值工程的对象须遵循以下原则。

① 从设计方面看，对产品结构复杂、性能和技术指标差距大、体积大、重量大的产品进行价值工程活动，可使产品结构、性能、技术水平得到优化，从而提高产品价值。

② 从生产方面看，对量多面广、关键部件、工艺复杂、原材料和能源消耗高、废品率高的产品或零部件，特别是对量多、产值比重大的产品，只要成本下降，所取得的经济效

果就会大。

③ 从市场销售方面看，选择用户意见多、系统配套差、维修能力低、竞争力差、利润率低、寿命周期较长、市场上畅销但竞争激烈的产品或零部件，选择新产品、新工艺等。

④ 从成本方面看，选择成本高于同类产品、成本比重大的，如材料费、管理费、人工费等。

根据以上原则，对生产企业，有以下情况之一者，应优先选择为价值工程的对象：①结构复杂或落后的产品；②制造工序多或制造方法落后及手工劳动较多的产品；③原材料种类繁多和互换材料较多的产品；④在总成本中所占比重大的产品。

对由多个组成部分组成的产品，应优先选择以下部分作为价值工程的对象：①造价高的组成部分；②占产品成本比重大的组成部分；③数量多的组成部分；④体积或重量大的组成部分；⑤加工工序多的组成部分；⑥废品率高和关键性的组成部分。

（2）对象选择的方法。价值工程对象选择往往要兼顾定性分析和定量分析，因此，对象选择的方法有多种，不同方法适用于不同的价值工程对象。应根据具体情况选用适当的方法，以取得较好的效果。以下介绍几种常用的方法。

① 因素分析法，又称经验分析法，是指根据价值工程对象选择应考虑的各种因素，凭借分析人员的经验集体研究确定选择对象的一种方法。

因素分析法是一种定性分析方法，依据分析人员经验做出选择，简便易行。特别是在被研究对象彼此相差比较大以及时间紧迫的情况下才比较适用。在对象选择中还可以将这种方法与其他方法相结合，往往能取得更好效果。因素分析法的缺点是缺乏定量依据、准确性较差，对象选择的正确与否，主要决定于价值工程活动人员的经验及工作态度，有时难以保证分析质量。为了提高分析的准确程度，可以选择技术水平高、经验丰富、熟悉业务的人员参加，并且要发挥集体智慧，共同确定对象。

② ABC 分析法，又称重点选择法或不均匀分布定律法，是应用数理统计分析的方法来选择对象。

这种方法由意大利经济学家帕累托（Pareto）提出，其基本原理为“关键的少数和次要的多数”，抓住关键的少数可以解决问题的大部分。在价值工程中，这种方法的基本思路是，首先把一个产品的各种部件（或企业各种产品）按成本的大小由高到低排列起来，然后绘成费用累积分配图（图 5.2）。然后将占总成本 70%～80%而占零部件总数 10%～20%的零部件划分为 A 类部件；将占总成本 5%～10%而占零部件总数 60%～80%的零部件划分为 C 类；其余为 B 类。其中 A 类零部件是价值工程的主要研究对象。

有些产品不是由各个部件组成，如工程项目投资等，对这类产品可按费用构成进行项目分类，如分为管理费、动力费、人工费等，将其中所占比重最大的，作为价值工程的重点研究对象。这种分析方法也可从产品成本利润率、利润比重角度分析，其中利润额占总利润比重最低，而且成本利润率也最低的，应当考虑作为价值工程的研究对象。

ABC 分析法抓住成本比重大的零部件或工序作为研究对象，有利于集中精力重点突破，取得较大效果，同时简便易行，因此广泛为人们所采用。但在实际工作中，有时由于成本分配不合理，造成成本比重不大但用户认为功能重要的对象可能被漏选或排序推后。ABC 分析法的这一缺点可以通过经验分析法、强制确定法等方法补充修正。

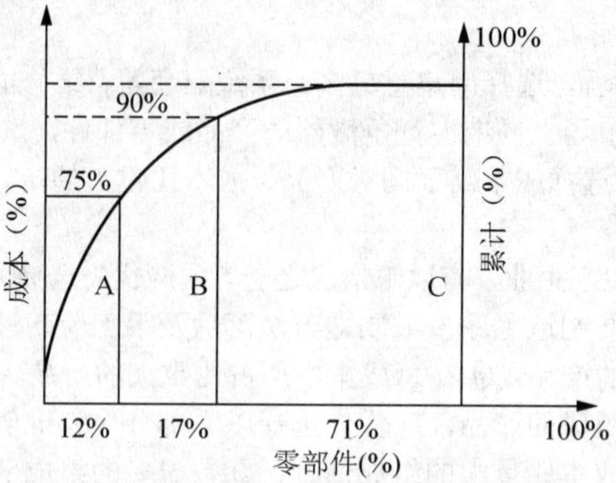

图 5.2　ABC 法分析原理图

③ 强制确定法，它是以功能重要程度作为选择价值工程对象的一种分析方法。具体做法是，先求出分析对象的成本系数、功能系数，然后得出价值系数，从而判断分析对象的功能与成本之间是否相符。如果不相符，价值低的则被选为价值工程的研究对象。这种方法在功能评价和方案评价中也有应用。

强制确定法从功能和成本两方面综合考虑，比较适用、简便，不仅能明确揭示出价值工程的研究对象，而且具有数量概念。但这种方法是人为打分，不能准确反映功能差距的大小，只适用于部件间功能差别不太大且比较均匀的对象，而且一次分析的部件数目也不能太多，以不超过 10 个为宜。在零部件很多时，可以先用 ABC 法、经验分析法选用重点部件，然后再用强制确定法细选；也可以用逐层分析法，从部件选起，然后在重点部件中选出重点零件。

④ 百分比分析法，这是一种通过分析某种费用或资源对企业的某个技术经济指标的影响程度的大小（百分比），来选择价值工程对象的方法。

⑤ 价值指数法，这是通过比较各个对象（或零部件）之间的功能水平位次和成本位次，寻找价值较低对象（零部件），将其作为价值工程研究对象的一种方法。

2）信息资料收集

当价值工程活动的对象选定以后，就要进一步开展信息资料收集工作，这是价值工程不可缺少的重要环节。通过信息资料的收集，可以得到价值工程活动的依据、标准和对比的对象；通过对比又可以受到启发，打开思路，发现问题，提到差距，以明确解决问题的方向、方针和方法。

开展价值工程活动所需的信息资料，应视具体情况而定。对于产品分析来说，一般应收集以下几个方面的资料。

（1）用户方面的信息资料。收集这方面的信息资料是为了充分了解用户对对象产品的期待、要求。包括用户使用目的、使用环境和使用条件，用户对产品性能方面的要求，操作、维护和保养条件，对价格、配套零部件和服务方面的要求。

（2）市场销售方面的信息资料。包括产品市场销售量变化情况，市场容量，同行业竞争对手的规模、经营特点、管理水平，产品的产量、质量、售价、市场占有率、技术服务和用户反应等。

(3) 技术方面的信息资料。包括产品的各种功能、水平高低，实现功能的方式和方法。本企业产品设计、工艺、制造等技术档案，国内外同类产品的技术资料，如同类产品的设计方案、设计特点、产品结构、加工工艺、设备、材料、标准、新技术、新工艺、新材料、能源及“三废”处理等情况。

(4) 经济方面的信息资料。成本是计算价值的必要依据，是功能成本分析的主要内容。应了解同类产品的价格、成本及构成（包括生产费、销售费、运输费、零部件成本、外协件、“三废”处理等）。

(5) 本企业的基本资料。包括企业的经营方针、内部供应、生产、组织，生产能力及限制条件，销售情况以及产品成本等方面的信息资料。

(6) 环境保护方面的信息资料。包括环境保护的现状，“三废”状况，处理方法和国家法规标准。

(7) 外协方面的信息资料。包括外协单位状况，外协件的品种、数量、质量、价格、交货期等。

(8) 政府和社会有关部门的法规、条例等方面的信息资料。国家有关法规、条例、政策、环境保护、公害等有关影响产品的资料。

收集的资料及信息一般需加以分析、整理，剔除无效资料，使用有效资料，以利于价值工程活动的分析研究。

任务实施

可以运用价值工程理论基本知识理解例 5.1 中的两个问题。

5.1.2 功能分析

教学目标

了解功能的分类，熟悉功能整理的程序及方法，掌握功能评价的步骤、方法。

任务引入

例 5.1 中问题的解决在掌握基本概念的基础上同时需要具备功能定义、整理、分类、评价等基本知识，下面介绍功能分析相关知识。

相关知识

1. 功能的系统分析

功能分析是价值工程活动的核心和基本内容。它通过分析信息资料，用动词和名词的组合方式简明正确地表达各对象的功能，明确功能特性要求，并绘制功能系统图，从而明确产品各功能之间的关系，以便于去掉不合理的功能，调整功能间的比重，使产品的功能结构更合理。功能分析包括功能定义、功能整理和功能计量等内容。通过功能分析，回答对象“是干什么用的”的这一提问，从而准确地掌握用户的功能要求。

1）功能定义

任何产品都具有使用价值，即功能。功能定义就是以简洁的语言对产品的功能加以描述。这里要求描述的是“功能”，而不是对象的结构、外形或材质。因此，功能定义的过程就是解剖分析的过程，如图 5.3 所示。

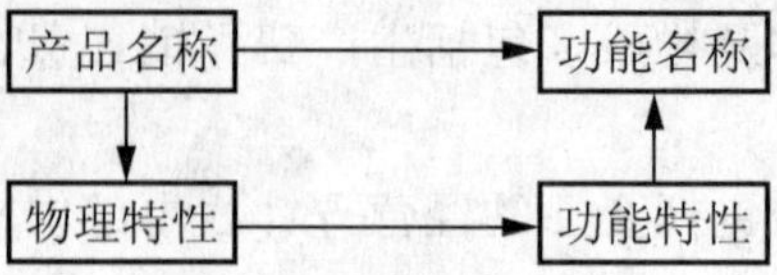

图 5.3　功能定义过程

通过对功能下定义，可以加深对产品功能的理解，并为以后提出功能代用方案提供依据。功能定义一定要抓住问题的本质，头脑里要问几个“为什么”，如这是做什么用的，为什么它是必不可少的，没有它行不行等。功能定义通常用一个动词和一个名词来描述，不宜太长，以简洁为好。动词是功能承担体发生的动作，而动作的对象就是作为宾语的名词。例如，基础的功能是“承受荷载”，这里基础是功能承担体，“承受”是表示功能承担体（基础）发生动作的动词，“荷载”则是作为动词宾语的名词。但是，并不是只要动词加名词就是功能定义。对功能所下的定义是否准确，对下一步工作影响很大。因此，对功能进行定义需要反复推敲，既简明准确，便于测定，又要系统全面，一一对应。

2）功能分类

根据功能的不同特性，可将功能从不同的角度进行分类。

（1）按功能的重要程度分类。

产品的功能一般可分为基本功能和辅助功能两类。基本功能就是要达到这种产品的目的所必不可少的功能，是产品的主要功能，如果不具备这种功能，这种产品就失去其存在的价值。例如，建设工程承重外墙的基本功能是承受荷载，室内间壁墙的基本功能是分隔空间。辅助功能是为了更有效地实现基本功能而附加的功能，是次要功能，如墙体的隔声、隔热就是墙体的辅助功能。

（2）按功能的性质分类。

产品的功能可分为使用功能和美学功能。使用功能是从功能的内涵反映其使用属性，是一种动态功能。美学功能是从产品的外观反映功能的艺术属性，是一种静态的外观功能。建筑产品的使用功能一般包括可靠性、安全性和可维修性等，其美学功能一般包括造型、色彩、图案等。无论是使用功能和美学功能，都是通过基本功能和辅助功能来实现的。建筑产品购配件的使用功能和美学功能要根据产品的特点而有所侧重。有的产品应突出其使用功能，如地下电缆、地下管道等；有的应突出其美学功能，如塑料墙纸、陶瓷壁画等。当然，有的产品两者功能兼而有之。

（3）按用户的需求分类。

功能可分为必要功能和不必要功能。必要功能是指用户所要求的功能以及与实现用户所需求功能有关的功能，使用功能、美学功能、基本功能、辅助功能等均为必要功能；不必要功能是不符合用户要求的功能，又包括 3 类：一是多余功能；二是重复功能；三是过剩功能。不必要的功能，必然产生不必要的费用，这不仅增加了用户的经济负担，而且还浪费了资源。因此，功能分析是为了可靠地实现必要功能。对这部分功能，无论是使用功能，还是美学功能，都应当充分而可靠地实现，即充分满足用户必不可少的功能要求。

（4）按功能的量化标准分类。

产品的功能可分为过剩功能与不足功能。这是相对于功能的标准而言，从定量角度对功能采用的分类。过剩功能是指某些功能虽属必要，但满足需要有余，在数量上超过了用户要求或标准功能水平。不足功能是相对于过剩功能而言的，表现为产品整体功能或零部件功能水平在数量上低于标准功能水平，不能完全满足用户需要。

总之，用户购买一项产品，其目的不是为了获得产品本身，而是通过购买该项产品来获得其所需要的功能。因此，价值工程中的功能，一般是指必要功能。价值工程对产品的分析，首先是对其功能的分析，通过功能分析，弄清哪些功能是必要的，哪些功能是不必要的，从而在创新方案中去掉不必要的功能，补充不足的功能，使产品的功能结构更加合理，达到可靠地实现使用者所需功能的目的。

3）功能整理

在进行功能定义时，只是把认识到的功能用动词加名词列出来，但因实际情况很复杂，这种表述不一定都很准确，也不一定都很有条理，因此需要进一步加以整理。

（1）功能整理的目的。

功能整理是用系统的观点将已经定义了的功能加以系统化，找出各局部功能相互之间的逻辑关系，并用图表形式表达，以明确产品的功能系统，从而为功能评价和方案构思提供依据。通过功能整理，应满足以下要求。

① 明确功能范围。弄清楚几个基本功能，这些基本功能又是通过什么实现的。

② 检查功能之间的准确程度。定义下得正确的就肯定下来，不正确的加以修改，遗漏的加以补充，不必要的就取消。

③ 明确功能之间上下位关系和并列关系。即功能之间的目的和手段关系。按逻辑关系，把产品的各个功能相互联系起来，对局部功能和整体功能的相互关系进行研究，达到掌握必要功能的目的。

（2）功能整理的一般程序。

功能整理的主要任务就是建立功能系统图。因此，功能整理的过程也就是绘制功能系统图的过程，其工作程序如下所述。

① 编制功能卡片。把功能定义写在卡片上，每条写一张卡片，这样便于排列、调整和修改。

② 选出最基本的功能。从基本功能中挑选出一个最基本的功能，也就是最上位的功能（产品的目的），排列在左边。其他卡片按功能的性质，以树状结构的形式向右排列。并分别列出上位功能和下位功能。

③ 明确各功能之间的关系。逐个研究功能之间的关系，也就是找出功能之间的上下位关系。

④ 对功能定义作必要的修改、补充和取消。

⑤ 把经过调整、修改和补充的功能，按上下位关系，排列成功能系统图。

功能系统图是按照一定的原则和方式，将定义的功能连接起来，从单个到局部，再从局部到整体而形成的一个完整的功能体系。其一般形式如图 5.4 所示。

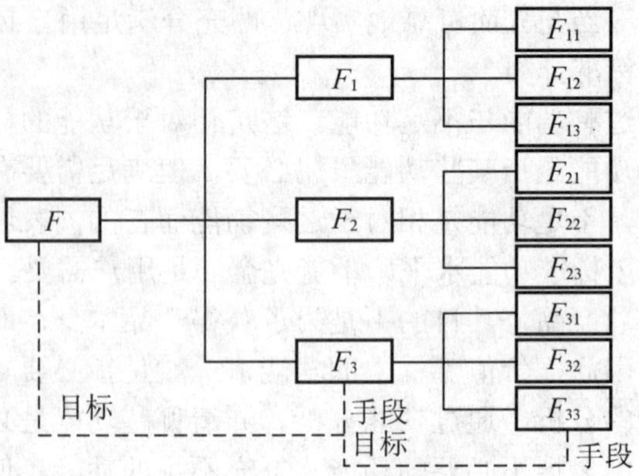

图 5.4　功能系统图

图 5.4 中，从整体功能 F 开始，由左向右逐级展开，在位于不同级的相邻两个功能之间，左边的功能（上级）是右边功能（下级）的目标，而右边的功能（下级）是左边功能（上级）的手段。

4）功能计量

功能计量是以功能系统图为基础，依据各个功能之间的逻辑关系，以对象整体功能的定量指标为出发点，从左向右逐级测算、分析，确定出各级功能程度的数量指标，揭示出各级功能领域中有无功能不足或功能过剩，从而为保证必要功能、剔除过剩功能、补足不足功能的后续活动（功能评价、方案创新等）提供定性与定量相结合的依据。

功能计量又分对整体功能的量化和对各级子功能的量化。

（1）整体功能的量化。

整体功能的计量应以使用者的合理要求为出发点，以一定的手段、方法确定其必要功能的数量标准，它应能在质和量两个方面充分满足使用者的功能要求而无过剩或不足。整体功能的计量是对各级子功能进行计量的主要依据。

（2）各级子功能的量化。

产品整体功能的数量标准确定之后，就可依据“手段功能必须满足目的功能要求”的原则，运用目的-手段的逻辑判断，由上而下逐级推算、测定各级手段功能的数量标准。各级子功能的量化方法有很多，如理论计算法、技术测定法、统计分析法、类比类推法、德尔菲法等，可根据具体情况灵活选用。

2. 功能评价

通过功能分析与整理明确必要功能后，价值工程的下一步工作就是功能评价。

功能评价，即评定功能的价值，是指把找出实现功能的最低费用作为功能的目标成本（又称功能评价值），以功能目标成本为基准，通过与功能现实成本的比较，求出两者的比值（功能价值）和两者的差异值（改善期望值），然后选择功能价值低、改善期望值大的功能作为价值工程活动的重点对象。功能评价工作可以更准确地选择价值工程研究对象，同时制定目标成本，有利于提高价值工程的工作效率，并增加工作人员的信心。

功能评价的程序如图 5.5 所示。

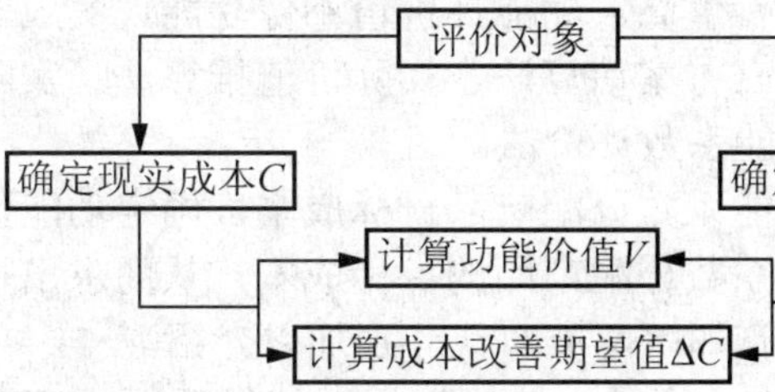

图 5.5 功能评价的程度

功能评价的方法包括功能成本法和功能指数法。

1）功能成本法

功能成本法又称绝对值法，是通过一定的测算方法，测定实现应有功能所必须消耗的最低成本，根据功能评价的程序，首先要同时计算为实现应有功能所消耗的目标成本，经过分析、对比，求得对象的价值系数、确定价值工程的改进对象。其步骤如下所述。

（1）计算功能现实成本。

以前所涉及的成本都是以产品或构配件为对象进行计算的。而功能成本则不然，它是按产品或构配件的功能来计算的。在建筑产品中，一个构配件往往具有多种功能，而一种功能也往往通过几种构配件来实现。因此，计算功能的现实成本，实际上就是把构配件的成本转移分配到功能成本上去。

【例 5.2】 已知某产品由 5 个部件组成，有 6 种功能 F_1～F_6，现已知各构件的现实成本、试确定功能的现实成本。

【解】 F_1～F_6 6 种功能现实成本，由 5 种构配件来实现，第一步把与功能相对应的零部件名称及其现实成本填入表中。第二步把功能或功能领域 F_1～F_6 填入表中。把各构配件的现实成本逐一分摊到有关的功能上。例如，C 构件具备 F_1、F_3、F_6 3 种功能，则将 C 构件的 250 元成本根据实际情况及所起的作用的重要程度分配到这 3 种功能上去。第三步把每项功能所分摊的成本加以汇总，便得出功能 F_1～F_6 的现实成本 C_1～C_6，如表 5-4 所示。

表 5-4 功能 F_1～F_6 的现实成本

构配件			功能（或功能领域）					
序号	名称	成本/元	F_1	F_2	F_3	F_4	F_5	F_6
1	A	300	100		100		100	
2	B	200		50		150		
3	C	250	50		50			150
4	D	150		100		50		
5	E	100			40		60	
合计		C1 000	$C_1$150	$C_2$150	$C_3$190	$C_4$200	$C_5$160	$C_6$150

（2）功能评价值（目标成本）的推算。

所谓功能评价实际上就是评定功能的价值，把功能的现实成本与实现这种功能的最低可能费用进行比较，根据两者的比值判定功能价值的高低。功能评价值就是实现这种功能的最低费用，它是衡量功能价值的标准，如果它小于功能现实成本，则功能价值低；如果它与功能现实成本相等，则功能价值高。功能评价值不像功能现实成本那么容易确定，计算方法也不相同，其常用的方法有方案估算法、实际价值推算法、实际统计值评价法、功能系数评价法，下面着重介绍功能系数评价法。

功能系数评价法是一种按功能系数分配产品目标成本，确定功能评价值的方法，它先确定产品目标成本，然后按功能系数分配产品的目标成本，从而求出功能领域或相应构配件的目标成本。功能系数评价法有如下两类，现分别加以介绍。

① 按功能重要程度进行评价。这种方法是根据功能的重要程度确定出功能重要性系数，再根据该系数分配产品的目标成本，求出各项功能的目标成本。在实际工作中，它又分为老产品改进设计和新产品设计两种情况。

a．老产品改进设计。老产品在改进设计之前功能现实成本就已存在，因此可以利用功能系数和现实成本来确定功能评价值。

【例 5.3】 某产品由于某种原因需要进行改进，现已知该产品的功能领域，F_1～F_6的现实成本。试按功能的重要程度确定功能评价值（功能的目标成本）。

【解】

（1）将功能领域F_1～F_6的现实成本及功能系数分别填入表中的①、②两栏。产品的现实成本为 500 元，将其按功能重要性系数重新分配给各功能领域，其结果如表 5-5 第③栏所示。

（2）将各功能领域新分配的成本与现实成本进行比较，其结果可能出现如下 3 种情况。

① 各功能领域重新分配到的成本等于现实成本，则该成本就作为功能评价值。

② 新分配到的成本小于功能现实成本，如F_3、F_6，则应以新分配到的成本作为功能评价值。

③ 新分配到的成本大于功能现实成本，如F_1、F_4等，此时要根据实际情况做出判断。首先要分析功能系数确定得是否合理，若不合理，则应先调整功能系数，然后确定功能评价值；其次，应注意现实成本的投入是否过少，是否保证必要功能的实现。如果确实是用较少的成本实现了必要的功能，则应以现实成本作为功能评价值；否则，功能评价值就应取功能现实成本。

表 5-5 功能评价值

功能领域	现实成本/元 ①	功能系数 ②	重新分配成本/元 ③＝②×500	功能评价值/元（目标成本）④	成本降低目标/元 ⑤
F_1	100	0.23	115	100	—
F_2	60	0.18	90	60	—
F_3	130	0.20	100	100	30
F_4	60	0.14	70	60	—
F_5	50	0.15	75	50	—
F_6	100	0.10	50	50	50
合计	500	1.00	500	420	80

（3）将第④栏各功能领域的评价值汇总得 420 元，即可将之作为产品的目标成本，而

各功能领域的成本降低目标也随之计算出来，如表 5-5 中第⑤栏所示。

b. 新产品设计。在这种情况下，产品的目标成本基本上已被确定。但由于新产品设计不像老产品改进设计那样可利用原始成本资料，因此只能将新产品目标成本按功能重要性系数进行分配，求出各功能或功能领域的功能评价值作为功能目标成本。

【例 5.4】 已知某产品功能领域为 F_1～F_6。现已知该产品的目标成本为 500 元，试确定 F_1～F_6 的各功能评价值。

【解】 计算结果如表 5-6 所示。

表 5-6 功能评价值

功能领域①	功能系数②	功能评价值/元（目标成本）③=②×500
F_1	0.23	115
F_2	0.18	90
F_3	0.20	100
F_4	0.14	70
F_5	0.15	75
F_6	0.10	50
合 计	1.00	500

② 按实现功能的困难程度进行评价。该种方法与按功能重要程度进行评价的方法基本相同，所不同的是功能系数的确定不是以功能的重要性，而是以实现功能的困难程度为依据的。评价的具体步骤也与上述方法相同。

【例 5.5】 已知某产品的目标成本为 1 000 元，现由产品的实现功能的困难程度确定该产品的功能评价值。

【解】（1）求功能系数（表 5-7）。

表 5-7 目标成本

功能或功能领域①	实现功能困难对比②	暂定功能系数③	功能系数④=③/16	按功能系数分配目标成本/元⑤=④×1 000
F_1	$F_1=F_2+\Delta F_4$	4.8	0.30	300
F_2	$F_2=F_3+F_4$	4.6	0.29	290
F_3	$F_3=F_4+\Delta F_2$	2.4	0.15	150
F_4	$F_4=F_5+F_6+\Delta F_2$	2.2	0.14	140
F_5	$F_5=F_6$	1.0	0.06	60
F_6	—	1.0	0.06	60
合计	—	16.0	1.0	1 000

① 首先将功能或功能领域按实现功能的困难程度或按成本的大小排队（成本大者排在前面）。

② 然后按自上而下的顺序，将相邻功能的实现困难程度进行对比，其结果填入表中第②栏。对比时可能出现等于、稍大于后几项功能之和等情况，如 $F_5=F_6$、$F_3=F_4+\Delta F$ 等，此时 ΔF 具体定值由评判者给出。

③ 暂定最后一项功能的功能系数为 1.0，自下而上按第②栏的逻辑关系求出暂定功能系数填入第③栏，如 $F_3=F_4+\Delta F=2.2+0.2=2.4$ 等。再求出暂定系数之和 16。

④ 最后将各功能暂定功能系数分别除以暂定系数之和 16 得出功能系数，填入表中第④栏，如 F_1 的功能系数为 $4.8\div 16=0.30$。

（2）求目标成本。例如，F_1 的功能系数为 0.30，则其目标成本为 $1\,000\times 0.30=300$ 元，其他如表 5-7 第⑤栏所示。

方案估算法，是由一些有经验的专家，根据预先收集到的技术、经济情报，先初步构想出几种能实现功能的方案，并大致估算实现这些方案所需要的成本，经过分析、对比，以其中最低的成本作为功能评价值。

实际价值标准法，是根据对同类型产品的调查结果，从中选取成本最低者作为制定功能评价值的基准，这个基准就称为功能评价值。利用这个预先制定的成本基准，就可以求出不同功能程度的产品的功能评价值。

实际统计值评价法，是依靠大量的统计资料，算出历史上同类型产品功能成本结构的一般比例关系，利用该比例关系，预测产品的功能评价值。

（3）功能价值的计算与功能改善对象的选择。

求出功能现实成本的功能评价值后，根据价值公式 $V=F/C$ 便可求出功能价值，根据功能价值的高低选择功能改善对象及其先后优先顺序。功能价值 V 可能出现如下 3 种情况。

①$V=1$，功能价值理想，不作为功能改善对象。

②$V<1$，功能价值低，表明评价对象的目前成本偏高，一种可能是由于存在过剩的功能，另一种可能是功能虽无过剩，但实现功能的条件与方法不佳，以致使实现功能的成本大于功能的实际需要。这两种情况都应列入功能改进的范围，并且以剔除过剩功能及降低目前成本为改进方向。

③$V>1$，功能目前成本低于功能评价值，表明评价对象的功能目前成本低于实现该功能所应投入的最低成本，从而评价对象功能水平不足，没有达到用户的功能要求，应适当增加成本，提高功能水平。

在优先选择功能改善对象时，应注意不仅要以 V 这个相对数为依据，而且还应参考功能实现成本 C 和功能评价值 F 的绝对数（表 5-8）。

表 5-8　功能实现成本 C 和功能评价值 F 的绝对数

功能或功能领域	功能现实成本 C/元	功能评价值 F/元	功能价值 $V=F/C$	成本降低目标（$C-F$）/元	功能改善优先顺序
F_1	100	100	1.00	—	—
F_2	60	60	1.00	—	—
F_3	130	100	0.77	30	2
F_4	60	60	1.00	—	—
F_5	50	50	1.00	—	—
F_6	100	50	0.50	50	1
合计	500	420	—	80	—

2）功能指数法

功能指数法又称相对值法，是通过评定各对象功能的重要程度，用功能指数表示其功能程度的大小，然后将评价对象的功能指数与相对应的成本指数进行比较，得出该评价对象的价值指数，从而确定改进对象，并求出该对象的成本改进期望值。其计算公式为

$$价值指数（VI）=\frac{功能指数（FI）}{成本指数（CI）} \tag{5-2}$$

其中功能指数是指评价对象功能（如零部件）在整体功能中所占的比率，又称功能评价系数、功能重要度系数等，成本指数是指评价对象的目前成本在全部成本中所占的比率。

功能指数法的特点是用分值来表达功能程度的大小，以便使系统内部的功能与成本具有可比性，由于评价对象的功能水平和成本水平都用他们在总体中所占的比率来表示，这样就可以采用上面的公式方便地、定量地表达评价对象价值的大小。因此，在功能指数法中，运用价值指数来作为评定对象功能价值的指标。

功能指数法的工作程序如下所述。

（1）成本指数的计算。

成本指数可按下式计算：

$$第\ i\ 个评价对象的成本指数\ \mathrm{CI}_i=\frac{第 i 个评价对象的目前成本 C_i}{全部成本\sum C_i} \tag{5-3}$$

（2）功能指数的推算。

功能指数的推算是一个定性与定量结合的过程，其主要步骤是评价功能分值。功能分值的评定是在科学的评分原则的指导下，按用户要求应该达到的功能程度，采用适当的评分方法，评定各功能应有的分值。常用的方法有以下几种。

① 强制确定法，又称 FD 法，包括 01 法和 04 法两种方法。它是采用一定的评分规则，采用强制对比打分评定评价对象的功能指数。下面以 01 法为例来加以说明。

01 法是将各功能一一对比，重要者得 1 分，不重要的得 0 分；然后，为防止功能指数中出现零的情况，用各加 1 分的方法进行修正，最后用修正得分除以总得分即为功能指数。其过程如表 5-9 所示。

表 5-9　01 评分法

功 能	F_1	F_2	F_3	F_4	F_5	得分	修正得分	F_{II}
F_1	×	0	0	1	1	2	3	0.20
F_2	1	×	1	1	1	4	5	0.33
F_3	1	0	×	1	1	3	4	0.27
F_4	0	0	0	×	0	0	1	0.07
F_5	0	0	0	1	×	1	2	0.13
合　计						10	15	1.00

强制确定法适用于被评价对象在功能重要程度上的差异不太大，且评价对象子功能数目不太多的情况。

② 多比例评分法，是强制确定法的延伸，它是在对比评分时按（0，10）、（1，9）、（2，8）、（3，7）、（4，6）、（5，5）这 6 种比例来评定功能指数，其过程如表 5-10 所示。

表 5-10　多比例评分法

功　能	F_1	F_2	F_3	F_4	F_5	得分	F_{Ii}
F_1	×	4	2	6	7	19	0.19
F_2	6	×	4	8	7	25	0.25
F_3	8	6	×	9	9	32	0.32
F_4	4	2	1	×	4	11	0.11
F_5	3	3	1	6	×	13	0.13
合　计						100	1.00

③ 环比评分法，又称 DARE 法。这种方法是先从上至下依次比较相邻两个功能的重要程度，给出功能重要度比值，然后令最后一个被比较的功能的重要度值为 1（作为基数），依次修正重要度比值。其修正的方法是用排列在下面的功能修正重要度比值乘以与其相邻的上一个功能的重要度比值，就得出上一个功能的修正重要度比值。求出所有的修正重要度比值后，用其去除以总和数，得出各个功能的功能系数，其具体过程如表 5-11 所示。

表 5-11　环比评分法

功　能	重要度比值	修正重要度比值	F_i
F_1	1.50 →	2.25	0.29
F_2	0.50 →	1.5	0.19
F_3	3.0 →	3.00	0.39
F_4		1.00	0.13
合　计	7.75		1.00

环比评分法适用于各个评价对象之间有明显的可比关系，能直接对比，并能准确地评定功能重要度比值。

④ 逻辑流程评分法，该方法是按照逻辑思维，判断各评价对象在功能重要度方面的关系，评定分数，从而推算出评价对象的功能指数。其基本做法是：先将各评价对象按功能重要度上大小的顺序排列在表中；然后选定基准评价对象，适当规定其评分值；最后根据逻辑判断，自上而下地找出各评价对象功能重要度之间的数量关系，根据这种数量关系，推算出评价对象的功能指数，如表 5-12 所示。

逻辑评分法是一种相对评分法，适用于功能逻辑关系明显可比的情况。

表 5-12　逻辑流程评分法

功　能	逻辑关系（功能关系）	评 分 值	F_{Ii}
F_1	$F_1>3F_2$	500	0.64
F_2	$F_2>F_3+F_4+F_5+F_6+F_7$	150	0.19

续表

功　能	逻辑关系（功能关系）	评分值	F_{Ii}
F_3	$F_3 > F_5 + F_6 + F_7$	50	0.06
F_4	$F_4 > F_5 + F_6$	40	0.05
F_5	$F_5 > F_6$	20	0.03
F_6	$F_6 > F_7$	15	0.02
F_7	F_7	10	0.01
	合　计	785	1.00

（3）价值指数的计算。

价格指数 VI_i 计算公式为

$$VI_i = \frac{FI_i}{CI_i}$$

（4）功能价值的分析。

① VI=1，评价对象的功能比重与成本比重大致平衡，合理匹配，可以认为功能的目前成本是比较合理的。

② VI<1，评价对象的成本比重大于功能比重，表明相对于系统内的其他对象而言，目前所占的成本偏高，从而会导致该对象的功能过剩，应将评价对象列为改进对象，改进方向主要是降低成本。

③ VI>1，评价对象的成本比重小于功能比重，出现这种结果的原因可能有3个。

一是由于目前的成本偏低，不能满足评价对象实现其应具有的功能的要求，致使对象功能偏低，这种情况应列为改进对象，改善方向是增加成本。

二是对象目前具有的功能已经超过了其应有的水平，也存在过剩功能，应列为改进对象；改善方向是降低功能水平。

三是对象在技术、经济等方面具有某些特殊性，在客观上存在着功能很重要而需要耗费的成本却很少的情况，一般不列为改进对象。

注意： VI如果用于多方案评价选优，通常选择VI最大的且不超过3的方案作为最优方案。

任务实施

可用价值工程理论中的功能分析内容解决例5.1中的两个问题。

【解】

【问题一】 运用价值工程的方法、过程和原理进行设计方案评价选优。

分别计算各方案的功能指数、成本指数和价值指数，并根据价值指数选择最优方案。

（1）计算各方案的功能指数，如表5-13所示。

表5-13　各方案功能指数计算表

功能＼方案	合　计	功能权重	A	B	C
结构体系		0.25	10	10	8

续表

功能 \ 方案	合　计	功能权重	A	B	C
模板类型		0.05	10	10	9
墙体材料		0.25	8	9	7
面积系数		0.35	9	8	7
窗户类型		0.10	9	7	8
功能加权得分	23.85		9.05	8.75	7.45
功能指数	1.00		0.358	0.347	0.295

（2）计算各方案的成本指数，如表 5-14 所示。

表 5-14　各方案成本指数表

方　案	A	B	C	合　计
单方造价（元/m^2）	1 438	1 108	1 082	3 628
成本指数	0.396	0.305	0.298	0.999

（3）计算各方案的价值指数，如表 5-15 所示。

表 5-15　各方案价值指数表

方　案	A	B	C
功能指数	0.358	0.347	0.295
成本指数	0.396	0.305	0.298
价值指数	0.904	1.138	0.990

由表 5-15 的计算结果可知，B 方案的价值指数最高，为最优方案。

【问题二】

【解】根据表 5-2 所列数据，分别计算桩基维护工程、地下室工程、主体结构工程和装饰工程的功能指数、成本指数和价值指数；再根据给定的总目标成本额，计算各工程内容的目标成本额，从而确定其成本降低额度。具体计算结果汇总如表 5-16 所示。

表 5-16　各工程功能指数、成本指数、价值指数计算表

功能项目	功能评分	目前成本/万元	功能指数	目标成本/万元	成本指数	价值指数	成本降低额
A．桩基围护工程	10	1 520	0.106 4	1 295	0.118 6	0.897 1	225
B．地下室工程	11	1 482	0.117 0	1 424	0.115 6	1.011 2	58
C．主体结构工程	35	4 705	0.372 3	4 531	0.367 2	1.013 9	174
D．装饰工程	38	5 105	0.404 3	4 920	0.398 5	1.014 6	185
合　计	94	12 812	1.000 0	12 170	1.0		642

由表 5-16 的计算结果可知，桩基维护工程、地下室工程、主体结构工程和装饰工程均应通过适当方式降低成本。根据成本降低额的大小及价值指数偏离“1”的远近程度，功能改进顺序依次为桩基维护工程、装饰工程、主体结构工程、地下室工程。

注意：以上案例均采用功能指数法，问题一是利用价值指数对多方案选优，最后选择价值指数最大的 B 方案；问题二是利用价值指数对同一方案的多项功能（即各项工程）进行分析，最后 VI 指数不为“1”的均需改进，且偏离“1”越远的越需要改进。问题二也可以用功能成本法解答，解答过程如表 5-17 所示。

表 5-17 各工程目前成本、目标成本、价值系数计算表

功能项目	功能评分	目前成本/万元	功能指数	目标成本/万元	成本指数	价值系数	成本降低额
A．桩基围护工程	10	1 520	0.106 4	1 295	0.118 6	0.852 0	225
B．地下室工程	11	1 482	0.117 0	1 424	0.115 6	0.960 9	58
C．主体结构工程	35	4 705	0.372 3	4 531	0.367 2	0.963 0	174
D．装饰工程	38	5 105	0.404 3	4 920	0.398 5	0.963 8	185
合 计	94	12 812	1.000 0	12 170	1.0		642

由表 5-17 的计算结果可知，桩基维护工程、地下室工程、主体结构工程和装饰工程均应通过适当方式降低成本。根据成本降低额的大小或功能成本法中价值系数偏离“1”的远近程度，功能改进顺序依次为桩基维护工程、装饰工程、主体结构工程、地下室工程。

5.1.3 方案创造及评价

教学目标

了解方案创造的方法，熟悉方案评价的内容、程序，掌握方案评价的方法。

任务引入

经过功能评价，确定目标成本后就进入改进方案的创造和评价阶段。

任务分析

方案的创造及评价是价值工程分析的重要环节，只有创造出好的方案才能最终达到价值分析的日的，下面介绍方案创造及评价相关知识。

相关知识

1．方案创造

方案创造是从提高对象的功能价值出发，在正确的功能分析和评价的基础上，针对应改进的具体目标，通过创造性的思维活动，提出能够可靠地实现必要功能的新方案。从某种意义上讲，价值工程可以说是创新工程，方案创造是价值工程取得成功的关键一步。因为前面所论述的一些问题，如选择对象、收集资料、功能成本分析、功能评价等，虽然都很重要，但都是为方案创造服务的。前面的工作做得再好，如果不能创造出高价值的创新方案，也就不会产生好的效果。所以，从价值工程技术实践来看，方案创造是决定价值工

程成败的关键阶段。

方案创造的理论依据是功能载体具有替代性。这种功能载体替代的重点应放在以功能创新的新产品替代原有产品和以功能创新的结构替代原有结构方案上。而方案创造的过程是个思想高度活跃、进行创造性开发的过程。为了引导和启发创造性的思考，可以采取各种方法，比较常用的方法有以下几种。

1）头脑风暴法

头脑风暴（brain storming，BS）法是指自由奔放地思考问题。具体地说，就是由对改进对象有较深了解的人员组成的小集体在非常融洽和不受任何限制的气氛中进行讨论、座谈，打破常规、积极思考、互相启发、集思广益，提出创新方案。这种方法可使获得的方案新颖、全面、富于创造性，并可以防止片面和遗漏。

这种方法以 5～10 人的小型会议的方式为宜，会议的主持者应熟悉研究对象，思想活跃，知识面广，善于启发引导，使会议气氛融洽，使与会者广开思路，畅所欲言。会议应按以下原则进行。

（1）欢迎畅所欲言，自由地发表意见。

（2）希望提出的方案越多越好。

（3）对所有提出的方案不加任何评价。

（4）要求结合别人的意见提设想，借题发挥。

（5）会议应有记录，以便于整理研究。

2）歌顿法

歌顿法是美国人歌顿（Gorden）在 1964 年提出的方法。这个方法也是在会议上提方案，但究竟研究什么问题，目的是什么，只有会议的主持人知道，以免其他人受约束。例如，想要研究试制一种新型剪板机，主持会议者请大家就如何进行切断和分离提出方案。当会议进行到一定时机，再宣布会议的具体要求，在此联想的基础上研究和提出各种新的具体方案。

这种方法的指导思想是把要研究的问题适当抽象，以利于开拓思路。在研究新方案时，会议主持人开始并不全部摊开要解决的问题，而是只对大家做一番抽象笼统的介绍，要求大家提出各种设想，以激发出有价值的创新方案。这种方法要求会议主持人机智灵活、提问得当。提问太具体，容易限制思路；提问太抽象，则方案可能离题太远。

3）专家意见法

专家意见法又称德尔菲（Delphi）法，是由组织者将研究对象的问题和要求，函寄给若干有关专家，使他们在互不商量的情况下提出各种建议和设想，专家返回设想意见，经整理分析后，归纳出若干较合理的方案和建议，再函寄给有关专家征求意见，再回收整理，如此经过几次反复后专家意见趋向一致，从而最后确定出新的功能实现方案。这种方法的特点是专家们彼此不见面，研究问题时间充裕，可以无顾虑、不受约束地从各种角度提出意见和方案。缺点是花费时间较长，缺乏面对面的交谈和商议。

4）专家检查法

专家检查法不是靠大家想办法，而是由主管设计的工程师做出设计，提出完成所需功能的办法和生产工艺，然后按顺序请各方面的专家（如材料方面的、生产工艺的、工艺装备的、成本管理的，采购方面的）审查。这种方法先由熟悉的人进行审查，以提高效率。

2. 方案评价

在方案创造阶段提出的设想和方案是多种多样的，能否付诸实施，就必须对各个方案的优缺点和可行性进行分析、比较、论证和评价，并在评价过程中进一步完善有希望的方案。方案评价包括概略评价和详细评价两个阶段。其评价内容都包括技术评价、经济评价、社会评价以及综合评价，如图 5.6 所示。

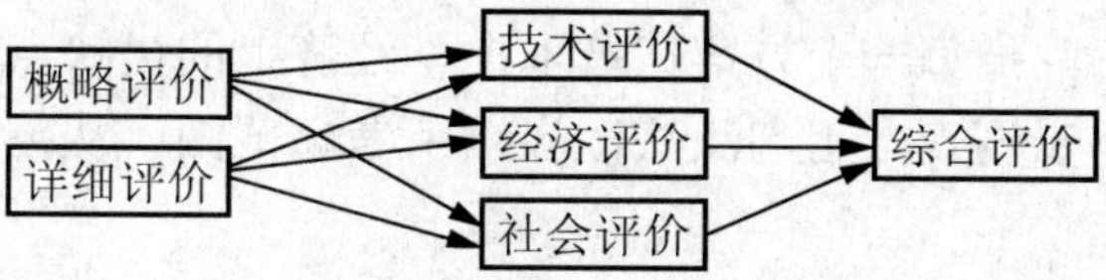

图 5.6 方案评价步骤示意图

在对方案进行评价时，无论是概略评价还是详细评价，一般可先做技术评价，再分别进行经济评价和社会评价，最后进行综合评价。

1）概略评价

概略评价是对方案创新阶段提出的各个方案设想进行初步评价，目的是淘汰那些明显不可行的方案，筛选出少数几个价值较高的方案，以供详细评价做进一步的分析。概略评价的内容包括以下几个方面。

（1）技术可行性方面，应分析和研究创新方案能否满足所要求的功能及其本身在技术上能否实现。

（2）经济可行性方面，应分析和研究产品成本能否降低和降低的幅度，以及实现目标成本的可能性。

（3）社会评价方面，应分析研究创新方案对社会利害影响的大小。

（4）综合评价方面，应分析和研究创新方案能否使价值 I.程活动对象的功能和价值有所提高。

2）详细评价

详细评价是在掌握大量数据资料的基础上，对通过概略评价的少数方案，从技术、经济、社会 3 个方面进行详尽的评价分析，为提案的编写和审批提供依据。详细评价的内容包括以下几个方面。

（1）技术可行性方面，主要以用户需要的功能为依据，对创新方案的必要功能条件实现的程度做出分析评价。特别对产品或零部件，一般要对功能的实现程度（包括性能、质量、寿命等）、可靠性、维修性、操作性、安全性以及系统的协调性等进行评价。

（2）经济可行性方面，主要考虑成本、利润、企业经营的要求；创新方案的适用期限与数量；实施方案所需费用、节约额与投资回收期以及实现方案所需的生产条件等。

（3）社会评价方面，主要研究和分析创新方案给国家和社会带来的影响（如环境污染、生态平衡、国民经济效益等）。

（4）综合评价方面，是在上述 3 种评价的基础上，对整个创新方案的诸多因素做出全面系统的评价。为此，首先要明确规定评价项目，即确定评价所需的各种指标和因素；然后分析各个方案对每一评价项目的满足程度；最后再根据方案对各评价项目的满足程度来权衡利弊，判断各方案的总体价值，从而选出总体价值最大的方案，即技术上先进、经济上合理和社会上有利的最优方案。

3）方案综合评价方法

用于方案综合评价的方法有很多，常用的定性方法有德尔菲法、优缺点列举法等；常用的定量方法有直接评分法、加权评分法、比较价值评分法、环比评分法、强制评分法、几何平均值评分法等。下面简要介绍几种方法。

（1）优缺点列举法。把每一个方案在技术上、经济上的优缺点详细列出，进行综合分析，并对优缺点做进一步调查，用淘汰法逐步缩小考虑范围，从范围不断缩小的过程中找出最后的结论。

（2）直接评分法。根据各种方案能够达到各项功能要求的程度，按 10 分制（或 100 分制）评分，然后算出每个方案达到功能要求的总分，比较各方案总分，做出采纳、保留、舍弃的决定，再对采纳、保留的方案进行成本比较，最后确定最优方案。

（3）加权评分法，又称矩阵评分法。这种方法是将功能、成本等各种因素，根据要求的不同进行加权计算，权数大小应根据它在产品中所处的地位而定，算出综合分数，最后与各方案寿命周期成本进行综合分析，选择最优方案。加权评分法主要包括以下 4 个步骤：①确定评价项目及其权重系数；②根据各方案对各评价项目的满足程度进行评分；③计算各方案的评分权数；④计算各方案的价值系数，以较大的为优。

方案经过评价，不能满足要求的就淘汰，有价值的就保留。

3. 价值活动成果的总结

整个价值工程活动结束后，要以经济效果对其成果进行总结和评价，这种总结和评价是改进后产品正式投产的前提条件，评价的指标主要有下列几项：

成本降低率＝改进前单位成本－改进后单位成本改进前单位成本×100%　　(5-4)

全年净节约额＝（改进前成本－改进后成本）×年产量－价值工程活动经费　　(5-5)

节约倍数＝全年净节约额价值工程活动经费　　(5-6)

任务实施

以方案创造及评价基本知识解决问题的内容见本模块 5.2 内容。

思考与练习

1. 什么是价值工程？
2. 价值的含义是什么？提高价值工程对象的价值有哪些途径？
3. 价值工程的工作程序是什么？
4. 选择价值工程对象的方法有哪些？各有什么优缺点？
5. 为什么说价值工程的核心是功能分析？

5.2 价值工程应用案例分析

引 言

价值工程虽然起源于材料和代用品的研究，但这一原理已经扩散到各个领域，有广泛的应用范围，在工程设计和施工、产品研究开发、工业生产、企业管理等方面取得了长远的发展，产生了巨大的经济效益和社会效益。

价值工程可以为建设节约型社会以及企业持续创新提供新的思路和科学方法，可广泛应用在国民经济建设的很多方面。以下就是价值工程原理在建筑领域中的应用。

5.2.1 价值工程在建筑施工方案中的应用

案例背景

某企业生产的多用途活动房屋，采用屋面板、外墙板、内隔板、楼板等大型板材装配而成，具有结构牢固、安装快、重量轻、占地少、隔热保温性能好等优点，但也存在造价高、运输不便的缺点。为扩大销路，该企业决定对产品进行改进，为此确定的目标是在保证必要功能的基础上降低生产成本。

1. 价值工程对象的选择

根据多用途活动房屋造价的构成特点，价值工程小组运用 ABC 法对各项费用进行分析，如表 5-18 所示，最后将 A 类的材料费作为价值工程活动的对象。

表 5-18 某企业生产成本 ABC 分析表

序号	ABC 分类	内 容	项 目 数		成 本	
			项 数	占总数	金 额/元	占总费用
1	A	材料费	1	14.285%	87 574.28	70.39%
2	B	人工费	1	14.285%	20 613.55	16.57%
3	C	其他费用	5	71.430%	16 228.17	13.04%
合 计			7	100.000%	124 416.00	100.00%

2. 功能分析

价值工程人员首先对多用途活动房屋的 12 个主要构配件的功能进行分析，通过回答“该构配件是干什么用的”的问题来定义各个构配件的功能。各主要构配件的功能定义如表 5-19 所示。通过回答“怎样实现这个功能”的问题进一步确定各个构配件的下位功能。

表 5-19 主要构配件的功能定义表

序 号	构配件名称	功 能 定 义
1	屋面板	遮蔽顶部

续表

序　　号	构配件名称	功 能 定 义
2	外墙板	围护室内空间
3	内墙板	分隔内部
4	楼板	分隔上、下空间
5	楼梯	联系上、下
6	窗	采光通风
7	门	方便进、出门
8	连接件	方便拆、装
9	电器	方便用电
10	走廊	联系交通
11	地框	承受荷载
12	包装箱	安全运输

价值工程小组对多功能的材料采用专家多人评分的办法进行功能费用分摊，从而取得了各功能的现状成本及相应的成本系数，并且在功能评分的基础上确定了各功能的重要性系数，进而计算得到各功能的价值系数，如表5-20所示。目标成本的制定采用实际调查法与经验分析相结合的办法，最终确定的总目标成本为74 439. 96元，将其按功能重要性系数分配可以得到各功能的目标成本。价值工程小组在深入研究的基础上经过多次论证确定的改善对象及其先后次序为F_2、F_1、F_4、F_3。

表5-20　功能评价计算表

序号	构配件名称	功能项目	功能重要性系数	现状成本/元	成本系数	价值系数	目标成本/元	成本降低幅度/元
1	屋面板	F_1	0.16	18 878.90	0.216	0.74	11 910.39	6 968.51
2	外墙板	F_2	0.15	29 183.75	0.333	0.45	11 165.99	18 017.76
3	内墙板	F_3	0.10	11 650.85	0.133	0.75	7 444.00	4 206.85
4	楼板	F_4	0.13	16 136.08	0.184	0.71	9 677.19	6 458.89
5	楼梯	F_5	0.09	1 339.47	0.015	6.00	6 699.60	−5 360.13
6	窗	F_6	0.06	2 044.00	0.023	2.61	4 466.40	−2 422.40
7	门	F_7	0.08	2 176.00	0.025	3.20	5 955.20	−3 779.20
8	连接件	F_8	0.05	62.73	0.001	50.00	3 722.00	−3 659.27
9	电器	F_9	0.06	1 320.00	0.015	4.00	4 466.40	−3 146.40
10	走廊	F_{10}	0.04	3 125.43	0.036	1.11	2 977.60	147.83
11	地框	F_{11}	0.05	1 129.07	0.013	3.85	3 722.00	−2 592.93
12	包装箱	F_{12}	0.03	528.00	0.006	5.00	2 233.20	−1 705.20
合计			1.00	87 574.28	1.000		74 439.96	13 134.32

3. 确定改进方案及其评价

对作为价值工程分析对象的F_2、F_1、F_4、F_3 4项功能领域，对其各自的子功能分别进行功能成本及目标成本计算，找出价值系数小于1的子功能，作为改善价值、降低成本的对象。活动房屋价值改善目标可以归纳为承受荷载、保护壁板、保温隔热、美观及形成壁板等功能。通过在生产单位组织运用"头脑风暴法"，共获得改进方案 31 个。对这 31 个改进方案，邀请专家做出初步评价，排除了目前不具备条件的 16 个方案。通过对全国同类生产厂家的调查，落实了所提出的功能改造方案的可行性，在对各种可行方案进行组合并考虑其经济上的合理性后，最终得到 4 个技术、经济均可行的组合方案，通过加权评分法对这 4 个方案进行评价，评价过程如表 5-21 所示，组合方案Ⅱ的加权得分值最高，为最优方案。在对采用组合方案Ⅱ的材料节约效果进行估算后，价值工程小组认为在多用途活动房屋的改进设计中应用价值工程可以收到显著降低成本的效果。

表 5-21　组合方案评价计算表

指标	适用	美观	安全可靠	维修性	造价	方案的加权评分和
权重系数	0.4	0.1	0.2	0.1	0.2	
方案	满意程度分析（百分制）					
Ⅰ	72	81	90	78	75	77.7
Ⅱ	85	90	80	80	90	85.0
Ⅲ	65	70	88	75	72	72.1
Ⅳ	82	90	80	80	85	82.8

5.2.2　价值工程在工程设计方案优选中的应用

案例背景

同一建设项目，同一单项、单位工程可以有不同的设计方案，方案不同，造价也就会有差异，这时，设计人员可通过价值工程活动进行方案的优选。根据功能系统图分析，对上位功能进行分析和改善比对下位功能进行分析和改善的效果好；对功能领域进行分析和改善比对单个功能进行分析和改善的效果好。因此，价值工程既可用于工程项目设计方案的分析选择，也可用于单位工程设计方案的分析选择。我们以某建筑设计院在建筑设计中应用价值工程，进行住宅设计方案选优，说明价值工程在工程设计中的应用。

1. 对象选择

对建筑设计单位来说，承担的工程设计的种类繁多，必须运用一定方法选择价值工程的重点研究对象。到底选择哪些项目作为价值工程的分析对象呢？该建筑设计院以近几年承担的设计项目的建筑面积构成统计数据，运用百分比法来选择价值工程的研究对象。通过分析，价值工程人员决定把建筑设计院设计面积比重最大的住宅工程作为价值工程的研究对象。该建筑设计院近几年各类设计项目建筑面积统计数据及其比重，如表 5-22 所示。

表 5-22　某建筑设计院设计项目情况

工程类别	比　重	工程类别	比　重
住宅	38%	图书馆	1%

续表

工程类别	比重	工程类别	比重
综合楼	10%	商业建筑	2%
办公楼	9%	体育建筑	2%
教学楼	5%	影剧院	3%
车间	5%	医院	5%
宾馆	3%	其他	17%

在选好价值工程分析对象之后，价值工程人员围绕以下几个方面重点进行资料收集。

（1）通过工程回访，收集广大用户对住宅的使用意见。

（2）通过对不同地质情况和基础型式的住宅进行定期的沉降观测，获取地基方面的第一手资料。

（3）了解有关住宅施工方面的情况。

（4）收集大量有关住宅建设的新工艺及新材料的性能、价格和使用效果等方面资料。

（5）分地区按不同地质、基础型式和类型标准，统计分析近年来住宅建筑的各种技术经济指标。

2. 功能分析

组织设计、施工及建设单位的有关人员共同讨论，对住宅的各种功能进行定义、整理和评价分析。在功能分析中，参与分析人员一致认为住宅功能有如下几方面：从大的方面讲，有适用、安全、美观和其他几方面功能。就适用功能而言，可以具体分为平面布局、采光通风和层高层数等功能。就安全功能而言，可以具体分为牢固耐用、“三防”设施等功能。就美观功能而言，可以具体分为建筑造型、室外装修、室内装修等功能。就其他功能而言，可以包括环境设计、技术参数、便于施工、容易设计等功能。在功能分析中价值工程人员坚持把用户的意见放在第一位，结合设计、施工单位的意见进行综合评分，把用户、设计及施工单位三者意见的权数分别定为70%、20%和10%。具体情况如表5-23所示。

表5-23 住宅功能重要系统

功能		用户评分		设计人员评分		施工人员评分		功能重要系数
		得分 F_{I}	$0.7F_{\text{I}}$	得分 F_{II}	$0.2F_{\text{II}}$	得分 F_{III}	$0.1F_{\text{III}}$	$(0.7F_{\text{I}}+0.2F_{\text{II}}+0.1F_{\text{III}})/100$
适用	平面布置 F_1	41	28.7	38	7.6	43	4.3	0.406
	采光通风 F_2	16	11.2	17	3.4	15	1.5	0.161
	层高层数 F_3	4	2.8	5	1	4	0.4	0.042
安全	牢固耐用 F_4	20	14	21	4.2	19	1.9	0.201
	设施（三防）F_5	44	2.8	3	0.6	3	0.3	0.037
美观	建筑造型 F_6	3	2.1	5	1	3	0.3	0.034
	室外装修 F_7	2	1.4	3	0.6	2	0.2	0.022
	室内装修 F_8	7	4.9	6	1.2	5	0.5	0.066
其他	环境、便于施工等 F_9	3	2.1	2	0.4	6	0.6	0.031
总计		100	70	100	20	100	10	1.0

3. 方案设计与评价

以某单位一小区住宅为例说明价值工程人员如何进行方案设计与评价。

根据收集的信息资料及上述功能重要程度的分析结果，设计人员集思广益，大胆创新，设计了十几个不同的方案。价值工程人员对创新设计的十几个方案，采用优缺点列举法进行分析筛选，从而保留下 5 个较优方案供进一步选优。5 个备选方案的主要特征及单位平方米造价，如表 5-24 所示。

表 5-24 住宅备选方案

方案名称	主 要 特 征	每平方米造价/元
A 方案	7 层混合，层高 3m，240 内外砖墙，钢筋混凝土预制桩基础，半地下室作储藏间，外装修一般，室内设备较好	784
B 方案	7 层混合，层高 2. 9m，240 内外砖墙（120 砖非承重墙），钢筋混凝土条形基础（地基经过真空预压处理），装修一般，室内设备中等标准	596
C 方案	7 层混合，层高 3m，240 内外砖墙，沉管灌注桩基础，外装修一般，内装修较好，半地下室做杂物间，室内设备中等水平	740
D 方案	5 层混合，层高 3m，空心砖内外墙，钢筋混凝土满堂基础，装修及室内设备一般，屋顶无水箱	604
E 方案	层高 3m，其他特征同 B 方案	624

为了从备选的 5 个方案中选出最佳方案，价值工程人员从技术与经济两者综合的角度来确定最合理的方案。为此，价值工程人员按照下述步骤进行综合评价。

第一步，计算各方案的功能评价系数，其结果如表 5-25 所示。

表 5-25 功能评价系数计算

评 价 因 素			方 案 名 称				
功能因素	重要系数 φ		A	B	C	D	E
F_1	0.406	方案满足分数 S	10	10	9	9	10
F_2	0.161		10	9	10	10	9
F_3	0.042		9	8	9	10	9
F_4	0.201		9	9	9	8	9
F_5	0.037		7	6	7	6	6
F_6	0.034		9	7	8	6	7
F_7	0.022		7	7	7	7	7
F_8	0.066		9	6	8	7	7
F_9	0.031		9	7	8	7	7
方案总分		$\sum\varphi S$	9.449	8.881	8.912	8.553	8.990
功能评价系数			0.211	0.198	0.199	0.191	0.201

第二步，计算各方案的成本评价系数，其结果如表 5-26 所示。

表 5-26　各方案成本评价系数计算

方案名称	A	B	C	D	E
单方造价	784	596	740	604	624
成本评价系数	0.234 2	0.178 0	0.221 0	0.180 4	0.186 4

第三步，计算各方案的价值系数，其结果如表 5-27 所示。

表 5-27　价值系数计算

方案名称	A	B	C	D	E
功能评价系数	0.211	0.198	0.199	0.191	0.201
成本评价系数	0.234 2	0.178 0	0.221 0	0.180 4	0.186 4
价值系数	0.901	1.112	0.900	1.059	1.078

第四步，根据价值系数大小选择最优方案。该列中 B 方案价值系数最高为 1.112，故 B 方案最优。

思考与练习

1.【背景】

承包商 B 在某高层住宅楼的现浇楼板施工中，拟采用钢木组合模板体系或者小钢模板体系施工。经有关专家讨论，决定从模板总摊销费用（F_1）、楼板浇筑质量（F_2）、模板人工费（F_3）、模板周转时间（F_4）、模板装卸便利性（F_5）等 5 个技术经济指标对这两个方案进行评价，并采用（0，1）评分法对各技术经济指标的重要程度进行评分，其部分结果如表 5-28 所示，两方案各技术经济指标的得分如表 5-29 所示。

经造价工程师估算，钢木组合模板在该工程的总摊销费用为 40 万元，每平方米楼板的模板人工费为 8.5 元；小钢模在该工程的总摊销费用为 50 万元，每平方米楼板的模板人工费为 5.5 元。该住宅楼的楼板工程量为 2.5 万 m^2。

表 5-28　（0，1）评分表

	F_1	F_2	F_3	F_4	F_5
F_1	×	0	1	1	1
F_2		×	1	1	1
F_3			×	0	1
F_4				×	1
F_5					×

表 5-29　技术经济指标得分表

方案 / 指标	钢木组合模板	小 钢 模
总摊销费用	10	8

续表

方案 / 指标	钢木组合模板	小钢模
楼板浇筑质量	8	10
模板人工费	8	10
模板周转时间	10	7
模板装拆便利性	10	9

（1）试用价值工程原理（功能指数法）对下面案例中的方案进行评价选优。

（2）当该楼板工程量达到多少万 m^2 时选择小钢模模板体系方案？

2．某产品有 A、B、C、D 4 个部件，其对应功能分别为 F_1、F_2、F_3、F_4，其在各功能上的分配及功能系数如表 5-30 所示。若以产品的实际成本降 20%为目标成本，试确定各功能评价值和成本降低期望值及功能的改进顺序。

表 5-30　功能分配及功能系数

序号	部件名称	功能			
		F_1	F_2	F_3	F_4
1	A	100	—	100	100
2	B	100	50	150	200
3	C	—	—	20	50
4	D	50	40	—	50
功能重要系数		0.32	0.05	0.16	0.47

模块6

建筑工程经济在建设工程项目中的应用

工程建设方案的技术经济分析与评价，是指对建设工程在实施过程中所采用的各种技术方案、技术措施和施工组织管理措施的经济效果及社会效果进行计算、比较、分析和评价，以便为选用最优的工程建设方案提供科学合理的依据。

6.1 建筑工程经济在建筑设计、施工方案经济分析中的应用

引言

现代社会的建筑工程设计、施工总是在一定的经济条件约束下进行的，只有技术上先进可靠、经济上合理可行的建筑产品才能被社会所接受。对于特定的建筑产品来说，可以通过不同的设计、施工方案来实现。建筑工程设计方案不仅决定了建筑产品的投资成本，而且在相当程度上决定了建筑产品的使用成本和使用寿命，因而必然对其技术经济效果产生直接、重大的影响。而不同的设计、施工方案，其技术经济效果往往有程度不同的差异。因此必须科学合理地处理好技术与经济的关系，需要将方案的技术成果和它的经济效果进行考察和分析，这就是通常所说的技术经济分析。由于在进行技术经济分析时，往往有一个比较对象，如新技术和原技术相比，或者两个以上的不同设计方案相比，通过分析、计算、比较，对不同的方案做出客观评价，这就是所谓的技术经济评价。

6.1.1 建筑设计方案经济分析

教学目标

了解建筑设计方案的技术经济分析概述，熟悉建筑设计方案技术经济评价指标，掌握建筑设计方案技术经济评价方法、影响住宅建筑设计的经济因素。

任务引入

投资人为了完成拟定的建设工程项目，能够采用的技术方案可能不止一个，如可以采用不同的设计方案。采用不同的方案，往往会收到截然不同的经济效果和社会效果。因此，为了最大限度地达到投资人预期的投资效果，就很有必要采用科学的方法对各种设计方案的技术经济效果进行比较、分析和评价，从而选择最优的建筑设计方案作为实施方案。这就是工程建设方案的技术经济分析和评价首要研究和解决的主要问题。

任务分析

要解决建筑设计方案经济分析、评价、选优的问题，需要具备建筑设计方案经济分析与评价的基本知识，下面介绍相关知识。

相关知识

1. 设计方案的技术经济分析概述

1）建筑工程设计方案技术经济分析与评价的目的

对工程设计方案进行技术经济分析主要有以下几个目的。

（1）鉴别设计方案在功能上的适应性、技术上的先进性和可行性以及经济上的合理性。

为了满足人们生产和生活的需要，任何建筑产品总是具有某种使用功能。因此其设计方案必须首先满足预先确定的使用功能要求，否则就不具有实施价值，技术经济分析就无从谈起。而任何建筑设计方案，都是多种技术综合的结果，都表现出与其他设计方案不同的经济效果。因此，只有在经济上合理的方案才是可行的。

（2）通过分析和评价，选择技术经济效果最优的设计方案。

建筑工程设计方案的优劣，总是相比较而存在的。这里所说的“最优”，只是相对意义上的最优，而不是绝对意义上的最优。这是因为完成的建筑设计方案的数量是有限的，而不是无穷的，不可能将实现工程项目所有可能的设计方案都罗列出来，只能在有限的设计方案中选择“最优”；另外，通过技术经济分析所得到的结论，是在技术和经济多方面的约束条件下取得的，也在很大程度上受到人为确定的评价指标和方法的影响，因而，只可能做到尽可能的经济、合理和适用，得到的是比较满意的方案，而不可能达到绝对最优。但是，这种相对最优的设计方案要求较好地实现技术和经济的统一，较好地或最大限度地考虑建筑产品本身的经济效益和产品以外的社会效益，也必须适当处理当前经济效益和长远经济效益的关系，反映设计人员认识自然和改造自然的能力。

（3）促进建筑设计水平和质量的不断提高。

建筑设计方案的质量，一方面体现在它的有形表现形式即设计文件的质量，如建筑模型造型别致、色调和谐、图纸齐全配套、绘图清晰、计算准确无误等；另一方面则体现在它的“无形”表现形式的质量，即它的技术经济效果的优劣。而后者是反映设计水平和质量的主要方面。

通过技术经济分析所选择的设计方案，虽然一般具有较好的技术经济效果，但是由于受到当时技术经济条件的限制，加之人们的认识和经验的历史局限性，因而不一定完全符合客观的技术经济规律，最多只能反映确定该方案时的技术经济规律。而建筑产品的生产周期长，少则一两年，多则三五年，甚至长达十年以上，在漫长的生产过程中，原设计方案就有可能暴露出来原来未预计到的缺点和错误；或者由于技术进步，原设计方案显得落后过时。在建筑产品生产过程中或者在建筑产品建成以后，对这些缺点和错误及时地从技术和经济两方面进行分析，就能及时修改设计方案，减少经济损失或提高技术经济效果，更重要的是，能够为同期的和今后的同类建筑产品提供可靠的技术经济数据，从而促进建筑设计水平和质量的不断提高，也有可能为完善设计方案技术经济评价和分析的方法提供依据。

（4）总结技术经济的客观规律，为正确制定建筑技术政策提供科学依据。

建筑技术政策是以提高建筑业全行业经济效益为目标，指导建筑生产技术进步发展方向的纲领性文件，它是在总结建筑生产各个领域的技术经济规律的基础上制定的。建筑工程设计方案的技术经济效果，往往是多种建筑技术在同一或同类建筑产品上的综合体现。分析各种建筑技术在不同建筑产品上的经济效果，从而总结出各种建筑技术的适用条件，对于正确制定建筑技术发展政策具有相当重要的意义。

在分析某种建筑技术的经济效果时，必须考虑建筑产品建设地点的自然条件、社会条件和经济条件。大多数建筑技术的应用都有一定的地区局限性，即使某种基本上普遍适用的建筑技术，在不同的地区所产生的经济效果也会有一定程度的差异。也就是说，技术经济的客观规律，总是与一定的客观环境相联系的。因此，绝不能将在某一或某类建筑产品上取得较好的技术经济效果的建筑技术草率地推广使用。否则，很可能在其他建筑产品上带来经济损失，这是在制定建筑技术政策时要十分谨慎对待的问题。

2）建筑工程设计方案技术经济分析与评价的原则

为了达到技术经济分析和评价的目的，在对建筑工程设计方案进行技术经济分析与评价时，必须遵循以下原则。

（1）适用性和经济性统一的原则。

“适用、经济、美观”是我国对非生产性项目建筑设计的指导方针，也是评价一个建筑物技术经济效果的根本尺度。评价一个建筑物在经济上是否合理，首先看其是否适用。因此“适用”在评价建筑物的诸多因素中是首要的、占主导地位的。一个不适用的建筑工程，可能会因影响生产而增加产品成本，或者是因妨碍使用而减少效益，或者是因不坚固耐用而增加维修费用、减少使用寿命。因此，适用是讲求经济的前提，离开了这个前提，经济合理性就根本无从谈起。当然，要满足“适用”的要求，可以通过不同的设计方案得以实现，要消耗一定的人力、物力和财力，也就是要付出一定的经济代价。当“适用”的标准一定时，无疑是经济代价较小的设计方案较优。但实际问题往往不是这样简单，这是因为“适用”的程度不会完全相同，因此，所要付出的经济代价也就会截然不同。这时，就必须把适用和经济统一起来进行研究分析，以便尽可能做到既经济又适用。

（2）美观性和经济性统一的原则。

建筑物建成以后，除了本身所具有的使用价值以外，还会对周围的环境产生影响。任何建筑物，不仅是一定技术经济条件下的产物，同时也是历史、文化和艺术的综合反映。因此，建筑物的艺术效果和艺术价值也是进行技术经济分析和评价的重要方面。随着物质文化水平的逐步提高，人类对建筑物的美观要求也不断提高。片面追求美观而不惜经济代价，甚至华而不实、挥霍浪费，固然要坚决反对；而只图一时的“节约”，建造简陋的建筑物也是不宜提倡的。

有必要指出，那种认为经济性和美观性是根本对立的、只有多花钱才能使建筑物既适用又美观的观点是片面的。建筑艺术的创造与经济节约之间是可以统一起来的。可以在不增加投资的条件下，创造出建筑艺术效果更好的建筑物，或者在投资增加不多的条件下，较大幅度地提高建筑物的艺术效果。这自然提高了对建筑物设计的要求。当然，这还必然涉及建筑艺术的评价标准，以及建筑艺术效果和经济性的相对评价尺度等问题。

（3）具有相对可比性原则。

对不同的建筑设计方案进行比较时，如果使用功能不同，或者建筑标准不同，它们之间不存在相互替代的可能，就不具备对比的条件，就只能分别进行技术经济分析。没有比较就没有鉴别，就不知道其优劣，自然就无法进行选优。因此，不同设计方案之间要具有可比性，这是进行技术经济分析和评价必不可少的条件。

一般来说，可比条件包括相同或基本相同的使用功能、相同的费用计算范围和方法、相同的建设年限、相同的使用方法等。这些条件不一定全部采用，有时则选择其中一部分条件作为判断设计方案优劣的标准。但是相互比较的各个设计方案的各项技术和经济构成因素不可能都是相同的，有时差别很大，不具备或不完全具备直接对比的条件。为了使不同设计方案之间具有可比性，需要分析它们之间可比与不可比的内在联系，在不改变设计方案的条件下，通过适当的方式，将不可比条件转化成可比条件后再进行比较，从而做出适当的评价。这时，究竟如何将不可比条件转化为可比条件就成为非常关键的一个环节。通常是先确定评价指标和评价标准，然后再进行比较和评价。

（4）尽可能采用定量分析的原则。

技术经济分析方法可概括为定性分析和定量分析两大类。定性分析方法比较简单，结果也比较粗糙，难以实现技术经济分析所要达到的目的，因而单纯的定性分析方法在技术经济分析中已很少采用。实践中经常遇到的问题是对于某些定性指标如何用定量方法来分析。例如，建筑物是否美观、使用上是否方便舒适等，都是难以用数量来表达的。如果将其作为评价指标，就需要采取相应的方法将其转化为可用数量表达的指标，或者将定性评价的结果用数量表达。在做技术经济分析时，应力求少用或不用定性指标。这也正是工程技术经济所要研究的重要课题。

（5）突出主要评价指标的原则。

分析和评价工程设计方案的指标很多，但是各种评价指标的重要程度是有较大差别的，有些评价指标是主要指标，有些是次要指标，有些则可能是辅助指标。有些指标不分工程对象、建设地点和时间，总是属于主要指标，如工程造价、工程质量、工期等，这类指标可以集中地反映设计方案的经济性。而有些指标是否属于主要指标，则要根据具体的建筑产品而定。例如，建筑物是否美观可以作为一个评价指标，对于闹市区的建筑物“是否美观”可以作为一种主要评价指标，然而对于穷乡僻壤的建筑物“是否美观”就只能作为辅助评价指标了。在进行技术经济分析时，要选取那些最能反映设计方案技术经济特征的指标作为主要评价指标。这样做既可以简化分析和评价工作，提高工作效率，又能保证分析和评价结果的可靠性。对于大型复杂的工程设计方案，在确定评价指标时，对某些综合性主要指标也可设置若干分指标，以使评价结果更为准确。

2. 建筑设计方案技术经济评价指标

1）建筑设计方案技术经济评价指标的分类

建筑设计方案技术经济的评价指标，根据不同的要求可以分为以下几大类。

（1）按指标范围可以分为综合指标和局部指标。

综合指标是概括一个工程设计方案经济性的指标，如工程的总造价、总面积、用地等；局部指标是只表明某个方面经济性的指标，如单方材料用量、层高等。

（2）按指标表现形态可以分为实物指标和货币指标。

实物指标能直接地、较准确地反映经济效益，但其形态千差万别，使用性质不同的资料在数量上难以相互比较，故在评价中有局限性；货币指标又称价值指标，该指标可以综合地反映工程在建设和使用过程中所消耗的社会劳动，在数量上有对比性。

（3）按指标应用可以分为建设指标和使用指标。

建设指标是应用在工程建设阶段，表示工程在建造过程中的一次性消耗指标，如工程造价、各种材料的用量等；使用指标是工程交付使用后，直到其经济寿命终止之前，全部使用过程中经常性消耗指标，如维修费、能源耗用量等。

（4）按指标性质可以分为定量指标和定性指标。

建筑设计技术经济评价指标以定量为主，但定性的评价也是不可缺少的。前者如造价、用工、材料等的耗用量，后者如平面布置的合理性等。

2）民用建筑设计方案技术经济评价的指标及计算方法

为了使技术经济评价做到全面而明确，可以根据评价方法和不同建筑工程（或建筑体系）的实际需要来确定其指标体系。

民用建筑设计方案的技术经济指标一般包括以下方面。

（1）建筑面积。按建筑物外墙（底层勒脚以上）的外围水平面积计算，建筑面积包括居住面积、辅助面积、公共辅助面积和结构面积等 4 个部分。

（2）有效面积。也就是使用面积，是建筑面积扣除结构面积所余部分。有效面积与建筑面积的换算关系为

$$有效面积=建筑面积-结构面积 \tag{6-1}$$

$$有效面积=\frac{建筑面积}{有效面积折算系数} \tag{6-2}$$

其中有效面积折算系数为

$$有效面积折算系数=\frac{建筑面积}{结构面积}=\frac{1}{1-结构面积系数} \tag{6-3}$$

（3）居住面积。居住面积即卧室和起居室的净面积，凡利用走廊加宽后作为前室或小方厅的，若能放下一张单人床，而又不影响正常交通的条件下，可以算为 $2m^2$ 居住面积，否则均作为交通面积算入辅助面积。壁柜不论大小，按门开启方向分别计算，如门开向居室，则算做居住面积，否则算做辅助面积。

平面系数计算式为

$$K=\frac{居住面积}{建筑面积}\times 100\% \tag{6-4}$$

$$K_1=\frac{居住面积}{有效面积}\times 100\% \tag{6-5}$$

（4）辅助面积。辅助面积即建筑面积扣除居住面积、结构面积后所余面积。辅助面积包括厨房、浴室、厕所、壁柜、走道、阳台及公共辅助面积（如楼梯间、通道等）。

辅助面积系数计算式为

$$K_2=\frac{辅助面积}{建筑面积}\times 100\% \tag{6-6}$$

（5）结构面积。结构面积即房屋结构构件（如墙、柱等）在平面位置上所占的面积。

结构面积系数计算式为

$$K_3=\frac{结构面积}{建筑面积}\times 100\% \tag{6-7}$$

（6）面积定额指标。面积定额指标用于控制设计面积。其中每户建筑面积一般由主管部门根据国民经济水平制定指标，设计时参照执行。面积定额指标包括以下两项。

$$平均每户建筑面积=\frac{建筑总面积}{总户数}\ (m^2/户) \tag{6-8}$$

$$平均每户居住面积=\frac{居住总面积}{总户数}\ (m^2/户) \tag{6-9}$$

$$=\sum(各户型平均居住面积\times 各户型\%) \tag{6-10}$$

其中各户型平均居住面积，即住宅单元内各户型不同居住面积数相加后，除以该户型总数的平均值。

$$平均每人居住面积=\frac{居住总面积}{总人数}\ (m^2/人) \tag{6-11}$$

$$每户面宽指标=\frac{建筑物总长度}{总户数}\ (m^2/人) \tag{6-12}$$

最后一个指标用来控制每户面宽，以利于节约用地。

（7）工程总造价和每平方米建筑造价。工程总造价是指居住建筑物本身的全部造价，而不包括室外附属工程和设施的造价。每平方米建筑造价，即建筑总造价与建筑面积之比（元/m^2），比较时还应细分为每平方米建筑面积土建工程造价和其他专业工程造价。土建工程造价中还以±0.00（室内地坪标高）为界，分别计算包括基础工程在内的全部土建造价和不包括基础工程在内±0.00 以上的土建造价。此外，有时土建造价指标还可以按基础、墙体、楼地面、屋面、装修等部分项目分别计算。

（8）平均每户、每人造价。计算平均每户造价，是为了合理地确定平面系数、控制居住面积和户室比，使投资得到更好使用。

$$平均每户造价=\frac{建筑总造价}{总户数}\ (元/户) \tag{6-13}$$

平均每人造价，是反映住宅设计中每人需要的居住建设的投资数，可以用这一指标进一步分析设计居住人数与投资之间的关系。

$$平均每人造价=\frac{建筑总造价}{总人数}\ (元/人) \tag{6-14}$$

其中，居住总人数$=\sum$(各种户型户数×各户型居住定额人数)。也可以用下式计算：

$$居住总人数=\frac{总居住面积}{地区平均每人居住面积} \tag{6-15}$$

（9）主要材料耗用指标。主要材料耗用指标是指用于建筑物本身土建工程的几项主要材料，如钢材、水泥、木材、砖等的每平方米建筑面积耗用量。可以按预算确定，但应包括设计变更增减量在内，以实物形式表示（如 kg/m^2，m^3/m^2，块/m^2）。

（10）劳动耗用指标。劳动耗用指标是指住宅建造过程中直接耗用的全部劳动量，但不包括由机械费、运输费和管理费开支的用工，用每平方米建筑面积的用工量表示。劳动耗用量可以分为现场用工和预制场用工两部分。

（11）施工工期指标。以定额工期或计划工期为准。在评价时，计算缩短工期的经济效果，包括提前生产所获得的经济收益和施工单位由于缩短工期而缩减的间接费。

（12）能源耗用指标。该指标反映某些住宅建筑对能源的需求程度。计算范围应包括建造阶段主要墙体材料生产、混凝土预制构件及施工时的能源耗用量，以及建筑物在使用阶段的能源耗用量。

（13）房屋经常使用费。该指标是反映住宅建筑使用过程的经济指标，经常使用费应包括折旧、维修、管理、税金、保险、利息等项。一般计算折旧费与维修费两项。

3）工业建筑设计方案技术经济评价的指标及计算方法

评价一个工业建筑项目设计方案的优劣，常常不是根据一个或几个经济指标就可以解决问题的，有时不仅要有几个经济指标，而且还要一些技术指标作为参考。对于一个工业建筑项目而言，评价用的主要经济效果指标有基建投资效果系数、单位生产能力投资额、建设成本、建设工期、建设质量、劳动生产率、单位产品成本、生产年限、投资回收期等。

工业建筑设计方案在具体评价中，常常用到以下一些指标。

（1）建筑面积，计算方法与民用建筑相同。

（2）建筑系数，该指标是综合说明建筑设计的经济价值指标，一般用百分数形式表达。总平面设计的建筑系数，一般指建筑密度而言，用该指标说明土地的使用率。

$$建筑系数=\frac{（建筑物+构筑物+堆置场地）的占地面积}{总平面占地面积}\times100\% \tag{6-16}$$

（3）厂区占地面积，厂区所占面积一般指各生产车间、各种仓库和生产动力的建筑物、堆场以及供运输成品和材料的道路、铁路和美化厂区的绿化用地等。

（4）总产值，是以货币表现的工业企业生产的产品总量，该指标是各种产品的产量与价格相乘的总和，其单位为元/年。

（5）总产量，工业产品以实物单位表示的产品产量（实物量），即以适合产品的特征、性能并能体现其使用价值的计量单位所表示的产品产量，其单位为产品产量/年。

（6）全员劳动生产率，是表示全厂生产产品的劳动效率的指标。以实物量指标表示的计算公式为

$$全员劳动生产率=\frac{全年产量}{全厂人数} \tag{6-17}$$

以价值指标表示的计算公式为

$$全员劳动生产率=\frac{年产值}{全厂人数}\ [元/（人\cdot年）] \tag{6-18}$$

（7）生产工人劳动生产率，其计算公式为

$$生产工人劳动生产率=\frac{年产值}{生产工人数+辅助生产工人数}\ [元/（人\cdot年）] \tag{6-19}$$

（8）全厂总投资，指全厂基本建设项目和费用的总概算。

（9）利润指标（元/年），包括净利润、产值利润率、成本利润率、资金利润率、实际投资利润率等。实际投资利润率计算公式为

$$实际投资利润率=资金利润率\times固定资金投资总额\times100\% \tag{6-20}$$

（10）产品成本，指为生产产品而支出的各种费用，是综合反映经济效果的一个重要指标。其计算公式为

$$单位产品成本=\frac{产品总成本核算}{年产量} \tag{6-21}$$

另外还有主要原材料消耗，全厂用水、用电、用气量，全年货物运输量，全厂设备数量等指标。

3. 建筑工程设计方案技术经济评价方法

1）单指标评价方法

单指标评价方法是用单一的指标作为选择方案优劣的标准。单一指标可以是价值指标、实物指标或时间指标等。在进行方案比较时，如果不同方案之间的其他指标比较接近，或者其中某个指标特别重要，或者其他方面指标可以不用考虑，这时利用单一指标来评价选择设计方案是比较方便和直接的。

单指标法的优点是比较单一，反映的是设计方案某个方面的真实情况，便于决策者很快做出决策。例如，对于设备选型，若生产零件的质量和生产速度相同，则可以直接根据各种型号的购置费用和运营费用进行比较选择。在实际工作中，往往通过对方案的预选，确定一些其他方面的指标符合基本要求的方案，再根据一个重要的指标来选择优劣。

设计方案的单指标评价方法通常使用的是最低费用法。采用最低费用法比较设计方案也有两种方法：一种是只考虑方案初期的一次费用，即造价或投资；另一种方法是考查设计方案全寿命期的费用。设计方案全寿命期的费用包括：工程初期的造价或投资，工程交付使用后的经常性开支费用（包括经常使用费用、日常维护维修费用、使用过程中的大修费用和局部更新费用等）以及工程使用期满后的报废拆除费用等。考虑全寿命周期费用是比较全面合理的评价方法，但对于某些设计方案，如果建成后工程在日常使用费用上没有明显的差异或者以后的日常使用费用难以估计时，可用直接投资来比较优劣。

2）多指标综合评价方法

对于有些比较复杂的设计方案，如果采用单一指标进行分析评价，只能反映某个局部的优劣，不能全面地反映方案的总体状况，人为地割断了方案之间的关系，对于它们的分析评价需要用一系列的指标来衡量。如果某个设计方案的全部评价指标都优于其他方案，这个方案无疑是最优的方案。但是实际上这种全部指标全优的方案是极少见的，往往各方案的各种指标各有优劣，某些分指标相对较优，而另一些分指标可能较差，这时候需要对方案进行综合评价，以便区分优劣。

设计方案的多指标综合评价，就是在设计方案的各个部分、各个阶段、各层次评价的基础上，以求设计方案的整体优化，而不是追求某一项或几项指标的最优值，从而为决策者提供决策所需的信息。多指标综合评价有两重意义：一是在各部分、各阶段、各层次评价的基础上，谋求整体功能的优化；二是将不同观察角度、各种不同的指标得出的结论进行综合，选择总体目标功能最优的方案。

运用多指标评价方法需要解决两个问题。

（1）将评价指标分成主要指标和辅助指标。主要指标是能够比较充分反映工程技术经济特点的指标，如工程造价、民用建筑设计方案的平面指标、物理性能、工业建筑设计方案的建设投资、工期、单位产品成本等。辅助指标可以用来作为主要指标的补充，尤其是当主要指标不足以说明技术经济效果的优劣时，可用辅助指标来做进一步的技术经济分析。

（2）要解决评价指标的可比性问题。两种方案可以进行对比的必要条件是：建筑标准与使用功能基本相同，建筑层数和层高相同或相似，建筑结构的抗震设防等级相同，采用统一的定额和价格标准，建筑质量标准和要求应相近。如果不完全符合可比条件，可用调整局部方案或修正系数法进行调整，使其满足可比条件后再进行对比，并在综合分析时予以说明。

3）价值分析方法

价值分析方法是一种相当成熟和行之有效的管理技术与经济分析方法，一切发生费用的地方都可以用其进行经济分析和方案选择（见模块 5）。工程设计中需要消耗大量的人力、物力和财力，因而价值工程方法在工程设计领域也得到了广泛地应用，并取得了较好的经济效益。

4. 影响住宅建筑设计的经济因素

1）建筑造价的构成比

反映不同工程部位的造价占总造价的比值，分析建筑造价的构成比，可找出降低造价、提高经济效果的主攻方向。

形象部位分析的造价构成比，如表 6-1 所示。

表 6-1　五层砖混住宅形象部位造价构成比

项目	基础	墙体	木门窗	层盖	楼盖	楼梯	地面	阳台	其他
（%）	10.0	40.9	10.5	6.0	14.1	5.0	1.6	4.2	7.7

表 6-2 和表 6-3 为按主体结构和按工、料、机械台班费分析的造价构成比。

表 6-2　五层砖混住宅主体结构部位造价构成比

项目	土方	基础	砖石	混凝土及钢筋混凝土	构件运输安装	木结构	金属结构	楼地面	抹灰	油漆	脚手架
（%）	0.7	11.2	25.7	23.0	3.2	15.7	0.3	5.4	9.7	1.4	3.7

表 6-3　五层砖混住宅工、料、机造价构成比

项　目	人工	材料	机械台班
（%）	10.2	84.1	5.7

从表 6-1 和表 6-2 可知，在砖墙沉重的多层住宅造价中，墙体所占的比重最大，约占土建造价的 40%，其次是楼盖，约占 14%，据此应把墙体作为研究多层住宅经济问题的重点，然后是楼盖，再及其他。

从表 6-3 可知，材料费用占工程造价的比重极大，其中主要材料约占 80%，可见材料节约和价格浮动对工程造价的影响很大。人工费用占造价的 10%，这说明人工费的节约对工程造价的影响较小，反映定价因素存在不合理，因而是影响住宅建筑体系效果不好的原因之一。

2）平面布置和空间组合的经济问题

造成多层住宅墙体比重大、造价高的原因是多方面的。就“住宅”又是“多层”这个特点来说，墙体面积系数（墙体面积/建筑面积）大是一个主要原因。因此，如何减少墙体面积系数，是墙体部位经济效果的重要方面。减少墙体面积系数与开间、进深、层高、单位组合等有关，有时也与层数有关。

（1）进深的经济问题。

合理加大建筑进深，减少外墙周长，是减少墙体面积系数、降低造价、提高经济效果的主要措施之一。以 3.3m 开间为例，当进深有 9.9m 按 0.3m 递减至 7.5m 时，平方米建筑造价呈线性关系关系递增，其差值可达 9.22%，如表 6-4 所示。

表 6-4　不同进深的住宅造价关系表

进深/毫米	7 500	7 800	8 100	8 400	8 700	9 000	9 300	9 600	9 900
（%）	105.4	104.6	103.4	102.3	101.2	100	98.7	97.4	96.2

从公式（6-22）可得外墙周长（图 6.1）计算公式：

$$L=2\left(d+\frac{A}{d}\right)\geqslant 2\times 2\times\sqrt{d\times\frac{A}{d}} \tag{6-22}$$

$$=4\sqrt{A}$$

以上等式成立的条件是：$d=\frac{A}{d}$，即 $d=\sqrt{A}$

所以 $\frac{A}{d}=\frac{A}{\sqrt{A}}=\sqrt{A}$，即相同的建筑面积，外墙形状为正方形时周长最短，外墙的造价最为节约。

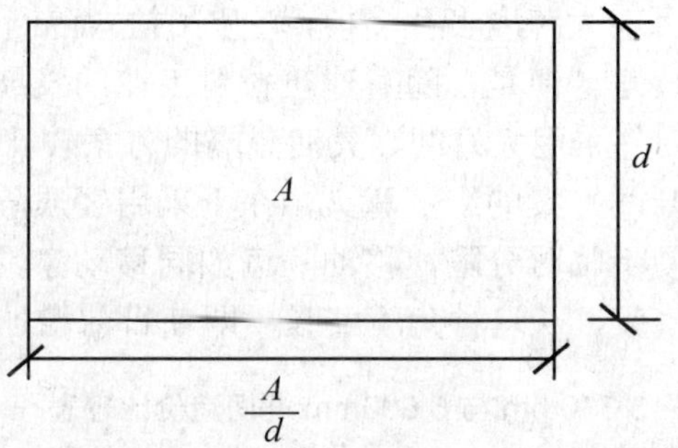

图 6.1　外墙周长

假设 $A=110\text{m}^2$，则不同进深的住宅其外墙周长如表 6-5 所示，表值说明当建筑面积不变时，进深增大、外墙周长相对减少，故其经济意义显而易见。但在设计中，居室的平面参数，既要符合一定的模数数列，又要有一定的比例尺度，而进深的改变同时使内墙长度相应改变。同时，每户建筑面积还有控制标准，因此，上述假设在建筑面积不变的基础上进行分析就不能确切说明实际问题。表 6-6 是考虑了内墙相应改变长度后，不同进深的墙体面积系数。

表 6-5　住宅不同进深的外墙周长

进深/mm	7 500	7 800	8 100	8 400	8 700	9 000
外墙的周长/m	43.90	43.44	43.06	42.74	42.48	42.28
（%）	103.83	102.74	101.84	101.09	100.47	100

表 6-6　不同进深住宅的内外墙体面积系数表

进深/mm	7 500	7 800	8 100	8 400	8 700	9 000
外墙的周长系数/（m/m^2）	0.426	0.395	0.387	0.376	0.368	0.361
内墙强度系数/（m/m^2）	0.468	0.460	0.451	0.453	0.445	0.438
合　计	0.894	0.855	0.838	0.829	0.813	0.799
（%）	111.89	107.01	104.88	103.75	101.75	100

（2）开间的经济问题。

建筑物开间不同，相关影响因素较多，因此，对造价的影响也较大，如表 6-7 所示，这是问题的一个方面。另一方面，由于开间参数的选择余地，同一单元，几个开间参数都作为主要参数并用的情况不多。因此总的来说，对造价影响不大。

表 6-7　不同开间与造价关系

开　间	3 000	3 300	3 600
（%）	103.89	100.00	96.67

表 6-8 和表 6-9 为 3 300mm 开间与 6 600mm 开间的经济比较，6 600mm 不包括轻质隔墙的经济指标。表 6-10 中数值说明，当轻质隔墙的造价占总造价的比重不超过 3%时，采用 6 600mm 大开间横墙承重，大跨度多孔楼板，轻质吊挂式隔断和常用的 3 300mm 开间的造价指标相同，其他指标较差。但是，随着建筑材料工业的发展，这种大跨度结构方案的经济效果将会获得改善。国外采用大开间、灵活分隔的方案较普遍，有的甚至采用 12m 大开间。应该指出，采用大开间方案的经济意义，在于采用轻质隔墙后，一方面可以获得较多居住面积，更重要的是便于临时分隔，移动隔墙如同移动家具的位置一样。可以丰富、美化室内环境，改善微小气候，从这种角度着眼，即使目前增加造价仍是可取的。

表 6-8　3 300mm 与 6 600mm 开间造价比较表　　单位：每 m^2 建筑面积

项　目	3 300mm 开间	6 600mm 开间
基础	100%	77.7（78.7）%
墙体	100%	63.8（50.1）%
楼盖	100%	146.0%
屋面	100%	130.7%
合　计	100%	97.3（97.3）%

注：①按五层砖混住宅相关部位进行分析；②继续按一般土质柔性基础考虑；③6 600mm 开间方案包括轻质隔墙；④括号内数值系按终端开间分析所得，不带括号的按中段开间分析所得。

表 6-9 3 300 与 6 600mm 开间主要材料和用工比较表 单位：每 m^2 建筑面积

项　目	3 300mm 开间	6 600mm 开间
钢筋	100%	162.5(168.5) %
水泥	100%	118.7 (122.7) %
模板	100%	155.6%
合　计	100%	180.0 (177.9) %

（3）层高的经济问题。

我国居住建筑的层高，无论是采暖或非采暖地区，同国外相比一般都较高。据统计，我国 23 省市的平局层高为 2.8m，室内净高 2.6m。而美国、英国、丹麦等国室内净高为 2.1～2.46m，捷克、波兰、意大利等国为 2.5～2.8m。当然，降低室内净高对室温、二氧化碳含量等有影响。但实际设计居室的净高时，一般不影响室内微小气候的诸因素和居室、家具等的比例尺度以及有无空调设施等所决定。原国家建设委员会曾指示适当降低层高，把节约的投资作为增加居住面积之用，这是正确的。北京等地做过试点，效果很好。

研究资料表明，室内空气污浊带一般在天棚底 0.8～1.0m 处。设计应保证污浊带在呼吸带以上，考虑人体平均身高为 1.70m，则 2.7m 净高已足够。实际上，人在户内活动过程中长时间站立的情况不多，所以适当降低室内净高是可以的。另据测定，当层高从 3.0m 降至 2.5m 时，室内二氧化碳、细菌含量无显著变化，室温变化不超过 0.4℃。必须指出，影响夏季室内微小气候的因素是多方面的，它同风速、风压、相对湿度等综合因素有关。因此，降低炎热地区夏季室温的有效方法，是组织“穿堂风”和维护结构隔热，以及户外遮阴、植树、绿化等综合措施，而不是靠增加室内净高。至于二氧化碳含量，实测表明，居室不进行通风换气，一般均超过容许含量 0.07%的 1～2 倍以上，因此，靠提高室内净高来调节二氧化碳含量效果并不显著。从日照的卫生观点来看，只要层高不影响合理安排采光窗，能做到符合天然采光标准。那么，对人体的新陈代谢、呼吸、血液循环、维生素合成、内分泌腺和造血器官的工作，大脑皮层中枢神经系统的正常活动，就不会有影响。至于降低层高对人精神感觉的影响问题，可以运用建筑艺术手法加以消减，如房间的比例合适，敏感、色调处理得当，就不会产生压抑感。比例不当，层高过高，一是感觉像牢笼，二是人与人之间很生疏、不亲切。可以通过灯光、平面镜的巧妙布置来消除人们的压抑感。

总之，适当降低层高，对于居住者的生活条件并无大的影响，但对降低造价确有较大的作用，这可由下式证明：

$$p=K\cdot\frac{h}{H} \tag{6-23}$$

式中：H——层高；

h——层高降低值；

K——墙体造价占总造价的比重；

p——造价降低率。

以砖混结构五层住宅为例，当层高为 3m 时，一般墙体造价占建筑总价的 40%左右，则层高降低值 h＝0.1m 时的造价降低率为

$$p=K\cdot\frac{h}{H}=0.4\times\frac{0.1}{3}=0.013\,32$$

即降低 1.33%（层高降低后，由于窗口面积变化所带来的造价影响因素，和对基础的影响因素均未考虑）。同时，降低层高还可以节约用地，缩短管线，降低室外工程费用，在采暖地区还可以节约采暖费用。

（4）住宅层数的经济问题

合理确定住宅层数是降低住宅造价的重要因素。住宅层数的经济问题，受住宅建筑水平部位构部件的制约。门窗、墙体等垂直部位构部件的平方米造价指标，对层数多少没有或者很少影响。因此，在分析时可视为常量。就建筑物地上部分而言，主要受楼盖、屋盖和地坪等综合价值的制约。层数与建筑造价的关系可概括为

$$R_n=\frac{1}{n}(Y_{地}+Y_{屋})+\frac{n-1}{n}Y_{楼}+\sum KY \tag{6-24}$$

式中：R_n——n 层住宅造价指标（元/m^2）；

n——住宅层数；

$Y_{地}$——地坪单位综合价（元/m^2 地面），包括地坪土方、垫层、面层、护坡、踏步等；

$Y_{屋}$——屋盖单位综合价（元/m^2 屋盖），包括屋面基层、防水屋、隔热层或屋架支撑、几面、屋面、天棚及檐口等；

$Y_{楼}$ ——楼盖单位综合价（元/m^2 楼盖），包括梁板、楼梯及阳台等；

$\sum KY$ ——门、窗、墙体等垂直部位构部件的平方米建筑造价指标的总和（元/m^2）。

从上式可知，多层住宅对楼盖的造价较敏感，二底层住宅影响较大的是屋盖。

以相应的综合价代入式（6-23）可得各种层数对造价的关系，如表 6-10 所示，说明 1～6 层的多层住宅，层数愈多，指标愈好，相邻层次间的指标差值也愈小。这就是说，当条件允许时，以多建 5～6 层住宅为宜。

表 6-10 住宅层数与造价关系表

层 数	1	2	3	4	5	6
（%）	122.85 （138.05）	109.13 （116.95）	104.57 （108.38）	102.27 （103.51）	100.86 （101.68）	100 （100）

注：表中带括号者包括一般土质的基础费用。

多层住宅的经济问题还取决于基础的造价。上部结构重量的改变（这里主要指层数的增减），对于同一种土质就需考虑采用不同材质和不同结构形式的基础，所以联系基础造价来看，就不能说不论采取什么地质条件建造 6 层都是最经济的。

（5）住宅单元组合的经济问题。

当住宅单元进行组合时，组合部位的山墙数减少；同时变组合外山墙为内山墙，并影响到基础、屋面、檐口、天棚、圈梁、门窗、护坡、脚手架费用等，从而产生价差显示其经济效果。

当超过五单元组合时，实际上经济意义不明显，如表 6-11 所示。同时，由于建筑物长度超过 60m 时需设置沉降缝，势必增加造价。因此，合理的单元组合应少于五单元，长度

应少于 60m，至少二单元组合，切忌一单元独建。

表 6-11　单元组合与造价的关系

单元数	1	2	3	4	5	6
(%)	108.6	103.62	101.59	100.70	100.15	100

任务实施

下面利用建筑设计方案经济分析基础知识解决例 6.1 中的问题。

【例 6.1】　某 6 层单元式住宅共 54 户，建筑面积为 3 949.62m^2。原设计方案为砖混结构，内外墙为 240mm 砖墙。现拟定的新方案为内浇外砌结构，外墙做法不变，内墙采用 C_{20} 混凝土浇筑。新方案内横墙厚为 140mm，内纵墙厚为 160mm。其他部位的做法、选材及建筑标准与原方案相同。两方案各项数据如表 6-12 所示。

表 6-12　两种设计方案的主要数据

设计方案	建筑面积/m^2	使用面积/m^2	总投资（包括地价）/元
A.砖混结构	3 949.62	2 797.20	8 163 789
B.内浇外砌	3 949.62	2 881.98	8 300 342

（1）通过两方案的单位建筑面积造价和单位使用面积造价等指标对两方案进行分析比较。

（2）住宅楼作为商品房出售，在按使用面积出售和按建筑面积出售的两种情况下分别进行经济分析和评价。

（3）按多指标综合评价法对两方案进行比较分析，哪个方案较优（评价指标、指标的权重与指标得分值如表 6-13 所示）。

表 6-13　两种设计方案的指标值

	指标	平面布局	使用功能	造价	使用面积	经济效益	结构安全
	权重	0.15	0.20	0.20	0.15	0.20	0.10
方案	A.砖混结构	8	8	9	7	7	7
	B.内浇外砌	8	8	8	8	9	8

【解】对于住宅来说，住宅的功能与日常运营费用一般不会受到房屋结构方案不同的影响，因此该例题的方案比较主要是考查期初的投资或销售收入的差距。

① 表 6-14 是各方案单位建筑面积和单位使用面积投资。

表 6-14　两种设计方案单位建筑面积和单位使用面积投资额

方　案	单位建筑面积投资/元·m^{-2}	单位使用面积投资/元·m^{-2}
A.砖混结构	8 163 789÷3 949.62＝2 066.98	8 163 789÷2 797.20＝2 918.56
B.内浇外砌	8 300 432÷3 949.63＝2 109.57	8 300 342÷2 881.98＝2 880.08

从表 6-3 可以看出，按单位建筑面积计算，方案 B 的投资高于方案 A 的投资；如按单位使用面积计算，方案 B 的投资低于方案 A 的投资。由于只有使用面积才会真正发挥居住的功能，如果不考虑其他因素，显然方案 B 优于方案 A。

也可换种角度和方法来分析。每户平均增加使用面积为

$$(2\,881.98-2\,797.20)\div 54=1.57\text{（m}^2\text{）}$$

为此，每户多投资：

$$(8\,300\,342-8\,163\,789)\div 54=2\,528.76\text{（元）}$$

折合单位使用面积投资为

$$2\,528.76\div 1.57=1\,610.68\text{（元/m}^2\text{）}$$

即方案 B 比方案 A 的每户多增加的使用面积为 1.57m^2，其每平方米的投资为 1 610.68 元。与方案 A 的单位使用面积 2 918.56 元和投资相比，增加面积的投资是合算的。

② 如果作为商品房出售，假设方案 A 和方案 B 的单位面积售价是相同的，可从不同的角度来进行比较分析。

方案 A：

按使用面积出售的情况分析：对于购房人来说，如果不考虑其他因素，不同的结构对其选择是没有影响的，即不管是什么结构的，花费同样的钱只能购买同样使用面积的房屋。而对于房产商来说，选择方案 B 是有利的，因为就该住宅分析，方案 B 比方案 A 每单位使用面积净收入增加 2 918.56－2 800.08＝34.48（元/m^2）。

而全部住宅至少可增加净收入为

$$34.48\times 2\,881.98=110\,898.59\text{（元）}$$

方案 B：

按建筑面积出售的情况分析：对于房产商来说，选用不同的方案总收入并不增加，但方案 B 比方案 A 的投资额却增加了，单位建筑面积增加额为

$$2\,109.57-2\,066.98=42.59\text{（元/m}^2\text{）}$$

投资总增加额为

$$42.59\times 3\,949.62=168\,214.32\text{（元）}$$

所以选择方案 B 对房产商并不利。但对于购房人来说，购买一套房子的购房款总额不变，但其所得的使用面积，方案 B 比方案 A 每户要多 1.57m^2，所以如果选择了方案 B，对于购房人来说是有利的。

③ 两个方案可按多指标综合评价法来确定最优方案。根据指标得分情况，可计算出各方案的综合评价总值。

方案 A 的综合评价值为

$$8\times 0.15+8\times 0.20+9\times 0.20+7\times 0.15+7\times 0.20+7\times 0.10=7.75$$

方案 B 的综合评价值为

$$8\times 0.15+8\times 0.20+8\times 0.20+8\times 0.15+9\times 0.20+8\times 0.10=8.20$$

方案 B 的综合评价值高于方案 A 的综合评价值，因此方案 B 为优。

6.1.2 施工方案的技术经济分析

教学目标

了解建筑施工中的技术经济分析原则；熟悉工程施工方案技术经济评价常用指标；掌握施工方案技术经济评价的方法。

任务引入

建筑工程施工方案的技术经济分析与评价主要是对施工工艺方案和施工组织方案的分析、评价、比较和选择，以及在工程施工中采用新技术、新工艺、新材料的经济分析评价等。对施工方案进行技术经济评价是选择最优施工方案的重要环节之一。因为任何一个单位工程或者一个分部（分项）工程，都会有多种可行的施工方案，而施工方案技术经济分析和评价的目的就是对每一个工程的施工方案进行优选，选出一个工期短、质量优、材料省、劳动力安排合理、能满足环保要求、工程成本低的最优施工方案。

任务分析

要解决施工方案技术经济分析、评价、选优的问题，需要具备施工方案经济分析与评价的基本知识，下面介绍相关知识。

相关知识

1. 建筑施工中的技术经济分析原则

建筑施工中的许多问题需要通过技术经济分析来解决，这对于施工单位降低工程成本、节约劳动消耗、合理使用机械、缩短工期、提高施工生产的综合经济效果有着十分显著的作用。同时，这种活动也与建设单位有着密切的关系。但是建设单位与施工单位的出发点不同，因而分析和评价所采用的指标和方法就不尽相同，评价结果也会有差异。

施工阶段的技术经济分析内容多为技术问题以及与技术问题相关的经济问题。主要是对直接影响施工的各种问题要进行多方面的分析。在工期较短时，可不考虑资金的时间价值，即资金的占用利息可忽略不计；但在工期较长时，重大的技术措施和组织措施必须考虑资金的时间价值。工程施工中的技术问题和组织问题总是涉及时间、费用和质量的问题，一般都是在保证施工质量要求、完全实现设计所规定的使用功能的前提下进行技术经济分析。在施工阶段（包括施工准备阶段）进行技术经济分析时，常常采用以下原则作为评价施工技术方案和组织方案优劣的尺度。

1）单位成本最低

这一原则主要用于施工方案的选择，包括施工方法和施工机械的选择。各种型号的施工机械都有一定的适应范围，需要一定的使用条件，如场地条件、气候条件、工程量的多少、施工的速度和节奏等。由于在施工过程中可能出现的干扰因素很多，有可能使原定的施工方案变得不经济，因此，在确定施工方案时，不仅要根据常规情况进行技术经济分析，而且要考虑对方案经济性有重要影响的干扰因素出现的概率，以及该方案对这些干扰因素的敏感程度。各种施工方案和各种影响因素之间的关系表现各异，但都有一定的规律性。通过分析，有的可以用函数关系式来表达，有的可以用图形来表达。单位产品成本法就是其中常用的一种表达形式。

例如，某土方工程，现提出了两种不同的施工方案，即人工开挖和使用机械开挖。若采用人工开挖，仅需要支付人工费而不需要支付其他费用，但是单位成本会高于机械开挖。若采用机械开挖，不仅要支付人工费，而且要支付较高的机械使用费。两种施工方案到底哪一种较为经济，需要计算两种施工方案各自的每单位土方的总成本，以单位成本最低的施工方案为最优方案。

2）资源一定，工期最短

施工单位在一定时间内的可用资源（如劳动力、材料、机械设备等）总是有一定限制的，如果能相对缩短工程的施工工期，就意味着在资源总量不变的条件下，扩大了企业的生产能力。这一原则就是为了最大限度地挖掘企业生产能力的潜力，一般在企业施工任务较为饱满时采用。工期最短可以降低间接费用在单位建筑产品上的摊销比例，但往往会使直接费用增加。因此采用这一原则未必能取得较好的经济效益。

3）工期固定，费用最低

工期是建设单位与施工单位之间的合同所规定的，必须按计划实现。如果没有特殊原因（如有提前完工奖），施工单位没有必要付出额外的代价去缩短合同工期。这时，尽可能降低物化劳动和活劳动的消耗，提高施工生产的经济效果，就成为施工单位追求的目标。这一原则用于某一具体的建筑工程比较现实，但若企业规模较大，同时承建许多工程，要从整个企业的角度实现这一原则，就比较困难。

4）工期固定，资源均衡

在企业资源条件相对稳定的情况下，施工生产任务的类型、数量则是动态变化的，因此往往不可能在多个工程项目上同时实现“工期固定，费用最低，资源最省”的原则。这时，从整个企业的角度出发，“工期固定，资源均衡”就成为技术经济分析的一个重要原则。一般来说，按照这一原则，可以保证资源条件得到充分、合理的利用，企业总体经济效果较好。但是，采用这一原则时，由于各种资源之间存在相互联系、相互制约的关系，因而在多数情况下只能保证少数主要的资源条件得到均衡利用，如关键技术工种、主要施工机械等，而不可能保证所有资源都得到均衡利用。在生产资料市场和劳动力市场发展比较充分时，这一原则就显得不是很重要，主要是用于单个工程的施工，目的在于避免因工作面过小而降低劳动生产率。

5）造价最低，工期合理

这一原则与原则三有相近之处，但出发点不同。这一原则是从建设单位的角度考虑的。当建设单位建设资金有限、筹措资金也较困难时，就希望尽可能节约投资，因而在选择工程承包单位时就把造价高低放在首位。然而降低造价总有一个限度，因而在采用这一原则时，要注意确保建筑产品的使用价值能够真正实现，施工质量能够达到预定的要求，切不可把造价压到不合理的程度；否则，可能适得其反。

6）综合费用最少

综合费用包括建设投资和由于工期提前或工期延误而产生的收益或亏损，若有必要，亦可把使用阶段的费用考虑在内。显然，这一原则也是从建设单位的角度考虑的。当建筑产品提早投入使用可以取得明显的经济效益时，适当增加投资以加快施工进度、缩短工期，可能是值得的。但是，提早投入使用的收益毕竟寄希望于尚未实现的将来，因而必须对其进行客观而合理的分析，不能单凭主观推测，不能估计过高或过低，否则将会承担较大的经济风险。

7）工期最短

这一原则往往也是从建设单位的角度考虑的。当建筑产品投入使用后的经济效益和社会效益特别显著时，因加快施工进度而增加的投资可能变得不很重要，甚至无足轻重了，工期越短，效益越好。当然，即使在这种情况下，也应当尽可能减少不必要和不合理的附加费用。对于施工单位来说，缩短工期一般会增加成本，但是建设单位如果能够给予合理的补偿，也可以考虑加快进度、缩短工期。

2. 工程施工方案技术经济评价常用指标

1）施工工艺方案的评价指标

（1）技术指标。技术指标是指用以反映方案的技术特征或适用条件的指标，可用各种技术性参数表示。如主体结构为现浇框架，施工工艺方案可用现浇混凝土总量、混凝土运送方式和运送高度等；如果是装配式结构，则可用安装构件的总量、构件最大尺寸、构件最大重量、构件最小尺寸、最大安装高度等；又如钢筋混凝土工程的模板方案，可用模板类型、模板型号、各型号模板尺寸、模板单件重量、模板的组装和运送方式等表示；又如土石方工程的技术指标，可用土石方类型、数量、土石方的开挖或爆破方式方法、土石方的调配方案、地下水的排除方式、使用何种开挖机械和运输机械等表示。

（2）经济指标。经济指标主要反映完成工程任务必要的劳动消耗，是由一系列价值指标、实物指标以及劳动指标所组成。

① 工程施工成本。评价拟订施工工艺方案的成本指标，在大多数情况下，主要采用施工直接成本，其中包括直接人工费、施工设施的成本摊销费、防治施工公害设施及其费用等，可用施工总成本或单位施工成本表示。

② 主要专用机械设备需要量。包括专用机械设备的种类、设备台数、使用时间和总台班数等。

③ 主要材料资源需要量。这里指的是为顺利进行施工所必需的主要资源的数量。

④ 主要劳动力需要量。主要劳动力需要量可用主要工种工人需要总数、需要的时间、月平均需要数量、高峰期需要数量，低谷期需要量来表示。

⑤ 劳动消耗量。劳动消耗量可用劳动消耗总量、月平均劳动量和高峰期劳动消耗量来表示。

（3）效果指标。效果指标指采用该工艺方案后预期达到的效果。

① 施工工期。可用总工期与工期定额相比的节约工期指标表示。

② 劳动生产率。劳动生产率是指建筑工人在一定时间内制造建筑产品的能力。例如，

土方工程、混凝土工程的劳动生产率指标可用 m^3/小时或 m^3/班来表示，钢筋工程、钢结构工程可用 *t*/天或者 *t*/班表示等。

③ 成本降低率或成本降低额。该指标反映采用该工艺方案后，较工程预算成本的降低额或降低率。

④ 主要材料节约额或节约率。

2）施工组织方案的评价指标

（1）技术性指标。

① 反映工程特征的指标，如建筑面积、主要分部（分项）工程量等。

② 反映施工方案特征的指标，如与施工方案有关的指标和说明等。

（2）经济指标。经济指标包括工程施工成本、劳动消耗量、主要材料资源消耗量、主要材料资源量和均衡性指标。

反映施工均衡性指标施工是否均衡进行，对于综合经济效果有着重大影响。而施工的均衡性在很大程度上由施工组织方案所决定，所以评价施工组织方案均衡性应计算以下指标：

主要工种施工不均衡系数＝高峰月工程量÷平均月工程量

劳动消耗量不均衡系数＝高峰月劳动消耗量÷平均月劳动消耗量

从上述公式可以看出，不均衡系数是大于 1 的。系数的值越大，说明施工的均衡性越差。由于建筑工程施工的诸多特点，施工的均衡性也是相对的，试图达到绝对的均衡是很困难的，因此，在实际中也只能要求适度的均衡。

（3）效果指标。

① 工程总工期，可用总工期与定额或合同工期相比的节约工期表示。

② 施工成本节约额，可用工程施工成本与相应的预算成本对比的节约额表示。

3. 施工方案技术经济评价的方法

一般来说，施工方案的技术经济评价有定性分析评价和定量分析评价两种方法。

定性分析评价方法主要是结合工程施工经验，对若干施工方案的优缺点进行分析比较。如技术上是否可行、施工复杂程度和安全可靠性如何、劳动力和机械设备能否满足施工需要、是否能发挥现有机械的作用、保证工程质量的措施是否完善可靠、对冬期施工带来多大困难、施工中是否对环境有影响或破坏等。采用定性分析评价方法，通常是邀请有丰富施工经验的专业技术人员根据他们的知识和经验对所提出的各个施工方案进行分析、比较，然后将每个评价人员的评价结果再进行整理、汇总，最后选择出最优的施工方案。这种方法简单易行，对于规模不大的工程比较适用。

定量技术经济分析评价方法是通过计算各方案的几个技术经济指标，进行最后比较分析，从中选择技术经济指标较佳的方案。

任务实施

下面以施工方案技术经济评价的基础知识解决例 6.2 中的问题。

【例 6.2】　现欲开挖大模板工艺钢筋混凝土结构多层住宅的基坑，其平面尺寸为 147.5m×12.46m，坑深为 3.71m，二类土，土方量为 9 000m^3。因场地狭小，挖出的土除了就地存放 1 200m^3，准备回填之用外，其余土用汽车全部及时运走。根据现有劳动力和机械设备条件，可采用以下 3 种施工方案。

方案 1：采用 W1-100 型反铲挖机土开挖，翻斗汽车运土方案。

用反铲挖土机开挖基坑不需开挖斜道，配合挖土机工作每班需要普工 2 人，基坑修整所需劳动量 51 个工日，均用普工。W1-100 型反铲挖土机的台班生产率为 529m^3，每台班的机械租赁费为 319.95 元（含两名操作工人的工资在内），拖车台班的机械租赁费为 333.60 元。

① 工期指标（一班制）：

$$T=9000\div529\approx17（台班）=17（天）$$

② 劳动量指标：

$$Q=2\times17+2\times17+51=119（工日）$$

③ 成本指标：

基坑开挖所需直接工程费（挖土机进场的工时按 0.5 台班考虑、拖运费按拖车的 0.5 台班考虑、人工平价按每工日 30 元考虑）为

$$17\times319.95+0.5\times319.95+0.5\times333.60+(2\times17+51)\times30=8\,315.93（元）$$

$$直接费=8\,315.93\times(1+6.9\%)=8\,889.73（元）$$

其中 6.9%为其他直接费率，尚应考虑间接费率 22.5%，则方案 1 的成本指标为

$$总成本=8\,889.73\times(1+22.5\%)=10\,889.92（元）$$

方案 2：采用 W-501 正铲挖土机（斗容量为 0.5m^3），该方案需要开挖一条供挖土机及汽车出入的通道，斜道土方量约为 120m^3，W-501 正铲挖土机台班生产率为 518m^3，每台班的机械租赁费为 319.95 元（含两名操作工人的工资在内）。配合挖土机工作每班需要普工 2 人，斜道回填土需 33 个工日，基坑修整需劳动量 51 个工日。

① 工期指标（考虑回填斜道用 1 个台班）：

$$T=9\,000\div518+120\div518+1=18.61（台班）\approx19（天）$$

② 劳动量指标：

$$Q=2\times19+2\times19+33+51=160（工日）$$

③ 成本指标：基坑开挖所需直接工程费（挖土机进场的工时按 0.5 台班考虑、拖运费按拖车的 0.5 台班考虑、人工平价按每工日 30 元考虑）为

$$19\times319.95+0.5\times319.95+0.5\times333.60+(2\times19+51+33)\times30=10\,065.83（元）$$

$$直接费=10\,065.83\times(1+6.9\%)=10\,760.37（元）$$

所以方案 2 的成本指标为

$$总成本=10\,760.37\times(1+22.5\%)=13\,181.45（元）$$

方案 3：采用人工开挖、人工装翻斗车运土的方案。此方案需人工开挖两条斜道，以使翻斗车进出。两条斜道土方量约为 400m^3。挖土每班配普工 69 人，翻斗车装土每班需配普工 36 人，翻斗车每台班的机械租赁费为 280.50 元（含一名操作工人的工资在内）。斜道回填土需劳动量 150 个工日，人工开挖土方的产量定额为每工日 8m^3。

① 工期指标（一班制）：

$$T=(9\,000+400)\div(8\times69)=9\,400\div552=17（天）$$

② 劳动量指标：

$$Q=69\times17+1\times17+36\times17+150=1\,952\text{（工日）}$$

③ 成本指标：

直接工程费＝1 952×30＋17×280.50＝63 328.50（元）

直接费＝63 328.50×（1＋6.9%）＝67 698.17（元）

所以方案 3 的成本指标为

总成本＝67 698.17×（1＋22.5%）＝82 930.25（元）

上述 3 种方案的有关平均指标数值计算结果汇总列入表 6-15。

从表 6-15 中各指标计算数值可以看出，方案 1 各指标数值均较优，故采用方案 1。

表 6-15　基坑开挖不同方案的技术经济指标比较

开挖方案	工期指标 T/天	劳动量指标 Q/工日	成本指标 C/元	方案说明
方案 1	17	119	10 889.92	反铲挖土机
方案 2	19	160	13 181.45	正铲挖土机
方案 3	17	1952	82 930.25	人工开挖

思考与练习

1．建筑设计方案技术经济分析与评价有什么目的？
2．建筑设计方案技术经济分析与评价应遵循哪些基本原则？
3．施工方案的技术经济分析应遵循哪些原则？

6.2　设备更新方案的比选

引言

随着新工艺、新技术、新机具、新材料的不断涌现，建筑施工在更大的深度和广度上实现了机械化，施工机械设备已成为施工企业生产力不可缺少的重要组成部分。

教学目标

了解设备更新的含义、原则；熟悉设备更新的经济分析程序；掌握新增设备的经济分析方法及设备经济寿命的计算。

任务引入

建筑施工企业都存在着如何使企业的技术装备结构合理化，如何使企业设备利用率、机械设备效率和运营成本等指标保持在良好状态的问题，要解决好这些问题，就必须对新增设备以及更新、改造设备的方式进行科学合理的技术经济论证，力求以最少的投入获取较大效益。

任务分析

要解决设备更新、选优的问题，需要具备设备更新方案比选的基本知识，下面介绍相关知识。

相关知识

1. 设备更新基本概述

1）基本概念

设备是企业生产的重要物质条件，企业为了进行生产，必须花费一定的投资，用以购置各种机器设备。设备在使用（或闲置）过程中将会发生物理磨损（又称有形磨损）和精神磨损（又称无形磨损或经济磨损）。物理磨损使得设备的运行费用和维修费用增加，效率低下，反映了设备使用价值的降低；而精神磨损是技术进步的结果，当相同结构设备再生产价值降低或出现性能显著提高的新设备时，将引起原有设备的贬值或导致原始价值发生贬值。在设备因有形或无形磨损而造成的消耗下，是继续使用原有设备，还是用新设备替代老设备（即设备更新），这是需要认真考虑的问题。

设备更新是对在用设备的整体更换，也就是用原型新设备或结构更加合理、技术更加完善、性能和生产效率更高、比较经济的新设备，来更换已经陈旧、在技术上不能继续使用或在经济上不宜继续使用的旧设备。就实物形态而言，设备更新是用新的设备替换陈旧落后的设备；就价值形态而言，设备更新是设备在运动中消耗掉的价值的重新补偿。设备更新是消除设备有形磨损和无形磨损的重要手段，目的是为了提高企业生产的现代化水平，尽快地形成新的生产能力。

设备更新决策问题，就其本质来说，可分为原型设备更新和新型设备更新两类。

原型设备更新是简单更新，就是用结构相同的新设备去更换有形磨损严重而不能继续使用的旧设备。这种更新主要是解决设备的损坏问题，不具有更新技术的性质。

新型设备更新是以结构更先进、技术更完善、效率更高、性能更好、能源和原材料消耗更少的新型设备来替换技术上陈旧、在经济上不宜继续使用的旧设备。通常所说的设备更新主要是指新型设备更新，它是技术发展的基础。

设备更新决策是企业生产发展和技术进步的客观需要，对企业的经济效益有着重要的影响。过早的设备更新，将造成资金的浪费，失去其他的收益机会；过晚的设备更新，将造成生产成本的迅速上升，失去竞争的优势。因此，设备是否更新、何时更新、选用何种设备更新，既要考虑技术发展的需要，又要考虑经济方面的效益。这就需要不失时机地做好设备更新决策工作。

2）设备更新方案比选的原则

设备更新方案比选的基本原理和评价方法与互斥性投资方案比选相同。但在设备更新方案比选时，应遵循如下原则。

（1）不考虑沉没成本。

沉没成本就是过去已支付的靠今后决策无法回收的金额。在进行方案比选时，原设备的价值应按目前实际价值计算，而不考虑其沉没成本。沉没成本一般不会影响方案的选择。例如，某设备 4 年前的原始成本是 80 000 元，目前的账面价值是 30 000 元，现在的净残值仅为 15 000 元。在进行设备更新分析时，4 年前的原始成本 80 000 元是过去发生的，与现在的决策无关，因此是沉没成本。目前该设备的价值等于净残值 15 000 元。

（2）逐年滚动比较。

在确定最佳更新时机时，应首先计算现有设备的剩余经济寿命和新设备的经济寿命，然后利用逐年滚动计算方法进行比较。

如果不遵循上述两条原则，方案比选结果或更新时机的确定可能会发生错误，现举例说明。

【例 6.3】 假定某企业在 4 年前以原始费用 22 000 元购买了机器 A，估计还可以使用 6 年，第 6 年年末估计残值为 2 000 元，年度使用费为 7 000 元。现在市场上出现了机器 B，原始费用为 24 000 元，估计可以使用 10 年，第 10 年年末残值为 3 000 元，年度使用费为 4 000 元。现有两个方案：方案甲是继续使用机器 A；方案乙是将机器 A 出售，目前的售价是 8 000 元，然后购买机器 B。已知基准收益率为 15%，试比较方案甲和方案乙的优劣。

【解法一】 根据上述比较原则，机器 A 的原始费用 22 000 元是 4 年前发生的，是沉没成本。目前机器 A 的价值是 8 000 元。方案比较可用年成本 AC 指标进行。

两个方案的直接现金流量如图 6.2 和图 6.3 所示，计算结果如下：

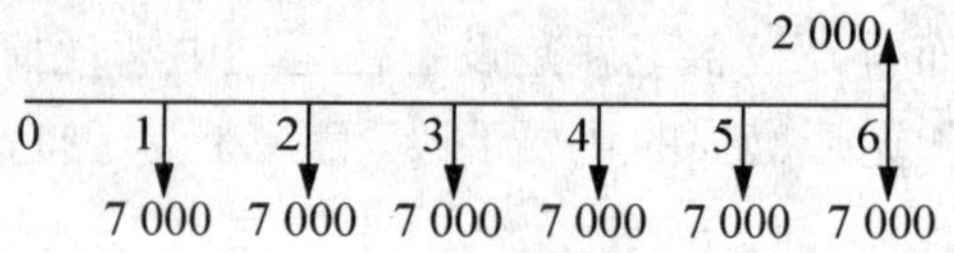

图 6.2 方案甲的直接现金流量

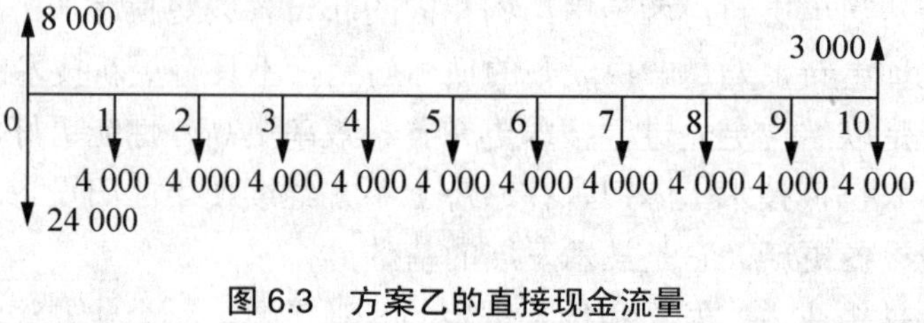

图 6.3 方案乙的直接现金流量

$$AC_{甲}=7\,000-2\,000(A/F, 15\%, 6)=7\,000-2\,000\times0.114\,2=6\,771.6（元）$$

$$\begin{aligned}AC_{乙}&=(24\,000-8\,000)(A/P, 15\%, 10)+4\,000-3\,000(A/F, 15\%, 10)\\&=16\,000\times0.199\,3+4\,000-3\,000\times0.049\,3\\&=7\,040.9（元）\end{aligned}$$

$AC_{甲}<AC_{乙}$，所以应选择方案甲。

【解法二】 两个方案的现金流量如图 6.4 和图 6.5 所示，计算结果如下：

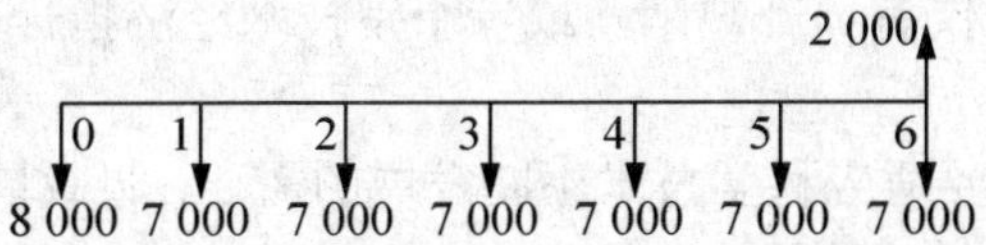

图 6.4　方案甲的现金流量

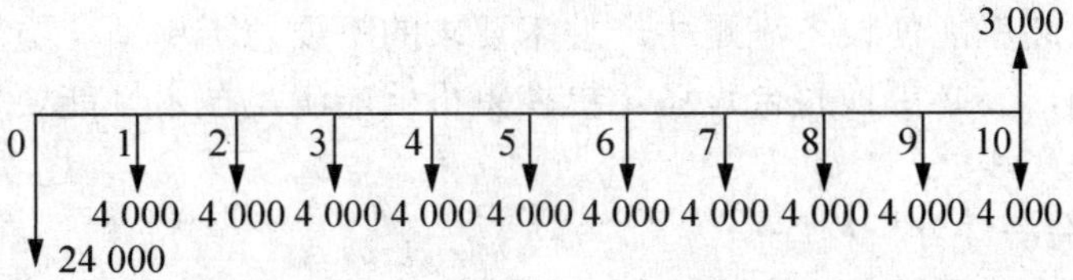

图 6.5　方案乙的现金流量

$$
\begin{aligned}
AC_{甲} &= (8\,000-2\,000)(A/P,15\%,6)+2\,000\times0.15+7\,000\\
&=6\,000\times0.264\,2+7\,300\\
&=8\,885.2\text{（元）}
\end{aligned}
$$

$$
\begin{aligned}
AC_{乙} &= (24\,000-3\,000)(A/P,15\%,10)+3\,000\times0.15+4\,000\\
&=21\,000\times0.199\,3+4\,450\\
&=8\,635.3\text{（元）}
\end{aligned}
$$

$AC_{甲}>AC_{乙}$，所以应选择方案乙。

上述两种解法的结论正好相反。这是因为解法一的方法是错误的。因为它把机器 A 的售价分摊在 10 年的期间，而实际上只应该将其分摊在 6 年的期间。此外，把旧机器 A 的售价作为新机器 B 的收入也不妥当，因为这笔收入不是由新机器 B 本身带来的，不能将两个方案的现金流量混淆。总之，解法二是正确的，或者花 8 000 元购买旧机器 A，或者花 24 000 元购买新机器 B。

2. 设备更新策略及其经济性分析程序

1）设备更新需要解决的问题

（1）大修理是否经济合理。

（2）设备使用多少年最经济合理。

（3）什么时间更新设备最经济合理。

（4）用什么方式更新设备最经济合理。

此外，还涉及是租赁还是购买新设备的比较问题。为此，将进一步涉及设备折旧方案的选择问题。但是，无论解决哪一个问题，设备更新的经济性分析都是一个对多个互斥方案进行比较、选择优化的过程，一般应遵循一定的程序并采取相应的策略。

2）设备更新策略

设备更新策略应在系统全面了解企业现有设备的性能、磨损程度、服务年限、技术进步等因素的情况下，分轻、重、缓、急，有重点地区别对待。

对于陈旧落后的设备，即消耗高、性能差、使用操作条件不好、对环境污染严重的设备，应当用较先进的设备尽早取代。

对于整机性能尚可，仅有局部缺陷，或者个别技术经济指标落后的设备，应选择进行技术改造的途径。

对于较好的设备，也要适应科学技术不断发展的需要，吸收国内外的新技术和新工艺，不断进行技术改造和现代化改装。

确定设备更新必须进行技术经济分析。凡修复比较合理的，不应过早更新，可以修中有改，通过改进工装就能使设备满足生产技术要求的不要急于更新。更新个别关键零件就能达到技术要求的，不必更换整台设备。更换单机就能满足技术性能要求的，就不必更换整个机群或整条生产线。

3）设备更新经济性分析程序

设备更新经济性分析是对多方案进行分析比较的过程，一般应遵循下列程序：

（1）确定目标。目标可以是一台设备、某个生产装置或一条生产线等。

（2）收集资料。主要收集设备的折旧、费用、性能、技术进步和磨损程度等方面的资料。

（3）计算经济寿命，确定最佳更新时机。

（4）拟定更新方式。

（5）选择更新方式。

（6）组织实施。

3. 新增设备的经济分析

1）设备购置与租赁的经济分析

（1）企业自有设备需要支出的费用有以下几种。

① 一次性投资。包括设备购置费、运输费、安装费，以及建造安置设备的车间、仓库的相关投资等费用。

② 年运营费用。包括燃料及动力费、操作人员工资、折旧费、管理费，以及保持机械设备正常运转所消耗的保养费。

③ 年维修费用。包括大、中、小修的修理器材费、动力及燃料费、机械维修人员的工资、生活及福利设施费用。

（2）企业租赁设备的费用有以下几种。

① 年租金，它等于机械年使用台班数乘以台班费。

② 机械进出场费等。

下面举例说明企业使用自有设备和使用租赁设备的经济性分析与比较。

【例 6.4】 表 6-16 所示为某建筑公司自有和租赁设备两种方案的有关资料，假定设备残值为 0，年利率为 10%，试对两个方案进行比较，哪个方案经济？

表 6-16 各方案基本数据表

比较项目	自有设备	租赁设备
一次投资/万元	80	年租赁费 20 万元
年运营费/万元	8	
使用年限/年	10	

【解】用费用现值法分析。

自有设备的费用现值：

$$PC（10\%）=80+8（P/A，10\%，10）=129.2（万元）$$

租赁设备的费用现值：

$$PC（10\%）=20（P/A，10\%，10）=122.9（万元）$$

显然租赁设备较为经济。

讨论：若设备的残值为5万元，年租金为22万元，则哪一种方案较为经济？

此时，自有设备的费用现值：

$$PC（10\%）=129.2-5（P/F，10\%，10）=127.2（万元）$$

租赁机械的费用现值：

$$PC（10\%）=22（P/A，10\%，10）=135.2（万元）$$

这时使用自有设备较为经济。

【例6.5】 某机修厂计划引进一项价值3 000万元的设备。若采用租赁方式，租期5年，每年租金780万元。若采用贷款方式购买，年利率10%，按等额本金法偿还。试比较哪一种方案对工厂有利。

【解】 用费用现值法分析。

租赁方式的费用现值为

$$PC（10\%）=780（P/A，10\%，5）=2\ 956.8（万元）$$

贷款还本付息的现值为

$$\begin{aligned}PC（10\%）=&（600+3\ 000\times10\%）（P/F，10\%，1）+（600+2\ 400\times10\%）（P/F，10\%，2）\\&+（600+1\ 800\times10\%）（P/F，10\%，3）+（600+1\ 200\times10\%）（P/F，10\%，4）\\&+（600+600\times10\%）（P/F，10\%，5）\\=&818.2+694.2+586+491.8+409.8\\=&3\ 000（万元）\end{aligned}$$

显然，租赁方式比贷款引进方式节约3 000−2 956.8=43.2（万元），因此采用租赁方式。

2）机械设备自制与外购的经济分析

（1）企业自制设备应考虑的技术经济因素。

① 需要装备的机械设备是通用定型设备还是非标准设备或专用设备。

② 需要装备的机械设备是现有机械设备的配套设备还是配合技术改造或更新设备的新设备。

③ 企业自制能否保证设备的技术性能和质量，包括使用性能、使用寿命、能量消耗等方面，达到预定的技术标准要求。

④ 企业自制设备有无多余的加工能力。

⑤ 企业自制设备需要计算的数据有：增量成本，即为自制设备净增的人工、材料、动力等物质的消耗费用；净增成本，指企业原无生产能力，为加工该设备提供需要的生产能力所支出的成本费用，包括购置加工设备、新增人工、材料费等。

⑥ 企业自制设备的数量和批量。

⑦ 有无其他供应来源和委托加工的条件等。

总之，自制设备必须既达到技术性能标准又能满足经济合理的要求，慎重确定机械设备的来源，切忌盲目自制。

（2）自制与外购的经济分析。

① 若自制与外购的机械设备技术性能相同时，当增量成本或净增成本小于购买成本时，自制是比较经济的。反之，购买较经济。

② 若自制与外购的机械设备技术性能不同时（如机械效率、能耗、使用年限等方面有差异），则必须建立可比条件，然后进行经济性分析，鉴别哪种方案经济合理。

【例 6.6】 已知表 6-17 所列资料为某企业改造生产设备需要配套机械的可选方案。由于自制和外购设备的技术性能不同，为满足需要，外购设备需要 5 台，自制设备因效率较低需要 6 台，假定年利润率为 10%，试进行自制和外购的经济分析。

表 6-17　各方案基本数据表

比 较 项 目	外 购 设 备	自 制 设 备
一次投资费用/万元	5×3＝15	6×2.0＝12
年运转费/万元	5×1.2＝6	6×1.2＝7.2
年维修费	5×0.8＝4	6×1.0＝6
使用年限/年	8 年	5 年

【解】用费用年值法分析。

自制设备的费用年值为

$$AC（10\%）＝7.2＋6＋12（A/P，10\%，5）＝16.4（万元/年）$$

外购设备的费用年值为

$$AC（10\%）＝6＋4＋15（A/P，10\%，8）＝12.8（万元/年）$$

显然，外购方式较为经济。

4. 设备经济寿命的确定

1）设备经济寿命的概念及确定的准则

（1）设备经济寿命的概念。

经济寿命，是从经济角度看设备最合理的使用年限，它是由有形磨损（第一类磨损）和无形磨损（第二类磨损）共同决定的。具体来说，是指使一台设备的年平均使用成本最低的或最高的等值年净收益的年数。例如，一辆汽车，使用时间越长越好；但是从另一方面考虑，随着使用时间的延长，旧汽车的维修费和燃料费等将不断递增。因此，前者那部分越来越低的成本，将被后者那部分越来越高的成本所抵消。在两种相互消长的变化过程中，必定会有某一时点会使年度总成本最低，我们称这一时点为该汽车的经济寿命。在设备更新的技术经济分析中，我们把设备的经济寿命作为确定设备最优更新期的主要依据。

（2）确定准则。

确定设备的经济寿命，就是寻求设备在使用过程中投资的分摊成本费与年经营费的总和为最小的时刻，在这个时刻之前和在这个时刻之后，其总费用都会增加。所以从设备投入使用到投资的分摊成本费与年使用费的总和为最小的时刻所经历的时间，就是设备的经济寿命。

2）设备经济寿命的计算

（1）设备的静态经济寿命的计算。

设备经济寿命的静态计算方法，就是在不考虑资金时间价值因素的情况下，研究如何计算某种设备的经济寿命。

① 年经营费用递增的数量相同。

假设设备的原值（即投资费用）为 P，设备在第 n 年的净残值为 L_n，设备已使用的年数为 T，则每年分摊的投资成本为 P/T。用 A_1 表示第 1 年机械设备的经营费用，G 表示机械设备的年经营费从第 2 年起的增加值，即第 1 年为 A_1、第 2 年为 A_1+G、第 3 年为 A_1+G，以此类推，第 T 年为 $A_1+(T-1)G$。

T 年内每年经营费用的平均值为 $A_1+\frac{(T-1)G}{2}$。因此，设备每年平均的投资成本和年经营费之和称为年平均使用成本，其表达式为

$$C=\frac{P-L_n}{T}+A_1+\frac{(T-1)G}{2}$$

式中：C——年平均使用成本。

为了使平均年使用成本最低，令 $\frac{\mathrm{d}C}{\mathrm{d}T}=0$，有：

$$\text{设备的静态经济寿命 } T_0=\sqrt{\frac{2(P-L_n)}{G}} \tag{6-25}$$

② 年经营费用递增的数量不相同。

年经营费用递增的数量不相同，设备静态经济寿命的计算通常采用逐年滚动法来推算。

年度平均使用费的计算公式为

$$C=\frac{P-L_n}{T}+\frac{\sum_{t=1}^{T}A_t}{T} \tag{6-26}$$

式中：A_t——第 t 年的年经营费用。

根据以上公式逐年计算出各使用期内的年度平均使用费，年度平均使用费最低值对应的时间即为设备的静态经济寿命。

（2）设备的动态经济寿命的计算。

设备经济寿命的动态计算方法，就是在不考虑资金时间价值因素的情况下，研究如何计算某种设备的经济寿命。

年度平均使用费的计算公式为

$$\mathrm{AC}_1=[P-L_n(P/F,\ i,\ T)](A/P,\ i,\ T) \tag{6-27}$$

$$\mathrm{AC}_2=\sum_{t=1}^{T}A_t(1+i)^{-t}(A/P,\ i,\ T) \tag{6-28}$$

$$C=\mathrm{AC}_1+\mathrm{AC}_2$$

$$=[P-L_n(P/F,\ i,\ T)](A/P,\ i,\ T)+\sum_{t=1}^{T}A_t(1+i)^{-t}(A/P,\ i,\ T)$$

$$=[P-L_n(P/F,\ i,\ T)+\sum_{t=1}^{T}A_t(1+i)^{-t}](A/P,\ i,\ T) \tag{6-29}$$

根据以上公式逐年计算出各使用期内动态的年度平均使用费，动态年度平均使用费最低值对应的时间即为设备的动态经济寿命。

任务实施

下面以施工方案技术经济评价设备更新方案比选的基础知识解决例 6.7～例 6.9 中的问题。

【例 6.7】 某一设备的原值为 8 125 元，第一年的经营费为 800 元，以后每年递增 650 元，预计残值为 0，使用静态分析法确定其经济寿命期及对应的最小年使用成本。

【解】 由式（6-23）可知：

$$T_0=\sqrt{\frac{2\times(8125-0)}{650}}=5\text{（年）}$$

即静态经济寿命为 5 年。

对应的最小成本 $C_0=\frac{8125-0}{5}+800+\frac{650\times(5-1)}{2}=3\ 725$（元/年）

【例 6.8】 某公司对某种型号汽车有如下的统计资料（表 6-18），求汽车的经济寿命。

表 6-18 某种汽车基本资料　　单位：元

使用年数	1	2	3	4	5	6	7
年度经营成本	5 000	6 000	7 000	9 000	11 500	14 000	17 000
年末残值	15 000	7 500	3 750	1 875	1 000	1 000	1 000

【解】 由表 6-18 可知，汽车随着使用时间的延长，年度经营成本逐渐增加，残值逐渐减少。设该汽车的购置费用为 30 000 元，在利率为零的情况下，可计算出汽车在不同使用年限时的年度平均成本，如表 6-19 所示。

表 6-19 年平均使用成本计算结果　　单位：元

使用年数	资产消耗成本	平均年度资产消耗成本	年度经营成本	经营成本累计	平均年度经营成本	年平均使用成本
1	15 000	15 000	5 000	5 000	5 000	20 000
2	22 500	11 250	6 000	11 000	5 500	16 750
3	26 250	8 750	7 000	18 000	6 000	14 750
4	28 125	7 031	9 000	27 000	6 750	13 781
5	29 000	5 800	11 500	38 500	7 700	13 500
6	29 000	4 833	14 000	52 500	8 750	13 583
7	29 000	4 143	17 000	69 500	9 929	14 072

表 6-19 中数据的计算方法如下。

某年的资产消耗成本等于汽车购置费减去年末汽车残值。例如，第四年的资产消耗成本为 30 000－1 875＝28 125（元）。

平均年度资产消耗成本＝该年的资产消耗成本÷使用年数

平均年度经营成本＝经营成本累计÷使用年数

年平均使用成本＝平均年度资产消耗成本＋平均年度经营成本

从以上计算结果可以看出，该汽车使用 5 年时，其平均年度成本最低为 13 500 元，使用年数大于或小于 5 年时，其平均年度成本均大于 13 500 元。因此，该汽车的经济寿命为 5 年，即这种型号的汽车以使用 5 年为最经济。

【例 6.9】 按例 6.7 所给数据，计算汽车的经济寿命，利率为 4%。

【解】计算过程及结果如表 6-20 所示。其中第 6 年的年度平均成本最低（AC＝14 116），因此该汽车的经济寿命应为 6 年。在上例中，未考虑资金的时间价值因素时，汽车的经济寿命为 5 年。本题假设的利率为 4%，经济寿命增至 6 年。

表 6-20　年度平均使用成本计算结果

使用年数	残值/元	现值系数	资产消耗成本/元	年度经营成本/元	经营成本现值累计/元	总成本现值/元	年度平均使用成本/元
1	15 000	0.961 5	15 578	5 000	4 808	20 386	21 200
2	7 500	0.924 6	20 366	6 000	10 355	33 421	17 720
3	3 750	0.889 0	26 666	7 000	16 578	43 244	15 581
4	1 875	0.854 8	28 397	9 000	24 271	52 668	14 510
5	1 000	0.821 9	29 178	11 500	33 723	62 901	14 128
6	1 000	0.790 3	29 210	14 000	44 787	73 997	14 119
7	1 000	0.759 9	29 240	17 000	57 706	86 946	14 485

表 6-20 中数据的计算方法如下：

资产消耗成本＝资产初始值－（残值×现值系数）

例如，第 4 年的资产消耗成本为

30 000－（1 875×0.854 8）＝28 397（元）

总成本现值＝资产消耗成本＋经营成本现值累计

例如，第 4 年的总成本现值为

28 397＋24 271＝52 668（元）

年度平均使用成本＝总成本现值×资金回收系数

例如，第 4 年的年度平均使用成本为

52 668×（A/P，4%，4）＝52 668×0.275 5＝14 510（元）

思考与练习

1．设备更新的概念是什么？设备更新有何意义？

2．某建筑企业小型混凝土搅拌机购置价格为 20 万元，第一年的运营成本为 1.5 万，以后每年以 1 000 元定额递增，混凝土搅拌机使用一年之后的残值为 17.5 万，以后每年以 2 万元递减，混凝土搅拌机最大的使用年限为 8 年，若基准收益为 12%，试用静态和动态方法计算混凝土搅拌机的经济寿命。

模块7

建设项目经济评价案例

为了使理论与实践紧密结合，本模块引用某化学纤维厂经济评价的案例，将财务评价、国民经济评价和不确定性分析等有关内容有机地联系在一起，以使让学生对所学内容有一个全面系统的掌握。

教学目标

因经济评价中某些参数和数据（如报表中项目构成和投资、成本等估算参数）随时间的推移会有所变动，但其评价方法和分析思路是有指导和示范意义的。因此，在通过学习本案例，重点掌握数据的来源和走向上，对照规范化的表格弄清楚数据的来龙去脉，并能根据相应表格计算出对应的经济评价指标，从而提高建设项目经济分析与评价的能力。

任务引入

某化学纤维厂是华北某地区一个新建项目。该项目经济评价是在完成市场需求预测、生产规模、工艺技术方案、原材料、燃料及动力的供应、建厂条件和厂址方案、公用工程和辅助设施、环境保护、工厂组织和劳动定员以及项目实施规划诸方面的可行性研究论证和多方案比较后，确定最佳方案的基础上进行经济评价的。

任务分析

解决案例中的经济评价问题，需要综合利用本课程所学的财务评价、国民经济评价的知识。以下为分析评价内容及过程。

7.1 项目概述

引言

项目生产某种化纤N产品。这种产品是纺织品不可缺少的原材料，国内市场供不应求，每年需要一定数量的进口。项目投产后可以替代进口。主要技术和设备拟从国外引进。

该项目厂址位于某城市近郊，占用一般农田250亩，靠近铁路、公路、码头，交通运输方便，就近可取得主要原料和燃料，供应有保证，水、电供应可靠。该项目主要设施包括生产主车间，与工艺生产相适应的辅助生产设施、公用工程以及有关的生产管理、生活福利等设施。

7.2 基础数据

1. 生产规模和产品方案

生产规模为年产2.3万吨N产品。产品方案为棉型及毛型两种，以棉型为主。

2. 实施进度

项目拟3年建成，第4年投产，当年生产负荷达到设计能力的70%，第5年达到90%，第6年达到100%。生产期按15年计算，计算期为18年。

3. 总投资估算及资金来源

1）固定资产投资估算

（1）固定资产投资估算及依据。

固定资产投资估算是依据原纺织工业部（今中国纺织工业协会）颁发的《纺织工业工程建设概预算编制办法及规定》进行编制的，引进设备价格的计算参照网上公司的报价。国内配套投资在建设期内根据国家规定考虑了涨价因素，即将分年投资额按年递增率 6% 计算到建设期末。建设投资估算为 42 542 万元，其中外币 3 454 万美元。外汇按国家外汇管理局公布的外汇牌价，“1 美元＝5.48 元人民币”。

（2）固定资产投资方向调节税估算。按国家规定，本项目投资方向调节税税率为 5%，投资方向调节税估算值为 42 542×5%＝2 127 万元。

（3）建设期利息估算为 4 319 万元，其中外汇为 469 万美元。

固定资产投资总额＝建设投资＋固定资产投资方向调节税＋建设期利息

＝42 542＋2 127＋4 319

＝48 988（万元）

固定资产投资估算如表 7-1 所示。

表 7-1 固定资产投资估算表 单位：万元（人民币）、万美元（外汇）

序号	工程费用名称	估算价值						占总值比（5%）
		建筑工程	设备购置	安装工程	其他费用	总值	其中外汇	
1	建设投资	3 466	22 331	8 651	8 094	42 542	3 454	100
1.1	工程费用	3 466	22 331	8 651		34 448	2 899	81
1.1.1	主要生产项目 其中：外汇	1 031	17 443 2 029	7 320 870		25 794	2 899	
1.1.2	辅助生产项目	383	1 052	51		1 486		
1.1.3	公用工程	449	2 488	1 017		3 954		
1.1.4	环境保护工程	185	1 100	225		1 510		
1.1.5	总图运输	52	248			300		
1.1.6	厂区服务工程	262				262		
1.1.7	生活福利工程	1 104				1 104		
1.1.8	厂外工程			38		38		
1.2	其他费用 其中：土地费用				3 042 612	3 042 612	241	7
第 1.1～1.2 项合计		3 466	22 331	8 651	3 042	37 490	3 140	
1.3	预备费用				5 052	5 052	314	12
1.3.1	基本预备费				3 749	3 749	314	
1.3.2	涨价预备费				1 303	1 303		
2	固定资产投资方向调节税				2 127	2 127		
3	建设期利息				4 319	4 319	469	
第 1～3 项合计		3 466	22 331	8 651	14 540	48 988	3 923	

2）流动资金估算

流动资金估算按分项详细估算法进行，估算总额为 7 084 万元。流动资金估算如表 7-2 所示。

总投资＝固定资产投资＋铺底流动资金
＝48 988＋7 084×30%
＝51 113（万元）

总资金＝建设投资＋固定资产投资方向调节税＋建设期利息＋全部流动资金
＝42 542＋2 127＋4 319＋7 084
＝56 072（万元）

3）资金来源

项目自有资金（资本金）为 16 000 万元，其余为借款，外汇全部通过中国银行向国外借款，年利率为 9%；人民币固定资产投资部分由中国建设银行贷款，年利率为 9.72%；流动资金的 70%由中国工商银行贷款，年利率为 8.64%。

投资分年使用计划按第 1 年 20%、第 2 年 55%、第 3 年 25%的比例分配。

各年资金使用及资金筹措计算如下所述。

（1）项目建设投资（含固定资产投资方向调节税）为 44 669 万元，分 3 年按比例投入；项目流动资金为 7 084 万元，按生产负荷逐年投入。

第 1 年 8 935 万元，其中人民币 5 148 万元，外币 691 万美元（折合人民币 3 787 万元）。

第 2 年 24 570 万元，其中人民币 14 158 万元，外币 1 900 万美元（折合人民币 10 412 万元）。

第 3 年 11 164 万元，其中人民币 6 435 万元，外币 863 万美元（折合人民币 4 729 万元）。

第 4 年投入 70%流动资金，计 4 959 万元。

第 5 年新增 20%流动资金，计 1 417 万元。

第 6 年再增 10%流动资金，计 708 万元。

（2）项目自有资金 16 000 万元，除掉第 4 年用于铺底流动资金 2 125 万元外，剩余 13 875 万元按投资比例用于建设投资（含固定资产投资方向调节税）。

自有资金各年投入数额分别为 2 775 万元、7 631 万元、3 469 万元、2 125 万元。

（3）项目借款用于建设投资（含固定资产投资方向调节税）为 30 794 万元，用于建设期利息为 4 319 万元，用于流动资金为 4 959 万元，总借款数额为 40 072 万元。

人民币各年借款本金分别为 2 373 万元、6 527 万元、2 966 万元、2 834 万元、1 417 万元、708 万元；人民币各年建设期利息分别为 115 万元、559 万元、1 075 万元；建设期末借款本息为 13 615 万元。

外币各年借款本金为 691 万美元、1 900 万美元、863 万美元（折合人民币 3 787 万元、10 412 万元、4 729 万元）；外币各年建设期利息分别为 31 万美元、150 万美元、288 万美元（折合人民币 170 万元、822 万元、1 578 万元）；建设期末借款本息之和为 3 923 万美元（折合人民币 21 498 万元）。

总之，人民币和外币建设期借款本金为 30 794 万元，建设期利息为 4 319 万元，建设期本息之和为 35 113 万元。

投资使用计划与资金筹措如表 7-3 所示。

4. 产品成本和费用估算依据

按 100%生产负荷计。

（1）外购原材料 15 748 万元。

（2）外购燃料动力 2 052 万元。

（3）全厂定员为 1 140 人，工资及福利费按每人每年 2 800 元估算，全年工资及福利费为 319 万元（其中福利费按工资总额的 14%计取）。

（4）固定资产按平均年限法折旧，折旧年限为 15 年，预计净残值率为 5.5%。

（5）修理费取折旧费的 50%。

（6）无形资产按 10 年摊销，递延资产按 5 年摊销。

（7）项目外汇借款偿还拟在投产后以 1∶6 的比价购买调剂外汇，按 7 年等额还本，故财务费用中应考虑汇兑损失。

（8）其他费用 868 万元，其中其他制造费 79 万元。

5. 产品销售价格

产品销售价格（含税）为 15 400 元/吨。

6. 税率及其他

企业所得税税率为 25%，盈余公积金和盈余公益金分别按税后利润的 10%和 5%计取。

7. 基准折现率

基准折现率为 12%。

7.3 财务评价

1. 年销售收入和年销售税金及附加估算

N 产品年产 2.3 万吨，属国内外市场较紧俏产品，在一段时间内仍呈供不应求状态。经分析论证，确定产品销售价格为每吨出厂价（含税）按 15 400 元计算。年销售收入估算值在正常年份为 35 420 万元。年销售税金及附加按规定计取。产品缴纳增值税，增值税税率为 17%。城乡维护建设税按增值税的 7%计取。教育费附加按增值税的 3%计取。销售税金及附加的估算值在正常生产年份为 2 816 万元。

正常年份（100%负荷）销售税金及附加计算式为

$$增值税=销项税-进项税$$

$$其中，销项税=\frac{增值税税率}{1+增值税税率}\times 年销售收入=\frac{17\%}{1+17\%}\times 35\,420=5\,147（万元）$$

$$进项税=\frac{增值税税率}{1+增值税税率}\times 年外购原材料、燃料动力费$$

$$=\frac{17\%}{1+17\%}\times(15\,748+2\,052)$$

$=2\,586$（万元）

所以，　　　增值税＝5 147－2 586＝2 561（万元）

城乡维护建设税＝2 561×7%＝179（万元）

教育费附加＝2 561×3%＝76（万元）

年销售税金及附加为 2 816 万元。

年销售收入和年销售税金及附加的估算如表 7-4 所示。

2. 产品成本估算

根据需要，该项目分别做了单位生产成本和总成本费用估算。单位成本估算如表 7-5 所示，总成本费用估算如表 7-6 所示。

总成本估算说明如下：

总成本费用估算正常年为 23 815 万元，其中经营成本正常年为 20 454 万元。

1）主要投入物的定价原则

为了与产品销售价格相对应，所有原材料、辅助材料及燃料动力价格均以近几年市场已实现的价格为基础，预测到生产初期的价格。特别对于占比重较大的原料 A 进行了分析论证。原料 A 市场上趋于供求平衡，并且在一段时期内平衡状态变化不大，所以采用的预测价格是现行市场价格，每吨到厂价按 5 100 元计算。

主要投入物和产出物的价格如表 7-7 所示，外购原材料及燃料动力费用估算如表 7-8 所示。

2）固定资产折旧和无形及递延资产摊销计算

建设投资中第二部分费用除土地费用进入固定资产原值外，其余费用均作为无形及递延资产。固定资产原值为 46 558 万元，按平均年限法计算折旧，折旧年限为 15 年，年折旧额为 2 933 万元。

固定资产原值计算式为

固定资产原值＝（工程费用＋土地费用＋预备费）＋固定资产投资方向调节税＋建设期利息

＝（34 448＋612＋5 052）＋2 127＋4 319

＝46 558（万元）

固定资产折旧计算如表 7-9 所示。

无形资产为 1 700 万元，按 10 年摊销，年摊销费为 170 万元。递延资产为 730 万元，按 5 年摊销，年摊销费为 146 万元。无形及递延资产摊销计算如表 7-10 所示。

3）修理费计算

修理费按年折旧额的 50%计取，每年为 1 466 万元。

4）借款利息计算

长期借款建设期利息计算如表 7-11 所示。生产期间应计利息和汇兑损失计入财务费用。流动资金借款利息计入财务费用，正常年份应计利息 3 428 万元。

以第 4 年为例，财务费用计算如下：

（1）第 4 年利息支出计算式为

外汇利息＝21 498×9%＝1 935（万元）

人民币长期借款利息＝13 615×9.72%＝1 323（万元）

流动资金利息＝2 834×8.64%＝245（万元）

第 4 年利息支出为 3 503 万元。

（2）汇兑损失。

由于项目没有外汇收入，偿还外汇借款是项目投产后以 1∶6 的比价购买调剂外汇，按 7 年等额还本，故按建设期外币借款总额可计算出汇兑总损失。

7 年汇兑总损失＝3 923×（6－5.48）＝2 040（万元）

每年汇兑损失为 291 万元。

总之，

第 4 年财务费用＝3 503＋291＝3 794（万元）

5）其他费用计算

其他费用是在制造费用、销售费用、管理费用中扣除工资及福利费、折旧费、摊销费、修理费后的费用。为简化计算，该费用按工资及福利费的 25%计取，每年约为 798 万元。

土地使用税每年为 70 万元。

其他费用共计每年为 868 万元。

3. 利润总额及分配

利润总额及分配估算如表 7-12 所示。利润总额正常年份为 8 916 万元。所得税按利润总额的 33%计取，盈余公积金和盈余公益金分别按税后利润的 10%和 5%计取。

4. 财务盈利能力分析

（1）财务现金流量表（全部投资）如表 7-13 所示，根据表 7-13 计算以下财务评价指标：

所得税后财务内部收益率（FIRR）为 13.938%，财务净现值（i_c＝12%时）为 4 292 万元；所得税前财务内部收益率为 18.17%，财务净现值（i_c＝12%时）为 17 800 万元。财务内部收益率均大于行业基准收益率，说明盈利能力满足了行业最低要求；财务净现值均大于零，该项目在财务上是可以考虑接受的。

所得税后的投资回收期为 8.7 年（含建设期），所得税前的投资回收期为 7.9 年（含建设期），均小于行业基准投资回收期 10.3 年，这表明项目投资能按时收回。

全部投资的累计净现金流量图如图 7.1 所示。

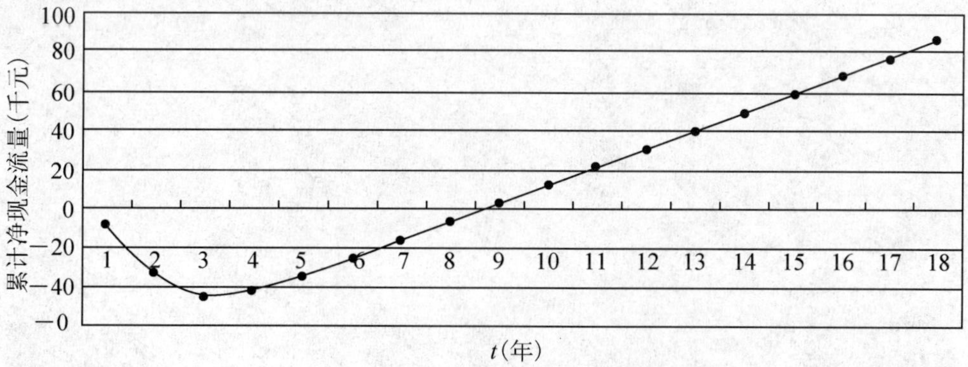

图 7.1 累计净现金流量图

（2）财务现金流量表（自有资金）如表 7-14 所示。根据表 7-14 计算以下指标：

自有资金财务内部收益率为 18.02%。

自有资金财务净现值（$i_c=12\%$）为 7 350 万元。

（3）根据损益表和固定资产投资估算表计算以下指标：

$$\begin{aligned}投资利润率&=\frac{利润总额}{总投资}\times 100\%\\&=\frac{8\,916}{42\,542+2\,127+4\,317+7\,084}\times 100\%\\&=16\%\end{aligned}$$

$$\begin{aligned}投资利税率&=\frac{年利税总额}{总投资}\times 100\%\\&=\frac{8\,916+2\,689}{42\,542+2\,127+4\,317+7\,084}\times 100\%\\&=21\%\end{aligned}$$

该项目投资利润率和投资利税率均大于行业平均利润率和平均利税率，说明单位投资对国家积累的贡献水平达到了本行业的平均水平。

5. 清偿能力分析

清偿能力分析是通过对借款还本付息计算表、资金来源与运用表、资产负债表的计算，考察项目计算期内各年的财务状况及偿债能力，并计算资产负债率、流动比率、速动比率和固定资产投资国内借款偿还期。

表 7-2 流动资金估算表

单位：万元

序号	项 目	最低周转天数	周转次数	投产期/年		达到设计生产能力期/年												
				4	5	6	7	8	9	10	11	12	13	14	15	16	17	18
1	流动资产			5 997	7 711	8 567	8 567	8 567	8 567	8 567	8 567	8 567	8 567	8 567	8 567	8 567	8 567	8 567
1.1	应收账款	30	12	1 194	1 535	1 705	1 705	1 705	1 705	1 705	1 705	1 705	1 705	1 705	1 705	1 705	1 705	1 705
1.2	存货			4 769	6 132	6 813	6 813	6 813	6 813	6 813	6 813	6 813	6 813	6 813	6 813	6 813	6 813	6 813
1.2.1	原材料、燃料费	60	6	2 077	2 671	2 967	2 967	2 967	2 967	2 967	2 967	2 967	2 967	2 967	2 967	2 967	2 967	2 967
1.2.2	在产品	8	45	306	393	437	437	437	437	437	437	437	437	437	437	437	437	437
1.2.3	产成品	60	6	2 386	3 068	3 409	3 409	3 409	3 409	3 409	3 409	3 409	3 409	3 409	3 409	3 409	3 409	3 409
1.3	现金	15	24	34	44	49	49	49	49	49	49	49	49	49	49	49	49	49
2	流动负债（应付账款）			1 038	1 335	1 483	1 483	1 483	1 483	1 483	1 483	1 483	1 483	1 483	1 483	1 483	1 483	1 483
3	流动资金（1−2）	30	12	4 959	6 376	7 084	7 084	7 084	7 084	7 084	7 084	7 084	7 084	7 084	7 084	7 084	7 084	7 084
4	流动资金本年增加额			4 959	1 417	708												

表 7-3 投资计划与资金筹措表

单位：万元

序号	项 目	合计人民币	第 1 年			第 2 年			第 3 年			第 4 年			第 5 年			第 6 年		
			外币	折人民币	人民币	外币	折人民币	人民币	外币	折人民币	人民币	外币	折人民币	人民币	外币	折人民币	人民币	外币	折人民币	人民币
1	总资金	56 072	722	3 957	5 263	2 050	11 234	14 717	1 151	6 307	7 510			4 959			1 417			708
1.1	建设投资	44 669	691	3 787	5 148	1 900	10 412	14 158	863	4 729	6 435									
1.2	建设期利息	4 319	31	170	115	150	822	559	288	1 578	1 075									
1.3	流动资金	7 084												4 959			1 417			708

续表

序号	项目	合计人民币	第1年			第2年			第3年			第4年			第5年			第6年		
			外币	折人民币	人民币	外币	折人民币	人民币	外币	折人民币	人民币	外币	折人民币	人民币	外币	折人民币	人民币	外币	折人民币	人民币
2	资金筹措	56 072	722	3 957	5 263	2 050	11 234	14 717	1 151	6 307	7 510			4 959			1 417			708
2.1	自有资金	16 000			2 775			7 631			3 469			2 125						
其中：用于流动资金		2 125												2 125						
2.1.1	资本金	16 000			2 775			7 631			3 469			2 125						
2.1.2	资本溢价																			
2.2	借　款	40 072	722	3 957	2 488	2 050	11 234	7 086	1 151	6 307	4 041									
2.2.1	长期借款	35 113	722	3 957	2 488	2 050	11 234	7 086	1 151	6 307	4 041									
其中：用于建设投资		30 794	691	3 787	2 373	1 900	10 412	6 527	863	4 729	2 966									
用于建设期利息		4 319	31	170	115	150	822	559	288	1 578	1 075									
2.2.2	流动资金借款	4 959												2 834		1 417				708
2.2.3	短期借款																			
2.3	其他																			

注：表中建设投资含固定资产投资方向调节税。

表 7-4　销售收入和销售税金及附加估算表

序号	项　目	单　价		生产负荷 70%（第 4 年）					生产负荷 90%（第 5 年）					生产负荷 100%（第 6～18 年）				
		外销	内销	销售量/吨		金　额			销售量/吨		金　额			销售量/吨		金　额		
		(美元)	（元）	外销/吨	内销/吨	外销/万美元	内销/万元	小计/万元	外销/吨	内销/吨	外销/万美元	内销/万元	小计/万元	外销/吨	内销/吨	外销/万美元	内销/万元	小计/万元
1	产品销售收入		15 400		16 100		24 794	24 794		20 700		31 878	31 878		23 000		35 420	35 420
	N 产品		15 400		16 100		24 794	24 794		20 700		31 878	31 878		23 000		35 420	35 420
2	销售税金及附加						1 971	1 971				2 535	2 535				2 816	2 816
2.1	产品增值税（17%）						1 793	1 793				2 305	2 305				2 561	2 561
2.2	城乡维护建设税（7%）						125	125				161	161				179	179
2.3	教育费附加（3%）						53	53				69	69				76	76

表 7-5　单位产品生产成本估算表

序　号	项　目	单　位	消 耗 定 额	单　价 /元	金　额/元
1	原材料、化工料及辅料				
1.1	A	吨	1.027	5 100	5 238
1.2	B	吨	0.59	1 600	944
1.3	C	吨	0.787	230	181
1.4	D	吨	0.14	2 400	336
1.5	E	吨	0.011	1 400	15
1.6	F	吨	0.864	154	133
第 1.1～1.6 项合计					6 847
2	燃料及动力				
2.1	水	吨	174	0.6	104

续表

序号	项目	单位	消耗定额	单价/元	金额/元
2.2	电	kW·h	2 755	0.17	468
2.3	煤	吨	1.83	175	320
第 2.1～2.3 项合计					892
3	工资及福利				97
4	制造费用				1 043
5	副产品回收				0
6	单位生产成本(第 1～6 项合计)	吨			8 879

表 7-6　总成本费用估算表

单位：万元

序号	项目	合计	投产期/年		达到设计生产能力/年												
			4	5	6	7	8	9	10	11	12	13	14	15	16	17	18
	生产负荷		70	90	100	100	100	100	100	100	100	100	100	100	100	100	100
1	外购原材料	229 921	11 024	14 173	15 748	15 748	15 748	15 748	15 748	15 748	15 748	15 748	15 748	15 748	15 748	15 748	15 748
2	外购燃料、动力	29 958	1 436	1 846	2 052	2 052	2 052	2 052	2 052	2 052	2 052	2 052	2 052	2 052	2 052	2 052	2 052
3	工资及福利费	4 785	319	319	319	319	319	319	319	319	319	319	319	319	319	319	319
4	修理费	22 005	1 467	1 467	1 467	1 467	1 467	1 467	1 467	1 467	1 467	1467	1 467	1 467	1 467	1 467	1 467
5	折旧费	43 995	2 933	2 933	2 933	2 933	2 933	2 933	2 933	2 933	2 933	2 933	2 933	2 933	2 933	2 933	2 933
6	摊销费	2 430	316	316	316	316	316	170	170	170	170	170					
7	财务费用	20 219	3 794	3 573	3 083	2 402	1 676	1 272	995	428	428	428	428	428	428	428	428
	其中：利息支出	18 182	3 503	3 282	2 792	2 111	1 385	981	704	428	428	428	428	428	428	428	428
8	其他费用	13 020	868	868	868	868	868	868	868	868	868	868	868	868	868	868	868
其中：	土地使用税	1 050	70	70	70	70	70	70	70	70	70	70	70	70	70	70	70
9	总成本费用	366 333	22 157	25 495	26 786	26 105	25 379	24 829	24 552	23 985	23 985	23 985	23 815	23 815	23 815	23 815	23 815
其中：	固定成本	86 235	5 903	5 903	5 903	5 903	5 903	5 757	5 757	5 757	5 757	5 757	5 587	5 587	5 587	5 587	5 587
	可变成本	280 098	16 254	19 592	20 883	20 202	19 476	19 072	18 795	18 228	18 228	18 228	18 228	18 228	18 228	18 228	18 228
10	经营成本	301 726	15 405	18 964	20 745	20 745	20 745	20 745	20 745	20 454	20 454	20 454	20 454	20 454	20 454	20 454	20 454

表 7-7　主要投入物和产出物使用价格依据表

项　目	单　位	单　价/元	价　格　依　据
主要投入物			
原料			
A	吨	5 100	以近几年国内市场价格为基础，预测到生产期初的价格
B	吨	1 600	以近几年国内市场价格为基础，预测到生产期初的价格
C	吨	230	以近几年国内市场价格为基础，预测到生产期初的价格
D	吨	2 400	以近几年国内市场价格为基础，预测到生产期初的价格
E	吨	1 400	以近几年国内市场价格为基础，预测到生产期初的价格
F	吨	154	以近几年国内市场价格为基础，预测到生产期初的价格
主要产出物（N 产品）	吨	15 400	以近几年国内市场价格为基础，预测到生产期初的价格

表 7-8　外购原材料及燃料动力费用估算表

序　号	名　称	年消耗量	单 位	单价/元	第 4 年（70%）消耗金额/万元	第 5 年（90%）消耗金额/万元	第 5 年（1000%）消耗金额/万元
1	外购原料						
1.1	A	23 621	吨	5 100	8 431	10 840	12 045
1.2	B	13 570	吨	1 600	1 519	1 953	2 171
1.3	C	18 170	吨	230	291	375	417
1.4	D	3 220	吨	2 400	540	694	772
1.5	E	252	吨	1 400	24	31	35
1.6	F	20 000	吨	154	215	277	308
	小　计				11 024	14 173	15 748
2	外购燃料动力						
2.1	水	4 000 000	吨	0.6	168	216	240
2.2	电	6 380 000	kW · h	0.17	754	969	1 077
2.3	煤	42 000	吨	175	514	661	735
2.4	小　计				1 436	1 846	2 052

表 7-9　固定资产折旧估算表

单位：万元

序号	项 目	合 计	折旧率/%	投产期（年）		达到设计生产能力（年）												
				4	5	6	7	8	9	10	11	12	13	14	15	16	17	18
1	固定资产																	
1.1	原值	46 558	6.3															
1.2	折旧费			2 933	2 933	2 933	2 933	2 933	2 933	2 933	2 933	2 933	2 933	2 933	2 933	2 933	2 933	2 933
2	净值			43 625	40 692	37 759	34 826	31 893	28 960	26 027	23 094	20 161	17 228	14 295	11 362	8 429	5 496	2 563

表 7-10　无形及递延资产折旧估算表

单位：万元

序号	项 目	摊销年限	原 值	生 产 年 限									
				4	5	6	7	8	9	10	11	12	13
1	无形资产	10	1 700										
1.1	摊销			170	170	170	170	170	170	170	170	170	170
1.2	净值			1 530	1 360	1 190	1 020	850	680	510	340	170	0
2	递延资产（开办费）	5	730										
2.1	摊销			146	146	146	146	146					
2.2	净值			584	438	292	146	0					
3	无形及递延资产		2 430										
3.1	摊销			316	316	316	316	316	170	170	170	170	170
3.2	净值			2 114	1 798	1 482	1 166	850	680	510	340	170	0

表 7-11　借款还本付息计算表

单位：万元

序 号	项 目	利率/%	建 设 期			投 产 期		达到设计生产能力期				
			1	2	3	4	5	6	7	8	9	10
1	外汇借款	9										
1.1	年初借款本息累计			3 957	15 191	21 498	18 427	15 356	12 285	9 214	6 143	3 072
1.1.1	本金			3 787	14 199	18 928	18 427	15 356	12 285	9 214	6 143	3 072
1.1.2	建设期利息			170	992	2 570						
1.2	本年借款		3 787	10 412	4 729							

续表

序号	项目	利率/%	建设期			投产期		达到设计生产能力期				
			1	2	3	4	5	6	7	8	9	10
1.3	本年应计利息		170	822	1 578	1 935	1 658	1 382	1 106	829	553	276
1.4	本年偿还本金											
1.5	本年支付利息					3 071	3 071	3 071	3 071	3 071	3 071	3 072
2	人民币借款	9.72										
2.1	年初借款本息累计			2 488	9 574	13 615	12 931	10 099	5 938	1 321		
2.1.1	本金			2 373	8 900	11 866	12 931	10 099	5 938	1 321		
2.1.2	建设期利息			115	674	1 749						
2.2	本年借款		2 373	6 527	2 966							
2.3	本年应计利息		115	559	1 075	1 323	1 257	982	577	128		
2.4	本年偿还本金					684	2 833	4 161	4 617	1 321		
2.5	本年支付利息					1 323	1 257	982	577	128		
3	偿还借款本金的资金来源											
3.1	利润					506	2 655	3 983	4 439	4 187	4 500	4 658
3.2	折旧费					2 933	2 933	2 933	2 933	2 933	2 933	2 933
3.3	摊销费					316	316	316	316	316	316	316
3.4	偿还本金来源合计					3 755	5 904	7 232	7 688	7 436	7 603	7 761
3.4.1	偿还外汇本金					3 071	3 071	3 071	3 071	3 071	3 071	3 072
3.4.2	偿还人民币本金					684	2 833	4 161	4 617	1 321		
3.4.3	偿还本金后余额					0	0	0	0	3 044	4 532	4 689

表 7-12　损益表

单位：万元

序号	项目	合计	投产期		达到设计能力生产期												
			4	5	6	7	8	9	10	11	12	13	14	15	16	17	18
	生产负荷/%		70	90	100	100	100	100	100	100	100	100	100	100	100	100	100
1	产品销售收入	517 132	24 794	31 873	35 420	35 420	35 420	35 420	35 420	35 420	35 420	35 420	35 420	35 420	35 420	35 420	35 420

续表

序号	项　　目	合计	投产期		达到设计能力生产期												
			4	5	6	7	8	9	10	11	12	13	14	15	16	17	18
2	销售税金及附加	41 114	1 971	2 535	2 816	2 816	2 816	2 816	2 816	2 816	2 816	2 816	2 816	2 816	2 816	2 816	2 816
3	总成本费用	366 333	22 157	25 495	26 786	26 105	25 379	24 829	24 552	23 985	23 985	23 985	23 815	23 815	23 815	23 815	23 815
4	利润总额（1−2−3）	109 685	666	3 848	5 818	6 499	7 225	7 775	8 052	8 619	8 619	8 619	8 789	8 789	8 789	8 789	8 789
5	弥补前年度亏损																
6	应纳税所得额（4−5）	109 685	666	3 848	5 818	6 499	7 225	7 775	8 052	8 619	8 619	8 619	8 789	8 789	8 789	8 789	8 789
7	所得税	36 194	220	1 270	1 920	2 145	2 384	2 566	2 657	2 844	2 844	2 844	2 900	2 900	2 900	2 900	2 900
8	税后利润（4−7）	73 576	446	2 578	3 898	4 354	4 841	5 209	5 480	5 775	5 775	5 775	5 889	5 889	5 889	5 889	5 889
9	可供分配利润	73 576	446	2 578	3 898	4 354	4 841	5 209	5 480	5 775	5 775	5 775	5 889	5 889	5 889	5 889	5 889
9.1	盈余公积金（10%）	6 232					484	521	548	578	578	578	589	589	589	589	589
9.2	盈余公益金（5%）	3 119					242	261	274	289	289	289	295	295	295	295	295
9.3	应付利润																
9.4	未分配利润	64 225	446	2 578	3 898	4 354	4 115	4 427	4 658	4 908	4 908	4 908	5 005	5 005	5 005	5 005	5 005
	其中：偿还借款																
10	累计未分配利润		446	3 024	6 922	11 276	15 391	19 818	24 476	29 384	34 292	39 200	44 205	49 210	54 215	59 220	64 225

表 7-13 财务现金流量表（全部投资）

单位：万元

序号	项目	合计	建设期			投产期		达到设计能力生产期												
			1	2	3	4	5	6	7	8	9	10	11	12	13	14	15	16	17	18
	生产负荷/%					70	90	100	100	100	100	100	100	100	100	100	100	100	100	100
1	现金流入	526 779				24 794	31 878	35 420	35 420	35 420	35 420	35 420	35 420	35 420	35 420	35 420	35 420	35 420	35 420	45 067
1.1	产品销售收入	517 132				24 794	31 878	35 420	35 420	35 420	35 420	35 420	35 420	35 420	35 420	35 420	35 420	35 420	35 420	35 420
1.2	回收固定资产余值	2 563																		2 563
1.3	回收流动资金	7 084																		7 084
2	现金流出																			
2.1	建设投资	44 669	8 395	24 570	11 164															
2.2	流动资金					4 959	1 417	708												
2.3	经营成本	301 726				15 405	18 964	20 745	20 745	20 745	20 745	20 745	20 454	20 454	20 454	20 454	20 454	20 454	20 454	20 454
2.4	销售税金及附加	41 114				1 971	2 535	2 816	2 816	2 816	2 816	2 816	2 816	2 816	2 816	2 816	2 816	2 816	2 816	2 816
2.5	所得税	36 194				220	1 270	1 920	2 145	2 384	2 566	2 657	2 844	2 844	2 844	2 900	2 900	2 900	2 900	2 900
3	净现金流量（1−2）	95 992	−8 935	−24 570	−11 164	2 239	7 692	9 231	9 714	9 475	9 293	9 202	9 306	9 250	9 250	9 250	9 250	9 250	9 250	9 250
4	累计净现金流量	254 299	−8 935	−33 505	−44 669	−42 430	−34 738	−25 507	−15 793	−6 318	2 975	12 177	21 483	30 733	39 983	49 233	58 483	67 733	76 983	86 233
5	所得税前净现金流量	134 045	−8 935	−24 570	−11 164	2 459	8 962	11 151	11 859	11 859	11 859	11 859	12 150	12 094	12 094	12 150	12 150	12 150	12 150	12 150
6	所得税前累计净现金流量		−8 935	−33 505	−44 669	−42 210	−33 248	−22 097	−10 238	1 261	13 480	25 339	37 489	49 583	61 677	73 827	85 977	98 127	110 277	122 427

计算指标：财务内部收益率（FIRR）：所得税后为 13.94%，所得税前为 18.17%；

财务净现值（i_c=12%）：所得税后为 4 292 万元，所得税前为 17 800 万元；

投资回收期（从建设期算起）所得税后为 8.7 年，所得税前为 7.9 年。

表 7-14　财务现金流量表（自有资金）

单位：万元

序号	项　目	合计	建设期			投产期		达到设计能力生产期												
			1	2	3	4	5	6	7	8	9	10	11	12	13	14	15	16	17	18
	生产负荷/%					70	90	100	100	100	100	100	100	100	100	100	100	100	100	100
1	现金流入	526 779				24 794	31 878	35 420	35 420	35 420	35 420	35 420	35 420	35 420	35 420	35 420	35 420	35 420	35 420	45 067
1.1	产品销售收入	517 132				24 794	31 878	35 420	35 420	35 420	35 420	35 420	35 420	35 420	35 420	35 420	35 420	35 420	35 420	35 420
1.2	回收固定资产余值	2 563																		2 563
1.3	回收流动资金	7 084																		7 084
2	现金流出	430 787	8 395	24 570	11 164	22 555	24 186	26 189	25 706	25 945	26 127	26 218	26 114	26 114	26 114	26 170	26 170	26 170	26 170	26 170
2.1	建设投资（自有资金）	16 000	2 775	7 631	3 469	2 125														
2.2	借款本金偿还	40 072				3 755	5 904	7 232	7 688	4 392	3 071	3 072								4 959
2.3	借款利息支付	18 182				3 503	3 282	2 792	2 111	1 385	981	704	428	428	428	428	428	428	428	428
2.4	经营成本	301 726				15 405	18 964	20 745	20 745	20 745	20 745	2 0745	20 454	20 454	20 454	20 454	20 454	20 454	20 454	20 454
2.5	销售税金及附加	41 114				1 971	2 535	2 816	2 816	2 816	2 816	2 816	2 816	2 816	2 816	2 816	2 816	2 816	2 816	2 816
2.6	所得税	36 194				220	1 270	1 920	2 145	2 384	2 566	2 657	2 844	2 844	2 844	2 900	2 900	2 900	2 900	2 900
3	净现金流量（1−2）	75 615	−2 775	−7 631	−3 469	−60	−77	−85	−85	3 698	5 241	5 246	8 878	8 878	8 878	8 822	8 822	8 822	8 822	18 469

计算指标：财务内部收益率（FIRR）：18.02%；

财务净现值（i_c=12%）：7 350 万元。

资金来源与运用计算如表 7-15 所示。资产负债率、流动比率和速动比率等指标计算如表 7-16 所示。

偿还借款的资金来源，本案例为简化计算，在还款期间将未分配利润、折旧费、摊销费全部用来还款，但在进行实际项目的还款计算时，可根据项目的实际情况确定。

外汇按 7 年等额还本计算利息。固定资产投资国内借款偿还，在投产后按最大偿还能力计算还本付息。

固定资产投资国内借款偿还期（从借款开始年算起）为 7.3 年（表 7-11），能满足贷款机构要求的期限，项目具有偿债能力。

6. 不确定性分析

1）敏感性分析

该项目做了所得税前全部投资的敏感性分析。基本方案财务内部收益率为 17.23%，投资回收期从建设期算为 7.9 年，均满足财务基准值的要求。考虑项目实施过程中一些不确定因素的变化，分别对固定资产投资、经营成本、销售收入做了提高 10%和降低 10%的单因素变化对内部收益率影响的敏感性分析。

敏感性分析如表 7-17 所示。

从表 7-17 可以看出，各因素的变化都不同程度地影响内部收益率，其中销售收入的提高或降低对内部收益率的影响最为敏感，经营成本次之，投资额对内部收益率的影响最小。敏感性分析图如图 7.2 所示。

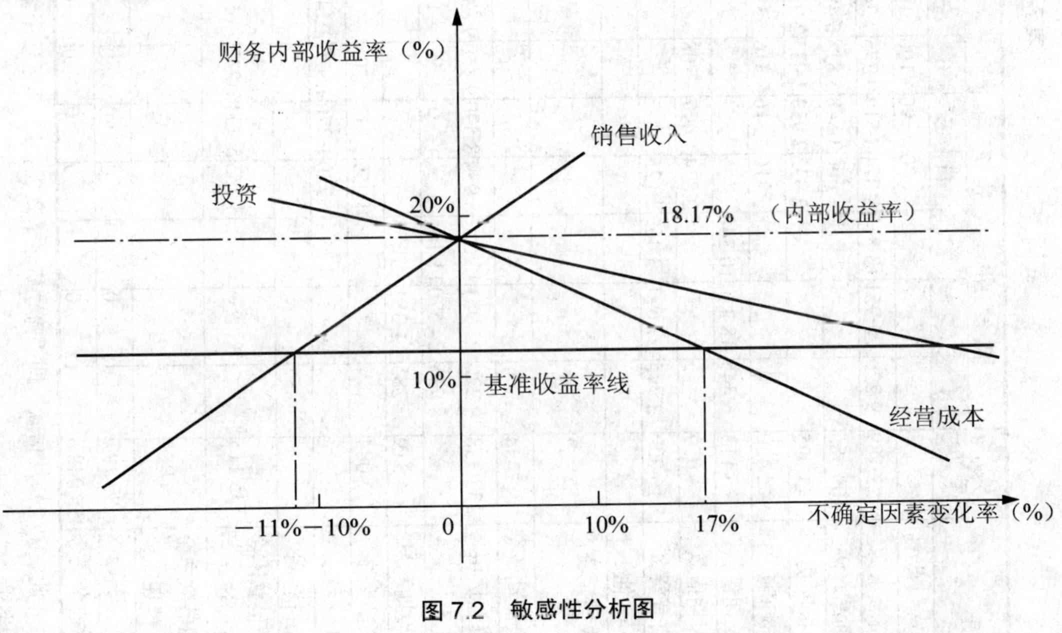

图 7.2　敏感性分析图

表 7-15 资金来源与运用表

单位：万元

序号	项目	合计	建设期			投产期		达到设计能力生产期													上年余值
			1	2	3	4	5	6	7	8	9	10	11	12	13	14	15	16	17	18	
	生产负荷/%					70	90	100	100	100	100	100	100	100	100	100	100	100	100	100	
1	资金来源	22 189	9 220	25 951	13 817	8 874	8 514	9 775	9 748	10 474	10 989	11 155	11 722	11 722	11 722	11 722	11 722	11 722	11 722	11 722	9 647
1.1	利润总额	109 685				666	3 848	5 818	6 499	7 225	7 775	8 052	8 619	8 619	8 619	8 789	8 789	8 789	8 789	8 789	
1.2	折旧费	43 995				2 933	2 933	2 933	2 933	2 933	2 933	2 933	2 933	2 933	2 933	2 933	2 933	2 933	2 933	2 933	
1.3	摊销费	2 430				316	316	316	316	316	170	170	170	170	170						
1.4	长期借款	35 113	6 445	18 320	10 348																
1.5	短期借款	4 959				2 834	1 417	708													
1.6	自有资金	16 000	2 775	7 631	3 469	2 125															
1.7	其他																				
1.8	回收固定资产余值	2 563																			2 563
1.9	回收流动资金	7084																			7 084
2	资金运用	132 338	9 220	25 951	13 817	8 934	8 590	9 860	9 833	6 776	5 637	5 729	2 844	2 844	2 844	2 900	2 900	2 900	2 900	2 900	4 959
2.1	建设投资		8 935	24 570	11 164																
2.2	建设期利息	4 319	285	1 381	2 653																
2.3	流动资金	7 084				4 959	1 417	708													
2.4	所得税					220	1 270	1 920	2 145	2 384	2 566	2 657	2 844	2 844	2 844	2 900	2 900	2 900	2 900	2 900	
2.5	应付利润																				
2.6	长期借款本金偿还	35 113				3 755	5 904	7 232	7 688	4 392	3 071	3 072									
2.7	短期借款本金偿还	4 959																			4 959
3	盈余资金	89 797		0	0	0	0	0	0	3 698	5 214	5 426	8 978	8 878	8 878	8 822	8 822	8 822	8 822	8 822	4 688
4	累计盈余资金	55 0487		0	0	0	0	0	0	3 698	8 939	14 365	23 243	32 121	40 999	49 821	58 643	67 465	76 287	85 109	89 797

注：1）此表中“短期借款”即“流动资金借款”；2）为了便于编制资产负债表，将第 n 年的固定资产余值、回收流动资金、流动资本金偿还填在上年余值栏内。

表 7-16 资产负债表

单位：万元

序号	项目	建设期			投产期		达到设计能力生产期												
		1	2	3	4	5	6	7	8	9	10	11	12	13	14	15	16	17	18
1	资产	9 220	35 171	48 988	51 736	50 201	47 808	44 559	45 093	47 316	49 724	55 583	61 443	67 303	73 277	79 251	85 225	91 199	97 173
1.1	流动资产总额				5 997	7 711	8 567	8 567	12 265	17 506	22 932	31 810	40 688	49 566	58 388	67 210	76 032	84 854	93 676
1.1.1	应收账款				1 194	1 535	1 705	1 705	1 705	1 705	1 705	1 705	1 705	1 705	1 705	1 705	1 705	1 705	1 705
1.1.2	存货				4 769	6 132	6 813	6 813	6 813	6 813	6 813	6 813	6 813	6 813	6 813	6 813	6 813	6 813	6 813
1.1.3	现金				34	44	49	49	49	49	49	49	49	49	49	49	49	49	49
1.1.4	累计盈余资金								3 698	8 939	14 365	23 243	32 121	40 999	49 821	58 643	67 465	76 287	85 109
1.2	在建工程	9 220	35 121	48 988															
1.3	固定资产净值				43 625	40 692	37 759	34 826	31 893	28 960	26 027	23 094	20 161	17 228	14 295	11 362	8 429	5 496	2 563
1.4	无形及递延资产净值				2 114	1 798	1 482	1 166	850	680	510	340	170	0					
2	负债及所有者权益	9 220	35 121	48 988	51 736	50 201	47 808	44 559	45 093	47 316	49 724	55 583	61 443	67 303	73 277	79 251	85 225	91 199	97 173
2.1	流动负债总额				3 872	5 586	6 442	6 442	6 442	6 442	6 442	6 442	6 442	6 442	6 442	6 442	6 442	6 442	6 442
2.1.1	应付账款				1 038	1 335	1 483	1 483	1 483	1 483	1 483	1 483	1 483	1 483	1 483	1 483	1 483	1 483	1 483
2.1.2	短期借款（流动资金）				2 834	4 251	4 959	4 959	4 959	4 959	4 959	4 959	4 959	4 959	4 959	4 959	4 959	4 959	4 959
2.2	长期借款	6 445	24 765	35 113	31 358	25 455	18 223	10 535	6 143	3 072	0								
	负债小计	6 445	27 654	35 113	35 230	31 040	24 664	16 976	12 584	9 513	6 442	6 442	6 442	6 442	6 442	6 442	6 442	6 442	6 442
2.3	所有者权益	2 775	10 406	13 875	16 505	19 160	23 243	27 582	32 508	37 802	43 282	49 141	55 001	60 861	66 835	72 809	78 783	84 757	90 731
2.3.1	资本金	2 775	10 406	13 875	16 000	16 000	16 000	16 000	16 000	16 000	16 000	16 000	16 000	16 000	16 000	16 000	16 000	16 000	1 6000
2.3.2	累计盈余公积金								484	1 005	1 553	2 131	2 709	3 287	3 876	4 465	5 054	5 643	6 232
2.3.3	累计盈余公益金								242	503	771	1 066	1 355	1 644	1 939	2 234	2 529	2 824	3 119
2.3.4	累计未分配利润				446	3 024	6 922	11 276	15 391	19 818	24 476	29 384	34 292	39 200	44 205	54 215	59 220	64 225	64 152
计算指标	资产负债率/%	69.9	70.4	71.7	68.1	61.8	51.6	38.1	27.9	20.1	13.0	11.6	10.5	9.6.	8.8	8.1	7.6	7.1	6.6
	流动比率/%				154.9	138.0	133.0	133.0	190.4	271.7	356.0	493.8	631.6	769.4	906.4	1 043.3	1 180.3	1 317.2	1 654.1
	速冻比率/%				31.7	28.3	27.2	27.2	84.6	166.0	250.2	388.0	525.8	663.7	800.6	937.6	1074.5	1211.4	1 348.1

表 7-17　财务敏感性分析表

项目＼IRR＼变化幅度	－10%	0	＋10%	敏感性程度排序
投资额	19.03	18.17	15.85	3
较基本方案增减	1.80%		−1.38%	
销售收入	11.3	18.17	22.97	
较基本方案增减	−5.91%		5.74%	1
经营成本	20.3	18.17	13.99	
较基本方案增减	3.07%		−3.24%	2

从图 7.2 中可以看出，销售收入和经营成本对基准方案内部收益率的影响曲线与财务基准收益率的交点（临界点）分别为销售收入降低约 11%和经营成本提高约 17%时，项目的内部收益率才低于基准收益率的水平，方案变得不可行。

2）盈亏平衡分析

以生产能力利用率表示的盈亏平衡点（BEP）进行分析，其计算式为

$$盈亏平衡点（BEP）=\frac{固定年总成本}{年产品销售收入-年可变成本-年销售税金及附加}\times 100\%$$

$$=\frac{5\,587}{35\,420-18\,228-2\,689}\times 100\%=39\%$$

计算结果表明，该项目只要达到设计能力的 39%，也就是年产量达到 0.90 万吨，企业就可以保本。由此可见，该项目风险较小。盈亏平衡图如图 7.3 所示。

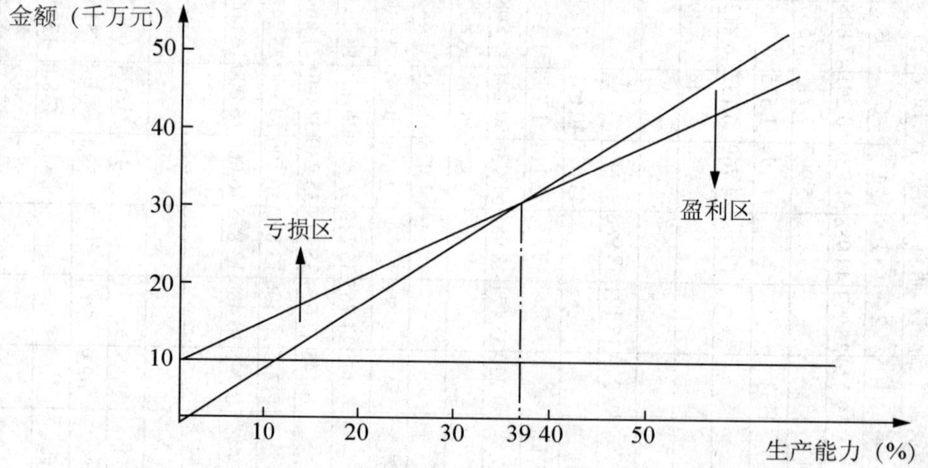

图 7.3　盈亏平衡图

从上述财务评价看，财务内部收益率高于行业基准收益率，投资回收期低于行业基准投资回收期，借款偿还期能满足贷款机构的要求。从敏感性分析看，项目具有一定的抗风险能力，因此，项目从财务上讲是可行的。

7.4 国民经济评价

国民经济评价值在财务评价的基础上，采用国家发布的参数进行。主要投入物和产出物的影子价格按定价原则自行测算。

1. 效益和费用的调整

1）效益和费用范围的调整

(1) 转移支付的处理。

以下 3 项费用均属国民经济内部转移支付，不作为项目的费用。

① 该项目引进的设备、材料按国家规定缴纳的关税及增值税。

② 该项目固定资产投资方向调节税对国民经济来说无实质性的费用支出。

③ 该项目销售税金及附加和土地使用税。

(2) 间接效益和间接费用的计算。

该项目引进先进的技术设备，通过技术培训、人才流动、技术推广和扩散，整个社会都将受益。这种效果在影子价格中没有得到反映，理应计为项目的间接效益，但由于计量困难，只作定性描述。

2）效益和费用数值的调整

涉及外汇与人民币换算时以影子汇率代替官方汇率及对主要投入物和产出物用影子价格代替财务价格等，将导致效益与费用数值的变化。因此，在财务评价的基础上，对效益和费用调整的项目有如下分述。

(1) 投资调整。

建设投资由 42 542 万元调到 36 309 万元。

① 建筑工程费用的调整。

按影子价格换算系数 1.1 对财务评价的建筑工程费用进行调整，由 3 466 万调整为 3 813 万。

② 设备购置费的调整。

从引进设备中剔除关税及增值税。用影子汇率代替官方汇率（影子汇率换算系数为 1.08），即用 5.48×1.08＝5.92 元进行调整。用贸易汇率 6%代替财务评价设备购置中的贸易费用率进行调整。引进设备国内运费所占比重小，这里不做调整。

国内配套设备影子价格换算系数为 1。运费所占比重小，这里不做调整。

设备购置费用由 22 331 万元调整为 18 848 万元。

③ 安装工程费用调整。

从引进的材料费中剔除关税和增值税；用影子汇率代替官方汇率等，使安装工程费用由 8 651 万元调整为 7 440 万元。

④ 其他费用的调整。

该项目引进设备的软件费用所需外汇用影子汇率换算为人民币，致使该费用由 1 321

万元调整为 1 427 万元。

其他费用中的土地费用应予以调整。该项目占用的土地为一般农田，土地费用的计算，采用项目占用土地在整个占用期间逐年净效益的现值之和作为土地费计入项目建设投资中的方式。具体计算如下所述。

项目建设期 3 年，生产期 15 年，共占用农田 250 亩，该建设用地位于华北某地区。经分析，在一年期间，小麦和花生可以兼种，查表得每亩小麦的净收益为 139 元/（亩·茬），花生每亩地的净收益为 602 元/（亩·茬）。这样最大经济效益 NB_0 为 139＋602＝741 元/（亩·茬）。在计算期内，年净效益增长率 $g=3\%$；社会折现率为 12%；项目寿命期 $n=18$；由于 NB_0 根据××年年初统计数据计算，项目开工期为××年，假定 $t=2$。

a．每亩土地的机会成本为

$$OC=NB_0(1+g)^{t+1}\frac{1-(1+g)^n(1+i)^{-n}}{i-g}$$

$$=741\times(1+0.03)^3\times\frac{1-(1+0.03)^{18}(1+0.12)^{-18}}{0.12-0.18}$$

$$=6\,989\text{（元/亩）}$$

土地机会成本总额＝6 989×250＝175 万元。

b．新增资源消耗的计算。

在新增资源费中，没有拆迁费用；经测算，其他新增资源费用与土地机会成本相当。新增资源也按 175 万元计算。

土地费用总额＝175×2＝350（万元）

将 350 万元作为土地费用，替代财务评价其他费用中的土地征购费 612 万元。

其他费用由 3 042 万元调整为 2 907 万元。

⑤ 由于采用了影子价格，需扣除设备材料涨价预备费。

调整后的分年投资计划如表 7-18 所示。

表 7-18　调整后分年投资计划

项　目	第 1 年	第 2 年	第 3 年	合计
分年投资比例	20%	55%	25%	100%
建设投资/万元	7 262	19 970	9 077	36 309

⑥ 流动资金的调整。

流动资金由 7 084 万元调整为 6 263 万元。

国民经济评价投资调整计算如表 7-19 所示。

表 7-19　国民经济评价投资调整计算

序号	项目	财务评价				国民经济评价				国民经济评价比财务评价增减（±）（人民币）
		合计	其中			合计	其中			
			外币	外币折人民币	人民币		外币	外币折人民币	人民币	
1	建设投资	42 542	3 454	18 929	23 613	36 309	3 454	20 488	15 861	-6 233
1.1	建筑工程	3 466			3 466	3 813			3 813	347
1.2	设备	22 331	2 029	11 119	11 212	18 848	2 029	12 012	6 836	-3 483
1.2.1	进口设备	16 497	2 029	11 119	5 378	13 014	2 029	12 012	1 002	-3 483
1.2.2	国产设备	5 834		5 834	5 834				5 834	0
1.3	安装工程	8 651	870	4 768	3 883	7 440	870	5 150	2 290	-1 211
1.3.1	进口材料及费用	6 833	870	4 768	2 065	5 622	870	5 150	472	-1 211
1.3.2	国产部分材料及费用	1 818			1 818	1 818			1 818	
1.4	其他费用	3 042	241	1 321	1 721	2 907	241	1 427	1 480	-135
	其中：土地费用	612			612	350			350	-262
1.5	基本预备费	3 749	314	1 721	2 028	3 301	314	1 859	1 442	-448
1.6	涨价预备费	1 303			1 303					-1 303
2	投资方向调节税	2 127			2 127					-2 127
3	建设期利息	4 319	469	2 570	1 749					-4 319
4	流动资金	7 084			7 084	6 263			6 263	-821
	合计	56 072	3 923	21 499	34 573	42 572	3 454	20 448	22 124	-13 500

（2）经营费用的调整。

根据投入物影子价格的定价原则，对表 7-5 投入物中占比重较大的物品进行了调整，调整项目如下：

① 外购原料 A 为非外贸货物，该种货物只要发挥原有项目生产能力就能满足供应，所以按其可变成本进行分解，以确定原料 A 的影子价格。原料 A 的单位可变成本和调整后的耗用金额如表 7-20 所示。

调整说明和分解步骤如下：

a．外购原料 A 为非外贸货物，在国内用途很广，属短线产品。经测算，其影子价格换算系数为 1.2，调整费用为 4 036 万元。

b．原料 B 为外贸货物，其到岸价格为 470 美元/吨，影子汇率为 5.92 元/美元，贸易费用率为 6%，用影子价格重新计算的该项费用为

$$470\times5.92\times1.06\times0.19=5\,609\text{（元）}$$

c．原料 C 所占比重较小，不予调整，取其财务价格。

d．外购电力，该地区电的影子价格查表得 0.218 1 元/（kW·h），用影子价格计算的电费为

$$0.218\,1\times665=145\text{（元）}$$

原料 A 的单位可变成本和调整后的耗用金额如表 7-20 所示。

e．外购的燃料煤，该项目所在城市的煤的影子价格（包含贸易费用）为 133.05 元/吨，用影子价格计算的燃料煤的费用为

$$133.5\text{ 元/吨}\times2.2\text{ 吨}=293\text{（元）}$$

f．水和其他项目不予调整。

以上各项单价中包含了运输费用，难以单列，故不单做调整。

通过上述各步计算，得到原料 A 的影子价格为 5 285 元/吨，由于原料 A 直接供货，不经商贸部门，所以不考虑运费及贸易费用。列入表 7-21 中的影子价格就是 5 285 元/吨。

表 7-20　原料 A 分解成本计算表（可变成本）

项　目	单　位	耗用量	财务成本/元	分解成本/元
原料 A	吨	1.283	3 363	4 036
原料 B	吨	0.19	304	560
原料 C	吨	0.21	53	53
其他			135	135
燃料、动力				
水	吨	157	63	63
电	kW·h	665	121	145
煤	吨	2.2	308	293
可变成本合计				5 285

② 原料 B 为外贸货物，到岸价为 447 美元/吨，由于项目地处港口，运费忽略不计，贸易费用率为 6%，故用影子价格计算的费用为

$$447\times5.92\times1.06=2\,805\text{（元/吨）}$$

③ 原料 D 为非外贸货物，且为长线产品，经测算影子价格换算系数为 0.91，按其计

算的费用为

$$2\,400 \times 0.91 = 2\,184 \text{（元/吨）}$$

④ 电费按电力影子价格 0.218 1 元/（kW·h）进行调整。

⑤外购燃料煤的调整，项目所用动力煤热值为 5 000kcal/kg，且项目距供煤单位较近，故直接用项目所在城市煤的影子价格 133.05 元/吨（含贸易费用）计算煤的费用。

⑥其他各项不予调整。

国民经济评价经营费用调整计算如表 7-21 所示。

（3）销售收入的调整。

N 产品为外贸货物，在国内外市场均属紧俏产品，如果不建该项目，我国还需进口。根据外贸货物的定价原则，应按替代进口产品影子价格的确定方法确定产品的影子价格，其确定方法为“替代进口产品的影子价格等于原进口货物的到岸价格乘以影子汇率，加港口到用户的运输费用及贸易费用，再减去拟建项目到用户的运输费用和贸易费用。具体用户难以确定时，可按到岸价计算”。由于该项目难以确定具体用户，所以 N 产品的影子价格是按近几年进口这种产品的到岸价，并考虑其变化趋势确定的。每吨到岸价为 2 300 美元，计算公式为

$$\begin{aligned}\text{N 产品的影子价格} &= \text{到岸价} \times \text{影子汇率}\\ &= 2\,300 \times 5.92\\ &= 13\,616 \text{（元/吨）}\end{aligned}$$

国民经济评价销售收入调整计算如表 7-22 所示。

2. 国民经济盈利能力分析

根据以上调整后的基础数据，编制全部投资国民经济效益费用流量表（表 7-23）和国内投资国民经济效益费用流量表（表 7-24），由经济效益费用流量表计算如下指标。

（1）全部投资的经济内部收益率（EIRR）等于 15.63%，大于社会折现率 12%，说明项目是可以考虑接受的。

（2）在社会折现率为 12%时，全部投资的经济净现值为 8 192 万元，说明国家为这个项目付出代价后，除得到符合社会折现率的社会盈余外，还可以得到 8 192 万元现值的超额社会盈余，所以该项目是可以考虑接受的。

（3）国内投资经济内部收益率为 18.09%，大于社会折现率 12%。

（4）国内投资经济净现值（$i_s = 12\%$）为 9 355 万元。

3. 经济外汇流量分析

为进行外汇流量分析，计算外汇净现值和节汇成本指标，编制了生产替代进口产品国内资源流量表（表 7-25）和经济外汇流量表（表 7-26），项目计算期内生产替代进口产品所投入的国内资源现值为 104 135 万元。生产替代进口产品的经济外汇净现值为 19 001 万美元。

$$\text{经济节汇成本} = \frac{104\,135}{19\,001} = 5.48 \text{（元/美元）}$$

经济节汇成本 5.48 元/美元小于影子汇率 1 美元＝5.92 元，说明该产品替代进口对国家是有利的。

表 7-21　国民经济评价经营费用调整计算表

序号	产 品 名 称	单位	年消耗量	财务评价/万元				国民经济评价/万元			
				单价/元	达产 70%	达产 90%	达产 100%	单价/元	达产 70%	达产 90%	达产 100%
1	外购原材料、化工料及辅料										
	A	吨	23 621	5 100	8 431	10 840	12 045	5 285	8 738	11 234	12 483
	B	吨	13 570	1 600	1 519	1 953	2 171	2 805	2 664	3 425	3 806
	C	吨	18 170	230	291	375	417	230	291	375	417
	D	吨	3 220	2 400	540	694	772	2 184	481	634	708
	E	吨	252	1 400	24	31	35	1 400	24	31	35
	F	吨	20 000	154	215	277	308	154	215	277	308
	小计				11 024	14 173	15 748		12 413	15 976	17 757
2	外购燃料及动力										
	水	吨	4 000 000	0.6	168	216	240	0.6	168	216	240
	电	kW·h	63 380 000	0.17	754	969	1 077	0.218 1	967	1 244	1 382
	煤	吨	42 000	175	514	661	735	133.05	389	501	557
	小计				1 436	1 846	2 052		1 525	1 961	2 179
3	工资及福利				319	319	319		319	319	319
4	修理费				1 467	1 467	1 467		1 467	1 467	1 467
5	财务费用				291	291	291				
6	其他费用				868	868	868		798	798	798
	其中：土地费用				70	70	70				
	经营费用合计				15 405	18 964			16 522	20 521	22 520

表 7-22　国民经济评价销售收入调整计算表

产 品 名 称	年销售量/吨	单价/元	达产 70%（第 4 年）			达产 90%（第 5 年）			达产 100%（第 6～18 年）		
			外销收入/万美元	内销收入/万元	小 计/万元	外销收入/万美元	内销收入/万元	小 计/万元	外销收入/万美元	内销收入/万元	小 计/万元
财务评价（N 产品）	2 3000	15 400		24 794	24 794		31 878	31 878		35 420	35 420
国民经济评价（N 产品）	2 3000	13 616		21 921	21 921		28 185	28 185		31 317	31 317

表 7-23　国民经济效益费用流量表（全部投资）

单位：万元

序号	项目	合计	建设期			投产期		达到设计能力生产期												
			1	2	3	4	5	6	7	8	9	10	11	12	13	14	15	16	17	18
	生产负荷/%					70	90	100	100	100	100	100	100	100	100	100	100	100	100	100
1	效益流量	465 124				21 921	28 185	31 317	31 317	31 317	31 317	31 317	31 317	31 317	31 317	31 317	31 317	31 317	31 317	39 214
1.1	产品销售收入	457 227				21 921	28 185	31 317	31 317	31 317	31 317	31 317	31 317	31 317	31 317	31 317	31 317	31 317	31 317	31 317
1.2	回收固定资产余值	1 634																		1 634
1.3	回收流动资金	6 263																		6 263
1.4	项目间接效益																			
2	费用流量	372 375	7 262	19 970	9 077	9 077	20 906	21 774	23 146	22 520	22 520	22 520	22 520	22 520	22 520	22 520	22 520	22 520	22 520	22 520
2.1	建设投资	36 309	7 262	19 970	9 077															
2.2	流动资金	6 263				4 384	1 253	626												
2.3	经营成本费用	329 803				16 522	20 521	22 520	22 520	22 520	22 520	22 520	22 520	22 520	22 520	22 520	22 520	22 520	22 520	22 520
2.4	项目间接费用																			
3	净现金流量（1−2）	92 749	−7 262	−19 970	−9 077	1 015	6 411	8 171	8 797	8 797	8 797	8 797	8 797	8 797	8 797	8 797	8 797	8 797	8 797	16 694

计算指标：经济内部收益率（EIRR）为 15.63%；经济净现值（ENPV）（i_s=12%）为 8 192 万元。

表 7-24　国民经济效益费用流量表（国内投资）

单位：万元

序号	项目	合计	建设期			投产期		达到设计能力生产期												
			1	2	3	4	5	6	7	8	9	10	11	12	13	14	15	16	17	18
	生产负荷/%					70	90	100	100	100	100	100	100	100	100	100	100	100	100	100
1	效益流量	457 227				21 921	28 185	31 317	31 317	31 317	31 317	31 317	31 317	31 317	31 317	31 317	31 317	31 317	31 317	39 214
1.1	产品销售收入	517 132				21 921	28 185	31 317	31 317	31 317	31 317	31 317	31 317	31 317	31 317	31 317	31 317	31 317	31 317	31 317
1.2	回收固定资产余值	1 634																		1 634
1.3	回收流动资金	6 263																		6 263
1.4	项目间接效益																			
2	费用流量	383 513	3 172	8 724	3 965	26 314	26 883	27 957	27 033	26 734	26 435	26 136	22 520	22 520	22 520	22 520	22 520	22 520	22 520	22 520
2.1	建设投资（国内）	15 861	3 172	8 724	3 965															
2.2	流动资金（国内）	6 263				4 384	1 253	626												
2.3	流至国外的资金	31 586				5 408	5 109	4 811	4 513	4 214	3 915	3 616								
2.3.1	国外借款本金偿还	23 226				3 318	3 318	3 318	3 318	3 318	3 318	3 318								
2.3.2	国内借款利息支付	8 360				2 090	1 791	1 493	5 119	896	597	298								

续表

序号	项目	合计	建设期			投产期		达到设计能力生产期												
			1	2	3	4	5	6	7	8	9	10	11	12	13	14	15	16	17	18
2.3.3	其他																			
2.4	经营费用	329 803				16 522	20 521	22 520	22 520	22 520	22 520	22 520	22 520	22 520	22 520	22 520	22 520	22 520	22 520	22 520
2.5	项目间接费用																			
3	净效益流量（1－2）	81 611	－3 172	－8 724	－3 965	－4 393	1 302	3 360	4 284	4 583	4 882	5 181	8 797	8 797	8 797	8 797	8 797	8 797	8 797	16 694

计算指标：经济内部收益率（EIRR）：18.09%；

经济净现值（i_c=12%）：9 355 万元。

表 7-25　国内资源流量表

单位：万元

序号	项　目	合计	建设期			投产期		达到设计能力生产期												
			1	2	3	4	5	6	7	8	9	10	11	12	13	14	15	16	17	18
	生产负荷/%					70	90	100	100	100	100	100	100	100	100	100	100	100	100	100
1	建设投资中的国内资金	15 861	3 172	8 724	3 965															
2	流动资金中的国内资金	6 263				4 384	1 253	626												
3	经营费用中的国内资金	277 389				14 009	17 290	18 930	18 930	18 930	18 930	18 930	18 930	18 930	18 930	18 930	18 930	18 930	18 930	18 930
4	其他国内投入																			
5	国内资源流量合计	299 513	3 172	8 724	3 965	18 393	18 543	19 556	18 930	18 930	18 930	18 930	18 930	18 930	18 930	18 930	18 930	18 930	18 930	18 930

计算指标：国内资源流量现值为 104 135 万元。

表 7-26　经济外汇流量表

单位：万美元

序号	项　目	合计	建设期		投产期			达到设计能力生产期												
			1	2	3	4	5	6	7	8	9	10	11	12	13	14	15	16	17	18
	生产负荷/%					70	90	100	100	100	100	100	100	100	100	100	100	100	100	100
1	外汇流入	80 688	691	1 900	863	3 703	4 761	5 290	5 290	5 290	5 290	5 290	5 290	5 290	5 290	5 290	5 290	5 290	5 290	5 290
1.1	产品替代进口收入	77 234				3 703	4 761	5 290	5 290	5 290	5 290	5 290	5 290	5 290	5 290	5 290	5 290	5 290	5 290	5 290
1.2	外汇借款	3 454	691	1 900	863															
1.3	其他外汇收入																			
2	外汇流出	17 633	691	1 900	863	1 337	1 408	1 418	1 368	1 317	1 267	1 216	606	606	606	606	606	606	606	606
2.1	固定资产投资中外汇支出																			
2.2	进口原材料	8 847				424	545	606	606	606	606	606	606	606	606	606	606	606	606	606
2.3	进口零部件																			
2.4	支付技术转让费																			
2.5	偿付外汇借款本金利息					913	863	812	762	711	661	610								
2.6	其他外汇支出																			
3	净外汇效果（1−2）	63 055	0	0	0	2 366	3 353	3 872	3 922	3 973	4 023	4 074	4 684	4 684	4 684	4 684	4 684	4 684	4 684	4 684

计算指标：经济外汇现值（$ENPV_F$）（i_c）：19 001 万美元；

经济节汇成本：5.48 元/美元。

4. 不确定性分析

1）敏感性分析

敏感性分析即对固定资产投资、经营费用和销售收入分别做了提高和降低 10%的单因素变化的敏感性分析。这些因素的变化都对内部收益率有一定影响，敏感性分析如表 7-27 所示。

根据敏感性分析表绘制的敏感性分析图如图 7.4 所示。

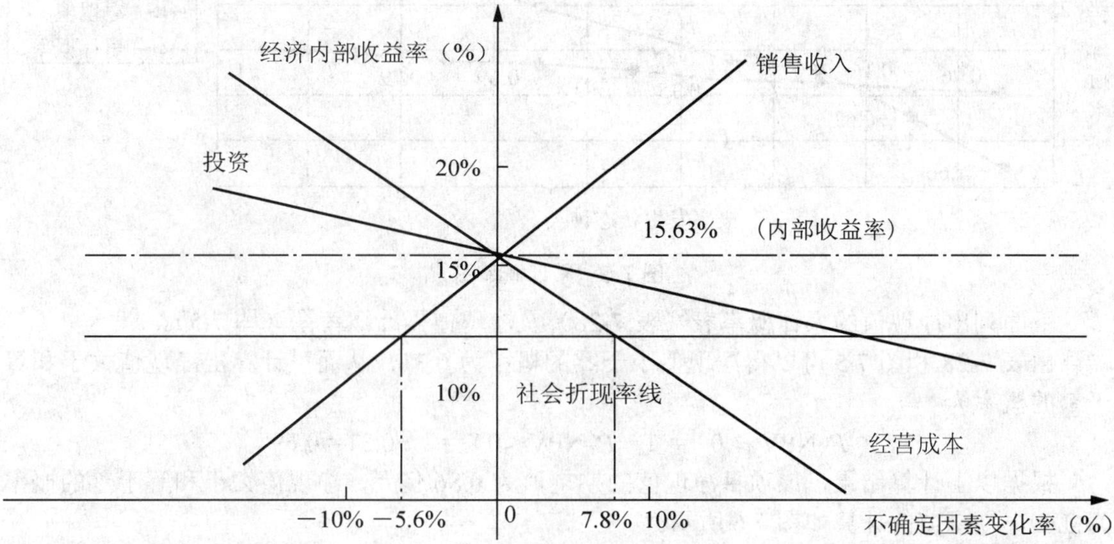

图 7.4 敏感性分析图

表 7-27 敏感性分析表

项目 \ IRR \ 变化幅度	−10%	0	+10%	敏感性程度排序
投资额	14.21	15.63	17.27	3
较基本方案增减	1.64%		−1.42%	
销售收入	8.96	15.63	21.29	
较基本方案增减	−6.67%		5.74%	1
经营成本	19.81	15.63	10.94	
较基本方案增减	4.18%		−4.69%	2

由图 7.4 可求出内部收益率达到临界点时某种允许变化的最大幅度。这说明该项目是能够承受一定风险的。

2）概率分析

设该项目投资不变，预测在生产期销售收入、经营费用可能会发生变化，其概率分析情况如表 7-28、图 7.5 所示。

表 7-28 累计概率表

净现值	−1.66	−0.62	0.22	0.42	0.82	1.22	1.86	2.26	3.30
累计概率	0.06	0.16	0.31	0.35	0.60	0.69	0.79	0.94	1.00

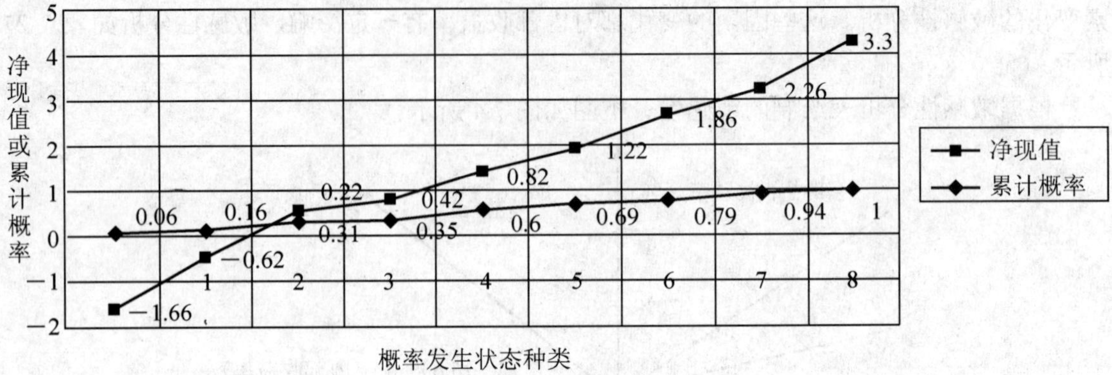

图 7.5 累计概率图

下面列出净现值的累计概率表（表 7-28）及净现值累计概率图（图 7.5）。

由表 7-28 和图 7.5 可以得净现值小于零的概率为 0.31，从而可计算出净现值大于和等于零的概率为

$$P(\text{NPV} \geqslant 0) = 1 - P(\text{NPV} < 0) = 1 - 0.31 = 0.69$$

根据以上计算结果，该项目净现值的期望值为 0.86 亿元，净现值大于和等于零的概率为 0.69，期望值的计算如图 7.6 所示。

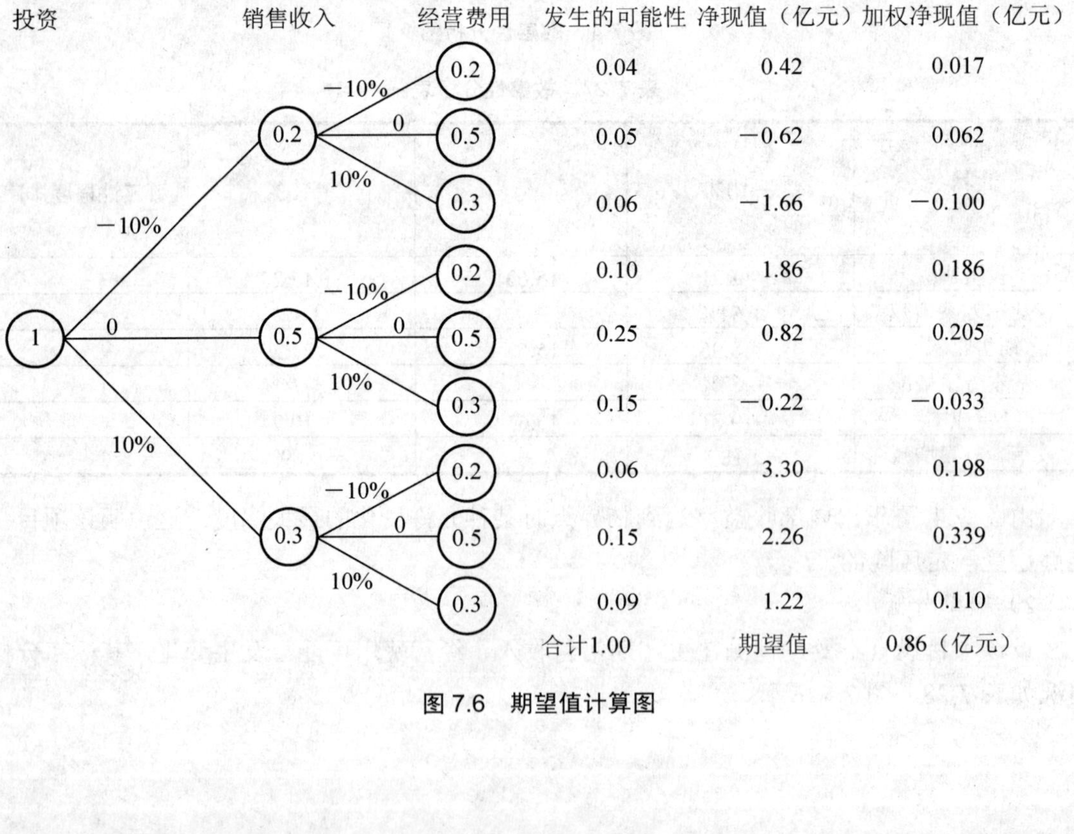

图 7.6 期望值计算图

由上述国民经济盈利能力分析可以看出，国民经济评价效益是好的，全部投资的经济内部收益率大于社会折现率，全部投资的经济净现值大于零，经济节汇成本小于影子汇率，所以从国民经济角度看项目也是可行的。

7.5 评价结论

财务评价全部投资内部收益率为 17.23%，大于行业基准收益率 12%；投资回收期从建设期算起为 7.9 年，小于行业基准投资回收期 10.3 年；国内借款偿还期从借款年算起为 7.3 年，能满足借款条件。国民经济评价全部投资内部收益率为 15.63%，大于社会折现率 12%；全部投资的经济净现值为 8 192 万元；经济节汇成本 5.48 元/美元，小于影子汇率 5.92 元/美元。

从以上主要指标看，财务评价和国民经济评价效益均较好，而且生产的产品是国家急需的，所以项目是可以接受的。

7.6 主要方案比较

在可行性研究经济评价过程中进行了多方案比较，其中有两个主要方案可供选择：一个方案为主要技术和设备从国外引进；另一个方案为全部选用国产设备。

这两个方案各有优缺点，引进设备方案技术先进、设备性能好，特别对污染物的泄漏处理比国产设备方案要好，产品质量也较国产设备方案有保障，但销售价格略高些，设备购置费比全部选用国产设备方案要高。根据两个方案的具体条件，进行了财务的全部经济因素的全面比较。

其各方案计算数据如表 7-29 所示。

用以上数据分别对两个方案编制财务现金流量表（全部投资），分别计算财务内部收益率，引进设备方案为 17.72%，国产设备方案为 18.29%，这两个指标均大于行业基准收益率（i_c）12%，仍不能确定哪个是最优方案，还应采用差额投资内部收益率法进行计算比较。差额投资现金流量计算如表 7-30 所示。

从表 7-30 看出，差额投资内部收益率 ΔFIRR 为 15.03%，大于财务基准收益率（i_c）12%。这时以投资大的方案为优，因而选择了引进设备方案。

表 7-29 各方案计算数据表 单位：万元

序 号	项 目	引进设备方案	国产设备方案
1	建设投资	42 542	39 238
2	投资方向调节税	2 127	1 962
3	流动资金需用量	7 084	6 808
4	销售收入（正常年）	35 420	34 040
5	经营成本（正常年）	20 454	20 368
6	销售税金及附加（正常年）	2 689	2 157
7	回收固定资产余值	2 563	2 063

表 7-30　差额投资现金流量表

单位：万元

序号	项　目	建设期			投产期		达到设计生产能力期			
		1	2	3	4	5	6	7～10	11～17	18
	生产负荷/%	−8 935	−24 570	−11 164	2 548	9 077	11 278	11 986	12 277	21 924
1	引进设备方案净现金流量									
2	国产设备方案									
2.1	现金流入				23 828	30 636	34 040	34 040	34 040	42 911
2.1.1	产品销售收入				23 828	30 636	34 040	34 040	34 040	42 911
2.1.2	回收固定资产余值									2 063
2.1.3	回收流动资金									6 808
2.2	现金流出	8 240	22 660	10 300	21 549	22 167	23 496	22 816	22 525	22 525
2.2.1	固定资产投资（含固定资产投资方向调节税）	8 240	22 660	10 300						
2.2.2	流动资金				4 766	1 362	680			
2.2.3	经营成本				15 273	18 864	20 659	20 659	20 368	20 368
2.2.4	销售税金及附加				1 510	1 941	2 157	2 157	2 157	2 157
2.3	净现金流量（1−2）	−8 240	−22 660	−10 300	2 279	8 469	10 544	11 224	11 515	20 386
3	差额净现金流量	−695	−1 910	−684	269	608	734	762	762	1 538

附录　复利系数表

复利系数表（1）

i=0.5%

N	（*F*/*P*，*i*，*n*）	（*P*/*F*，*i*，*n*）	（*F*/*A*，*i*，*n*）	（*A*/*F*，*i*，*n*）	（*A*/*P*，*i*，*n*）	（*P*/*A*，*i*，*n*）
1	1.005 0	0.995 0	1.000 0	1.000 0	1.005 0	0.995 0
2	1.010 0	0.990 1	2.005 0	0.498 8	0.503 8	1.985 1
3	1.015 0	0.985 1	3.015 0	0.331 7	0.336 7	2.970 3
4	1.200 0	0.980 2	4.030 0	0.248 1	0.253 13	3.950 5
5	1.025 0	0.975 4	5.050 0	0.198 0	0.203 0	4.925 9
6	1.030 0	0.970 5	6.076 0	0.164 6	0.169 6	5.896 2
7	1.036 0	0.965 7	7.106 0	0.140 7	0.145 7	6.862 0
8	1.041 0	0.960 9	8.141 0	0.122 8	0.127 8	7.822 9
9	1.046 0	0.956 1	9.182 0	0.108 9	0.113 9	8.778 9
10	1.051 0	0.951 3	10.228 0	0.097 8	0.102 8	9.730 5
11	1.056 0	0.946 6	11.279 0	0.088 7	0.093 7	10.677 0
12	1.062 0	0.941 9	12.336 0	0.081 1	0.086 1	11.618 5
13	1.067 0	0.937 2	13.397 0	0.074 6	0.079 6	12.556 5
14	1.072 0	0.932 6	14.464 0	0.069 1	0.074 1	13.488 0
15	1.078 0	0.927 9	15.537 0	0.064 4	0.069 4	14.417 5
16	1.083 0	0.923 3	16.614 0	0.060 2	0.065 2	15.339 8
17	1.088 0	0.918 7	17.697 0	0.056 5	0.061 5	16.257 5
18	1.094 0	0.914 1	18.786 0	0.053 2	0.058 2	17.173 3
19	1.099 0	0.909 6	19.880 0	0.050 3	0.055 3	18.083 2
20	1.105 0	0.905 1	20.979 0	0.047 8	0.052 7	18.986 1
21	1.110 0	0.900 6	22.084 0	0.045 3	0.050 3	19.888 6
22	1.116 0	0.896 1	23.194 0	0.043 1	0.048 1	20.785 7
23	1.122 0	0.891 6	24.310 0	0.041 1	0.046 1	21.677 9
24	1.127 0	0.887 2	25.432 0	0.039 3	0.044 3	22.563 2
25	1.133 0	0.882 8	26.559 0	0.037 7	0.042 7	23.446 7
26	1.138 0	0.878 4	27.692 0	0.036 1	0.041 1	24.325 0
27	1.144 0	0.874 0	28.830 0	0.034 7	0.039 7	25.195 3
28	1.150 0	0.869 7	29.975 0	0.033 4	0.038 4	26.068 8
29	1.156 0	0.865 3	31.124 0	0.032 1	0.037 1	26.932 4
30	1.161 0	0.861 0	32.280 0	0.031 0	0.036 0	27.793 2
35	1.191 0	0.839 8	38.145 0	0.026 2	0.031 2	32.030 7
40	1.221 0	0.819 1	44.159 0	0.022 6	0.027 6	36.172 2
45	1.252 0	0.799 0	50.324 0	0.019 9	0.024 9	40.207 2
50	1.283 0	0.779 3	56.645 0	0.017 7	0.022 7	44.150 1

续表

N	(F/P, i, n)	(P/F, i, n)	(F/A, i, n)	(A/F, i, n)	(A/P, i, n)	(P/A, i, n)
55	1.316 0	0.760 1	63.126 0	0.015 8	0.020 8	47.984 6
60	1.349 0	0.741 4	69.770 0	0.014 3	0.019 3	51.733 0
65	1.383 0	0.723 1	76.582 0	0.013 1	0.018 1	55.371 0
70	1.418 0	0.705 3	83.566 0	0.012 0	0.017 0	58.927 5
75	1.454 0	0.687 9	90.727 0	0.011 0	0.016 0	62.422 0
80	1.490 0	0.671 0	98.068 0	0.010 2	0.015 2	65.789 5
85	1.528 0	0.654 5	105.594 0	0.009 5	0.014 5	69.108 5
90	1.567 0	0.638 3	113.311 0	0.008 8	0.013 8	72.306 6
95	1.606 0	0.622 6	121.222 0	0.008 2	0.013 3	75.471 7
100	1.647 0	0.607 3	129.334 0	0.007 7	0.012 7	78.554 6

复利系数表（2）

$i=1\%$

N	(F/P, i, n)	(P/F, i, n)	(F/A, i, n)	(A/F, i, n)	(A/P, i, n)	(P/A, i, n)
1	1.010 0	0.990 1	1.000 0	1.000 0	1.010 0	0.990 1
2	1.020 1	0.980 3	2.010 0	0.497 5	0.507 5	1.970 4
3	1.030 3	0.970 6	3.030 1	0.330 0	0.340 0	2.941 0
4	1.040 6	0.961 0	4.060 4	0.246 3	0.256 3	3.902 0
5	1.051 0	0.951 5	5.101 0	0.196 0	0.206 0	4.853 4
6	1.061 5	0.942 0	6.152 0	0.162 5	0.172 5	5.795 5
7	1.072 1	0.932 7	7.213 5	0.138 6	0.148 6	6.728 2
8	1.082 9	0.923 5	8.285 7	0.120 7	0.130 7	7.651 7
9	1.093 7	0.914 3	9.368 5	0.106 7	0.116 7	8.566 0
10	1.104 6	0.905 3	10.462 2	0.095 6	0.105 6	9.471 3
11	1.115 7	0.896 3	11.566 8	0.086 5	0.096 5	10.367 6
12	1.126 8	0.887 4	12.682 5	0.078 8	0.088 8	11.255 1
13	1.138 1	0.878 7	13.809 3	0.072 4	0.082 4	12.133 7
14	1.149 5	0.870 0	14.947 4	0.066 9	0.076 9	13.003 7
15	1.161 0	0.861 3	16.096 9	0.062 1	0.072 1	13.865 1
16	1.172 6	0.852 8	17.257 9	0.057 9	0.067 9	14.717 9
17	1.184 3	0.844 4	18.430 4	0.054 3	0.064 3	15.562 3
18	1.196 1	0.836 0	19.614 7	0.051 0	0.061 0	16.398 3
19	1.208 1	0.827 7	20.810 9	0.048 1	0.058 1	17.226 0
20	1.220 2	0.819 5	22.019 0	0.045 4	0.055 4	18.045 6
21	1.232 4	0.811 4	23.239 2	0.043 0	0.053 0	18.857 0
22	1.244 7	0.803 4	24.471 6	0.040 9	0.050 9	19.660 4
23	1.257 2	0.795 4	25.716 3	0.038 9	0.048 9	20.455 8
24	1.269 7	0.787 6	26.973 5	0.037 1	0.047 1	21.243 4

续表

N	(F/P, i, n)	(P/F, i, n)	(F/A, i, n)	(A/F, i, n)	(A/P, i, n)	(P/A, i, n)
25	1.282 4	0.779 8	28.243 2	0.035 4	0.045 4	22.023 2
26	1.295 3	0.772 0	29.525 6	0.033 9	0.043 9	22.795 2
27	1.308 2	0.764 4	30.820 9	0.032 4	0.042 4	23.559 6
28	1.321 3	0.756 8	32.129 1	0.031 1	0.041 1	24.316 4
29	1.334 5	0.749 3	33.450 4	0.029 9	0.039 9	25.065 8
30	1.347 8	0.741 9	34.784 9	0.028 8	0.038 7	25.807 7
35	1.417 0	0.705 9	41.660 0	0.024 0	0.034 0	29.408 6
40	1.489 0	0.671 7	48.886 0	0.020 5	0.030 5	32.834 7
45	1.565 0	0.639 1	56.481 0	0.017 7	0.027 7	36.094 5
50	1.645 0	0.608 0	64.463 0	0.015 5	0.025 5	39.196 1
55	1.729 0	0.578 5	72.852 0	0.013 7	0.023 7	42.147 2
60	1.817 0	0.550 4	81.670 0	0.012 2	0.022 2	44.955 0
65	1.909 0	0.523 7	90.937 0	0.011 0	0.021 0	47.626 6
70	2.007 0	0.498 3	100.676 0	0.009 9	0.019 9	50.168 5
75	2.109 0	0.474 1	110.913 0	0.009 0	0.019 0	52.587 1
80	2.217 0	0.451 1	121.672 0	0.008 2	0.018 2	54.888 2
85	2.330 0	0.429 2	132.979 0	0.007 5	0.017 5	57.077 7
90	2.449 0	0.408 4	144.863 0	0.006 9	0.016 9	59.160 9
95	2.574 0	0.388 6	157.354 0	0.006 4	0.016 4	61.143 0
100	2.705 0	0.369 7	170.481 0	0.005 9	0.015 9	63.028 9

复利系数表（3）

i=1.5%

N	(F/P, i, n)	(P/F, i, n)	(F/A, i, n)	(A/F, i, n)	(A/P, i, n)	(P/A, i, n)
1	1.015 0	0.985 2	1.000 0	1.000 0	1.015 0	0.985 2
2	1.030 0	0.097 1	2.015 0	0.496 3	0.511 3	1.955 8
3	1.046 0	0.956 3	3.045 0	0.328 4	0.343 4	2.912 1
4	1.061 0	0.942 2	4.091 0	0.244 4	0.259 4	3.855 1
5	1.077 0	0.928 3	5.152 0	0.194 1	0.209 1	4.782 4
6	1.093 0	0.914 5	6.230 0	0.160 5	0.175 5	5.698 0
7	1.110 0	0.901 0	7.323 0	0.136 6	0.151 6	6.596 3
8	1.126 0	0.887 7	8.433 0	0.118 6	0.133 6	7.485 0
9	1.143 0	0.874 6	9.559 0	0.104 6	0.119 6	8.361 2
10	1.161 0	0.861 7	10.703 0	0.093 4	0.108 4	9.225 1
11	1.178 0	0.848 9	11.893 0	0.084 3	0.099 3	10.070 5
12	1.196 0	0.836 4	13.041 0	0.076 7	0.091 7	10.905 1
13	1.214 0	0.824 0	14.237 0	0.072 0	0.085 2	11.737 0
14	1.232 0	0.511 8	15.450 0	0.064 7	0.079 7	12.547 1

续表

N	(F/P，i，n)	(P/F，i，n)	(F/A，i，n)	(A/F，i，n)	(A/P，i，n)	(P/A，i，n)
15	1.250 0	0.799 9	16.682 0	0.059 9	0.074 9	13.335 1
16	1.269 0	0.788 0	17.932 0	0.055 8	0.070 8	14.124 3
17	1.288 0	0.776 4	19.201 0	0.052 1	0.067 1	14.903 1
18	1.307 0	0.764 9	20.489 0	0.048 8	0.063 8	15.674 0
19	1.327 0	0.753 6	21.797 0	0.045 9	0.060 9	16.420 3
20	1.347 0	0.742 5	23.124 0	0.043 2	0.058 2	17.182 1
21	1.367 0	0.731 5	24.471 0	0.040 9	0.055 9	17.889 1
22	1.388 0	0.720 7	25.838 0	0.038 7	0.053 7	18.622 0
23	1.408 0	0.710 0	27.225 0	0.036 7	0.051 7	19.342 4
24	11.430 0	0.699 5	28.634 0	0.034 9	0.049 9	20.040 0
25	1.451 0	0.989 2	30.063 0	0.033 3	0.048 3	20.703 9
26	1.473 0	0.979 0	31.514 0	0.031 7	0.046 7	21.413 3
27	1.495 0	0.669 0	32.987 0	0.030 3	0.045 3	22.075 0
28	1.517 0	0.659 1	34.481 0	0.029 0	0.044 0	22.727 3
29	1.540 0	0.649 4	35.999 0	0.027 8	0.042 9	23.310 0
30	1.563 0	0.639 8	37.539 0	0.026 6	0.041 6	24.038 5
35	1.684 0	0.593 9	45.592 0	0.021 9	0.037 9	27.075 6
40	1.814 0	0.551 3	54.268 0	0.018 4	0.033 4	29.915 8
45	1.954 0	0.511 7	63.614 0	0.015 7	0.030 7	32.573 3
50	2.105 0	0.475 0	73.683 0	0.013 6	0.028 6	34.965 0
55	2.268 0	0.440 9	84.529 0	0.011 5	0.026 8	37.313 4
60	2.443 0	0.409 3	96.215 0	0.010 4	0.025 4	39.370 0
65	2.632 0	0.379 9	108.803 0	0.009 2	0.024 2	41.322 3
70	2.836 0	0.352 7	122.364 0	0.008 2	0.023 2	43.103 4
75	3.005 0	0.327 4	136.973 0	0.007 3	0.022 3	44.843 0
80	3.291 0	0.303 9	152.711 0	0.006 5	0.021 5	46.511 6
85	3.515 0	0.282 1	169.665 0	0.005 9	0.020 9	47.846 9
90	3.819 0	0.261 9	187.930 0	0.005 3	0.020 3	49.261 0
95	4.114 0	0.243 1	207.606 0	0.004 8	0.019 8	50.505 0
100	4.432 0	0.225 6	228.803 0	0.004 4	0.019 4	51.546 4

复利系数表（4）

i=2%

N	(F/P，i，n)	(P/F，i，n)	(F/A，i，n)	(A/F，i，n)	(A/P，i，n)	(P/A，i，n)
1	1.020 0	0.980 4	1.000 0	1.000 0	1.020 0	0.980 4
2	1.040 4	0.961 2	2.020 0	0.495 0	0.515 0	1.941 6
3	1.061 2	0.942 3	3.060 4	0.326 8	0.346 8	2.883 9
4	1.082 4	0.923 8	4.121 6	0.242 6	0.262 6	3.807 7

续表

N	（F/P，i，n）	（P/F，i，n）	（F/A，i，n）	（A/F，i，n）	（A/P，i，n）	（P/A，i，n）
5	1.104 1	0.905 7	5.204 0	0.192 2	0.212 2	4.713 5
6	1.126 2	0.888 0	6.308 1	0.158 5	0.178 5	5.601 4
7	1.148 7	0.870 6	7.434 3	0.134 5	0.154 5	6.472 0
8	1.171 7	0.853 5	8.583 0	0.116 5	0.136 5	7.325 5
9	1.195 1	0.836 8	9.754 6	0.102 5	0.122 5	8.162 2
10	1.219 0	0.820 3	10.949 7	0.091 3	0.111 3	8.982 6
11	1.243 4	0.804 3	12.168 7	0.082 2	0.102 2	9.786 8
12	1.268 2	0.788 5	13.412 1	0.074 6	0.094 6	10.575 3
13	1.293 6	0.773 0	14.680 3	0.068 1	0.088 1	11.348 4
14	1.319 5	0.757 9	15.973 9	0.062 6	0.082 6	12.106 2
15	1.345 9	0.743 0	17.293 4	0.057 8	0.077 8	12.849 3
16	1.372 8	0.728 4	18.639 3	0.053 7	0.073 7	13.577 7
17	1.400 2	0.714 2	20.012 1	0.050 0	0.070 0	14.291 9
18	1.428 2	0.700 2	21.412 3	0.046 7	0.066 7	14.992 0
19	1.456 8	0.686 4	22.840 6	0.043 8	0.063 8	15.678 5
20	1.485 9	0.673 0	24.297 4	0.041 2	0.061 2	16.351 4
21	1.515 7	0.659 8	25.783 3	0.038 8	0.058 8	17.011 2
22	1.546 0	0.646 8	27.299 0	0.036 6	0.056 6	17.658 0
23	1.576 9	0.634 2	28.845 0	0.034 7	0.054 7	18.292 2
24	1.608 4	0.621 7	30.421 9	0.032 9	0.052 9	18.913 9
25	1.640 6	0.609 5	32.030 3	0.031 2	0.051 2	19.523 5
26	1.673 4	0.597 6	33.670 9	0.029 7	0.049 7	20.121 0
27	1.706 9	0.585 9	35.344 3	0.028 3	0.048 3	20.706 9
28	1.741 0	0.574 4	37.051 2	0.027 0	0.047 0	21.281 3
29	1.775 8	0.563 1	38.792 2	0.025 8	0.045 8	21.844 4
30	1.811 4	0.552 1	40.568 1	0.024 6	0.044 6	22.396 5
35	2.000 0	0.500 0	49.994 0	0.020 0	0.040 0	24.998 6
40	2.208 0	0.452 9	60.402 0	0.016 6	0.036 6	27.355 5
45	2.438 0	0.410 2	71.893 0	0.013 9	0.033 9	29.490 2
50	2.692 0	0.371 5	84.579 0	0.011 8	0.031 8	31.423 6
55	2.972 0	0.336 5	98.587 0	0.010 1	0.030 1	33.174 8
60	3.281 0	0.304 8	114.052 0	0.008 8	0.028 8	34.760 9
65	3.623 0	0.276 1	131.126 0	0.007 6	0.027 6	36.197 5
70	4.000 0	0.250 0	149.978 0	0.006 7	0.026 7	37.498 6
75	4.416 0	0.226 5	170.792 0	0.005 9	0.025 9	38.677 1
80	4.875 0	0.205 1	193.772 0	0.005 2	0.025 2	39.744 5
85	5.383 0	0.185 8	219.144 0	0.004 6	0.024 6	40.711 3
90	5.943 0	0.168 3	247.157 0	0.004 0	0.024 0	41.586 9
95	6.562 0	0.152 4	278.085 0	0.003 6	0.023 6	42.380 0
100	7.245 0	0.138 0	312.232 0	0.003 2	0.023 2	43.098 4

复利系数表（5）

i=2.5%

N	（F/P，i，n）	（P/F，i，n）	（F/A，i，n）	（A/F，i，n）	（A/P，i，n）	（P/A，i，n）
1	1.020 0	0.980 4	1.000 0	1.000 0	1.020 0	0.980 4
2	1.040 4	0.961 2	2.020 0	0.495 0	0.515 0	1.941 6
3	1.061 2	0.942 3	3.060 4	0.326 8	0.346 8	2.883 9
4	1.082 4	0.923 8	4.121 6	0.242 6	0.262 6	3.807 7
5	1.104 1	0.905 7	5.204 0	0.192 2	0.212 2	4.713 5
6	1.126 2	0.888 0	6.308 1	0.158 5	0.178 5	5.601 4
7	1.148 7	0.870 6	7.434 3	0.134 5	0.154 5	6.472 0
8	1.171 7	0.853 5	8.583 0	0.116 5	0.136 5	7.325 5
9	1.195 1	0.836 8	9.754 6	0.102 5	0.122 5	8.162 2
10	1.219 0	0.820 3	10.949 7	0.091 3	0.111 3	8.982 6
11	1.243 4	0.804 3	12.168 7	0.082 2	0.102 2	9.786 8
12	1.268 2	0.788 5	13.412 1	0.074 6	0.094 6	10.575 3
13	1.293 6	0.773 0	14.680 3	0.068 1	0.088 1	11.348 4
14	1.319 5	0.757 9	15.973 9	0.062 6	0.082 6	12.106 2
15	1.345 9	0.743 0	17.293 4	0.057 8	0.077 8	12.849 3
16	1.372 8	0.728 4	18.639 3	0.053 7	0.073 7	13.577 7
17	1.400 2	0.714 2	20.012 1	0.050 0	0.070 0	14.291 9
18	1.428 2	0.700 2	21.412 3	0.046 7	0.066 7	14.992 0
19	1.456 8	0.686 4	22.840 6	0.043 8	0.063 8	15.678 5
20	1.485 9	0.673 0	24.297 4	0.041 2	0.061 2	16.351 4
21	1.515 7	0.659 8	25.783 3	0.038 8	0.058 8	17.011 2
22	1.546 0	0.646 8	27.299 0	0.036 6	0.056 6	17.658 0
23	1.576 9	0.634 2	28.845 0	0.034 7	0.054 7	18.292 2
24	1.608 4	0.621 7	30.421 9	0.032 9	0.052 9	18.913 9
25	1.640 6	0.609 5	32.030 3	0.031 2	0.051 2	19.523 5
26	1.673 4	0.597 6	33.670 9	0.029 7	0.049 7	20.121 0
27	1.706 9	0.585 9	35.344 3	0.028 3	0.048 3	20.706 9
28	1.741 0	0.574 4	37.051 2	0.027 0	0.047 0	21.281 3
29	1.775 8	0.563 1	38.792 2	0.025 8	0.045 8	21.844 4
30	1.811 4	0.552 1	40.568 1	0.024 6	0.044 6	22.396 5
35	2.000 0	0.500 0	49.994 0	0.020 0	0.040 0	24.998 6
40	2.208 0	0.452 9	60.402 0	0.016 6	0.036 6	27.355 5
45	2.438 0	0.410 2	71.893 0	0.013 9	0.033 9	29.490 2
50	2.692 0	0.371 5	84.579 0	0.011 8	0.031 8	31.423 6
55	2.972 0	0.336 5	98.587 0	0.010 1	0.030 1	33.174 8
60	3.281 0	0.304 8	114.052 0	0.008 8	0.028 8	34.760 9

续表

N	（F/P，i，n）	（P/F，i，n）	（F/A，i，n）	（A/F，i，n）	（A/P，i，n）	（P/A，i，n）
65	3.623 0	0.276 1	131.126 0	0.007 6	0.027 6	36.197 5
70	4.000 0	0.250 0	149.978 0	0.006 7	0.026 7	37.498 6
75	4.416 0	0.226 5	170.792 0	0.005 9	0.025 9	38.677 1
80	4.875 0	0.205 1	193.772 0	0.005 2	0.025 2	39.744 5
85	5.383 0	0.185 8	219.144 0	0.004 6	0.024 6	40.711 3
90	5.943 0	0.168 3	247.157 0	0.004 0	0.024 0	41.586 9
95	6.562 0	0.152 4	278.085 0	0.003 6	0.023 6	42.380 0
100	7.245 0	0.138 0	312.232 0	0.003 2	0.023 2	43.098 4

复利系数表（6）

$i=3\%$

N	（F/P，i，n）	（P/F，i，n）	（F/A，i，n）	（A/F，i，n）	（A/P，i，n）	（P/A，i，n）
1	1.030 0	0.970 9	1.000 0	1.000 00	1.030 0	0.970 9
2	1.060 9	0.942 6	2.030 0	0.492 6	0.522 6	1.913 5
3	1.092 7	0.915 1	3.090 9	0.323 5	0.353 5	2.828 9
4	1.125 5	0.888 5	4.183 6	0.239 0	0.269 0	3.717 4
5	1.159 3	0.862 6	5.309 1	0.188 4	0.218 4	4.579 8
6	1.194 1	0.837 5	6.468 4	0.154 6	0.184 6	5.417 1
7	1.229 9	0.813 1	7.662 5	0.130 5	0.160 5	6.230 1
8	1.266 8	0.789 4	8.892 3	0.112 5	0.142 5	7.019 5
9	1.304 8	0.766 4	10.159 1	0.098 4	0.128 4	7.786 3
10	1.343 9	0.744 1	11.463 9	0.087 2	0.117 2	8.530 2
11	1.384 2	0.722 4	12.807 8	0.078 1	0.108 1	9.252 4
12	1.425 8	0.701 4	14.192 0	0.070 5	0.100 5	9.954 2
13	1.468 5	0.681 0	15.617 8	0.064 0	0.094 0	10.634 9
14	1.512 6	0.661 1	17.086 3	0.058 5	0.088 5	11.295 6
15	1.558 0	0.641 9	18.598 9	0.053 8	0.083 8	11.937 4
16	1.604 7	0.623 2	20.156 9	0.049 6	0.079 6	12.561 2
17	1.652 8	0.605 0	21.761 6	0.046 0	0.076 0	13.166 6
18	1.702 4	0.587 4	23.414 4	0.042 7	0.072 7	13.753 3
19	1.753 5	0.570 3	25.116 9	0.039 8	0.069 8	14.324 6
20	1.806 1	0.553 7	26.870 4	0.037 2	0.067 2	14.876 5
21	1.860 3	0.537 5	28.676 5	0.034 9	0.064 9	15.415 4
22	1.916 1	0.521 9	30.536 8	0.032 7	0.062 8	15.936 3
23	1.973 6	0.506 7	32.452 9	0.030 81	0.060 8	16.444 7
24	2.032 8	0.491 9	34.426 5	0.029 0	0.059 1	16.934 8
25	2.093 8	0.477 6	36.459 3	0.027 4	0.057 4	17.412 5
26	2.156 6	0.463 7	38.553 0	0.025 9	0.055 9	17.876 3

续表

N	(F/P，i，n)	(P/F，i，n)	(F/A，i，n)	(A/F，i，n)	(A/P，i，n)	(P/A，i，n)
27	2.221 3	0.450 2	40.709 6	0.024 6	0.054 6	18.328 4
28	2.287 9	0.437 1	42.930 9	0.023 3	0.053 3	18.765 2
29	2.356 6	0.424 3	45.218 9	0.022 1	0.052 1	19.190 2
30	2.427 3	0.412 0	47.575 4	0.021 0	0.051 0	19.600 2
35	2.814 0	0.355 4	60.462 0	0.016 5	0.046 5	21.486 8
40	3.262 0	0.306 6	75.401 0	0.013 3	0.043 3	23.116 0
45	3.782 0	0.264 4	92.720 0	0.010 8	0.040 8	24.515 8
50	4.384 0	0.228 1	112.797 0	0.008 9	0.038 9	25.772 7
55	5.082 0	0.196 8	136.072 0	0.007 3	0.037 4	26.773 8
60	5.892 0	0.169 7	163.053 0	0.006 1	0.036 1	27.667 8
65	6.830 0	0.146 4	194.333 0	0.005 1	0.035 2	28.449 5
70	7.918 0	0.126 3	230.594 0	0.004 3	0.034 3	29.120 6
75	9.179 0	0.108 9	272.631 0	0.003 7	0.033 7	29.700 0
80	10.641 0	0.094 0	321.363 0	0.003 1	0.033 1	30.202 4
85	12.336 0	0.081 1	377.857 0	0.002 6	0.032 7	30.627 9
90	14.300 0	0.069 9	443.349 0	0.002 3	0.032 26	30.998 1
95	16.578 0	0.060 3	519.272 0	0.001 9	0.031 93	31.318 5
100	19.219 0	0.052 0	607.288 0	0.001 6	0.031 65	31.595 6

复利系数表（7）

i=4%

N	(F/P，i，n)	(P/F，i，n)	(F/A，i，n)	(A/F，i，n)	(A/P，i，n)	(P/A，i，n)
1	1.040 0	0.961 5	1.000 0	1.000 0	1.040 00	0.961 5
2	1.081 6	0.924 6	2.040 0	0.490 2	0.530 2	1.886 1
3	1.124 9	0.889 0	3.121 6	0.320 3	0.360 3	2.775 1
4	1.169 9	0.854 8	4.246 5	0.235 5	0.275 5	3.629 9
5	1.216 7	0.821 9	5.416 3	0.184 6	0.224 6	4.451 8
6	1.265 3	0.790 3	6.633 0	0.150 8	0.190 8	5.241 1
7	1.315 9	0.759 9	7.898 3	0.126 6	0.166 6	6.002 4
8	1.368 6	0.730 7	9.214 2	0.108 5	0.148 5	6.732 7
9	1.423 3	0.702 6	10.582 8	0.094 5	0.134 5	7.435 5
10	1.480 2	0.675 6	12.006 1	0.083 3	0.123 3	8.110 9
11	1.539 5	0.649 6	13.486 4	0.074 1	0.114 1	8.760 5
12	1.601 0	0.624 6	15.025 8	0.066 6	0.106 6	9.385 1
13	1.665 1	0.600 6	16.626 8	0.060 1	0.100 1	9.985 6
14	1.731 7	0.577 5	18.291 9	0.054 7	0.094 7	10.563 1
15	1.800 9	0.555 3	20.023 6	0.049 9	0.089 9	11.118 4
16	1.873 0	0.533 9	21.824 5	0.045 8	0.085 8	11.652 3

续表

N	(F/P，i，n)	(P/F，i，n)	(F/A，i，n)	(A/F，i，n)	(A/P，i，n)	(P/A，i，n)
17	1.947 9	0.513 4	23.697 5	0.042 2	0.082 2	12.165 7
18	2.025 8	0.493 6	25.645 4	0.039 0	0.079 0	12.659 3
19	2.106 8	0.474 6	27.671 2	0.036 1	0.076 1	13.133 9
20	2.191 1	0.456 4	29.778 1	0.033 6	0.073 6	13.590 3
21	2.278 8	0.438 8	31.969 2	0.031 3	0.071 3	14.029 2
22	2.369 9	0.422 0	34.248 0	0.029 2	0.069 2	14.451 1
23	2.464 7	0.405 7	36.617 9	0.027 3	0.067 3	14.856 8
24	2.563 3	0.390 1	39.082 6	0.025 6	0.065 6	15.247 0
25	2.665 8	0.375 1	41.645 9	0.024 0	0.064 0	15.622 1
26	2.772 5	0.360 7	44.311 7	0.022 6	0.062 6	15.982 8
27	2.883 4	0.346 8	47.084 2	0.021 2	0.061 2	16.329 6
28	2.998 7	0.333 5	49.967 6	0.020 0	0.060 0	16.663 1
29	3.118 7	0.320 7	52.966 3	0.018 9	0.058 9	16.983 7
30	3.243 4	0.308 3	56.084 9	0.017 8	0.057 8	17.292 0
35	3.946 0	0.253 4	73.652 0	0.013 6	0.053 6	18.664 5
40	4.801 0	0.208 3	95.026 0	0.010 5	0.050 5	19.792 8
45	5.841 0	0.171 2	121.029 0	0.008 3	0.048 3	20.720 0
50	7.107 0	0.140 7	152.667 0	0.006 6	0.046 6	21.482 2
55	8.646 0	0.115 7	191.159 0	0.005 2	0.045 2	22.108 6
60	10.520 0	0.095 1	237.991 0	0.004 2	0.044 2	22.624 4
65	12.799 0	0.078 1	294.968 0	0.003 4	0.043 4	23.046 8
70	15.572 0	0.064 2	364.290 0	0.002 7	0.042 8	23.391 8
75	18.945 0	0.052 8	448.631 0	0.002 2	0.042 2	23.679 8
80	23.050 0	0.043 4	551.245 0	0.001 8	0.041 8	23.917 7
85	28.044 0	0.035 7	676.090 0	0.001 5	0.041 5	24.108 0
90	34.119 0	0.029 3	827.983 0	0.001 2	0.041 2	24.266 0
95	41.511 0	0.024 1	1 012.785 0	0.001 0	0.041 0	24.396 1
100	50.505 0	0.019 8	1 237.624 0	0.000 8	0.040 8	24.503 8

复利系数表（8）

$i=5\%$

N	(F/P，i，n)	(P/F，i，n)	(F/A，i，n)	(A/F，i，n)	(A/P，i，n)	(P/A，i，n)
1	1.050 0	0.952 4	1.000 0	1.000 0	1.050 0	0.952 4
2	1.102 5	0.907 0	2.050 0	0.487 8	0.537 8	1.859 4
3	1.157 6	0.863 8	3.152 5	0.317 2	0.367 2	2.723 2
4	1.215 5	0.822 7	4.310 1	0.232 0	0.282 0	3.546 0
5	1.276 3	0.783 5	5.525 6	0.181 0	0.231 0	4.329 5

续表

N	(F/P, i, n)	(P/F, i, n)	(F/A, i, n)	(A/F, i, n)	(A/P, i, n)	(P/A, i, n)
6	1.340 1	0.746 2	6.801 9	0.147 0	0.197 0	5.075 7
7	1.407 1	0.710 7	8.142 0	0.122 8	0.172 8	5.786 4
8	1.477 5	0.676 8	9.549 1	0.104 7	0.154 7	6.463 2
9	1.551 3	0.644 6	11.026 6	0.090 7	0.140 7	7.107 8
10	1.628 9	0.613 9	12.577 9	0.079 5	0.129 5	7.721 7
11	1.710 3	0.584 7	14.206 8	0.070 4	0.120 4	8.306 4
12	1.795 9	0.556 8	15.917 1	0.062 8	0.112 8	8.863 3
13	1.885 6	0.530 3	17.713 0	0.056 5	0.106 5	9.393 6
14	1.979 9	0.505 1	19.598 6	0.051 0	0.101 0	9.898 6
15	2.078 9	0.481 0	21.578 6	0.046 3	0.096 3	10.379 7
16	2.182 9	0.458 1	23.657 5	0.042 3	0.092 3	10.837 8
17	2.292 0	0.436 3	25.840 4	0.038 7	0.088 7	11.274 1
18	2.406 6	0.415 5	28.132 4	0.035 5	0.085 5	11.689 6
19	2.527 0	0.395 7	30.539 0	0.032 7	0.082 7	12.085 3
20	2.653 3	0.376 9	33.066 0	0.030 2	0.080 2	12.462 2
21	2.786 0	0.358 9	35.719 3	0.028 0	0.078 0	12.821 2
22	2.925 3	0.341 8	38.505 2	0.026 0	0.076 0	13.163 0
23	3.071 5	0.325 6	41.430 5	0.024 1	0.074 1	13.488 6
24	3.225 1	0.310 1	44.502 0	0.022 5	0.072 5	13.798 6
25	3.386 4	0.295 3	47.727 1	0.021 0	0.071 0	14.093 9
26	3.555 7	0.281 2	51.113 5	0.019 6	0.069 6	14.375 2
27	3.733 5	0.267 8	54.669 1	0.018 3	0.068 3	14.643 0
28	3.920 1	0.255 1	58.402 6	0.017 1	0.067 1	14.898 1
29	4.116 1	0.242 9	62.322 7	0.016 0	0.066 0	15.141 1
30	4.321 9	0.231 4	66.438 8	0.015 1	0.065 1	15.372 5
35	5.516 0	0.181 3	90.320 0	0.011 1	0.061 1	16.374 2
40	7.040 0	0.142 0	120.800 0	0.008 3	0.058 3	17.159 1
45	8.985 0	0.111 3	159.700 0	0.006 3	0.056 3	17.774 1
50	11.467 0	0.087 2	209.348 0	0.004 8	0.054 8	18.255 9
55	14.636 0	0.068 3	272.713 0	0.003 7	0.053 7	18.633 5
60	18.679 0	0.053 5	353.584 0	0.002 8	0.052 8	18.929 3
65	23.840 0	0.041 9	456.798 0	0.002 2	0.052 2	19.161 1
70	30.426 0	0.032 9	588.529 0	0.001 7	0.051 7	19.342 7
75	38.833 0	0.025 8	756.654 0	0.001 3	0.051 3	19.485 0
80	49.561 0	0.020 0	971.229 0	0.001 0	0.051 0	19.596 5
85	63.254 0	0.015 8	1 245.087 0	0.000 8	0.050 8	19.683 8
90	80.730 0	0.012 4	1 594.607 0	0.000 6	0.050 6	19.752 3
95	103.035 0	0.009 7	2 040.694 0	0.000 5	0.050 5	19.805 9
100	131.501 0	0.007 6	2 610.025 0	0.000 4	0.050 4	19.847 9

复利系数表（9）

i=6%

N	（F/P，i，n）	（P/F，i，n）	（F/A，i，n）	（A/F，i，n）	（A/P，i，n）	（P/A，i，n）
1	1.060 0	0.943 4	1.000 0	1.000 0	1.060 0	0.943 4
2	1.123 6	0.890 0	2.060 0	0.485 4	0.545 4	1.833 4
3	1.191 0	0.839 6	3.183 6	0.314 1	0.374 1	2.673 0
4	1.262 5	0.792 1	4.374 6	0.228 6	0.288 6	3.465 1
5	1.338 2	0.747 3	5.637 1	0.177 4	0.237 4	4.212 4
6	1.418 5	0.705 0	6.975 3	0.143 4	0.203 4	4.917 3
7	1.503 6	0.665 1	8.393 8	0.119 1	0.179 1	5.582 4
8	1.593 8	0.627 4	9.897 5	0.101 0	0.161 0	6.209 8
9	1.689 5	0.591 9	11.491 3	0.087 0	0.147 0	6.802 7
10	1.790 8	0.558 4	13.180 8	0.075 9	0.135 9	7.360 1
11	1.898 3	0.526 8	14.971 6	0.066 8	0.126 8	7.886 9
12	2.012 2	0.497 0	16.869 9	0.059 3	0.119 3	8.383 8
13	2.132 9	0.468 8	18.882 1	0.053 0	0.113 0	8.852 7
14	2.260 9	0.442 3	21.015 1	0.047 6	0.107 6	9.295 0
15	2.396 6	0.417 3	23.276 0	0.043 0	0.103 0	9.712 2
16	2.540 4	0.393 6	25.672 5	0.039 0	0.099 0	10.105 9
17	2.692 8	0.371 4	28.212 9	0.035 4	0.954 4	10.477 3
18	2.854 3	0.350 3	30.905 7	0.032 4	0.092 4	10.822 5
19	3.025 6	0.330 5	33.760 0	0.029 6	0.089 6	11.158 1
20	3.207 1	0.311 8	36.785 6	0.027 2	0.087 2	11.469 9
21	3.399 6	0.294 2	39.992 7	0.025 0	0.085 0	11.764 1
22	3.603 5	0.277 5	43.392 3	0.023 0	0.083 0	12.041 6
23	3.819 7	0.261 8	46.995 8	0.021 3	0.081 3	12.303 4
24	4.048 9	0.247 0	50.815 6	0.019 7	0.079 7	12.550 4
25	4.291 9	0.233 0	54.864 5	0.018 2	0.078 2	12.783 4
26	4.549 4	0.219 8	59.156 4	0.016 9	0.076 9	13.003 2
27	4.822 3	0.207 4	63.705 8	0.015 7	0.075 7	13.210 5
28	5.111 7	0.195 6	68.528 1	0.014 6	0.074 6	13.406 2
29	5.418 4	0.184 6	73.639 8	0.013 6	0.073 6	13.590 7
30	5.743 5	0.174 1	79.058 2	0.012 6	0.726 5	13.764 8
35	7.686 0	0.130 1	111.435 0	0.009 0	0.689 7	14.498 2
40	10.286 0	0.097 2	154.762 0	0.006 5	0.066 5	15.046 3
45	13.765 0	0.072 7	212.744 0	0.004 7	0.064 7	15.455 8
50	18.420 0	0.054 3	290.336 0	0.003 4	0.063 4	15.761 9
55	24.650 0	0.040 6	394.172 0	0.002 5	0.062 5	15.990 5
60	32.988 0	0.030 3	533.128 0	0.001 9	0.061 9	16.161 4

续表

N	(F/P，i，n)	(P/F，i，n)	(F/A，i，n)	(A/F，i，n)	(A/P，i，n)	(P/A，i，n)
65	44.145 0	0.022 7	719.083 0	0.001 4	0.061 4	16.289 1
70	59.076 0	0.016 9	947.932 0	0.001 0	0.061 0	16.384 5
75	79.257 0	0.012 6	1 300.949 0	0.000 8	0.060 8	16.455 8
80	105.796 0	0.009 5	1 746.600 0	0.000 6	0.060 6	16.509 1
85	141.579 0	0.007 1	2 342.982 0	0.000 4	0.060 4	16.548 9
90	189.465 0	0.005 3	3 141.075 0	0.000 3	0.060 3	16.578 7
95	253.546 0	0.003 9	4 209.104 0	0.000 2	0.060 2	16.600 9
100	339.302 0	0.002 9	5 638.368 0	0.000 2	0.060 2	16.617 5

复利系数表（10）

$i=7\%$

N	(F/P，i，n)	(P/F，i，n)	(F/A，i，n)	(A/F，i，n)	(A/P，i，n)	(P/A，i，n)
1	1.070 0	0.934 6	1.000 0	1.000 0	1.070 0	0.934 6
2	1.144 9	0.873 4	2.070 0	0.483 1	0.553 1	1.808 0
3	1.225 0	0.816 3	3.214 9	0.311 1	0.381 1	2.624 0
4	1.310 8	0.762 9	4.439 9	0.225 2	0.295 2	3.387 5
5	1.402 6	0.713 0	5.750 7	0.173 9	0.243 9	4.100 0
6	1.500 7	0.666 3	7.153 3	0.139 8	0.209 8	4.766 4
7	1.605 8	0.622 7	8.654 0	0.115 6	0.185 6	5.387 9
8	1.718 2	0.582 0	10.259 8	0.097 5	0.167 5	5.970 1
9	1.838 5	0.543 9	11.978 0	0.083 5	0.153 5	6.514 7
10	1.967 2	0.508 3	13.816 4	0.072 4	0.142 4	7.022 5
11	2.104 9	0.475 1	15.783 6	0.063 4	0.133 4	7.496 3
12	2.252 2	0.444 0	17.888 5	0.055 9	0.125 9	7.942 8
13	2.409 8	0.415 0	20.140 6	0.049 7	0.119 7	8.354 2
14	2.578 5	0.387 8	22.550 5	0.044 3	0.114 3	8.748 9
15	2.759 0	0.362 4	25.129 0	0.039 8	0.109 8	9.107 5
16	2.952 2	0.338 7	27.888 1	0.035 9	0.105 9	9.442 9
17	3.158 8	0.316 6	30.840 2	0.032 4	0.102 4	9.765 6
18	3.379 9	0.295 9	33.999 0	0.029 4	0.099 4	10.060 4
19	3.616 5	0.276 5	37.379 0	0.026 8	0.096 8	10.330 6
20	3.869 7	0.258 4	40.995 5	0.026 8	0.094 4	10.593 2
21	4.140 6	0.241 5	44.865 2	0.022 3	0.092 3	10.834 2
22	4.430 4	0.225 7	49.005 7	0.020 4	0.090 4	11.061 9
23	4.740 5	0.210 9	53.436 1	0.018 7	0.088 7	11.274 0
24	5.072 4	0.197 1	58.176 7	0.017 2	0.087 2	11.467 9
25	5.427 4	0.184 2	63.249 0	0.015 8	0.085 8	11.655 0
26	5.807 4	0.172 2	68.676 5	0.014 6	0.084 6	11.820 3

续表

N	(F/P, i, n)	(P/F, i, n)	(F/A, i, n)	(A/F, i, n)	(A/P, i, n)	(P/A, i, n)
27	6.213 9	0.160 9	74.483 8	0.013 4	0.083 4	11.990 4
28	6.648 8	0.150 4	80.697 7	0.012 4	0.082 4	12.135 9
29	7.114 3	0.140 6	87.346 5	0.011 4	0.081 4	12.285 0
30	7.612 3	0.131 4	94.460 8	0.010 6	0.080 6	12.406 9
35	10.677 0	0.093 7	138.237 0	0.007 2	0.077 2	12.953 4
40	14.974 0	0.066 8	199.635 0	0.005 0	0.075 0	13.333 3
45	21.007 0	0.047 6	285.749 0	0.003 5	0.073 5	13.605 4
50	29.457 0	0.033 9	406.529 0	0.002 5	0.072 5	13.793 1
55	41.315 0	0.024 2	575.929 0	0.001 7	0.071 7	13.947 0
60	57.946 0	0.017 3	813.520 0	0.001 2	0.071 2	14.044 9
65	81.273 0	0.012 3	1 146.755 0	0.000 9	0.070 9	14.104 4
70	113.989 0	0.008 8	1 614.134 0	0.000 6	0.070 6	14.164 3
75	159.876 0	0.006 3	2 269.657 0	0.000 4	0.070 4	14.204 5
80	224.234 0	0.004 5	3 189.063 0	0.000 3	0.070 3	14.222 5
85	314.500 0	0.003 2	4 478.576 0	0.000 2	0.070 2	14.245 0
90	441.103 0	0.002 3	6 287.185 0	0.000 2	0.070 2	14.245 0
95	618.670 0	0.001 6	8 823.854 0	0.000 1	0.070 1	14.265 3
100	867.716 0	0.001 2	12 381.622 0	0.000 1	0.070 1	14.265 3

复利系数表（11）

i—8%

N	(F/P, i, n)	(P/F, i, n)	(F/A, i, n)	(A/F, i, n)	(A/P, i, n)	(P/A, i, n)
1	1.080 0	0.925 9	1.000 0	1.000 0	1.080 00	0.925 9
2	1.166 4	0.857 3	2.080 0	0.480 8	0.560 8	1.783 3
3	1.259 7	0.793 8	3.246 4	0.308 0	0.388 0	2.577 1
4	1.360 5	0.735 0	4.506 1	0.221 9	0.301 9	3.312 1
5	1.469 3	0.680 6	5.866 6	0.170 5	0.250 5	3.992 7
6	1.586 9	0.630 2	7.335 9	0.136 3	0.216 3	4.622 9
7	1.713 8	0.583 5	8.922 8	0.112 1	0.192 1	5.206 4
8	1.850 9	0.540 3	10.636 6	0.094 0	0.174 0	5.746 6
9	1.999 0	0.500 2	12.487 6	0.080 1	0.160 1	6.246 9
10	2.158 9	0.463 2	14.486 6	0.069 3	0.149 0	6.710 1
11	2.331 6	0.428 9	16.645 5	0.060 1	0.140 1	7.139 0
12	2.518 2	0.397 1	18.977 1	0.052 7	0.132 7	7.536 1
13	2.719 6	0.367 7	21.495 3	0.046 5	0.126 5	7.903 8
14	2.937 2	0.340 5	24.214 9	0.041 3	0.121 3	8.244 2
15	3.172 2	0.315 2	27.152 1	0.036 8	0.116 8	8.559 5
16	3.425 9	0.291 9	30.324 3	0.033 0	0.113 0	8.851 4

续表

N	（F/P，i，n）	（P/F，i，n）	（F/A，i，n）	（A/F，i，n）	（A/P，i，n）	（P/A，i，n）
17	3.700 0	0.270 3	33.750 2	0.029 6	0.109 6	9.121 6
18	3.996 0	0.250 2	37.450 2	0.026 7	0.106 7	9.371 9
19	4.315 7	0.231 7	41.446 3	0.024 1	0.104 1	9.603 6
20	4.661 0	0.214 5	45.762 0	0.218 5	0.101 9	9.818 1
21	5.033 8	0.198 7	50.422 9	0.019 8	0.099 8	10.016 8
22	5.436 5	0.183 9	55.456 8	0.018 0	0.098 0	10.200 7
23	5.871 5	0.170 3	60.893 3	0.016 4	0.096 4	10.371 1
24	6.341 2	0.157 7	66.764 8	0.015 0	0.095 0	10.528 8
25	6.848 5	0.146 0	73.105 9	0.013 7	0.093 7	10.674 8
26	7.396 4	0.135 2	79.954 4	0.012 5	0.092 5	10.810 0
27	7.988 1	0.125 2	87.350 8	0.011 4	0.091 4	10.935 2
28	8.627 1	0.115 9	95.338 8	0.010 5	0.090 5	11.051 1
29	9.317 3	0.107 3	103.965 9	0.009 6	0.089 6	11.158 4
30	10.062 7	0.099 4	113.283 2	0.008 8	0.088 8	11.257 8
35	14.785 0	0.067 6	172.317 0	0.005 8	0.085 8	11.654 6
40	21.725 0	0.046 0	259.057 0	0.003 9	0.083 9	11.924 6
45	31.920 0	0.031 3	386.506 0	0.002 6	0.082 6	12.108 4
50	46.902 0	0.021 3	573.770 0	0.001 7	0.081 7	12.233 5
55	68.914 0	0.014 5	848.923 0	0.001 2	0.081 2	12.318 6
60	101.257 0	0.009 9	1 253.213 0	0.000 8	0.080 8	12.376 6
65	148.780 0	0.006 7	1 847.248 0	0.000 5	0.085 4	12.416 0
70	218.606 0	0.004 6	2 720.080 0	0.000 4	0.080 4	12.442 8
75	321.205 0	0.003 1	4 002.557 0	0.000 2	0.080 2	12.461 1
80	471.955 0	0.002 1	5 886.935 0	0.000 2	0.080 2	12.473 5
85	693.456 0	0.001 4	8 655.706 0	0.000 1	0.080 1	12.482 0
90	1 018.915 0	0.001 0	12 723.939 0	0.000 08	0.080 08	12.487 7
95	1 497.121 0	0.000 7	18 701.507 0	0.000 05	0.080 05	12.491 7
100	2 199.761 0	0.000 5	27 484.516 0	0.000 04	0.080 04	12.494 3

复利系数表（12）

i=9%

N	（F/P，i，n）	（P/F，i，n）	（F/A，i，n）	（A/F，i，n）	（A/P，i，n）	（P/A，i，n）
1	1.090 0	0.917 4	1.000 0	1.000 0	0.917 4	1.090 0
2	1.188 1	0.841 7	2.090 0	0.478 5	0.568 5	1.759 0
3	1.295 0	0.772 2	3.278 1	0.305 0	0.395 1	2.531 3
4	1.411 6	0.708 4	4.573 1	0.218 7	0.308 7	3.239 4
5	1.538 6	0.649 9	5.984 7	0.167 2	0.257 1	3.889 5

续表

N	(F/P, i, n)	(P/F, i, n)	(F/A, i, n)	(A/F, i, n)	(A/P, i, n)	(P/A, i, n)
6	1.677 1	0.596 3	7.523 3	0.132 9	0.222 9	4.486 3
7	1.828 0	0.547 0	9.200 4	0.108 7	0.198 7	5.033 0
8	1.992 6	0.501 9	11.028 5	0.090 7	0.180 7	5.534 8
9	2.171 9	0.460 4	13.021 0	0.076 8	0.166 8	5.995 2
10	2.367 4	0.422 4	15.192 9	0.065 8	0.155 8	6.417 7
11	2.580 4	0.387 5	17.560 3	0.056 9	0.146 9	6.805 2
12	2.812 7	0.355 5	20.140 7	0.049 7	0.139 7	7.160 7
13	3.065 8	0.326 2	22.953 4	0.043 6	0.133 6	7.486 9
14	3.341 7	0.299 2	26.019 2	0.038 4	0.128 4	7.786 2
15	3.642 5	0.274 5	29.360v9	0.034 1	0.124 1	8.060 6
16	3.970 3	0.251 9	33.003 4	0.030 3	0.120 3	8.312 6
17	4.327 6	0.231 1	36.973 7	0.027 0	0.117 0	8.543 6
18	4.717 1	0.212 0	41.301 3	0.024 2	0.114 2	8.755 6
19	5.141 7	0.194 5	46.018 5	0.021 7	0.111 7	8.950 1
20	5.604 4	0.178 4	51.160 1	0.019 5	0.109 5	9.128 5
21	6.108 8	0.163 7	56.764 5	0.017 6	0.107 6	9.292 2
22	6.658 6	0.150 2	62.873 3	0.015 9	0.105 9	9.442 4
23	7.257 9	0.137 8	69.531 9	0.014 4	0.104 4	9.580 2
24	7.911 1	0.126 4	76.789 8	0.013 0	0.103 0	9.706 6
25	8.623 1	0.116 0	84.700 9	0.011 8	0.101 8	9.822 6
26	9.399 2	0.106 4	93.324 0	0.010 7	0.100 7	9.929 0
27	10.245 1	0.097 6	102.723 1	0.009 7	0.099 7	10.026 6
28	11.167 1	0.089 5	112.968 2	0.008 9	0.098 9	10.116 1
29	12.172 2	0.082 2	124.135 4	0.008 1	0.098 1	10.198 2
30	13.267 7	0.075 4	136.307 5	0.007 3	0.097 3	10.273 7
35	20.414 0	0.049 0	215.710 8	0.004 6	0.094 6	10.570 8
40	31.409 4	0.031 8	337.882 4	0.003 0	0.093 0	10.757 4
45	48.327 2	0.020 7	525.858 8	0.001 9	0.091 9	10.881 2
50	74.357 5	0.013 4	815.083 6	0.001 2	0.091 2	10.961 7
55	114.408 3	0.008 7	1 260.091 8	0.000 80	0.090 8	11.014 0
60	176.031 2	0.005 7	1 944.792 1	0.000 51	0.090 5	11.048 0
65	270.846 0	0.003 7	2 998.288 5	0.000 33	0.090 3	11.070 1
70	416.730 1	0.002 4	4 619.223 2	0.000 22	0.090 2	11.084 4
75	641.190 9	0.001 6	7 113.232 1	0.000 14	0.090 1	11.093 8
80	986.551 7	0.001 0	15 950.574 1	0.000 09	0.090 09	11.100 0
85	1 517.932 0	0.000 6	16 854.800 3	0.000 06	0.090 05	11.103 8
90	2 335.526 6	0.000 43	25 939.184 3	0.000 04	0.090 03	11.106 4
95	3 593.497 1	0.000 28	39 916.635 0	0.000 03	0.090 025	11.108 0
100	5 529.040 8	0.000 18	61 422.675 5	0.000 02	0.090 016	11.109 1

复利系数表（13）

i=10%

N	（F/P, i, n）	（P/F, i, n）	（F/A, i, n）	（A/F, i, n）	（A/P, i, n）	（P/A, i, n）
1	1.100 0	0.909 1	1.000 0	1.000 0	1.100 00	0.909 1
2	1.210 0	0.826 4	2.100 0	0.476 2	0.576 19	1.735 5
3	1.331 0	0.751 3	3.310 0	0.302 1	0.402 00	2.486 9
4	1.464 1	0.683 0	4.641 0	0.215 5	0.315 47	3.169 9
5	1.610 5	0.620 9	6.105 1	0.163 8	0.263 80	3.790 8
6	1.771 6	0.564 5	7.715 6	0.129 6	0.229 61	4.355 3
7	1.948 7	0.513 2	9.487 2	0.105 4	0.205 41	4.868 4
8	2.143 6	0.466 5	11.435 9	0.087 4	0.187 44	5.334 9
9	2.357 9	0.424 1	13.579 5	0.073 6	0.173 64	5.759 0
10	2.593 7	0.385 5	15.937 4	0.062 7	0.162 75	6.144 6
11	2.853 1	0.350 5	18.531 2	0.054 0	0.153 96	6.495 1
12	3.138 4	0.318 6	21.384 3	0.046 8	0.146 76	6.813 7
13	3.452 3	0.289 7	24.522 7	0.040 8	0.140 78	7.103 4
14	3.797 5	0.263 3	27.975 0	0.035 7	0.135 75	7.366 7
15	4.177 2	0.239 4	31.772 5	0.031 5	0.131 47	7.606 1
16	4.595 0	0.217 6	35.949 7	0.027 8	0.127 82	7.823 7
17	5.054 5	0.197 8	40.544 7	0.024 7	0.124 66	8.021 6
18	5.559 9	0.179 9	45.599 2	0.021 9	0.121 93	8.201 4
19	6.115 9	0.163 5	51.159 1	0.019 5	0.119 55	8.364 9
20	6.727 5	0.148 6	57.275 0	0.017 5	0.117 46	8.513 6
21	7.400 2	0.135 1	64.002 5	0.015 6	0.115 62	8.648 7
22	8.140 3	0.122 8	71.402 7	0.014 0	0.114 01	8.771 5
23	8.954 3	0.111 7	79.543 0	0.012 6	0.112 57	8.883 2
24	9.849 7	0.101 5	88.497 3	0.011 3	0.111 30	8.984 7
25	10.834 7	0.092 3	98.347 1	0.010 2	0.110 17	9.077 0
26	11.918 2	0.083 9	109.181 8	0.009 2	0.109 16	9.160 9
27	13.110 0	0.076 3	121.099 9	0.008 3	0.108 26	9.237 2
28	14.421 0	0.069 3	134.209 9	0.007 5	0.107 45	9.306 6
29	15.863 1	0.063 0	148.630 9	0.006 7	0.106 73	9.369 6
30	17.449 4	0.057 3	164.494 0	0.006 1	0.103 08	9.426 9
35	28.102 0	0.035 6	271.024 0	0.003 7	0.103 69	9.644 2
40	45.259 0	0.022 1	442.593 0	0.002 3	0.102 26	9.779 1
45	72.890 0	0.013 7	718.905 0	0.001 4	0.101 39	9.862 8
50	117.391 0	0.008 5	1 163.909 0	0.000 9	0.100 86	9.914 8
55	189.059 0	0.005 3	1 880.591 0	0.000 5	0.100 53	9.947 1
60	304.482 0	0.003 3	3 034.816 0	0.000 3	0.100 33	9.967 2

续表

N	(F/P, i, n)	(P/F, i, n)	(F/A, i, n)	(A/F, i, n)	(A/P, i, n)	(P/A, i, n)
65	490.371 0	0.002 0	4 893.707 0	0.000 2	0.100 20	9.979 6
70	789.747 0	0.001 3	7 887.470 0	0.000 13	0.100 13	9.987 3
75	1 271.895 0	0.000 8	12 708.954 0	0.000 08	0.100 08	9.992 1
80	2 048.400 0	0.000 5	20 474.002 0	0.000 05	0.100 05	9.995 1
85	3 298.969 0	0.000 3	32 979.690 0	0.000 03	0.100 03	9.997 0
90	5 313.023 0	0.000 2	53 120.226 0	0.000 02	0.100 02	9.998 1
95	8 556.676 0	0.000 1	85 556.760 0	0.000 01	0.100 01	9.998 8
100	13 780.612 3	0.000 07	137 796.123 4	0.000 00	0.100 007	9.999 3

复利系数表（14）

$i=11\%$

N	(F/P, i, n)	(P/F, i, n)	(F/A, i, n)	(A/F, i, n)	(A/P, i, n)	(P/A, i, n)
1	1.110 0	0.900 9	1.000 0	1.000 0	1.110 0	0.900 9
2	1.232 1	0.811 6	2.110 0	0.473 9	0.583 9	1.712 5
3	1.367 6	0.731 2	3.342 1	0.299 2	0.409 2	2.443 7
4	1.518 1	0.658 7	4.709 7	0.212 3	0.322 3	3.102 4
5	1.685 1	0.593 5	6.227 8	0.160 6	0.270 6	3.695 9
6	1.870 4	0.534 6	7.912 9	0.126 4	0.236 4	4.230 5
7	2.076 2	0.481 7	9.783 3	0.102 2	0.212 2	4.712 2
8	2.304 5	0.433 9	11.859 4	0.084 3	0.194 3	5.146 1
9	2.558 0	0.390 9	14.164 0	0.070 6	0.180 6	5.537 0
10	2.839 4	0.352 2	16.722 0	0.059 8	0.169 8	5.889 2
11	3.151 8	0.317 3	19.561 4	0.051 1	0.161 1	6.206 5
12	3.498 5	0.285 8	22.713 2	0.044 0	0.154 0	6.492 4
13	3.883 3	0.257 5	26.211 6	0.038 2	0.148 2	6.749 9
14	4.310 4	0.232 0	30.094 9	0.033 2	0.143 2	6.981 9
15	4.784 6	0.209 0	34.405 4	0.029 1	0.139 1	7.190 9
16	5.310 9	0.188 3	39.189 9	0.025 5	0.135 5	7.379 2
17	5.895 1	0.169 6	44.500 8	0.022 5	0.132 5	7.548 8
18	6.543 6	0.152 8	50.395 9	0.019 8	0.129 8	7.701 6
19	7.263 3	0.137 7	56.939 5	0.017 6	0.127 6	7.839 3
20	8.062 3	0.124 0	64.202 8	0.015 6	0.125 6	7.963 3
21	8.949 2	0.111 7	72.265 1	0.013 8	0.123 8	8.075 1
22	9.933 6	0.100 7	81.214 3	0.012 3	0.122 3	8.175 7
23	11.026 3	0.090 7	91.147 9	0.011 0	0.121 0	8.266 4
24	12.239 2	0.081 7	102.174 2	0.097 9	0.119 8	8.348 1
25	13.585 5	0.073 6	114.413 3	0.008 7	0.118 7	8.421 7
26	15.079 9	0.066 3	127.998 8	0.007 8	0.117 8	8.488 1

续表

N	（F/P，i，n）	（P/F，i，n）	（F/A，i，n）	（A/F，i，n）	（A/P，i，n）	（P/A，i，n）
27	16.738 7	0.059 7	143.078 6	0.007 0	0.117 0	8.547 8
28	18.579 9	0.053 8	159.817 3	0.006 3	0.116 3	8.601 6
29	20.623 7	0.048 5	178.397 2	0.005 6	0.115 6	8.650 1
30	22.892 3	0.043 7	199.020 9	0.005 0	0.115 0	8.693 8
35	38.574 9	0.025 9	341.589 6	0.002 9	0.112 9	8.855 2
40	65.000 9	0.015 4	640.008 7	0.001 6	0.111 7	8.951 1
45	109.530 2	0.009 1	986.638 6	0.001 0	0.111 0	9.008 0
50	184.564 8	0.005 4	168.771 2	0.000 6	0.110 6	9.041 7
55	311.002 4	0.003 2	2 818.204 2	0.000 4	0.110 3	9.061 7
60	524.057 2	0.001 9	4 755.065 9	0.000 2	0.110 2	9.073 6
65	883.066 9	0.001 1	8 018.790 3	0.000 1	0.110 1	9.080 6
70	1 488.019 1	0.000 7	13 518.355 7	0.000 07	0.110 07	9.084 8
75	2 507.398 8	0.000 4	22 785.443 4	0.000 04	0.110 04	9.087 2
80	4 225.112 8	0.000 2	38 401.025 0	0.000 03	0.110 02	9.088 8
85	7 119.560 7	0.000 1	64 714.188 2	0.000 02	0.110 01	9.089 6
90	11 996.873 8	0.000 08	109 053.398 3	0.000 01	0.110 008	9.090 2
95	20 215.430 0	0.000 05	183 767.545 9	0.000 005	0.110 005	9.090 5
100	34 064.175 3	0.000 03	309 665.229 7	0.000 003	0.110 003	9.090 6

复利系数表（15）

$i=12\%$

N	（F/P，i，n）	（P/F，i，n）	（F/A，i，n）	（A/F，i，n）	（A/P，i，n）	（P/A，i，n）
1	1.120 0	0.892 9	1.000 0	1.000 00	1.120 00	0.892 9
2	1.254 4	0.797 2	2.120 0	0.471 7	0.591 70	1.690 1
3	1.404 9	0.711 8	3.374 4	0.296 3	0.416 35	2.401 8
4	1.573 5	0.635 5	4.779 3	0.208 2	0.329 23	3.037 3
5	1.762 3	0.567 4	6.352 8	0.157 4	0.277 41	3.604 8
6	1.973 8	0.506 6	8.115 2	0.123 2	0.243 23	4.111 4
7	2.210 7	0.452 3	10.089 0	0.099 1	0.219 12	4.563 8
8	2.476 0	0.403 9	12.299 7	0.081 3	0.201 30	4.967 6
9	2.773 1	0.360 6	14.775 7	0.067 7	0.187 68	5.328 2
10	3.105 8	0.322 0	17.548 7	0.057 0	0.176 98	5.650 2
11	3.478 6	0.287 5	20.654 6	0.048 4	0.168 42	5.937 7
12	3.896 0	0.256 7	24.133 1	0.041 4	0.161 44	6.194 4
13	4.363 5	0.229 2	28.029 1	0.035 7	0.155 68	6.423 5
14	4.887 1	0.204 6	32.392 6	0.030 9	0.150 87	6.628 2
15	5.473 6	0.182 7	37.279 7	0.026 8	0.146 82	6.810 9
16	6.130 4	0.163 1	42.753 3	0.023 4	0.143 39	6.974 0

续表

N	(F/P, i, n)	(P/F, i, n)	(F/A, i, n)	(A/F, i, n)	(A/P, i, n)	(P/A, i, n)
17	6.866 0	0.145 6	48.883 7	0.020 5	0.140 46	7.119 6
18	7.690 0	0.130 0	55.749 7	0.018 0	0.137 94	7.249 7
19	8.612 8	0.116 1	63.439 7	0.015 8	0.135 76	7.365 9
20	9.646 3	0.103 7	72.052 4	0.013 9	0.133 88	7.469 4
21	10.803 8	0.092 6	81.698 7	0.012 2	0.132 24	7.562 0
22	12.100 3	0.082 6	92.502 6	0.010 8	0.130 81	7.644 6
23	13.552 3	0.073 8	104.602 9	0.009 6	0.129 56	7.718 4
24	15.178 6	0.065 9	118.155 2	0.008 5	0.128 46	7.784 3
25	17.000 1	0.058 8	133.333 9	0.007 5	0.127 50	7.843 1
26	19.040 1	0.052 5	150.333 9	0.006 7	0.126 65	7.895 7
27	21.324 9	0.046 9	169.374 0	0.005 9	0.125 90	7.942 6
28	23.883 9	0.041 9	190.698 9	0.005 2	0.125 24	7.984 4
29	26.749 9	0.037 4	214.582 8	0.004 7	0.124 66	8.021 8
30	29.959 9	0.033 4	241.332 7	0.004 1	0.124 14	8.055 2
35	52.800 0	0.018 9	431.663 0	0.002 3	0.122 32	8.175 5
40	93.051 0	0.010 7	767.091 0	0.001 3	0.121 30	8.243 8
45	163.988 0	0.006 1	1 358.230 0	0.000 7	0.120 74	8.282 5
50	289.002 0	0.003 5	2 400.018 0	0.000 4	0.120 42	8.304 5
55	509.321 0	0.002 0	4 236.005 0	0.000 2	0.120 24	8.317 0
60	897.597 0	0.001 1	7 471.641 0	0.000 1	0.120 13	8.324 0
65	1 581.872 0	0.000 6	13 173.937 0	0.000 08	0.120 08	8.328 1
70	2 787.800 0	0.000 4	23 223.332 0	0.000 04	0.120 04	8.330 3
75	4 913.056 0	0.000 2	40 933.799 0	0.000 02	0.120 02	8.331 6
80	8 658.483 0	0.000 1	72 145.692 0	0.000 01	0.120 01	8.332 4
85	15 259.205 7	0.000 06	127 151.714	0.000 008	0.120 0	8.332 8
90	26 891.934 2	0.000 04	224 091.118 5	0.000 004	0.120 004	8.333 0
95	20 215.430 1	0.000 05	394 931.471 9	0.000 003	0.120 003	8.333 16
100	83 522.265 7	0.000 01	696 010.547 7	0.000 001	0.120 001	8.333 23

复利系数表（16）

i=15%

N	(F/P, i, n)	(P/F, i, n)	(F/A, i, n)	(A/F, i, n)	(A/P, i, n)	(P/A, i, n)
1	1.150 0	0.869 6	1.000 0	1.000 0	1.150 00	0.869 6
2	1.322 5	0.756 1	2.150 0	0.465 1	0.615 12	1.625 7
3	1.520 9	0.657 5	3.472 5	0.288 0	0.437 98	2.283 2
4	1.749 0	0.571 8	4.993 4	0.200 3	0.350 27	2.855 0
5	2.011 4	0.497 2	6.742 4	0.148 3	0.298 32	3.352 2
6	2.313 1	0.432 3	8.753 7	0.114 2	0.264 24	3.784 5

续表

N	(F/P, i, n)	(P/F, i, n)	(F/A, i, n)	(A/F, i, n)	(A/P, i, n)	(P/A, i, n)
7	2.660 0	0.375 9	11.066 8	0.090 4	0.240 36	4.160 4
8	3.059 0	0.326 9	13.726 8	0.072 9	0.222 85	4.487 3
9	3.517 9	0.284 3	16.785 8	0.059 6	0.209 57	4.771 6
10	4.045 6	0.247 2	20.303 7	0.049 3	0.199 30	5.018 8
11	4.652 4	0.214 9	24.349 3	0.041 1	0.191 07	5.233 7
12	5.350 3	0.186 9	29.001 7	0.034 5	0.184 48	5.420 6
13	6.152 8	0.162 5	34.351 9	0.029 1	0.179 11	5.583 1
14	7.075 7	0.141 3	40.504 7	0.024 7	0.174 69	5.724 5
15	8.137 1	0.122 9	47.580 4	0.021 0	0.171 02	5.847 4
16	9.357 6	0.106 9	55.717 5	0.018 0	0.167 95	5.954 2
17	10.761 3	0.092 9	65.075 1	0.015 4	0.165 37	6.047 2
18	12.375 5	0.080 8	75.836 4	0.013 2	0.163 19	6.128 0
19	14.231 8	0.070 3	88.211 8	0.011 3	0.161 34	6.198 2
20	16.366 5	0.061 1	102.443 6	0.009 8	0.159 76	6.259 3
21	18.821 5	0.053 1	118.810 1	0.008 4	0.158 42	6.312 5
22	21.644 7	0.046 2	137.631 6	0.007 3	0.157 27	6.358 7
23	24.891 5	0.040 2	159.276 4	0.006 3	0.156 28	6.398 8
24	28.625 2	0.034 9	184.167 8	0.005 4	0.155 43	6.433 8
25	32.919 0	0.030 4	212.793 0	0.004 7	0.154 70	6.464 1
26	37.856 8	0.026 4	245.712 0	0.004 1	0.154 07	6.490 6
27	43.535 3	0.023 0	283.568 8	0.003 5	0.153 53	6.513 5
28	50.065 6	0.020 0	327.104 1	0.003 1	0.153 06	6.533 5
29	57.575 5	0.017 4	377.169 7	0.002 7	0.152 65	6.550 9
30	66.211 8	0.015 1	434.745 1	0.002 3	0.152 30	6.566 0
35	133.176 0	0.007 5	881.170 0	0.001 1	0.151 13	6.616 6
40	267.864 0	0.003 7	1 779.090 0	0.000 6	0.150 56	6.641 8
45	538.769 0	0.001 9	3 585.128 0	0.000 3	0.150 28	6.654 3
50	1 083.657 0	0.000 9	7 217.716 0	0.000 1	0.150 14	6.660 5
55	2 179.622 0	0.000 5	14 524.148 0	0.000 07	0.150 07	6.663 6
60	4 383.999 0	0.000 2	29 217.992 0	0.000 03	0.150 03	6.665 1
65	8 817.787 0	0.000 1	58 778.583 0	0.000 02	0.150 02	6.665 9
70	17 735.720 0	0.000 056	118 231.466 9	0.000 008	0.150 008	6.666 3
75	35 672.868 0	0.000 028	237 812.453 2	0.000 004	0.150 004	6.666 5
80	71 750.879 4	0.000 014	478 332.529 3	0.000 002	0.150 001	6.666 6
85	144 316.647 0	0.000 007	962 104.313 3	0.000 001	0.150 001	6.666 62
90	290 272.325 2	0.000 003	1 935 142.1680	0.000 000 5	0.150 000 5	6.666 64
95	583 841.327 6	0.000 002	3 892 268.8509	0.000 000 3	0.150 000 25	6.666 66
100	1 174 313.450 7	0.000 0009	7 828 749.671	0.000 000 1	0.150 000 13	6.666 67

复利系数表（17）

i=20%

N	(F/P, i, n)	(P/F, i, n)	(F/A, i, n)	(A/F, i, n)	(A/P, i, n)	(P/A, i, n)
1	1.200 0	0.833 3	1.000 0	1.000 0	1.200 0	0.833 3
2	1.440 0	0.694 4	2.200 0	0.454 5	0.654 5	1.527 8
3	1.728 0	0.578 7	3.640 0	0.274 7	0.474 7	2.106 5
4	2.074 0	0.482 3	5.368 0	0.186 3	0.386 3	2.588 7
5	2.488 0	0.401 9	7.442 0	0.134 4	0.334 4	2.990 6
6	2.986 0	0.334 9	9.930 0	0.100 7	0.300 7	3.325 5
7	3.583 0	0.279 1	12.916 0	0.077 4	0.277 4	3.604 6
8	4.300 0	0.232 6	16.499 0	0.060 6	0.260 6	3.837 2
9	5.160 0	0.193 8	20.799 0	0.048 1	0.248 1	4.031 0
10	6.192 0	0.161 5	25.959 0	0.038 5	0.238 5	4.192 5
11	7.430 0	0.013 5	32.150 0	0.031 1	0.231 1	4.327 1
12	8.916 0	0.112 2	39.581 0	0.025 3	0.225 3	4.439 2
13	10.699 0	0.093 5	48.497 0	0.020 6	0.220 6	4.532 7
14	12.839 0	0.077 9	59.196 0	0.016 9	0.216 9	4.610 6
15	15.407 0	0.064 9	72.035 0	0.013 9	0.213 9	4.675 5
16	18.488 0	0.054 1	87.442 0	0.014 4	0.211 4	4.729 6
17	22.186 0	0.045 1	105.931 0	0.009 4	0.209 4	4.774 6
18	26.623 0	0.037 6	128.117 0	0.007 8	0.207 8	4.812 2
19	31.948 0	0.031 3	154.740 0	0.006 5	0.206 5	4.843 5
20	38.338 0	0.026 1	186.688 0	0.005 4	0.205 4	4.869 6
21	46.005 0	0.021 7	225.026 0	0.004 4	0.204 4	4.891 3
22	55.206 0	0.018 1	271.031 0	0.003 7	0.203 7	4.909 4
23	66.247 0	0.015 1	326.237 0	0.003 1	0.203 1	4.924 5
24	79.497 0	0.012 6	392.484 0	0.002 5	0.202 5	4.937 1
25	95.396 0	0.010 5	471.981 0	0.002 1	0.202 1	4.947 6
26	114.475 0	0.008 7	567.377 0	0.001 8	0.201 8	4.956 3
27	137.371 0	0.007 3	681.853 0	0.001 5	0.201 5	4.963 6
28	164.845 0	0.006 1	819.223 0	0.001 2	0.201 2	4.969 7
29	197.814 0	0.005 1	984.068 0	0.001 0	0.201 0	4.974 7
30	237.376 0	0.004 2	1 181.882 0	0.000 9	0.200 8	4.978 9
35	590.668 0	0.001 7	2 948.341 0	0.000 3	0.200 3	4.991 5
40	1 469.772 0	0.000 7	7 343.858 0	0.000 1	0.200 1	4.996 6
45	3 657.262 0	0.000 3	18 281.310 0	0.000 1	0.200 06	4.998 6
50	9 100.438 0	0.000 1	45 497.191 0	0.000 02	0.200 02	4.999 5
55	22 644.802 3	0.000 04	113 219.011 3	0.000 009	0.200 01	4.999 8
60	56 347.514 4	0.000 02	281 732.571 8	0.000 004	0.200 004	4.999 9

续表

N	(F/P, i, n)	(P/F, i, n)	(F/A, i, n)	(A/F, i, n)	(A/P, i, n)	(P/A, i, n)
65	140 210.646 9	0.000 007	701 048.234 6	0.000 001	0.200 001	4.999 96
70	348 888.956 9	0.000 003	1 744 439.784 7	0.000 0006	0.200 000 06	4.999 99
75	868 147.369 3	0.000 001	4 340 731.846 6	0.000 0002	0.200 000 02	4.999 994
80	2 160 228.462 0	0.000 000 5	10 801 137.310 1	0.000 0001	0.200 000 01	4.999 998
85	5 375 339.686 6	0.000 000 2	26 876 693.432 9	0.000 0000	0.200 000 00	5.000 000
90	13 375 565.248 9	0.000 000 1	66 877 821.244 7	0.000 0000	0.200 000 00	5.000 000
95	33 282 686.520 2	0.000 000 0	166 413 427.601 1	0.000 0000	0.200 000 00	5.000 000
100	82 817 974.522 0	0.000 000 0	3 414 089 867.610 1	0.000 0000	0.200 000 00	5.000 000

复利系数表（18）

i=25%

N	(F/P, i, n)	(P/F, i, n)	(F/A, i, n)	(A/F, i, n)	(A/P, i, n)	(P/A, i, n)
1	1.250 0	0.800 0	1.000 0	1.000 00	1.250 0	0.800 0
2	1.562 0	0.640 0	2.250 0	0.444 44	0.694 4	1.440 0
3	1.953 0	0.512 0	3.812 0	0.262 30	0.512 3	1.952 0
4	2.441 0	0.409 6	5.766 0	0.173 44	0.423 4	2.361 6
5	3.052 0	0.327 7	8.207 0	0.121 85	0.371 8	2.689 3
6	3.815 0	0.262 1	11.259 0	0.088 82	0.338 8	2.951 4
7	4.768 0	0.209 7	15.073 0	0.066 34	0.316 3	3.161 1
8	5.960 0	0.167 8	19.842 0	0.050 40	0.300 4	3.328 9
9	7.451 0	0.134 2	25.802 0	0.038 76	0.288 8	3.463 1
10	9.313 0	0.107 4	33.253 0	0.030 07	0.280 1	3.570 5
11	11.642 0	0.085 9	42.566 0	0.023 49	0.273 5	3.656 4
12	14.552 0	0.068 7	54.208 0	0.018 45	0.268 4	3.725 1
13	18.190 0	0.055 0	68.760 0	0.014 54	0.264 5	3.780 1
14	22.737 0	0.044 0	86.949 0	0.011 50	0.251 5	3.824 1
15	28.422 0	0.035 2	109.687 0	0.009 12	0.259 1	3.859 3
16	35.527 0	0.028 1	138.109 0	0.007 24	0.257 2	3.887 4
17	44.409 0	0.022 5	173.636 0	0.005 76	0.255 8	3.909 9
18	55.511 0	0.018 0	218.045 0	0.004 59	0.254 6	3.927 9
19	69.389 0	0.014 4	273.556 0	0.003 66	0.253 7	3.942 4
20	86.736 0	0.011 5	342.945 0	0.002 92	0.252 9	3.953 9
21	108.420 0	0.009 2	429.681 0	0.002 33	0.252 3	3.963 1
22	135.525 0	0.007 4	538.101 0	0.001 86	0.251 9	3.970 5
23	169.407 0	0.005 9	673.626 0	0.001 48	0.251 5	3.976 4
24	211.758 0	0.004 8	843.033 0	0.001 19	0.251 2	3.981 1
25	264.698 0	0.003 8	1 054.791 0	0.000 95	0.251 0	3.984 9
26	330.872 0	0.003 0	1 319.489 0	0.000 76	0.250 8	3.987 9

续表

N	（F/P，i，n）	（P/F，i，n）	（F/A，i，n）	（A/F，i，n）	（A/P，i，n）	（P/A，i，n）
27	413.590 0	0.002 4	1 650.361 0	0.000 61	0.250 6	3.990 3
28	516.988 0	0.001 9	2 063.952 0	0.000 48	0.250 5	3.992 3
29	646.235 0	0.001 5	2 580.939 0	0.000 39	0.250 4	3.993 8
30	807.794 0	0.001 2	3 227.174 0	0.000 31	0.250 3	3.995 0
35	2 465.190 0	0.000 4	9 856.761 0	0.000 10	0.251 0	3.998 4
40	7 523.164 0	0.000 1	30 088.655 0	0.000 03	0.250 03	3.999 5
45	22 958.874 0	0.000 04	91 831.496 2	0.000 01	0.250 01	3.999 8
50	770 064.923 2	0.000 001	280 255.692 9	0.000 004	0.250 004	3.999 9
∞					0.250 0	4.000 0

复利系数表（19）

i=30%

N	（F/P，i，n）	（P/F，i，n）	（F/A，i，n）	（A/F，i，n）	（A/P，i，n）	（P/A，i，n）
1	1.300 0	0.769 2	1.000 0	1.000 0	1.300 0	0.769 2
2	1.690 0	0.591 7	2.300 0	0.434 8	0.734 8	1.361 0
3	2.197 0	0.455 2	3.990 0	0.250 6	0.550 6	1.816 1
4	2.856 0	0.350 1	6.187 0	0.161 6	0.461 6	2.166 2
5	3.713 0	0.269 3	9.043 0	0.110 6	0.410 6	2.435 6
6	4.827 0	0.207 2	12.756 0	0.078 4	0.378 4	2.642 8
7	6.275 0	0.159 4	17.583 0	0.056 9	0.356 9	2.802 1
8	8.157 0	0.122 6	23.858 0	0.041 9	0.341 9	2.924 7
9	10.604 0	0.094 3	32.015 0	0.031 2	0.331 2	3.019 0
10	13.786 0	0.072 5	42.619 0	0.023 5	0.323 5	3.091 6
11	17.922 0	0.055 8	56.405 0	0.017 7	0.317 7	3.147 3
12	23.298 0	0.042 9	74.327 0	0.013 5	0.313 5	3.190 3
13	30.288 0	0.033 0	97.625 0	0.010 2	0.310 2	3.223 3
14	39.374 0	0.025 4	127.913 0	0.007 8	0.307 8	9.248 7
15	51.186 0	0.019 5	167.286 0	0.006 0	0.306 0	3.268 2
16	66.542 0	0.015 0	248.472 0	0.004 6	0.304 6	3.283 2
17	86.504 0	0.011 6	285.014 0	0.003 5	0.303 5	3.294 8
18	112.455 0	0.008 9	371.518 0	0.002 7	0.302 7	3.303 7
19	146.192 0	0.006 8	483.973 0	0.002 1	0.302 1	3.310 5
20	190.050 0	0.005 3	630.165 0	0.001 6	0.301 6	3.315 8
21	247.065 0	0.004 0	820.215 0	0.001 2	0.301 2	3.319 8
22	321.184 0	0.003 1	1 067.280 0	0.000 9	0.300 9	3.322 9
23	417.539 0	0.002 4	1 388.464 0	0.000 7	0.300 7	3.325 4
24	542.810 0	0.001 8	1 806.003 0	0.000 5	0.300 5	3.327 2
25	705.641 0	0.001 4	2 348.803 0	0.000 4	0.300 4	3.328 6

续表

N	(F/P, i, n)	(P/F, i, n)	(F/A, i, n)	(A/F, i, n)	(A/P, i, n)	(P/A, i, n)
26	917.333 0	0.001 1	3 054.444 0	0.000 3	0.300 3	3.329 7
27	1 192.533 0	0.000 8	3 971.778 0	0.000 3	0.300 25	3.330 6
28	1 550.293 0	0.000 6	5 164.311 0	0.000 2	0.300 19	3.331 2
29	2 015.381 0	0.000 5	6 714.604 0	0.000 2	0.300 15	3.331 7
30	2 619.996 0	0.000 4	8 729.985 0	0.000 1	0.300 11	3.332 1
31	3 405.994 3	0.000 3	11 349.981 1	0.000 09	0.300 09	3.332 3
32	4 427.792 6	0.000 2	14 755.975 5	0.000 07	0.300 07	3.332 6
33	5 756.130 4	0.000 17	19 183.768 1	0.000 05	0.300 05	3.332 8
34	7 482.969 6	0.000 13	24 939.898 5	0.000 04	0.300 04	3.332 9
35	9 727.860 4	0.000 10	32 422.868 1	0.000 03	0.300 03	3.333 0

复利系数表（20）

$i=40\%$

N	(F/P, i, n)	(P/F, i, n)	(F/A, i, n)	(A/F, i, n)	(A/P, i, n)	(P/A, i, n)
1	1.400 0	0.713 4	1.000 0	1.000 0	1.400 0	0.714 3
2	1.960 0	0.510 2	2.399 8	0.416 7	0.816 7	1.224 4
3	2.744 0	0.364 4	4.359 2	0.229 4	0.629 4	1.588 8
4	3.841 6	0.260 3	7.102 3	0.140 8	0.540 8	1.849 1
5	5.378 2	0.185 9	10.706 6	0.093 4	0.493 4	2.026 8
6	7.529 5	0.132 8	61.349 7	0.016 3	0.416 3	2.402 1
7	10.541 3	0.094 9	23.866 3	0.041 9	0.411 9	2.427 8
8	14.757 9	0.067 8	34.364 2	0.029 1	0.429 1	2.330 5
9	20.661 0	0.048 4	49.261 1	0.020 3	0.420 3	2.379 3
10	28.925 4	0.034 6	69.930 1	0.014 3	0.414 3	2.413 7
11	40.495 7	0.024 7	99.009 9	0.010 1	0.410 1	2.438 4
12	56.693 9	0.017 6	138.888 9	0.007 2	0.407 2	2.455 8
13	79.173 5	0.012 6	196.078 4	0.005 1	0.405 1	2.468 5
14	111.120 1	0.009 0	277.777 8	0.003 6	0.403 6	2.477 7
15	1 555.568 1	0.006 4	384.615 4	0.002 6	0.402 6	2.483 9
16	217.795 3	0.004 6	526.315 8	0.001 9	0.401 9	2.488 2
17	304.913 5	0.003 3	769.230 8	0.001 3	0.401 3	2.491 9
18	426.878 9	0.002 3	1 111.111 1	0.000 9	0.400 9	2.494 4
19	597.630 4	0.001 7	1 428.571 4	0.000 7	0.400 7	2.495 6
20	836.682 6	0.001 2	2 000.000 0	0.000 5	0.400 5	2.496 9
21	1 171.355 6	0.000 9	3 333.333 3	0.000 3	0.400 3	2.498 1
22	1 639.897 8	0.000 6	5 000.000 0	0.000 2	0.400 2	2.498 8
23	2 295.856 9	0.000 4	5 737.142 3	0.000 17	0.400 17	2.498 9
24	3 214.199 7	0.000 3	8 032.999 3	0.000 12	0.400 12	2.499 2

续表

N	(F/P, i, n)	(P/F, i, n)	(F/A, i, n)	(A/F, i, n)	(A/P, i, n)	(P/A, i, n)
25	4 499.879 6	0.000 2	11 247.199 0	0.000 089	0.400 09	2.499 4
26	6 299.831 4	0.000 16	15 747.078 5	0.000 064	0.400 06	2.499 6
27	8 819.764 0	0.000 11	22 046.909 9	0.000 45	0.400 05	2.499 7
28	12 347.669 6	0.000 08	30 866.673 9	0.000 032	0.400 03	2.499 8
29	17 286.737 4	0.000 06	43 214.343 5	0.000 023	0.400 02	2.499 85
30	24 201.432 4	0.000 04	60 501.080 9	0.000 017	0.400 016	2.499 89
31	33 882.005 3	0.000 03	84 702.513 2	0.000 012	0.400 012	2.499 93
32	47 434.807 4	0.000 02	118 584.518 5	0.000 008	0.400 008	2.499 94
33	66 408.730 4	0.000 015	166 019.326 0	0.000 006	0.400 006	2.499 96
34	92 972.222 5	0.000 011	232 428.056 3	0.000 004	0.400 004	2.499 97
35	130 161.111 6	0.000 008	352 400.278 9	0.000 003	0.400 003	2.499 98

复利系数表（21）

i=50%

N	(F/P, i, n)	(P/F, i, n)	(F/A, i, n)	(A/F, i, n)	(A/P, i, n)	(P/A, i, n)
1	1.500 0	0.666 7	1.000 0	1.000 0	1.500 0	0.666 7
2	2.250 0	0.444 4	2.500 0	0.400 0	0.900 0	1.111 1
3	3.375 0	0.296 3	4.644 7	0.210 5	0.710 5	1.407 4
4	5.062 5	0.197 5	8.124 8	0.123 1	0.623 1	1.604 9
5	7.593 8	0.131 7	13.187 4	0.075 8	0.575 8	1.736 7
6	11.390 6	0.087 8	20.781 4	0.048 1	0.548 1	1.824 4
7	17.085 9	0.058 5	32.175 0	0.031 1	0.531 1	1.883 9
8	25.628 9	0.039 0	49.261 1	0.020 3	0.520 3	1.922 0
9	38.443 4	0.026 0	74.906 4	0.013 4	0.513 4	1.948 0
10	57.665 0	0.017 3	113.378 7	0.008 8	0.508 8	1.965 3
11	86.497 6	0.011 6	170.940 2	0.005 9	0.505 9	1.965 3
12	129.746 3	0.007 7	257.732 0	0.003 9	0.503 9	1.984 6
13	194.619 5	0.005 1	387.596 9	0.002 6	0.502 6	1.989 7
14	291.929 3	0.003 4	581.395 3	0.001 7	0.501 7	1.993 1
15	437.893 9	0.002 3	877.193 0	0.001 1	0.501 1	1.995 5
16	656.840 8	0.001 5	1 315.789 4	0.000 8	0.500 8	1.997 0
17	985.261 3	0.001 0	1 960.784 3	0.000 5	0.500 5	1.998 0
18	1 477.891 9	0.000 7	2 941.176 5	0.000 3	0.500 3	1.998 6
19	2 616.837 8	0.000 5	4 347.826 0	0.000 23	0.500 2	1.999 1
20	3 325.256 7	0.000 3	6 666.666 7	0.000 15	0.500 2	1.999 4
21	4 987.885 1	0.000 2	10 000.000 0	0.000 10	0.500 1	1.999 6
22	7 481.827 6	0.000 13	14 285.714 3	0.000 07	0.500 07	1.999 7
23	11 222.741 5	0.000 09	22 443.482 9	0.000 046	0.500 04	1.999 8
24	16 834.112 2	0.000 06	33 666.224 4	0.000 030	0.500 03	1.999 88
25	25 251.168 3	0.000 04	50 500.336 6	0.000 020	0.500 02	1.999 92

复利系数表（22）

（P/G，i，n）

N	2%	4%	6%	8%	10%	15%	20%	25%	30%	40%	50%
1	0.00	0.00	0.00	0.00	0.00	0.00	0.00	0.00	0.00	0.00	0.00
2	0.96	0.92	0.89	0.86	0.83	0.76	0.69	0.64	0.59	0.51	0.44
3	0.85	2.70	2.57	2.45	2.33	2.07	1.85	1.66	1.50	1.24	1.04
4	5.62	5.27	4.95	4.65	4.38	3.79	3.30	2.89	2.55	2.02	1.63
5	9.24	8.55	7.93	7.37	6.86	5.78	4.91	4.20	3.63	2.76	2.16
6	13.68	12.51	11.46	10.52	9.68	7.94	6.58	5.51	4.67	3.43	2.60
7	18.90	17.07	15.45	14.02	12.76	10.19	8.26	6.77	5.62	4.00	2.95
8	24.88	22.18	19.84	17.81	16.03	12.48	9.88	7.95	6.48	4.47	3.22
9	31.57	27.80	24.58	21.81	19.42	14.76	11.43	9.02	7.23	4.86	3.43
10	38.96	33.88	29.60	25.98	22.89	16.98	12.89	9.99	7.89	5.17	3.58
11	47.00	40.38	34.87	30.27	26.40	19.13	14. 23	10.86	8.45	5.42	3.70
12	55.67	47.25	40.34	34.63	29.90	21.19	15.47	11.60	8.92	5.61	3.78
13	64.95	54.45	45.96	539.0	33.38	23.14	16.59	12.26	9.31	5.76	3.85
14	74.80	61.96	51.71	43.47	36. 80	24.97	17.60	12.83	9.64	5.88	3.89
15	85.20	67.47	57.55	47.89	40.15	26.69	18.51	13.33	9.92	5.97	3.92
16	96.13	77.74	63.46	52.26	43.42	28.30	19.32	13.75	10.14	6.04	3.95
17	107.56	85.96	69.4	56.59	46.58	29.78	20.04	14.11	10.33	6.08	3.96
18	119.46	94.35	75.36	60.84	49.64	31.16	20.68	14.42	10.48	6.13	3.97
19	131.81	102.89	51.31	65.01	52.58	32.42	21.24	14.67	10.60	6.16	3.98
20	144.60	111.56	87.23	69.09	55.41	33.58	21.74	14.89	10.70	6.18	3.99
21	157.80	120.34	93.11	73.06	58.11	34.65	22.17	15.08	10.78	6.20	3.99
22	171.38	129.20	98.94	76.93	60.69	35.62	22.56	15.23	10.85	6.21	3.99
23	185.33	138.13	140.70	80.67	63.15	36.50	22.89	15.36	10.90	6.22	4.00
24	199.63	147.10	110.38	84.30	65.48	37.30	23.18	15.47	10.94	6.23	4.00
25	214.26	156.10	115.97	87.80	67.70	38.03	23.43	15.56	10.98	6.24	4.00
26	229.20	165.12	121.47	91.18	69.79	38.69	23.65	15.64	11.01	6.24	4.00
27	244.43	174.14	126.86	94.44	71.78	30.29	23.84	15.70	11.03	6.24	4.00
28	259.94	183.14	132.14	97.57	73.65	39.83	24.00	15.75	11.04	6.24	4.00
29	275.71	192.12	137.31	100.57	75.42	40.32	24.14	15.80	11.06	6.25	4.00
30	291.72	201.06	142.36	103.46	77.08	40.75	24.26	15.83	11.07	6.25	4.00
35	374.88	244.88	165.74	116.09	83.99	42.36	24.66	15.94	11.10	6.25	4.00
40	461.99	286.53	185.96	126.04	88.95	43.28	24.85	15.98	11.11	6.25	4.00
45	551.57	325.40	203.11	133.73	92.45	43.51	24.93	15.99	11.11	6.25	4.00
50	642.36	361.16	217.46	139.59	94.89	44.10	24.97	16.09	11.11	6.25	4.00

复利系数表（23）

$$(R/G, i, n)=\left[\frac{1}{i}-\frac{n}{(1+i)^n-1}\right]$$

N	2%	4%	6%	8%	10%	15%	20%	25%	30%	40%	50%
1	0.00	0.00	0.00	0.00	0.00	0.00	0.00	0.00	0.00	0.00	0.00
2	0.50	0.49	0.49	0.48	0.48	0.47	0.45	0.44	0.43	0.42	0.40
3	0.99	0.97	0.96	0.95	0.94	0.91	0.88	0.85	0.83	0.78	0.74
4	1.48	1.45	1.43	1.40	1.38	1.33	1.27	1.22	1.18	1.09	1.02
5	1.96	1.92	1.83	1.85	1.81	1.72	1.64	1.56	1.49	1.36	1.24
6	2.44	2.39	2.33	2.28	2.22	2.10	1.98	1.87	1.77	1.58	1.42
7	2.92	2.84	2.77	2.69	2.62	2.45	2.29	2.14	2.01	1.77	1.56
8	3.40	3.29	3.20	3.10	3.00	2.78	2.58	2.39	2.22	1.92	1.68
9	3.87	3.74	3.61	3.49	3.37	3.09	2.84	2.60	2.40	2.04	1.76
10	4.34	4.18	4.02	3.87	3.73	2.38	3.07	2.80	2.55	2.14	1.82
11	4.80	4.61	4.42	4.24	4.06	3.65	3.29	2.97	2.68	2.22	1.87
12	5.26	5.03	4.81	4.60	4.39	3.91	3.48	3.11	2.80	2.28	1.91
13	5.72	5.45	5.19	4.94	4.70	4.14	3.66	3.24	2.89	2.33	1.93
14	6.18	6.87	5.56	5.27	5.00	4.39	3.82	3.36	2.97	2.37	1.95
15	6.63	6.27	5.93	5.59	5.28	4.56	3.96	3.45	3.03	2.40	1.97
16	7.08	6.67	6.28	5.90	5.55	4.75	4.09	3.54	3.09	2.43	1.98
17	7.53	7.07	6.62	6.20	5.81	4.93	4.20	3.61	3.13	2.44	1.98
18	7.97	7.45	6.96	6.49	6.05	5.08	4.30	3.67	3.17	2.46	1.99
19	8.41	7.83	7.29	6.77	6.29	5.23	4.39	3.72	3.20	2.47	1.99
20	8.84	8.21	7.61	7.04	6.51	5.37	4.46	3.77	3.23	2.48	1.99
21	9.28	8.58	7.92	7.29	6.72	5.49	4.53	3.80	3.25	2.48	2.00
22	9.71	8.94	8.22	7.54	6.92	5.60	4.59	3.84	3.26	2.49	2.00
23	10.13	9.30	8.51	7.78	7.11	5.70	4.65	3.86	3.28	2.49	
24	10.55	9.65	8.80	8.01	7.29	5.80	4.69	3.89	3.29	2.49	
25	10.97	9.99	9.07	8.23	7.46	5.88	4.74	3.91	3.30	2.49	
26	11.39	10.33	9.34	8.44	7.62	6.96	4.77	3.92	3.30	2.50	
27	11.80	10.66	9.60	8.64	7.77	6.03	4.80	3.93	3.31	2.50	
28	12.21	10.99	9.86	8.83	7.91	6.10	4.83	3.95	3.32		
29	12.62	11.31	10.10	9.01	8.05	6.15	4.85	3.96	3.32		
30	13.02	11.63	10.34	9.19	8.18	6.21	4.87	3.96	3.32		
35	15.00	13.12	11.43	9.96	8.71	6.40	4.94	3.99	3.33		
40	16.89	14.48	12.36	10.57	8.10	6.52	4.97	4.00			
45	18.70	15.70	13.14	11.04	9.37	6.58	4.99				
50	20.44	16.81	13.80	11.41	9.57	6.62	4.99				

参 考 文 献

[1] 陈锡璞．工程经济[M]．北京．机械工业出版社，2000．

[2] 胡六星．建筑工程经济[M]．北京：中国计划出版社，2007．

[3] 黄仕诚．建筑工程经济与企业管理[M]．3 版．北京：中国建筑工业出版社，2004．

[4] 李雪淋，刘辉．工程经济学[M]．北京：人民交通出版社，2007．

[5] 刘云月．建筑经济[M]．北京：中国建筑工业出版社，2004．

[6] 田恒久．工程经济[M]．武汉：武汉理工大学出版社，2004．

[7] 杨庆丰，侯聪霞．建筑工程经济[M]．北京：北京大学出版社，2009．

北京大学出版社高职高专土建系列规划教材

序号	书名	书号	编著者	定价	出版时间	印次	配套情况	
			基础课程					
1	工程建设法律与制度	978-7-301-14158-8	唐茂华	26.00	2012.7	6	ppt/pdf	
2	建设工程法规	978-7-301-16731-1	高玉兰	30.00	2012.8	10	ppt/pdf/答案	★
3	建筑工程法规实务	978-7-301-19321-1	杨陈慧等	43.00	2012.1	2	ppt/pdf	★
4	建筑法规	978-7-301-19371-6	董伟等	39.00	2012.4	2	ppt/pdf	★
5	AutoCAD 建筑制图教程	978-7-301-14468-8	郭　慧	32.00	2012.4	12	ppt/pdf/素材	★
6	AutoCAD 建筑绘图教程	978-7-301-19234-4	唐英敏等	41.00	2011.7	2	ppt/pdf	★
7	建筑 CAD 项目教程（2010 版）	978-7-301-20979-0	郭　慧	37.00	2012.7	1	pdf/素材	
8	建筑工程专业英语	978-7-301-15376-5	吴承霞	20.00	2012.4	6	ppt/pdf	★
9	建筑工程制图与识图	978-7-301-15443-4	白丽红	25.00	2012.4	7	ppt/pdf/答案	★
10	建筑制图习题集	978-7-301-15404-5	白丽红	25.00	2012.4	6	pdf	
11	建筑制图	978-7-301-15405-2	高丽荣	21.00	2012.4	6	ppt/pdf	★
12	建筑制图习题集	978-7-301-15586-8	高丽荣	21.00	2012.4	5	pdf	
13	建筑工程制图	978-7-301-12337-9	肖明和	36.00	2011.7	3	ppt/pdf/答案	
14	建筑制图与识图	978-7-301-18806-4	曹雪梅等	24.00	2012.2	3	ppt/pdf	★
15	建筑制图与识图习题册	978-7-301-18652-7	曹雪梅等	30.00	2012.4	3	pdf	★
16	建筑构造与识图	978-7-301-14465-7	郑贵超等	45.00	2012.4	10	ppt/pdf	★
17	建筑制图与识图	978-7-301-20070-4	李元玲	28.00	2012.8	2	ppt/pdf	★
18	建筑制图与识图习题集	978-7-301-20425-2	李元玲	24.00	2012.3	1	ppt/pdf	★
19	建筑工程应用文写作	978-7-301-18962-7	赵立等	40.00	2012.6	2	ppt/pdf	★
20	建筑工程专业英语	978-7-301-20003-2	韩薇等	24.00	2012.1	1	ppt/ pdf	★
21	建设工程法规	978-7-301-20912-7	王先恕	32.00	2012.7	1	ppt/ pdf	
			施工类					
22	建筑工程测量	978-7-301-16727-4	赵景利	30.00	2012.8	7	ppt/pdf /答案	★
23	建筑工程测量	978-7-301-15542-4	张敬伟	30.00	2012.4	8	ppt/pdf /答案	★
24	建筑工程测量	978-7-301-19992-3	潘益民	38.00	2012.2	1	ppt/ pdf	★
25	建筑工程测量实验与实习指导	978-7-301-15548-6	张敬伟	20.00	2012.4	7	pdf/答案	
26	建筑工程测量	978-7-301-13578-5	王金玲等	26.00	2011.8	3	pdf	
27	建筑工程测量实训	978-7-301-19329-7	杨凤华	27.00	2012.4	2	pdf	★
28	建筑工程测量（含实验指导手册）	978-7-301-19364-8	石　东等	43.00	2012.6	2	ppt/pdf	★
29	建筑施工技术	978-7-301-12336-2	朱永祥等	38.00	2012.4	7	ppt/pdf	
30	建筑施工技术	978-7-301-16726-7	叶　雯等	44.00	2012.7	4	ppt/pdf /素材	★
31	建筑施工技术	978-7-301-19499-7	董伟等	42.00	2011.9	2	ppt/pdf	★
32	建筑施工技术	978-7-301-19997-8	苏小梅	38.00	2012.1	1	ppt/pdf	★
33	建筑工程施工技术	978-7-301-14464-0	钟汉华等	35.00	2012.8	7	ppt/pdf	★
34	基础工程施工	978-7-301-20917-2	董伟等	35.00	2012.7	1	ppt/pdf	★
35	建筑施工技术实训	978-7-301-14477-0	周晓龙	21.00	2012.4	5	pdf	★
36	房屋建筑构造	978-7-301-19883-4	李少红	26.00	2012.1	1	ppt/pdf	★
37	建筑力学	978-7-301-13584-6	石立安	35.00	2012.2	6	ppt/pdf	★
38	土木工程实用力学	978-7-301-15598-1	马景善	30.00	2012.1	3	pdf/ppt	★
39	土木工程力学	978-7-301-16864-6	吴明军	38.00	2011.11	2	ppt/pdf	★
40	PKPM 软件的应用	978-7-301-15215-7	王　娜	27.00	2012.4	4	pdf	★
41	工程地质与土力学	978-7-301-20723-9	杨仲元	40.00	2012.6	1	ppt/pdf	★
42	建筑结构	978-7-301-17086-1	徐锡权	62.00	2011.8	2	ppt/pdf /答案	★
43	建筑结构	978-7-301-19171-2	唐春平等	41.00	2012.6	2	ppt/pdf	
44	建筑力学与结构	978-7-301-15658-2	吴承霞	40.00	2012.4	9	ppt/pdf	★
45	建筑材料	978-7-301-13576-1	林祖宏	35.00	2012.6	9	ppt/pdf	★
46	建筑材料与检测	978-7-301-16728-1	梅　杨等	26.00	2012.4	7	ppt/pdf	★
47	建筑材料检测试验指导	978-7-301-16729-8	王美芬等	18.00	2012.4	4	pdf	
48	建筑材料与检测	978-7-301-19261-0	王　辉	35.00	2012.6	2	ppt/pdf	★
49	建筑材料与检测试验指导	978-7-301-20045-8	王　辉	20.00	2012.1	1	ppt/pdf	★
50	建设工程监理概论(第 2 版)	978-7-301-20854-0	徐锡权等	43.00	2012.7	1	ppt/pdf /答案	
51	建设工程监理	978-7-301-15017-7	斯　庆	26.00	2012.7	5	ppt/pdf /答案	★
52	建设工程监理概论	978-7-301-15518-9	曾庆军等	24.00	2012.1	4	ppt/pdf	
53	工程建设监理案例分析教程	978-7-301-18984-9	刘志麟等	38.00	2011.7	1	ppt/pdf	★
54	地基与基础	978-7-301-14471-8	肖明和	39.00	2012.4	7	ppt/pdf	★
55	地基与基础	978-7-301-16130-2	孙平平等	26.00	2012.1	2	ppt/pdf	

序号	书名	书号	编著者	定价	出版时间	印次	配套情况	
56	建筑工程质量事故分析	978-7-301-16905-6	郑文新	25.00	2012.1	3	ppt/pdf	★
57	建筑工程施工组织设计	978-7-301-18512-4	李源清	26.00	2012.4	3	ppt/pdf	★
58	建筑工程施工组织实训	978-7-301-18961-0	李源清	40.00	2012.1	2	pdf	★
59	建筑施工组织项目式教程	978-7-301-19901-5	杨红玉	44.00	2012.1	1	ppt/pdf	
60	生态建筑材料	978-7-301-19588-2	陈剑峰等	38.00	2011.10	1	ppt/pdf	
61	钢筋混凝土工程施工与组织	978-7-301-19587-1	高　雁	32.00	2012.5	1	ppt / pdf	
	工 程 管 理 类							
62	建筑工程经济	978-7-301-15449-6	杨庆丰等	24.00	2012.7	10	ppt/pdf	★
63	建筑工程经济	978-7-301-20855-7	赵小娥等	42.00	2012.8	1	ppt/pdf	
64	施工企业会计	978-7-301-15614-8	辛艳红等	26.00	2012.2	4	ppt/pdf	★
65	建筑工程项目管理	978-7-301-12335-5	范红岩等	30.00	2012. 4	9	ppt/pdf	★
66	建设工程项目管理	978-7-301-16730-4	王　辉	32.00	2012.4	3	ppt/pdf	★
67	建设工程项目管理	978-7-301-19335-8	冯松山等	38.00	2012.8	2	pdf/ppt	
68	建设工程招投标与合同管理	978-7-301-13581-5	宋春岩等	30.00	2012.4	11	ppt/pdf/答案/试题/教案	★
69	工程项目招投标与合同管理	978-7-301-15549-3	李洪军等	30.00	2012.2	5	ppt	★
70	工程项目招投标与合同管理	978-7-301-16732-8	杨庆丰	28.00	2012.4	5	ppt	★
71	建筑工程商务标编制实训	978-7-301-20804-5	钟振宇	35.00	2012.7	1	ppt	★
72	工程招投标与合同管理实务	978-7-301-19035-7	杨甲奇等	48.00	2011.8	2	pdf	★
73	工程招投标与合同管理实务	978-7-301-19290-0	郑文新等	43.00	2012.4	2	pdf	★
74	建设工程招投标与合同管理实务	978-7-301-20404-7	杨云会等	42.00	2012.4	1	ppt/pdf	
75	建筑施工组织与管理	978-7-301-15359-8	翟丽旻等	32.00	2012.7	8	ppt/pdf	★
76	建筑工程安全管理	978-7-301-19455-3	宋　健等	36.00	2011.9	1	ppt/pdf	
77	建筑工程质量与安全管理	978-7-301-16070-1	周连起	35.00	2012.1	3	pdf	
78	工程造价控制	978-7-301-14466-4	斯　庆	26.00	2012.4	7	ppt/pdf	★
79	工程造价管理	978-7-301-20655-3	徐锡权等	33.00	2012.7	1	ppt/pdf	
80	工程造价控制与管理	978-7-301-19366-2	胡新萍等	30.00	2012.1	1	ppt/pdf	★
81	建筑工程造价管理	978-7-301-20360-6	柴　琦等	27.00	2012.3	1	ppt/pdf	
82	建筑工程造价管理	978-7-301-15517-2	李茂英等	24.00	2012.1	4	pdf	
82	建筑工程计量与计价	978-7-301-15406-9	肖明和等	39.00	2012.8	10	ppt/pdf	★
84	建筑工程计量与计价实训	978-7-301-15516-5	肖明和等	20.00	2012.2	5	pdf	
85	建筑工程计量与计价——透过案例学造价	978-7-301-16071-8	张　强	50.00	2012.7	4	ppt/pdf	★
86	安装工程计量与计价	978-7-301-15652-0	冯　钢等	38.00	2012.2	6	ppt/pdf	★
87	安装工程计量与计价实训	978-7-301-19336-5	景巧玲等	36.00	2012.7	2	pdf/素材	★
88	建筑与装饰装修工程工程量清单	978-7-301-17331-2	翟丽旻等	25.00	2012.8	3	pdf/ppt	
89	建筑工程清单编制	978-7-301-19387-7	叶晓容	24.00	2011.8	1	ppt/pdf	★
90	建设项目评估	978-7-301-20068-1	高志云等	32.00	2012.1	1	ppt/pdf	★
91	钢筋工程清单编制	978-7-301-20114-5	贾莲英	36.00	2012.2	1	ppt / pdf	
92	混凝土工程清单编制	978-7-301-20384-2	顾　娟	28.00	2012.5	1	ppt / pdf	
93	建筑装饰工程预算	978-7-301-20567-9	范菊雨	38.00	2012.5	1	pdf/ppt	★
94	建设工程安全监理	978-7-301-20802-1	沈万岳	28.00	2012.7	1	pdf/ppt	
95	建筑力学与结构	978-7-301-20988-2	陈水广	32.00	2012.8	1	pdf/ppt	
	建 筑 装 饰 类							
96	中外建筑史	978-7-301-15606-3	袁新华	30.00	2012.2	6	ppt/pdf	★
97	建筑室内空间历程	978-7-301-19338-9	张伟孝	53.00	2011.8	1	pdf	★
98	室内设计基础	978-7-301-15613-1	李书青	32.00	2011.1	2	pdf	
99	建筑装饰构造	978-7-301-15687-2	赵志文等	27.00	2012.4	4	ppt/pdf	★
100	建筑装饰材料	978-7-301-15136-5	高军林	25.00	2012.4	3	ppt/pdf	
101	建筑装饰施工技术	978-7-301-15439-7	王　军等	30.00	2012.1	4	ppt/pdf	★
102	装饰材料与施工	978-7-301-15677-3	宋志春等	30.00	2010.8	2	ppt/pdf	★
103	设计构成	978-7-301-15504-2	戴碧锋	30.00	2009.7	1	pdf	

序号	书名	书号	编著者	定价	出版时间	印次	配套情况	
104	基础色彩	978-7-301-16072-5	张　军	42.00	2011.9	2	pdf	★
105	建筑素描表现与创意	978-7-301-15541-7	于修国	25.00	2011.1	2	pdf	★
106	3ds Max 室内设计表现方法	978-7-301-17762-4	徐海军	32.00	2010.9	1	pdf	
107	3ds Max2011 室内设计案例教程(第 2 版)	978-7-301-15693-3	伍福军等	39.00	2011.9	1	ppt/pdf	
108	Photoshop 效果图后期制作	978-7-301-16073-2	脱忠伟等	52.00	2011.1	1	素材/pdf	★
109	建筑表现技法	978-7-301-19216-0	张　峰	32.00	2011.7	1	ppt/pdf	
110	建筑速写	978-7-301-20441-2	张　峰	30.00	2012.4	1	pdf	★
111	建筑装饰设计	978-7-301-20022-3	杨丽君	36.00	2012.2	1	ppt	
112	装饰施工读图与识图	978-7-301-19991-6	杨丽君	33.00	2012.5	1	ppt	
113	建筑装饰 CAD 项目教程	978-7-301-20950-9	郭　慧	32.00	2012.7	1	ppt/素材	
114	居住区景观设计	978-7-301-20587-7	张群成	47.00	2012.5	1	ppt	★
115	居住区规划设计	978-7-301-21013-4	张　燕	48.00	2012.8	1	ppt	★
	房地产与物业类							
116	房地产开发与经营	978-7-301-14467-1	张建中等	30.00	2012.7	5	ppt/pdf	★
117	房地产估价	978-7-301-15817-3	黄　晔等	30.00	2011.8	3	ppt/pdf	★
118	房地产估价理论与实务	978-7-301-19327-3	褚菁晶	35.00	2011.8	1	ppt/pdf	★
119	物业管理理论与实务	978-7-301-19354-9	裴艳慧	52.00	2011.9	1	pdf	★
	市政路桥类							
120	市政工程计量与计价（第 2 版）	978-7-301-20564-8	郭良娟等	42.00	2012.7	1	Pdf/ppt	
121	市政桥梁工程	978-7-301-16688-8	刘　江等	42.00	2010.7	1	ppt/pdf	
122	路基路面工程	978-7-301-19299-3	偶昌宝等	34.00	2011.8	1	ppt/pdf/素材	
123	道路工程技术	978-7-301-19363-1	刘　雨等	33.00	2011.12	1	ppt/pdf	
124	建筑给水排水工程	978-7-301-20047-6	叶巧云	38.00	2012.2	1	ppt/pdf	
125	市政工程测量（含技能训练手册）	978-7-301-20474-0	刘宗波等	41.00	2012.5	1	ppt/pdf	
	建筑设备类							
126	建筑设备基础知识与识图	978-7-301-16716-8	靳慧征	34.00	2012.4	7	ppt/pdf	★
127	建筑设备识图与施工工艺	978-7-301-19377-8	周业梅	38.00	2011.8	1	ppt/pdf	★
128	建筑施工机械	978-7-301-19365-5	吴志强	30.00	2011.10	1	pdf/ppt	★
129	智能建筑环境设备自动化	978-7 301-21090-1	余志强	40.00	2012.8	1	pdf/ppt	★

请登录 www.pup6.cn 免费下载本系列教材的电子书(PDF 版)、电子课件和相关教学资源。
欢迎免费索取样书，并欢迎到北京大学出版社来出版您的大作，可在 www.pup6.cn 在线申请样书和进行选题登记，也可下载相关表格填写后发到我们的邮箱，我们将及时与您取得联系并做好全方位的服务。
联系方式：010-62750667，yangxinglu@126.com，linzhangbo@126.com，欢迎来电来信咨询。